MEIJI UNIVERSITY

明治大学人文科学研究所叢書

戦前期アジア留学生と明治大学

高田幸男 ［編著］ TAKADA Yukio

東方書店

まえがき

高田　幸男

　明治期から第二次世界大戦の敗戦まで（以下、戦前期と略称する）の日本は、中国・朝鮮をはじめとするアジア各地からの留学生（同じく以下、アジア留学生）を多数受け入れてきた。アジア留学生は日本留学を通じて何を修得し、故郷に何をもたらしたのだろうか。また、彼らを受け入れた日本側に何を残したのだろうか。

　明治大学は、戦前期にアジア留学生を受け入れた主要大学の一つであった。本書は、戦前期の明治大学のアジア留学生受け入れの全体像を描き出すとともに、とくに広義の「民主化」と近代国家の建設に視座を置き、明治期から昭和戦前期にかけて、明治大学に留学したアジア留学生が、明治大学と神保町という空間で民主化をどのように学び、帰国後、どのような分野で活動したのか、その分野において民主主義体制の固定化に寄与したのかしなかったのか、またその理由は何かなどを、解明することを目的とする。

　ここでは、まず本書におけるキイ概念である「留学」、「留学経験」、および「民主化」の定義について説明し、次いで、本書の構成について述べたい。

1. 本書におけるキイ概念の定義と分析視角

　まずは、本書における「留学」の定義である。
　留学は、よその土地、とくに外国で勉学をすることとされ[1]、一般には海外

留学を指す。植民地化された地域からの就学は、厳密な意味では海外留学とはいえない。だが、日本の文部省は1911年の省令で、「文部省直轄学校外国人特別入学規程ハ、台湾人若クハ朝鮮人ニ之ヲ準用ス、但シ其入学ニ関シテハ台湾総督府又ハ朝鮮総督府ノ紹介ヲ要ス」と明記し[2]、明治大学でも戦時体制に入るまで長らく外国人留学生と同じ扱いをしてきた。植民地朝鮮・台湾は独自の学制が布かれており、日本「内地」への「留学」は異なる学制の下で就学するという点、「異文化社会」への就学という点で、植民地の若者にとって外国留学と変わりがなかった。本文第Ⅰ部で述べるように、植民地出身学生に対する留学生規程の「準用」は、戦時体制が強化されるなかで撤廃されるが、本書では、日本敗戦までの全時期を通して、植民地からの就学も広義の留学として扱う。その上で、適宜、日本留学を留日と、日本への留学生を留日学生と略すことにする。

次に、本書における分析のキイ概念は「民主化」と「留学経験」である。

われわれの共同研究において、この二つのキイ概念を最初に提起したのは、土屋光芳である。詳細は、両概念を前面に出して考察をおこなった土屋の論考に譲るとして、ここでは簡単に両概念の定義について述べる。

まず「民主化」は、単なる政治の民主化にとどまらず、経済・文化を含む社会全般の民主化を指す。江戸期の日本社会や王朝期の朝鮮社会は、19世紀にいたって綻びをみせはじめたとはいえ、身分制度が厳然と敷かれていた。これに対し清朝統治下の中国社会は、科挙受験の身分制限が撤廃されるなど、職業・階層間の流動性が高い社会となっていたが、それは気の遠くなるような科挙の受験戦争を生み出し、儒教的古典教養を保持する有力宗族と教養と無縁な庶民との間に政治的文化的隔絶を生んでいた。「民主化」とは、伝統的な規範から政治・経済・文化を解放し、均質的な国民がそれらに対等に関与することを理想とするものであり、国民国家の形成・成熟はその帰結といえる。

一方、「留学経験」は、政治哲学者のM・オークショットの「知の二分法」

にもとづいて、書物を通じて習得できる「技術知」と伝授されて習得する「実践知」とを獲得する機会と考える。そこに、自国内（植民地の場合、植民地内）において学ぶことと留学との決定的な違いがある。土屋が指摘するように、留学する本人は必ずしも「実践知」の習得を意識していない。だが、同じく近代的諸制度を学ぶことが目的であっても、日本留学で習得する「実践知」は欧米留学のそれとは異なってくるのである。

なお、加えると、留学経験においては、留学先で結ばれる人的ネットワークも重要である。中国のような広大な領域であれば、留学によって狭い同郷的紐帯を超えた「中国人」意識が生み出されるし、出身国を越えたアジア留学生同士の交流や受け入れ校との同窓・校友意識も形成される。こうしたネットワークは「実践知」の獲得とも密接に絡み合っている。

これらのキイ概念により、本書の課題を改めて示すと、以下のようになる。戦前期のアジア留学生は、日本の、なかんずく明治大学の「留学経験」からいかなる「技術知」と「実践知」を習得し、それは彼らの祖国の「民主化」にどのような影響を与えたのだろうか。さらには、彼らを受け入れた日本側に何を残したのだろうか。

2. 本書の構成

本書は、大きく2部に分かれる。

第Ⅰ部では、戦前期日本におけるアジア留学生の全体像とそのなかでの明治大学留学生の位置づけを概観した。

第Ⅱ部は各論で、計6章を設けた。

まず第1章土屋光芳「清末・民国期の中国人の『留学経験』と政治・社会の民主化―汪精衛と宋教仁、胡適と林語堂、湯良禮と周化人―」は、前述の2つの分析概念を前面に出し、日本や欧米に留学した6人の人物の「留学経験」や帰国後の「民主化」について考察を加える。6人はいずれも明治大学

留学生ではないが、留学経験から得た「実践知」の違いが、それぞれの帰国後の政治的言動に与えた影響を明示する。

　第2章山泉進「師尾源蔵と経緯学堂」は、明治時代末期に明治大学が清国・韓国留学生のために別法人として設立した経緯学堂や中国人留学生と、明大専門部政治経済科卒の師尾源蔵との接点について、断片的な史料を博捜して論じる。

　第3章鳥居高「中国人留学生と神田神保町『中華街』の形成と特徴―明治末期を中心に―」は、中国人留学生が神田神保町一帯に集住したことにより「中華街」が誕生し発展していった経緯を、表や地図を駆使して描く。留学生の多くが起居した東京神田は、まさに近代都市システムと都市文化に関する「実践知」を獲得する場であった。

　第4章鈴木将久「胡風の日本留学体験」は、左翼文芸理論家胡風を取り上げ、東亜高等予備学校を経て慶應義塾大学に留学し、神田神保町の中華基督教青年会館に出入りするほか、日本のプロレタリア文芸活動にも参与したその留学経験を考察する。

　第5章村上一博「日治期台湾における台湾人弁護士の誕生」は、明治大学をはじめとする日本の大学に留学し弁護士の資格を得た台湾人が、植民地台湾においてどのような活動をしたのか、弁護士制度と台北市弁護士会の変遷を追う。

　そして第6章高田幸男「1930、40年代朝鮮人・台湾人の明治大学『留学経験』」は、元留学生のインタビューや史料にもとづき、1930年代から40年代に明治大学に留学した朝鮮人2名、台湾人2名の「留学経験」およびその帰国後の活動との関連を考察する。

　各章の担当者は、それぞれ中国政治、日本近代社会思想史、東南アジア史、中国文学、日本法制史、中国近現代史を専門分野とし、研究手法もさまざまである。だが、アジア各地からさまざまな分野を学びに来たアジア留学生の全体像を明らかにするためには、多彩な陣容が必要である。本書は第一

段であり、今後、陣容を拡充して成果を積み重ねていきたいと思っている。忌憚なきご批評を乞う次第である。

【注】
(1) 「よその土地、特に外国に在留して勉強すること」『広辞苑』第七版、岩波書店、2018年。
(2) 「台湾朝鮮人特別入学ニ関スル件」（明治四十四年四月四日文部省令第十六号）『東京高等工芸学校一覧（大正一三年度版）』東京高等工芸学校、1914年、7頁。なお、見城悌治『留学生は近代日本で何を学んだのか―医薬・園芸・デザイン・師範』日本経済評論社、2018年、7頁も参照のこと。

目次

まえがき　高田　幸男 …………………………………………… i

第Ⅰ部　総論

近代アジアの日本留学と明治大学
　　　　　高田　幸男 ………………………………………… 3

第Ⅱ部　留学経験の諸相

第1章　清末・民国期の中国人の「留学経験」と政治・社会の民主化
　　　　——汪精衛と宋教仁、胡適と林語堂、湯良禮と周化人——
　　　　　土屋　光芳 …………………………………………45

第2章　師尾源蔵と経緯学堂
　　　　　山泉　進 ……………………………………………81

第3章　中国人留学生と神田神保町「中華街」の形成と特徴
　　　　——明治末期を中心に——
　　　　　鳥居　高 …………………………………………… 141

第4章　胡風の日本留学体験
　　　　　鈴木　将久 ………………………………………… 191

第 5 章　日治期台湾における台湾人弁護士の誕生
　　　　　　村上　一博 ……………………………… 227

第 6 章　1930、40 年代朝鮮人・台湾人の明治大学「留学経験」
　　　　　　高田　幸男 ……………………………… 285

　　　附録　インタビュー記録 ……………………………… 325

あとがき　　高田　幸男 ……………………………… 351

第Ⅰ部　総論

清国留学生経緯学堂卒業記念写真（1906年ごろ）、『図録明治大学百年—1881-1981年』明治大学、1980年、より

近代アジアの日本留学と明治大学

高田　幸男

はじめに

　第Ⅰ部では、戦前期日本におけるアジア留学生受け入れの歴史、とくにそのなかにおける明治大学の位置づけについて、通観していこうと思う。

　まずはじめに、アジアからの日本留学に関する研究動向を大まかに見ていきたい（個別のテーマに関しては、第Ⅱ部の各章を参照されたい）。

　アジア留学生に関する研究は、現代に至るも中国人留日学生に関するものが主流である。古典的な研究としては、さねとうけいしゅう（實藤恵秀）の一連の研究があり、明治期から1937年の日中戦争勃発までを通観している[1]。その後は、阿部洋が後述する共同研究の成果をふまえ明治期の日中教育交流をコンパクトにまとめた『中国の近代教育と明治日本』があり[2]、近年では、神奈川大学の大里浩秋・孫安石らによる中国人留学生研究会が活発に活動を展開し、着実に成果を上げている[3]。とくに留日ブームが起きた清末期に関しては台湾の黄福慶の研究、辛亥革命における中国人留日学生の役割を明らかにした小島淑男の研究をはじめとして、光緒新政や辛亥革命との関連で研究蓄積が厚い[4]。

　これに対し、中国・台湾における留学生史研究も、1970年代以後、活発になってきており、最近では『中国留学通史』全3巻のような大著のほか、各地方から日本へ渡った留学生の研究も盛んになってきている[5]。だが中国の研究は、日本側の史料・文献に十分に当たっていないものが多く[6]、近年で

は、その点を補うように在日中国人研究者による精緻な研究が増えてきており、一部は中国語版が出版されている。

一方、中国大陸からの留日学生に関する研究に比べて、他のアジア諸地域からの留日学生に関しては研究の蓄積が薄い。朝鮮に関しては、早期のものとして阿部洋の一連の研究などがあり、最近では武井一による皇室特派留学生に関する研究や朴宣美のジェンダーの視点からインタビューも交えて朝鮮人女性の留学経験を考察する研究も出てきている。このうち武井の研究は、明治大学に留学し、のちに上海に大韓民国臨時政府を樹立した趙素昂(チョソアン)(本名は鏞殷(ヨンウン))の日記などに基づいている。台湾に関しても、近年の台湾史研究の進展にともない、留日学生に関する卞鳳奎や紀旭峰の研究などが出てきている。このうち紀旭峰は、台湾人留学生の早稲田大学や明治大学における諸活動を明らかにしており、朝鮮人などアジア各地の留学生との相互交流も描いている。

さて、アジアからの留日学生を総合的に考察したものとしては、すでに一部紹介した阿部洋ら国立教育研究所(現・国立教育政策研究所)の一連のプロジェクトの成果がある。最近では早稲田大学や奈良女子大学など大学ごと、農業や美術といった学問分野ごとの研究が現れ、留学の具体的な状況、および帰国後の活動が明らかにされつつある。

「まえがき」でも述べたように、明治大学は、戦前期にアジア留学生を受け入れた主要大学の一つであった。『明治大学百年史』においても、アジア留学生に関する記述や史料は、一定の割合を占めている。だが、その叙述は、第三巻通史編Iの第3編に「第四章 中国・朝鮮人留学生と大学の対応」を立て、別法人経緯学堂の開校期間(1904〜10年)を中心に1896年から1910年代の変遷を系統的に示すものの、以後は、第四巻通史編IIの第5編「第三章 曲がり角の学生たち」に「第三節 留学生の動向」が、「第四章 戦時下のキャンパス」の「第三節 勤労動員・学徒出陣」に「三 朝鮮人留学生の出陣」が、同じく第四章に「第四節 満洲国留学生・南方特別留

4

学生」がある以外、まとまった記述はなく、アジア留学生の歴史を通観することは難しかった。

　その後一時、明治大学の中国人留学生に関する研究班が学内に組織されたが、確たる成果を出さぬまま雲散霧消してしまった。

　2010年、明治大学史資料センターは研究班として「アジア留学生研究会」を発足し、ようやく組織的系統的にアジア留学生に関する資料を調査研究する態勢を整え、研究成果を蓄積しつつある。本書は、こうした研究蓄積を踏まえ、アジア留学生の留学経験と帰国後の活動についてさまざまな角度から考察する。

一　19世紀東アジアにおける留学生派遣の開始

　日本は長らく、東アジア文化圏の周縁部に位置し、同文化圏の中心たる中国へ留学生を派遣してきた。そもそも「留学生」という単語自体、遣唐使船で唐へ渡り、使節とともに帰国せず唐に留まって学んだ者に由来するという。遣唐使の廃止以後、国家としての留学生派遣は途絶えるが、各仏寺による留学僧の派遣は続けられ、彼らによって、仏教各宗派のみならず、喫茶文化などさまざまな文化や事物が日本へもたらされたことは周知の事実である。これに対し、中国は東アジアにおける文化的優越意識から外国留学に積極的ではなく、仏教やキリスト教を学ぶための出国があるくらいで、「留学」という単語自体、遣唐使の廃止以後、中国の文献から消えているという。

　この状況が大きく転換するのが19世紀後半である。明治維新後の日本は、欧米の侵略に対抗して富国強兵を進めるため、また不平等条約撤廃の前提となる近代法の導入・整備を進めるため、欧米への留学生派遣を推進する。明治大学との関連でいうと、その前身である明治法律学校の3人の創立者、岸本辰雄、宮城浩蔵、矢代操のうち、岸本と宮城はフランスで法学を学んだ留学帰国者であり、草創期の明治法律学校の講師陣は、ほとんどがフランス留

学組だった。⁽²¹⁾

　一方、清朝も同様に、「洋務運動」とよばれる近代化政策のなかで、欧米への留学生派遣を始める。「留学生」という語も、日本に倣って使用されるようになる。清朝は軍事や海事の習得のため、12〜16歳の少年を、1872年から4回にわたって毎回30名、計120名、15年間のアメリカ留学へ派遣する。だが、長期にわたる留学で学生たちがあまりにアメリカナイズされたため、保守派の反発を招き、留学は1881年に中断してしまう。ただ、この中には、のちに袁世凱の秘書となり、中華民国初代国務総理（首相）となった唐紹儀が含まれる。一方、ヨーロッパへの官費留学生派遣も、陸海軍と造兵・造船など関連技術の習得を目的に、1876年から始まり、ドイツやフランス、イギリスへ派遣されており、日清戦争直後まで続けられた。ドイツ留学生の中にはのちに軍人政治家として袁世凱死後の北京政界を一時掌握した段祺瑞も含まれる。[23]

　当時、清朝は体制改革に消極的で、もっぱら陸海軍や造船・海事、通訳の人材養成のために留学生を派遣していた。こうした人材は、科挙体制のなかでは技芸を扱う者として軽く見られ、官僚としての登竜門はあくまで科挙及第であった。まして日本の維新政府による改革は、西南戦争などの内乱やその鎮圧のための戦費負担による財政難などを抱え、清朝や朝鮮から疑念の目で見られていた。[24]こうした状況が一変するのは日清戦争後である。

二　アジア諸国における日本留学の開始

　さて、アジアからの国費による日本留学は、1881（明治14）年、慶應義塾への朝鮮留学生の留学が最初とされる。それは朝鮮政府が派遣した視察団（朝士視察団、紳士遊覧団）の随員が残留したもので、その後も朝鮮政府は断続的に留学生団を送った。朝鮮の開化派と福澤諭吉との交流により慶應義塾へ44名が留学したが、1884年に急進開化派が甲申政変に失敗すると、留学

生派遣はしばらく途絶える。

ところが、日清戦争において日本が清国に圧勝すると、国家滅亡の危機感から朝鮮、清国から日本へ留学する動きが活発となる。

朝鮮では、1894（明治27）年に開化派によって甲午改革がおこなわれ、日本留学が再開された。1895年に慶應義塾へ200名近い国費留学生が派遣され、翌96年には成城学校、東京法学院（のちの中央大学）、東京工業学校に派遣された。甲午改革は日本の駐朝鮮公使三浦梧楼による明成皇后（閔妃）虐殺等により一旦頓挫するが、国王高宗は1897年に朝鮮国を大韓帝国（以下、韓国）と改称し、日本の影響下に進められた甲午改革に代わって光武改革を開始する。そして、その一環として、同年、留学生64名を日本へ派遣した。

1896年、明治大学の前身である明治法律学校も、創立16年目にして初めて留学生を受け入れる。朝鮮国全羅南道巨文島出身の金相淳である。史料によると「士族」とある。おそらく、いわゆる両班の出身と思われる。翌年には厳柱日ら4名が大韓帝国の国費留学生として明治法律学校に入学している。

だが、留学生のなかには亡命者と接触して韓国政府に対する反対運動に関与する者もおり、韓国政府は25名の国費留学生、4名の私費留学生に帰国を命じている。帰国命令が出た国費留学生のうち5名は明治法律学校生で、うち少なくとも厳ら3名は帰国せずに卒業しており、『百年史』は、明治法律学校が学生の意思を尊重し、所期の目的を実現させたものとしている。アジア留学生は日本に来て、本国では触れることができないさまざまな思想に接することになる。これもまた留学経験で得られる実践知であるが、そのなかには革命思想等、本国で「危険思想」とされるものも含まれていた。後述するように中国やヴェトナムでも同様の現象が起きている。

さて、清朝でも1896年に13名の国費留学生を日本へ派遣する。これが最初の国費留日学生とされる。これを引き受けた嘉納治五郎は、急遽、のちに

「亦楽書院」と命名される私塾を作って彼らを収容する。当時、清国・韓国とも近代教育が普及していなかったため、留学生の多くはまず中等教育レベルの基礎教育（当時「普通学」とよばれた）と日本語を学ぶ必要があり、亦楽書院はいわば、高等教育留学のための予備学校であった。[31]

だが、来日した13名のうち4名はまもなく帰国し、その後も2人が中途で帰国し、3年間の課程を修了したのは7名だけだった。そして、4人が帰国した時点で補欠として派遣されたのが安徽省出身の呂烈煌である。呂は亦楽書院で5年間学んだのち、1901（明治34）年に明治法律学校に入学し、明治大学の中国人留学生の受け入れ第一号となる。[32] 当時の『読売新聞』は、呂を「専門法律学に志せるものにて実に清国法学生の嚆矢なり」と報じている。[33] 中国人の法学留学生第一号ともなった呂烈煌は、帰国後、清朝外務部（外務省に相当）の翻訳官や課長を務めたとされるが、[34] 明治法律学校を卒業したとする史料は見つかっていない。[35]

その後清国では、1898年、当時湖北・湖南両省を統治する湖広総督だった張之洞が『勧学篇』を著す。張は同書で、日本と中国は距離も文化も近く、日本が消化した西洋文化を学べるので、日本留学は西洋留学に比べ「労は半分で、功は倍する」として推奨し、自ら湖北・湖南の留学生を日本へ派遣した。[36] 同年、北京では光緒帝と康有為らにより、明治日本にならった体制改革である戊戌変法が実施されたが、これは西太后ら保守派のクーデタ（戊戌政変）により挫折する。しかし、留日学生はむしろ1899年に117人へ急増していく。[37]

三　中国人速成留学のブームと経緯学堂

さて、1900年代に入ると、中国人の日本留学は急増する。前述のように清朝が日本留学を推奨したこともあるが、多くの中国人青年が日本留学によって改革が必要とする学識や専門技術を手っ取り早く身につけ、立身出世

の道を開こうとした。こうした速成教育の留学をここでは「速成留学」とよぶ。この速成留学ブームは、1905（明治38）年、清朝が1300年間続いた官吏登用試験である科挙を廃止すると、留学が科挙に代わる任官の道とみなされ、1905、06年ごろにピークをむかえ、以後終焉に向かう。ここでは1900年代のアジア留学生の動向を扱う。

1. 清国における「光緒新政」と日本留学の急増

　前述のように明治大学のアジア留学生受け入れは、他校と比べて決して早くはなかった。東アジア情勢の変化が、明治大学へもアジア留学生が入学する状況を生んだといえる。すなわち、金相淳と呂烈煌がともに1896（明治29）年に来日したのは単なる偶然ではなく、前年の日清戦争における日本の大勝が背景にあったのである。金と呂のもうひとつの共通点は、当時、法律学の修得を目指して入学したことで、当時の両国留学生には軍事や専門技術を習得する者が多かったなかで珍しかった。

　明治大学への留学が増え始めるのは、中国では清朝が1901年、「光緒新政」とよばれる改革を開始してから、韓国では1908年に文官任用令が公布されたのちである。光緒新政は、義和団事件で八カ国連合軍に敗北した清朝が、戊戌政変で潰した変法改革を復活せざるを得なくなったもので、改革の進展にともない、法律学や政治学に通じた人材、軍人、警察官、地理歴史・理科・音楽・体育などの教員が求められた。これらの人材を短期間に養成する方法として留学が奨励されたのである。[38]

　明治大学では、1904年までに入学したアジア留学生は韓国人27名、中国人6名、台湾人2名で、うち韓国人7名が卒業している[39]。このころには、釜山や台湾にも校友会支部ができたという[40]。

　韓国では、国費留日学生の派遣が1897年以後、途絶えていたが、1904（明治37）年、皇室特派留学生50名が日本へ派遣される。彼らの多くは、まず

東京府立第一中学校（のちの東京都立日比谷高等学校）で普通学や日本語を学ぶこととなったが、1名が明治法律学校に入学したほか、5名が他の学校に入学している[41]。府立一中へ入学した学生は、翌年の第二次日韓協約に憤激し、また校長の韓国生徒に対する態度が侮辱的だと批判して、一斉同盟休校を決行し、趙素昂（鏞殷）や崔麟らはこれを機に専門教育を受けるため、明治大学法学部へ転学している[42]。

こうした留学生の日本派遣は、近代国家建設のための人材養成を急務とする清・韓両国と、両国との提携や両国への影響力拡大を追求する日本朝野の意向によるものだった。だが、留学生にとって日本留学はあくまで欧米留学の代替であり、日本に対しては伝統的な優越感とともに日本の侵略性に対する警戒感を持っていたのに対し、日本社会にはアジアの「一等国」としての優越感、清・韓両国を「劣等国」視する偏見が次第に広まり、清国留学生との間にも同様の紛争が生じた。

中国の留学ブームに影響され、フランス統治下のヴェトナムでも日本留学ブームが起きている。「東遊（Dong Du）運動」である。その提唱者ファン・ボイ・チャウは梁啓超ら中国の変法派の書籍や雑誌を通じて明治期日本の躍進を知り、日本とヴェトナムを「同文同種」と考え、1905年、日露戦争に勝利した日本に、独立運動の武器援助を要請するため来日する。そこで、ファンは人材養成こそが独立達成に緊要であると考えるようになり、ヴェトナム青年に対し日本留学を宣伝するようになった。結局、フランス当局が警戒を強め、1907（明治40）年に日仏協約を結び、1909年に日本がほとんどのヴェトナム人留学生を国外退去にしたため、東遊運動は終焉を迎える。ヴェトナム人留学生の多くは、陸軍参謀本部の振武学校や東亜同文会の東京同文書院、成城学校などで学んだといわれ、明治大学や後述する経緯学堂には入学していないようである[43]。

2. 速成留学と経緯学堂の設立

　中国人の日本留学ブームに対応して設立されたのが速成留学の学校である(44)。だが、急増する速成留学の学校のなかには「学店」とよばれるような営利優先の学校も多かった。そこで「私立大学」(45)が清国と提携して速成留学の受け入れに乗り出す。その先駆けとなったのは、法政大学清国留学生法政速成科（以下、法政速成科）で、開設は日露戦争開戦から3か月後の1904（明治37）年5月だった。その設立に当たっては、留学生の請願や清国公使兼留学生総監督楊枢の賛同があり、第一班94人が入学した(46)。

　そして、その4か月後の同年9月、明治大学が「私立経緯学堂」を設立する。経緯学堂は、明治大学とは別法人で、「清韓両国学生を教養する」ことを設立の趣旨に掲げており、「経緯学堂章程（章程は規則）」では、「東亜先聖の大道〔儒教の思想体系〕を経〔たて糸〕とし、西洋凡百の学術〔ヨーロッパの各分野の学問〕を緯〔よこ糸〕とし」て、近隣諸国の子弟を教育し、お互いの心を通じ合わせ、ともに繁栄することへ寄与することを謳っていた(47)。「経緯学堂」という名称は、この文中の前段に由来するとされる。これは、中国の学術体系を根本とし、西洋の学問を応用するという「中体西用」論とよばれる清国内穏健改革派の方針に合致するものだった。経緯学堂設立に際して岸本辰雄校長は、明治大学の知名度が低いこともあり、楊枢清国公使に協力を求め、経緯学堂の教育方針に共感した楊公使は経緯学堂を清国政府へ推奨した。その結果、中国で宣伝され、開設2週間で中国人119名、韓国人5名、計124名が入学した(48)。

　経緯学堂が別法人とされたのは、経営が悪化した場合、大学の付属機関だと大学の経営に影響を与える恐れがあったためだった。校長は岸本辰雄が兼務し、大学幹事の木下哲三郎が学監を務め、授業も神田区錦町の明治大学高等予科の校舎を使用していた。また講師陣も豪華で、内海弘蔵（月杖）、上田敏、黒田清輝ら著名講師を含むのべ61名が教壇に立った(49)。

経緯学堂には、倫理、日本語、「普通学科」を教授する2年間の普通科と、日本語、「高等の普通学科」を教授する1年間の高等科が置かれた。「普通学科」とは中等教育レベルの各科目のことで、近代教育が整備されていない清韓留学生に、基礎学力を付けた。入学は無試験で、随時各科の班（クラス）に入ることができ、卒業後、普通科は大学専門科へ、高等科は大学本科へ、それぞれ無試験で入学することできた。こののち、師範科、警務、商業科が設置される。師範科は教員養成、警務科は警官養成の課程である。警務科は夜間に設置され、多くの講師は警視庁から招いた。(50)

3. 経緯学堂の特徴

　私立大学による留学生向け速成留学コースとしては、このほか翌1905（明治38）年設置の早稲田大学清国留学生部（以下、早稲田留学生部）が有名だった。経緯学堂の特徴は、法政速成科、早稲田留学生部と比較するとよくわかる。法政速成科は清国留学生のみを対象に、授業に日本語通訳を立てて、法学・政治学を1年間（のちに1年半へ延長）で習得させるものだった。早稲田留学生部も清国留学生を対象としたが、予科1年、本科2年（師範科等）、研究科1年と当初から比較的長かった。また、ともに大学に付設されていた。

　これに対し、経緯学堂は前述のとおり別法人で、その就学期間は法政よりは長く、早稲田よりは短かった。岸本辰雄は速成留学に批判的で、3年間は日本語で法律研究ができるまで日本語を学習し、その後5年間で法律学を研究させるのがよいと考えており、「或学校ではドンドン講義を通弁して教へてるコーすると大分早く法律を会得せしめるかも知れぬが其代りホンノ法文の立読が出来る位で理論的解釈などはトテモ望むことは出来まい」と考えていたが、留学生の要求に妥協したのである。法律科を立てず、師範科や警務科を立てたのも、中国側の人材需要を見てのことであろう。また、経緯学堂が法政や早稲田と異なり、「清韓両国学生」の教育を掲げた背景には、東ア

ジアの強国となった日本が清・韓を保護・指導して欧米に対抗するという「清韓経営論」があり、学内に一定の影響があったことを示している。とはいえ、実際の入学者は中国人が多く、しかも続々と入学したので、むしろ明治大学の経営を支えることになった。だが反面、経緯学堂の経営は中国人留学生の動向に左右されることになる。

4. 中国人速成留学ブームの終焉と経緯学堂の閉校

　表1は法政速成科・早稲田留学生部・経緯学堂の入学者と卒業者を比較したものである。速成教育に反対していた早稲田も半数近くの学生が卒業せずに学校を去っているが、典型的な速成教育のはずの法政速成科は卒業率がさらに低い。中国ではまだ学歴社会が確立しておらず、課程を修了して卒業証書を得るより、手っ取り早く得たごく初歩的な専門知識を振りかざして「留学帰り」を売り込むほうが、立身出世につながると考えられたのであろう。とくに前二者は普通学のレベルでも「大学」の名称が付いており、都合がよかった。

　一方で文化が近いと思って留学してみたら、日本語は発音・文法が難しく、下宿で出される日本食も口に合わない、あるいは、経済的に困窮したり、逆に金はあっても遊蕩で身を持ち崩す、などさまざまな理由で留学を断念する者がいた。また、中国人留学生に対する日本人の蔑視・差別も、彼らを苦しめた。

【表1】法政大学法政速成科、早稲田大学留学生部、経緯学堂入学・卒業者の推移

正式名称	存立期間	入学人数 (a)	卒業人数 (b)	卒業比率 b/a (%)
法政大学清国留学生法政速成科	1904年-1908年	2,117	986	46.58
早稲田大学清国留学生部	1905年-1910年	2,006	1,119	55.78
私立経緯学堂	1904年-1910年	2,863	1,389	48.52

出典：『百年史』第三巻通史編Ⅰ、631頁（『法政大学百年史』、稿本『早稲田大学百年史』第1巻下、『資料明治大学教育制度発達史稿』〔2〕〔3〕より作成）。

他方で、血気盛んな青年は政治運動、とくに清朝打倒を目指す革命運動に参加した。東京には、1898（明治31）年戊戌政変によって亡命してきた康有為、梁啓超らが拠点を置き、また孫文らの亡命革命家も日本の支援者を頼って来た。両者は体制内改革か反清革命かで論争を展開し、在日中国人、とくに留学生への支持獲得を争い、次第に後者が影響力を増した。そして、1905（明治38）年8月13日、孫文がアメリカから来日すると、東京麴町区の富士見楼で中国人留学生主催の歓迎集会が開かれて1,300人余が集まり、同20日、革命各派が大同団結して中国同盟会が結成される。同盟会はのちに中国国民党へと発展する。そのため、のちの中国国民党の指導者の多くは、汪兆銘（法政速成科）、廖仲愷（中央大学）、蔣介石（振武学校）のように、元日本留学生である。

　清国公使は、留学生の質の低下や革命運動の影響拡大を危惧して日本政府に留学生の管理強化を求め、同年11月2日「清国人ヲ入学セシムル公私立学校ニ関スル規程（いわゆる中国人留学生取締規則）」が制定される。これに反発した中国人留学生は、反対運動を展開する。12月1日には、当時神田区駿河台鈴木町（現神田駿河台）にあった清国留学生会館で、経緯学堂を含む8校の留学生が代表者会議を開き、規程の撤回を要求するとともに、翌日から1か月以上にわたって同盟休校（ストライキ）をおこなっている。抗議して帰国する者は全国で2,000人に上ったといわれる。

　結局、規程は撤回されることはなく、帰国した留学生も多くはやがて日本へ戻ったが、これが中国人の日本留学ブームの転機となった。以後、日本留学は量より質を追求する段階に入るのである。清国政府は、中国へ多くの日本人教習を招聘するなど、国内の教育普及に力を入れる一方、1907（明治40）年には、日本への官費留学生を中等教育を受けた者から選抜するようになり、さらに速成留学校への学生派遣を停止するよう通達する。経緯学堂も、これを受けて普通科・師範科の修業年限を3年に延長するなどの改正をおこなうが、入学生の減少は止まらず、翌08年、募集を中止する。実際に

は1910（明治43）年まで入学者がいたが、同年12月26日に最後の卒業生5名を送り出して、経緯学堂は閉校した。入学者は総計2,863名、卒業者は1,389名だった。すでに、法政速成科は08年4月に、早稲田留学生部は10年9月に閉校していた。⁽⁵⁶⁾

四　大正期のアジア留学生

　中国人の速成留学ブームが終息するとまもなく、1911年、中国では辛亥革命が勃発し、翌12年1月1日、中華民国が成立する。同年、日本では大正天皇が即位し、大正時代が始まる（大正元年は中華民国元年でもある）。また、保護国と化していた韓国は1910年に日本へ併合され、朝鮮と改称されていた。中華民国は政治的混乱が続き、一時は袁世凱による帝制運動もあったが、民国はかろうじて維持される（護国運動）。その一方で、第一次世界大戦は中国の近代産業の成長を促し、戦後は「民族自決」の原則に期待した学生・民衆が、朝鮮で三・一運動、中国で五・四運動をおこす。日本のいわゆる大正デモクラシーは、民主主義・自由主義的思潮という点で中国・朝鮮の新たな思潮・運動とも相通じ、アジア留学生を刺激するものであった。

1．中国人留学生の東京の法政系私立大学への集中

　経緯学堂の閉校により、留学生たちは、目的と学力に応じて、それぞれ明治大学の予科、学部（本科、別科）、専門部（正科、特科）、あるいは他大学へ入学していった。

　当時の清国留日学生の全体状況を統計的に知る手段として、台北の国史館所蔵の教育部檔案（公文書）がある。当時、清国留日学生は、清国公使館内に付設された遊日監督処が管理しており、卒業生に対して、留学先学校とは別に卒業証書を発行していた。国史館の教育部檔案には、この卒業証書にも

とづく1908（明治41）年9月から11年7月までの卒業生リストがあり、これによると、9割以上の留学生が東京の学校を卒業しており、とくに陸軍士官学校と私立5大学に集中していることがわかる（表2、表3）。

地方では専門性の高い実学系、とくに工学・農学・医学系が目立つのに対

【表2】清国留日学生の学校所在地別卒業件数（1908年～1911年）

所在地	卒業件数(件)	対総件数比（%）	卒業件数10件以上の学校、その他主な卒業学校
北海道	9	0.30	東北帝国大学農科大学（9．札幌農学校を含む）
東北	15	0.51	盛岡高等農林学校（10）、仙台医学専門学校（2）
関東（東京を除く）	35	1.18	群馬県高山社蚕業学校（16）、千葉医学専門学校（16）
中部	44	1.48	信濃蚕業学校（27）、名古屋高等工業学校（10）、金沢医学専門学校（3）、愛知県立医学専門学校（3）
近畿	71	2.39	大阪高等工業学校（29）、京都法政大学（8）、京都帝国大学（7）、京都高等工芸学校（4）、神戸高等商業学校（4）
中国	6	0.20	山口高等商業学校（4）、広島高等師範学校（2）
四国	0	0	
九州	19	0.64	長崎高等商業学校（8）、熊本高等工業学校（5）、長崎医学専門学校（3）
その他および不明	25	0.84	軍艦津軽（8）
東京	2742	92.45	早稲田大学（528）、明治大学（438）、陸軍士官学校（359）、法政大学（349）、日本大学（130）、中央大学（116）、東亜鉄道学校（81）、東斌学堂（75）、岩倉鉄道学校（59）東京高等工業学校（56）、東京帝国大学（54）、宏文学院（54）、測量部修技所（36）、東亜蚕業学校（30）、東京高等師範学校（27）、実践女学校（25）、経緯学堂（25）、東京高等商業学校（24）、東京電車会社実習（24）、同文書院（24）、鉄道院（20）、東京蚕業講習所（14）、女子美術学校（13）、憲兵練習所（12）、成城学校（11）、東京物理学校（11）、陸軍経理学校（10）、工手学校（10）
合計	2966	100.00	

学校名の後の（ ）内は卒業件数。
東京以外は、参考のため卒業件数が10件に満たない学校も一部含めた。
「不明」には、所在地が不明のもののほか、「帝国大学」のように記載が不明確なものを含む。
出典：光緒34（1908）年到宣統3（1911）年『各省官費自費畢業生姓名表』国史館蔵、教育部檔案196-014。
高田幸男「明治期東京の中国人留学生諸相」藤田直晴編『東京：巨大空間の諸相』大明堂、2001年、の表7－2の誤字を訂正した。

【表3】清国留日学生卒業生の学校所在地別・主要学校別比率（1908年～1911年）

		卒業生（人）	比率（%）
北海道		9	0.3
東北地方		15	0.5
関東地方（東京在外）		35	1.2
中部地方		44	1.5
近畿地方		71	2.4
中国地方		6	0.2
四国地方		0	0.0
九州地方		19	0.6
不明		25	0.8
東京		2742	92.4
東京の主要学校	早稲田大学	528	17.8
	早稲田大学（留学生部を除く）	365	12.3
	明治大学	438	14.8
	経緯学堂	25	0.8
	陸軍士官学校	359	12.1
	法政大学	349	11.8
	日本大学	130	4.4
	中央大学	116	3.9
	東京帝国大学	54	1.8
全体		2966	100.0

出典：表2から地域と主要校の比率を析出した。

し、上記6校は軍事および法学・政治学が中心である。当時の中国人留学生の多くが、日本留学を科挙に代わる任官・出世の手段としてみなしていたことを考えると、ここから法学や政治学への志向、首都への志向、そして「大学」という名称への志向がみえてくる。中央官庁に就職するためには、技術ではなく近代国家の根幹たる法学・政治学を学び、首都で国政運営を学び、予科や速成科であっても「大学」卒業の肩書が必要とみなされたと思われる。そのため、京都帝大や京都法政大学（現・立命館大学）などを擁する近畿地方も留学生の数はわずかだったのである。(57)

なお、同様の志向は同じく科挙の歴史を持つ韓国留学生にもあり、前述の皇室特派留学生の同盟休校の背景にも、法学・政治学への強い志向と実学教育への不満があったようである。(58)

2. 経緯学堂・校外生から大学への進学

　また同上史料の「備考」欄には、以前に在籍した学校が記載されている場合があり、経緯学堂の名も散見される。そこから経緯学堂をはじめとする速成教育や大学予科を経て、大学へ進学し卒業した者を抽出したのが表4である。分析の結果、経緯学堂出身者154名中、その後明大専門部法科を卒業した者が48名、同専門部商科15名、早稲田大18名、法政大14名、中央大10名、日本大9名、東京帝大2名、欧米留学1名など、各大学へ進学していったことがわかった。(59)経緯学堂自体は速成留学校であったが、多くの留学生がこれに飽き足らず各方面へ進学していったのである。その意味で、経緯学堂は宏文学院などと同様、中国人日本留学の草創期において、過渡的な役割を果たしたといえるだろう。

　明治大学の学部（3か年）へ入学するには、1年半の予科を卒業するか、それと同等の資格を持つ必要があったが、専門部（3か年）正科の入学資格は、中等学校卒業程度かそれと同等の学力だった。そのため、経緯学堂やその他で普通学を修了した中国人留学生の多くは、専門部に入学し、のちには中国の中等教育を修了した者も入学するようになった。さらに同特科は明治大学がおこなう資格認定試験（国語、漢文、数学）の合格者かそれと同等の学力があれば入学できたため、さまざまな年齢・学歴を持つ者が入学した。試験科目に漢文が含まれていることは、漢字文化圏の留学生にとって比較的に有利だった。(60)

　また、大学予科から学部本科を卒業するまでの授業料は、予科39円50銭、学部84円50銭、計124円に対し、専門部の卒業までの授業料は84円50銭で、前者は予科の分だけ時間と経済負担が大きくなる（下宿代、書籍代などで年間250円程度かかった）。しかも学部と専門部に学科目の違いはなく、学部は外国語の講義があるのに対し、専門部は全て日本語の講義のため、日本語以外の外国語を習得する必要がなかった。そのため専門部へ入る留学生

【表4】速成教育卒業後の進路

第1段階の学校	卒業・未卒業生のその後の主な進学先
早稲田大学 423（44）	
高等予科 17（1）	早大 16（1）：大学部政経 8（1）、大学部商 7（1）、専門部政経 1
清国留学生部 172（13）	早大 6（1）：高等師範部 3（1）、専門部政経 3 法大専門部法 3（2） 進学なし 142（7）
予科 222（25）	早大 136（15）：専門部政経 101（14）、専門部法 19（1）、大学部政経 7 明大 28（3）、中大 20（6）、法大 19、ほか 11
普通科 27（4）	早大 10（1）：専門部政経 3（1）、大学部政経 3、 明大 7（1）、中大 5、法大 2（2）
早稲田実業ほか 9（1）	早大 4（1）：大学部政経 3、専門部政経 1→中大研究科 1 東亜鉄道 2、ほか 3
宏文学院 361（53）	明大 66（4）：うち宏文卒 29（3）、未卒 37（1） 　　　　　　専門部法 34（1）→研究科 6（1）、 　　　　　　専門部商 16→研究科 2 法大 54（3）、日大 51（6）、早大 46（5）、 東京高師 21（10）、中大 16（10） 岩倉鉄道 9（1）、ほか 62（2） 進学なし 45
振武学校 176（48）	士官 120（42）、陸軍測量 25（4）、憲兵練習所 12（2）、陸軍経理 10 未卒業生 6（1）：岩倉鉄道 2、早大専門部政経 1（1）、ほか 3
経緯学堂 154（17）	明大 68（1）：専門部法 48（1）→研究科 8（1）、 　　　　　　専門部商 15→研究科 1 早大 18（4）、法大 14（2）、中大 10（3）、日大 9（1）、 東京帝大 2（1）、欧米留学 1、進学なし 18
法政大学 131（8）	
速成科 92（7） 　　：未 13（2）	法大 72（6）：専門部法 60（4）→研究科 12、 　　　　　　専門部政 6（2） 早大 5（1）、明大 4、日大 2、中大 1、東京帝大農科 1、 進学なし 8
予科 26（1）	法大 15（1）：専門部法 11（1）、専門部政 4 早大 7、明大 3、進学なし 1
普通科 6：未卒 5	卒：法大 1：専門部法 1、未卒：明大 3、早大 2
郵政科 5（1）：未卒 1	卒：法政大 3：専門部法 3→研究科 1、明大 1 未卒：法政大 1（1）：専門部法 1（1）
自治講習科ほか 8	法大 5、明大 2、進路なし 2

数字は当該学校・学科の卒業生・未卒業生数。「未」「未卒」は未卒業生の意。また（ ）の数字は、帰国後の経歴が判明している者を示す（内数）。
「大学部政経」、「法大専門部法」は、それぞれ「大学部政治経済科」、「法政大学専門部法科」の略記である。
出典：表2と同じ。

のほうが多かった。

　さらに、遠隔地在住者や貧困子弟のために設けられた校外生制度（通信教育）を使って学ぶアジア人もいた。校外生には法科校外生、法科特別校外生、法学選科校外生があったが、いずれも学歴や年齢に関係なく、無試験で随時に入学できた。そして、大学から送付される講義録で学習し、定期の通信試験によって及第・卒業の認定がなされた。授業料は、学部・専門部に比べて格安で、卒業が認定されれば専門部特科に編入され、好成績と認定されれば専門部正科に編入される可能性もあった。そのため、日本語やその他外国語が苦手だったり、経済的に苦しい留学生、とくに中国人は校外生から専門部特科へ進学する道を選んだ。校外生は 1904（明治 37）年の調査では、15,312 名在籍しており、明治大学の財政の 3 割前後を支えていた。そのなかに多くの留学生が含まれていたのである。だが、1908（明治 41）年の調査によると、法科校外生の残留率はわずか 7.7％で、校外生の道も決して楽ではなかった。[61]

　ちなみに、1904 年の集計によると、校外生全体の全科目終了者（無試験なので修了ではなく終了）は約 61,000 名（終了率は 43％）だったが、そのなかに清国在住者と韓国在住者がそれぞれ 1,000 名余り、台湾在住者が 1,600 名余り含まれており、韓国の全科目終了率は 6 割を超えていた（表5）。

3.「外地」からの留学

　台湾は 1895（明治 28）年に日本の植民地（当時、日本「内地」に対し「外地」

【表5】1904 年校内生・校外生の在学・卒業の状況

	総数	清国	台湾	朝鮮
創立以来の校内生総数	23,224	6	2	27
創立以来の卒業生総数	3,767	0	0	7
創立以来の校外生総数	141,817	不明	4,554	1,591
創立以来の校外生終了者総数	61,367	1,033	1,665	1,019

出典：「学生及卒業者人員府県別」『明治法学』第 74 号、1904 年。

とよばれた）となったが、その5年後の1901（明治34）年10月に最初の留学生郭廷献（かくていけん）が明治法律学校に入学している（卒業は1905年）。日本支配下の台湾では、この時点で台湾人向けの高等教育はおろか、中等教育ですら極めて門戸が狭かった。そのため、台湾人で立身出世をめざす者は、その突破口として日本「内地」への留学を考えたのである。(62)とはいえ、台湾人留学生は経緯学堂に入学しておらず、専門部への入学が1920年代に入って増加し、毎年10名程度入学するようになる。そのきっかけとなったのは、1914（大正3）年専門部法科卒の林呈禄（りんていろく）による新民会の結成や雑誌『台湾青年』の創刊（いずれも1920年）などの民族運動だった。台湾人留学生は当初、専門部法科に集中していたが、しだいに同商科も増えていった。(63)

　大韓帝国は1910（明治43）年に日本に併合される。併合以前には、のちに三・一運動の指導者になる崔麟（チェリン）のように皇室特派留学生として来日し、同盟休校事件ののち府立一中を退学して明治大学専門部法科に入った者もいた。だが、朝鮮総督府の統治下では、台湾同様、中高等教育へ進学し高級官僚へ出世する道はほぼ塞がれており、多くの若者が私費で「内地」留学し医師や弁護士の資格を獲得する道を選んだ。(64)こののち、日本支配下の朝鮮から明治大学へ入学する若者が増加する。

　本来、「外地」からの「留学」は、外国からの留学とは区別すべきだが、本書「まえがき」でも述べたように当時、事務的には留学生として扱われたので、本書も独立国との違いを踏まえつつ、台湾や併合後の朝鮮、日本の傀儡国家である満洲国も含めて、アジア人留学生として扱う。

4. 大正期アジア留学生の留学経験

　最盛期8,000人とも2万人ともいわれた中国人留学生は辛亥革命の前後に1,000人台まで減少する。だが、明治大学予科、学部、専門部のアジア留学生は、1910（明治43）年ごろから急増し、在籍者に占める比率も、特科では

半数近くに達した（表6）。中国・朝鮮の留学生が専門部に学ぶ状況は東京の私立大学全体の傾向だったものの、明治大学はとくに多かった。また、高等研究科の乙種生も留学生が多く、文官試験や判検事、弁護士試験を目指したものと思われる。(65)

その一方で、1913（大正2）年に明治大学政科・商科専門部特科に入学した中国人留学生283名のうち、卒業できた者はわずか33名（11.7％）という数字も残っており、大学として中国人留学生に対して配慮された教育がおこなわれていたとはいいがたい。(66)

【表6】 1913年－1918年明治大学各科学生数

学部	学科	国籍	1913年 大正2年	1914年 大正3年	1915年 大正4年	1916年 大正5年	1917年 大正6年	1918年 大正7年	総計
法科	大学本科	－	158	163	147	160	169	178	975
	大学別科	日本人	17	18	13	21	26	28	123
		中国人	0	8	9	7	10	17	51
	専門部正科	－	220	233	211	246	263	219	1392
	専門部特科	日本人	489	392	509	338	443	363	2534
		中国人	328	166	57	71	122	88	832
政科	大学本科	－	14	15	16	19	20	32	116
	大学別科	日本人	1	3	2	4	7	8	25
		中国人	0	11	8	7	7	12	45
	専門部正科	－	37	25	24	30	51	57	224
	専門部特科	日本人	97	82	64	69	107	129	548
		中国人	186	189	46	54	95	97	667
商科	大学本科	－	110	122	137	143	168	226	906
	大学別科	日本人	28	33	26	28	24	29	168
		中国人	0	21	23	12	10	8	74
	専門部正科	－	159	187	152	150	218	475	1341
	専門部特科	日本人	59	21	6	17	18	13	134
		中国人	97	81	19	21	32	19	269
大学別科中国人合計			0	40	40	26	27	37	170
専門部別科中国人合計			611	436	122	146	249	204	1768
中国留学生総計			611	476	162	172	276	241	1938

毎年の学生数は3学年の合計。出典：「留学生数一覧（大正二年〜大正八年）」『百年史』第一巻史料編I、873〜876頁。ただし、阿部裕樹「明治大学におけるアジア留学生数の動向―旧制明治大学発足以前を対象として」『大学史紀要』第18号、2014年、174頁にもとづき修正。

アジア留学生の増加を象徴するのが、1911（明治44）年の記念講堂建設募金活動である。募金活動の学生委員67名のなかに趙庸殷（趙素昂）ら留学生も6名が含まれている。

　また同じころ、1910年10月には、明治大学中国留学生雄弁会が組織されている。日本人の雄弁会同様、時事問題や人生論などをテーマに弁論をおこなったが、日本の対中政策などをテーマに取り上げることもあった。同雄弁会の会員でもあった黄尊三（こうそんさん）（1912年大学部法科別科卒）は、その『留学日記』に、当時日比谷にあった衆議院まで傍聴に行ったことを記している。

　黄のように、多くのアジア人留学生は、日本と本国の生活・文化の違いにとまどい、また、ときに日本の対アジア政策に憤りつつ、近代国家としての日本、近代都市としての東京のありかたを実見し、祖国の建設に思いを馳せたと思われる。こうした経験はまさに、留学してこそ得られる「実践知」であったが、一面、それは欧米留学で得られる「実践知」とは異なる近代日本の独自性を帯びており、その意味で近代日本はアジアの近代国家の、近代東京はアジアの近代都市の「揺籃」ともいえる。

　卒業への道は狭く厳しかったとはいえ、明大卒業生のなかから、中国の中央・地方の官界、法曹界で活躍する者が多数出ていることも事実である。ちなみに黄は帰国後、法学者となり、北京の民国大学の教務長（教務担当副学長に相当）になっている。

　これに対し、日本支配下の朝鮮、台湾では、高級官僚や法官として国家建設に関与する道はほぼ閉ざされていたため、明治大学法科を卒業すると、弁護士など社会のリーダーとして、日本支配下朝鮮・台湾における弱者の救済、「外地」の権利自由を追求することになる。韓国における「三大民族人権弁護士」金炳魯（キムビョンノ）・李仁（イイン）・許憲（ホホン）、台湾人最初の法学博士である弁護士葉清耀（ようせいよう）は、いずれも明大法科出身である。金と李は、1948年に大韓民国が独立すると、それぞれ、初代大法院長（日本の最高裁判所長官に相当）、初代法務部長官（同、法務大臣）になっている。また、葉清耀の法学博士取得（1932年）は、

「二等国民」扱いされていた台湾人に自信を与えた。葉は学位取得後も台湾で人権派弁護士として活躍した。[71]

なお、戦前日本におけるアジア留学生の法学博士学位取得第1号は趙欣伯（ちょうきんはく）（1925年取得）で、同じく明治大学留学生である。そして、戦前の日本で法学博士を取得したアジア人は、趙欣伯と葉清耀の2人しかいないのである。当時、学位の授与権は1920（大正9）年の改正学位令によって文部大臣から大学へ移っていた（ただし、学位授与には文部大臣の許可が必要だった）。このことから明治大学がアジア留学生への法学博士授与に積極的だったことがうかがえる。ただ、葉以降の授与はなく、また商学部による博士授与もないので、これが大学や法学部の方針だったのか、特定の教員の意向だったのか、今後検討する必要がある。[72]ちなみに趙は中国直隷省（現在の河北省）出身で、満洲国の立法院院長や憲法起草委員会委員を務め、日本の敗戦後に国民政府によって「漢奸」（対日協力者）として逮捕されている。[73]

明治大学の教員でアジア留学生、とくに「外地留学生」に影響を与えたと推測されるのは、泉哲（いずみあきら）である。泉は1914（大正3）年に明治大学政治経済科の講師となり、20（大正9）年から法学部専任教授、25年からは新設の政治経済学部の専任教授となり、27年4月に京城帝国大学へ移るまで植民地政策や国際法の講義を担当した。彼は、植民地本位の統治や植民地の自治を主張し、植民地への差別や同化主義を批判しており、また、東京在住の台湾人留学生が発行する雑誌に寄稿もしている。[74]泉とアジア留学生との交流については今後明らかにする必要がある。

さらにアジア留学生同士の交流としては、ともに「外地留学生」である朝鮮人と台湾人の交流、彼らと独立国中国その他の留学生との交流があった。たとえば韓国皇室特派留学生だった趙素昂は、明治大学へ入学後、日本大学専門部法科に留学していた戴季陶と交流している。のちに趙らは上海に大韓民国臨時政府を樹立し、中華民国国民政府はこれを支持し続けたが、その基盤には、国民党の重鎮となった戴と趙との信頼関係があった。[75]

さて、1907（明治40）年から1938（昭和13）年までの中国人留学生総数の推計と明治大学の中国人留学生総数を表7に掲げた。さねとうの推計はおおまかなものなので、あくまで目安でしかないが、明治大学の割合は常に5％ほどから10％ほどを占めていることがわかる（25％近くに達している1920年は五・四運動の翌年だが、さねとうの推計が過少ではないかと思われる）。また、専門部から学部、高等研究科へと学歴が上昇していること、専攻も法学から政治経済学部へ主流が遷移していることが見てとれる。そして日中関係の悪化にもかかわらず、為替や中国経済の回復などにより増加していた留学生の数は、日中戦争勃発の翌年に急減している。

五　東アジアの戦争と留学生

　1920年代後半、日本が昭和の時代に入るころ、中国ではコミンテルンの支援を受けた南方の広州国民政府が北伐を開始し、途中、蒋介石による反共クーデタと中国共産党の粛清を経て、1928年北京政府を打倒する。日本は、この国民革命に干渉して3次にわたり山東出兵をおこない、北京政府が崩壊すると関東軍はその首領張作霖を爆殺して、中国東北部の占拠をめざし、それは1931（昭和6）年9月18日、満洲事変（中国では九・一八事変）で実現する。翌年3月1日、日本の傀儡国家、満洲国が成立し、以後、留学生を日本へ派遣するようになる。それでも、国民政府の妥協により日中の国交は保たれ、中国人留学生は景気の回復や円安により、1936年には急増する。
　だが、1936年の二・二六事件、翌年の日中全面戦争開始で、日本では軍部を中心とする戦時体制が強化され、アジアの留日学生も敵か味方か峻別されることになり、中国人留学生の多くは帰国し、代わって日本占領地から留学生が派遣されてきた。日本支配下の朝鮮や台湾では戦時体制とともに同化政策が強化され、朝鮮・台湾人学生も日本人と同様に扱われるようになる。

【表7】明治大学中[...]

学年度		1907年	1908年	1909年	1910年	1911年	1912年	1913
分類		明治40年	明治41年	明治42年	明治43年	明治44年	明治45年/大正元年	大正2
大学部	法学部							
	商学部							
	政治経済学部							
	大学部小計							
専門部	法科	8	33	110	83	77	30	95
	政治経済科	2	6	11	7	21	10	10
	商科		9	13	39	41	20	22
	文芸科							
	史学科							
	高等専攻科							
	専門部小計	10	48	134	129	139	60	12[
総計 (a)		10	48	134	129	139	60	12[
さねとうの推計による中国留日学生総数 (b)		7000	4000	4000	—	—	1400	200
a/b (%)		0.14	1.20	3.35	—	—	4.29	6.3

学年度		1923年	1924年	1925年	1926年	1927年	1928年	1929
分類		大正12年	大正13年	大正14年	大正15年/昭和元年	昭和2年	昭和3年	昭和
大学部	法学部	1						3
	商学部	2		1	2	2		2
	政治経済学部	2	1		3	1	9	25
	大学部小計	5	1	1	5	3	9	30
専門部	法科	44	37	36	21	24	25	50
	政治経済科	93	43	50	48	44	63	11
	商科	45	15	9	9	8	6	1[
	文芸科							
	史学科							
	高等専攻科	35	31	13	73	36	97	17
	専門部小計	217	126	108	151	112	191	35
総計 (a)		222	127	109	156	115	200	38
さねとうの推計による中国留日学生総数 (b)		1000	—	—	—	1924	2480	24[
a/b (%)		22.20	—	—	—	5.98	8.06	15.

明大の統計は、「中国人留学生数調査報告」1939年4月24日(「諸官庁関係書類」昭和一三年九月起　事務[局
専門部の小計を加えた。(「諸官庁関係書類」昭和一三年九月起　事務局、明治大学歴史編纂事務室所蔵　第123
さねとうの推計は、さねとう、増補版、折り込み表による。

近代アジアの日本留学と明治大学

数 1907 年－1938 年

	1914年	1915年	1916年	1917年	1918年	1919年	1920年	1921年	1922年
	大正3年	大正4年	大正5年	大正6年	大正7年	大正8年	大正9年	大正10年	大正11年
							13	8	2
							6		3
							7		4
							26	8	9
	30	40	20	18	16	25	105	78	55
	13	24	18	15	4	14	164	103	107
	21	14	17	5	11	6	68	40	54
							6	10	40
	64	78	55	38	31	45	343	231	256
	64	78	55	38	31	45	369	239	265
	000	—	4000	—	3000	2500	1500	2000	2246
	.28	—	1.38	—	1.03	1.80	24.60	11.95	11.80

	30年	1931年	1932年	1933年	1934年	1935年	1936年	1937年	1938年
	昭5年	昭和6年	昭和7年	昭和8年	昭和9年	昭和10年	昭和11年	昭和12年	昭和13年
	7	10	7	6	2	20	28	33	1
	2	3	2	6	3	4	2	6	
	65	82	49	43	24	56	91	105	9
	74	95	58	55	29	80	121	144	10
	55	18	4	2	5	7	5	6	1
	03	64	15	5	3		4	3	
	6	3	2	2	3	3		8	
							1	1	
							1		
	26	134	61	79	125	176	158	114	10
	90	219	82	88	136	186	169	132	11
	64	314	140	143	165	266	290	276	21
	049	2972	1421	1357	3000	6500	5662	5934	—
	.22	10.57	9.85	10.54	5.50	4.09	5.12	4.65	—

学歴史編纂事務室所蔵　第1231号)、『百年史』第二巻史料編Ⅱ、1988年、561－564頁にもとづき、大学部と

1. 東アジア情勢の悪化と留学生

　第一次世界大戦期以降の中国や日本支配下の朝鮮・台湾におけるナショナリズムや自治意識の高まり、とくに日本の対アジア政策に対する反発は、しばしば留学生たちの政治運動を引き起こす。たとえば、1915（大正4）年の対華二十一か条要求に対する抗議運動、19年3月の朝鮮三・一運動、その2ヶ月後に起きた中国の五・四運動、28（昭和3）年の山東出兵・済南事件に対する抗議運動である。

　明治大学は留学生が多い上に、朝鮮人留学生の拠点である在日朝鮮基督教青年会（現・在日本韓国YMCAアジア青少年センター）や、中国人留学生の拠点である駿河台の清国留学生会館（のち牛込区西五軒町へ移転）、中華留日基督教青年会（神田区美土代町、のち北神保町へ移転）も近くにあったため、これらの運動にも明大留学生が多く名を連ねている。[76]とくに1919年2月8日には、在日本朝鮮基督教青年会に約600人の朝鮮人留学生が集まり、「朝鮮独立宣言」を発表しており、これが三・一運動へとつながる。[77]

　中国人留学生は、事件や戦火のたびに、抗議のため、あるいは母国からの仕送りが途絶えたため一時帰国をし、事態が沈静化すると留学生活を再開した。

　一方、1923（大正12）年9月1日の関東大震災に際しては、中華留日基督教青年会は一部残留者が救済活動をおこなうとともに、帰国した学生たちが各地で救済募金活動を展開している。[78]だが、満洲事変が勃発すると日本に対する反発も強くなり、同会は「キリスト精神と是々非々主義」で国際親善に貢献すると決意している。[79]

　そのような中で多くの留学生を引きつけたユニークな学科が、明治大学新聞高等研究科である。

　1932（昭和7）年5月に明治大学がジャーナリスト養成のための新聞高等研究科（高等研究科は大学本科3年在学生か卒業生が受講可能）を設立すると、

朝鮮、台湾、満洲国だけでなく、中国からも多数の入学者があった（表8）。37年入学の第6期生87名中、朝鮮・満洲国各3名、中国は実に55名に達し、日本人はわずか26名だけで、研究科が中国人留学生に占領された観があったという。第6期生の中国人留学生55名の内訳は、法政大学学部3年在学3名、同大中退2名、専修卒2名、日大専門部卒2名の計9名に対し、新聞高等研究科だけの短期留学が、上海・南京・広州などの中国の大学卒

【表8】新聞高等研究科生の推移

		入学時					7月1日現在	卒業時
		入学者数	朝鮮	中国	旧満洲	台湾		
1期生	1932〜33年	79（1）	4			1	—	38
2期生	1933〜34年	48（1）		2			—	33
3期生	1934〜35年	36	1	4		1	34	18
4期生	1935〜36年	59	5	13	1		59	44
5期生	1936〜37年	69（6）	2	38（4）	1			61
6期生	1937〜38年	87	3	55	3		85	16
7期生	1938〜39年	53	5	1	8	3	52	35
8期生	1939〜40年	53					—	23
9期生	1940〜41年						67	53
10期生	1941〜42年						99	55
11期生	1942〜43年						201	107
12期生	1943〜44年	181	58	18		5	181	61
13期生	1944〜45年	112（2〜3）	21	12		5	—	38
14期生	1945〜46年		23			6	131	—
	1946〜47年	131					—	69
15期生	1947〜48年	133	6			5	133	61
16期生	1948〜49年	109	3			2	100	61
17期生	1949〜50年	73	4			1	73	41（1）
18期生	1950〜51年	50（4）					43	30（3）
19期生	1951〜52年	52（2）	2			1	35（1）	
20期生	1952〜53年	34					—	17

（原注）括弧内は女子、数字は明治大学企画課が1955年10月作成の「1934-'50年学生数（各年7月1日）一覧表」、明治大学・年別卒業生数1933-'50年、同企画課作成1943-'53年学部・学科在学生数日表、二部教務課所蔵昭和7-13年度新聞科在学証書綴、同25年度新聞高等研究科在学証書、17期生卒業アルバムの住所録、18期生卒業アルバムの住所録などを参考にした。
（注）　原表の元号表記を西暦に改めた。
出典：明治大学百年史編纂委員会編『明治大学百年史』第四巻通史編Ⅱ、明治大学、1994年、116頁。

20名、同中退1名、大学在学者3名、専門学校卒17名、高級中学校卒2名、その他3名、計46名となっていて、後者の中には、上海の滬江大学新聞学科卒2名、中国紙の東京特派員、華僑紙の記者など現職の記者も含まれていた。このように、日中間の緊張が高まるなかでも、向学心の強い学生は明治大学へ学びに来たのである。[80]

2. 満洲国留学生

　満洲国が「日満一体」の国家目標を立てたため、以後、満洲国からの留学生が急増することになる。満洲国政府は、奨学生制度によって留学を支援する一方、1936（昭和11）年9月に「留学生ニ関スル件」（勅令）、「留学生規則」（文教部令、日本の文科省令に相当）を公布して、留学生の資格更新の手続きをおこない、自由な来日を制限し、留学生の動向を把握しようとした。留学生は満洲国政府によって監視され、学業成績書を駐日大使館に提出する義務があった。また、日本精神を体得して満洲国建国の精神に徹するために満洲国留学生会が組織され、満洲国留学生は加入を義務づけられ、大学単位でも日満学生会が結成された。[81]

　1936年度から40年度までの5年間の全国大学の満洲国留学生入学者数を見ると、明治大学が109名（うち女子部15名）で最も多く、次いで京都帝国大学70名、法政大学42名、東京工業大学35名、早稲田大学31名となっていた。明治大学の満洲国留学生は、大学・専門部とも法・政経が多く、法律学、政治学、経済学を専攻しており、また実務的な女子部への留学が多いのも特徴だった（表9）。

　満洲国留学生は、将来満洲国の中堅的人物として活躍することが期待されており、日本精神の研究が最も重要とされた。そのため、明治大学でも実地研究として帝国議会、文部省、大日本精糖川崎工場の見学をおこなっている。また、講演会、親睦会などが開催された。満洲国留学生は教練査閲、野

【表9】"満洲国"留学生数一覧

大学名＼入学年度	1932年 昭和7年		1936年 昭和11年		1937年 昭和12年		1938年 昭和13年		1939年 昭和14年		1940年 昭和15年		1936年-1940年計	
東京帝国大学	7	6.09	3	2.68	2	1.89	3	3.33	5	8.06	7	11.86	20	4.66
京都帝国大学	11	9.57	12	10.71	12	11.32	23	25.56	10	16.13	13	22.03	70	16.32
東北帝国大学	3	2.61	1	0.89	1	0.94	0	0.00	1	1.61	1	1.69	4	0.93
九州帝国大学	4	3.48	0	0.00	2	1.89	1	1.11	0	0.00	0	0.00	3	0.70
北海道帝国大学	13	11.30	2	1.79	2	1.89	2	2.22	2	3.23	4	6.78	12	2.80
東京商科大学	7	6.09	0	0.00	1	0.94	3	3.33	2	3.23	6	10.17	12	2.80
神戸商業大学	6	5.22	2	1.79	1	0.94	2	2.22	2	3.23	3	5.08	10	2.33
東京工業大学	19	16.52	2	1.79	10	9.43	7	7.78	4	6.45	12	20.34	35	8.16
大阪商科大学	1	0.87	0	0.00	0	0.00	0	0.00	1	1.61	1	1.69	2	0.47
東京文理科大学	1	0.87	0	0.00	0	0.00	0	0.00	0	0.00	0	0.00	0	0.00
広島文理科大学	3	2.61	0	0.00	0	0.00	0	0.00	0	0.00	0	0.00	0	0.00
早稲田大学	9	7.83	7	6.25	11	10.38	6	6.67	7	11.29	0	0.00	31	7.23
慶應義塾大学	3	2.61	0	0.00	3	2.83	1	1.11	1	1.61	0	0.00	5	1.17
明治大学*	12	10.43	31	27.68	32	30.19	16	17.78	14	22.58	1	1.69	94	21.91
明大女子部	5	4.35	7	6.25	2	1.89	0	0.00	4	6.45	2	3.39	15	3.50
法政大学	1	0.87	29	25.89	2	1.89	5	5.56	3	4.84	3	5.08	42	9.79
日本大学	1	0.87	1	0.89	13	12.26	5	5.56	2	3.23	1	1.69	22	5.13
中央大学	2	1.74	4	3.57	0	0.00	0	0.00	0	0.00	0	0.00	4	0.93
同志社大学	2	1.74	0	0.00	0	0.00	0	0.00	0	0.00	0	0.00	0	0.00
東京慈恵会医科大学	2	1.74	0	0.00	1	0.94	2	2.22	1	1.61	0	0.00	4	0.93
専修大学	0	0.00	3	2.68	2	1.89	3	3.33	1	1.61	0	0.00	9	2.10
東京農業大学	1	0.87	1	0.89	4	3.77	3	3.33	1	1.61	0	0.00	9	2.10
立教大学	0	0.00	0	0.00	1	0.94	0	0.00	0	0.00	0	0.00	1	0.23
拓殖大学	0	0.00	2	1.79	0	0.00	0	0.00	0	0.00	0	0.00	2	0.47
立命館大学	0	0.00	0	0.00	0	0.00	0	0.00	1	1.61	0	0.00	1	0.23
日本女子大学	2	1.74	5	4.46	3	2.83	6	6.67	0	0.00	2	3.39	16	3.73
東京女子大学	0	0.00	0	0.00	1	0.94	2	2.22	0	0.00	3	5.08	6	1.40
合計	115	100.00	112	100.00	106	100.00	90	100.00	62	100.00	59	100.00	429	100.00

＊明治大学の数字は女子部を除いた数字
「大学別満州国留学生数一覧」『百年史』第二巻史料編Ⅱ、703〜704頁。

外教練等にも率先して参加した。1939(昭和14)年には、満洲国大使館の要請を受け、満洲国学生寮(明治寮)が設置されている。この寮は南北二舎からなり、南寮には満洲国留学生が、北寮には日本人学生が入り、共同生活によって「日満一徳一心の精神」などを養うものとされた。[82]

だが、満洲国留学生は1938年以降激減する。日中戦争の勃発が満洲国留学生の帰国を促したと思われる。[83]

3. 戦時体制下のアジア留学生

1937年7月7日、日中全面戦争が勃発する。中華民国の留学生はほとんど帰国し、その後、日本占領地下からの留学生に取って代わられる。アジア留学生は拡大する戦争によって、敵味方に引き裂かれていくことになる。

日中戦争の早期停戦に失敗した近衛文麿首相が、1938（昭和13）年11月、「東亜新秩序」の建設を提唱すると、各大学は新秩序のための人材育成に動き出す。明治大学も、翌39年4月、「東亜新秩序建設の国策に順応」し、「有能達識の中堅人物を養成」するため、専門部興亜科を設立する。修業年限3年の経営・貿易・農政・厚生の4科（定員計960名）と修業年限1年で夜間部の興亜科研究科（定員300名）で、満洲国や中国に拡大する日本占領地を経営するための教育をおこなった。興亜科はとくに朝鮮人留学生が多く、約3割を占めていた。朝鮮では高等教育を受ける機会が少ないためだったが、1940年以降、受験倍率が上がり激減している。[85]

なお、1939（昭和14）年8月、この興亜科の延長上に、明治大学に上海分校を設置する計画が持ち上がる。明大法学部卒で当時中華民国維新政府内政部長（総務大臣に相当）の陳群が明治大学を訪問し、木下友三郎総長に要請したものだった。同年9月木下が現地を訪問するところまで話が進んだが、理由は不明だが立ち消えになっている。[86]

さて、このように朝鮮に戦時体制が敷かれても、朝鮮人の中高等教育への門戸は広がらず、初等教育の普及で進学希望者が増えたため、むしろ狭まっていった。その結果、教育の不平等が相対的に少ない「内地」日本へ留学する学生が増加した。朝鮮人留学生数は1936（昭和11）年10月1日の時点で、6,327名であり、東京に約4,700名、地方1,627名いたが、1941年には18,300

名まで増加した。朝鮮人留学生は学校が多い東京を中心に学生生活を送っていた。1941年の調査によれば、大学高専生9千数百名のうち調査に応じた6,421名の在籍校は東京の私立大学で、日大が1,554名、明大1,258名、中大1,125名、法政大681名、早稲田533名となっていた。明大は朝鮮人留学生の多い大学のひとつで、当時の全在日朝鮮人留学生の2割近くを占め、また明大学部生の1割は朝鮮人留学生で、うち100名は女子部の学生だった。[87]その背景には、「中央、日本、明治の三大学はわれわれの私学の普成専門や延禧専門〔引用者注：それぞれ高麗大学・延世大学の前身〕より多くの学生の入学を許可していた、ある面ではソウルより東京の方がはるかに学問の自由が保証されていた。朝鮮人学生も<u>思想関係以外</u>は監視、取締は比較的少なかった〔下線は引用者による〕」という、朝鮮の状況が背景にあった。[88]

もちろん、「内地」でも民族主義運動や社会主義運動は厳しく弾圧されていた。朝鮮人留学生には、大正期から在東京朝鮮留学生学友会があり、民族解放運動を推進していたが、1931（昭和6）年6月に解散した。この学友会の中心として活動をおこなってきた明大の朝鮮学生同窓会は、同会の解散後も活動を継続し、1936年6月に日大・中大・早大等の有志17名と共に朝鮮留学生研学会を結成した。研学会は学術研究・発表と人格の涵養を目的としていたが、実質は民族主義運動であった。1938年4月末には、朝鮮で初めて多数の会員が検挙され、同年12月には治安維持法違反で11人が東京刑事裁判所に送致されて組織は壊滅的となった。だが、40年には朝鮮独立を目的とする結社、竹馬楔が新たに結成されており、42年に明大商学部の学生1名がその責任者として検挙され、43年9月には明治大学も2人の留学生を竹馬楔メンバーとして除籍している。[89]

一方、1940年に朝鮮人の創氏改名と台湾人の改姓名が実施されると、明治大学でも朝鮮人・台湾人を留学生ではなく、日本人として扱うようになる。彼らのなかには、学業でめざましい成績を収めた者もいる。たとえば太倫基は高等文官試験に合格し、任甲寅は在学中に史上最年少で司法試験に合

格している。任は独立後の大韓民国で検事長やソウル市弁護士会会長等を歴任し、明治大学韓国同窓会（のち明治大学校友会大韓民国支部）の会長を長年務めた。⁽⁹⁰⁾

4. アジア太平洋戦争末期のアジア留学生

　だが、太平洋戦争の敗色が濃くなってくると、日本人同様、朝鮮・台湾人留学生にも出征志願が強要され、さらには学徒兵として召集され、戦地へ赴いた。『百年史』では朝鮮人出陣学徒兵数、学部20名、専門部27名、専門部二部等147名について検討し、入学生の比率からしてこの数字が過少であり、混乱による欠落にしては大きすぎるとして、「おそらく大部分の学生が、逃亡先や帰省先で志願をせざるをえない事情に追いこまれたため、学校を通した手続きができなった」と推測している。⁽⁹¹⁾

　本書第Ⅱ部第6章で言及するように、徴兵を見越して退学して朝鮮へ帰る者も多くいたと思われる。彼らからすれば、敗色が濃くなったから日本人と平等に徴兵するというのは納得がいかなかったことであろう。実際に戦地へ赴き、命を落としたのはどのくらいの人数に上るか不明であるが、朝鮮人出陣学徒のことも忘れてはならない。⁽⁹²⁾

　また、アジア太平洋戦争後半、減少した満洲国留学生に代わって日本に派遣されたのが南方特別留学生（南特）である。南特は、1942（昭和17）年11月に新設された大東亜省が文部省・陸海軍省・企画院とともに推進した国費留学生で、東南アジア各地の日本軍占領地の男子青年を対象とし、大東亜共栄圏建設に必要な人材に育てることを目的とした。1943年に第1期生104名、1944年に第2期生101名が来日したとされ、その約4割が現在のインドネシアからの留学生だった。⁽⁹³⁾

　彼らは1年目は日本語を学び、2年目は指定された各地の専門学校・高等師範学校で大学進学のための予備教育を受け、大学進学後は機械学、農林

学、応用化学、薬学等を専攻することになっていた。彼らは奨学金等経済面では優遇されたが、日本人や一般の留学生との交流は禁じられていた。

この2年目の受け入れ学校のうち、唯一の私立学校が明治大学専門部興亜科付設高等専攻科で、第1期生のうち5名のインドネシア人が入学した。うち4人はセレベス（現スラウェシ）出身、1人はジャワ出身だった。彼らは、1944（昭和19）年5月に横浜市警察練習所に入所した後、同年10月に明治大学に入学し、毎週10回、2時間を単位とした講義を受けた。本来修学期間1年以上の高等専攻科を、特別な配慮により1945年3月に卒業し、山口経済専門学校、京都帝国大学法学部、岐阜農林専門学校畜産科に進学したが、そこで日本の敗戦を迎えた。彼らは1947年以降に帰国したが、対日協力者としてオランダ軍に拘束される恐れがあったためだといわれている[94]。ちなみに、インドネシア人の明治大学留学第1号は、1933（昭和8）年入学のマジッド・ウスマンである[95]。

おわりに

以上、19世紀後半から1945年にいたるアジア人日本留学の歴史とその中での明治大学の位置づけを通観してみた。

明治大学は、留学生受け入れの出足こそ遅れたが、中国、朝鮮、台湾、いずれからの留学生においても、早稲田や法政、中大などと並ぶ主要な受け入れ校であった。ただ、『百年史』の史料を見る限り、経緯学堂の設立時以外は、明確な留学生の受け入れ方針を立てて誘致をやったようにはみえない。むしろ、卒業率の低さなど、放任主義とも思える状況があった。

明治時代末期は東京の法律系私立大学に留学生が集中したが、その中で名前が明治維新の明治でわかりやすかったこと（法政も同様）、人気があった経緯学堂から明治大学の知名度が上がったことなどが推測できるが、よくはわからない。このあたりは、今後の課題である。

実際には、留学生間のネットワークで、各大学が天秤にかけられ、面倒見のよい教授に学生が集中するなど、個別の学友・師弟関係が大きかったのかもしれない。

　そうした個別の留学のありよう、そこで得られた留学経験については、以下の各章で検討する。

【注】
(1) 實藤恵秀『中国人日本留学史稿』日華学会、1939 年、さねとうけいしゅう『中国人日本留学史』くろしお出版、1960 年、同増補版、1970 年（以下、さねとう、増補版）など。
(2) 福村出版、1990 年、復刻版、龍溪書舍、2000 年。
(3) 大里浩秋・孫安石編著『中国人日本留学史研究の現段階』御茶の水書房、2002 年、同『留学生派遣から見た近代日中関係史』御茶の水書房、2009 年、同『近現代中国人日本留学生の諸相―「管理」と「交流」を中心に』御茶の水書房、2015 年。
(4) 黄福慶『清末留日学生』台北：中央研究院近代史研究所、1975 年、小島淑男『留日学生の辛亥革命』青木書店、1989 年。
(5) 李喜所主編『中国留学通史』晩清巻、民国巻、新中国巻、広州：広東教育出版社、2010 年、淳于淼泠・潘麗霞『重慶留学史研究―以留学人物・留学政策為中心（1898―1966）』北京：中国社会科学出版社、2014 年、梁中美『晩清民国時期貴州留日学生与貴州近代化』成都：西南交通大学出版社、2014 年。
(6) 劉振生『近代東北人留学日本史』は、中国で出版されたものではあるが、多数の日本語文献やインタビュー調査の成果も使用している（北京：民族出版社、2015 年）。章開沅・余子俠主編『中国人留学史（上）（下）』も通史としては各国語の文献によく当たっている（北京：社会科学文献出版社、2013 年）。
(7) 周一川『中国人女性の日本留学史研究』国書刊行会、2000 年（その中国語版『近代中国女性日本留学史：1872～1945 年』北京：社会科学文献出版社、2007 年）、など。
(8) 阿部洋「旧韓末の日本留学―資料的考察（Ⅰ）、（Ⅱ）、（Ⅲ）」『韓』第 3 巻第 5、6、12 号、1974 年、同「二十世紀初頭における朝鮮人の日本留学―『韓国皇室特派留学生』の場合―」『国立教育研究所紀要』第 94 集アジアにおける教育交流～アジア人日本留学の歴史と現状～、1978 年、武井一『皇室特派留学生―大韓帝国からの 50 人』白帝社、2005 年、朴宣美『朝鮮女性の知の回遊―植民地文化支配と日本留学』山川出版社、2005 年。
(9) 卞鳳奎『日治時期台湾留学日本医師之探討』台北：博揚文化事業、2011 年、紀

旭峰『大正期台湾人の「日本留学」研究』龍溪書舎、2012年。
(10) 前掲『国立教育研究所紀要』第94集、『国立教育研究所紀要』第89集アジア人の日本留学 ～「アジア人留学生に関する総合研究」報告書、1976年、国立教育研究所など。
(11) 奈良女子大学アジア・ジェンダー文化学研究センター編『奈良女子高等師範学校とアジアの留学生』奈良女子大学アジア・ジェンダー文化学研究センター、2014年、同、敬文舎、2016年、李成市・劉傑編著『留学生の早稲田：近代日本の知の接触領域』早稲田大学出版部、2015年、河路由佳・淵野雄二郎・野本京子『戦時体制下の農業教育と中国人留学生―1935～1944年の東京高等農林学校』農林統計協会、2003年、吉田千鶴子『近代東アジア美術留学生の研究―東京美術学校留学生史料―』ゆまに書房、2009年、また千葉大学の前身の学校を中心に各種専門学校留学生を考察した見城悌治『留学生は近代日本で何を学んだのか―医薬・園芸・デザイン・師範』日本経済評論社、2018年など。
(12) 明治大学百年史編纂委員会編『明治大学百年史』（以下、『百年史』）全四巻、明治大学、1986‐1994年。このうち留学生を主題とする史料は、第一巻史料編Ⅰ、1986年に合計67件、第二巻史料編Ⅱ、1988年に33件を収録する。これ以外にも留学生に言及する史料がある。
(13) 『百年史』第三巻通史編Ⅰ、1992年、623～665頁。
(14) 『百年史』第四巻通史編Ⅱ、1994年、209～225頁。
(15) 同上326～337頁。
(16) 同上337～358頁。
(17) 明治大学中国研究会第四部とよばれ、班長である故加藤隆政治経済学部教授の下に中国や関連分野を専門とする研究者が学内横断的に結集していた。第四部については、当時客員教授として同班に参加した重慶師範学院（当時）の靳明全が、その著書巻頭にメンバーの記念写真を掲載し、「後記」で資料の提供を受け、帰国後も激励されたことに謝辞を述べている（『攻玉論―関于20世紀初期中国軍界留日生的研究』重慶：重慶出版社、2001年、巻頭写真および361頁）。なお、筆者はこの時着想したテーマをのちに、「明治期東京の中国人留学生諸相」、藤田直晴編『東京：巨大空間の諸相』大明堂、2001年にまとめている。
(18) この間の主な成果は下記のとおり。明治大学史資料センター編『明治大学小史 人物編』学文社、2011年、土屋光芳「『留学経験』と中国の民主化―清末から汪精衛政権まで」『大学史紀要』第18号「明治大学　アジア留学生研究Ⅰ」、明治大学史資料センター、2014年、李恩元「張志弼と『衡平運動』」同上、村上一博「日治台湾における弁護士制度の展開と台湾人弁護士」同上、阿部裕樹「明治大学におけるアジア留学生数の動向―旧制明治大学発足以前を対象に」同上、山泉進「『日華学報』に掲載された師尾源蔵の明大留学生に関する文章」同上、国際シンポジウム記録「近代アジアと『留学経験』―第二次世界大戦前の留学

を中心に」『大学史紀要』第 20 号「明治大学　アジア留学生研究 II」、2015 年、秋谷紀男「朝鮮戦争と在日学徒義勇軍」同上、長沼秀明「経緯学堂の教育実態」同上、朴元錫著、高田幸男校注「明治大学韓国同窓会（校友会大韓民国支部）人物誌」同上、山泉進・加藤徹「師尾源蔵資料と『経緯学堂主旨』の読み下し文」同上、阿部裕樹「明治大学史資料センター所蔵　アジア留学生関係資料目録」同上など。

(19) 前掲『中国留学通史　晩清巻』、緒論 1 〜 3 頁。
(20) 前掲『中国人留学史』上冊、6 〜 8 頁、前掲『中国留学通史　晩清巻』緒論 1 〜 2 頁。中国からヨーロッパへ留学したキリスト教徒は、17 世紀からアヘン戦争が勃発した 1840 年までに 96 人に上る（同上、15 〜 25 頁）。
(21) 明治大学史資料センター編『私学の誕生―明治大学の三人の創立者―』創英社、2015 年。
(22) ただし、当時は「出洋生」、「游学生」なども使用され、20 世紀初頭以降、「留学」が一般的となる（前掲『明治留学通史　晩清巻』、緒論 3 〜 6 頁）。
(23) 同上、62 〜 182 頁。なお、阿部洋はかつて「80 年代初めを最後にほぼ 20 年間途絶える」としていたが（「中国近代における海外留学の展開―日本留学とアメリカ留学―」前掲『国立教育研究所紀要』第 94 集、13 頁、前掲『中国の近代教育と明治日本』57 頁）、このようにヨーロッパへの陸海軍留学生の派遣は小規模ながら日清戦争後まで続いていた。
(24) 川島真「東アジアの近代―19 世紀」和田春樹ほか『東アジア近現代通史（上）―19 世紀から現在まで』（以下、近現代通史　上）、岩波書店、2014 年、43 頁。
(25) 武井、前掲書、1 〜 2 頁。李成市ら編『世界歴史大系　朝鮮史 2―近現代―』山川出版社、2017 年、17 〜 19、26 〜 27 頁。
(26) 武井、前掲書、2 頁。
(27) 趙景達「危機に立つ大韓帝国」『岩波講座　東アジア近現代通史（以下、講座通史）』第 2 巻「日露戦争と韓国併合　19 世紀末―1900 年代」岩波書店、2010 年、153 〜 158、166 頁、和田春樹「日露戦争と韓国併合」前掲『近現代通史』上、89 頁。
(28) 「警視庁への止宿届」『百年史』第一巻史料編 I、明治大学、1986 年、823 頁。
(29) 朴元錫、前掲「明治大学　韓国同窓会（校友会大韓民国支部）人物誌」59 頁。
(30) 『百年史』第三巻通史編 I、628 〜 629 頁。
(31) さねとう、増補版、37 〜 40 頁。
(32) さねとうは、呂烈煌を 1896 年の最初の官費留学生 13 名の 1 人としており（増補版、15 頁）、『百年史』の解説もそれに従っている（第一巻史料編 I、515 頁）。だが、酒井順一郎によると、この 13 人のうち 4 人は早くも同年 10 月に帰国し、その代わりに追加派遣された 14 人目の官費留学生が呂烈煌だった（酒井順一郎「一八九六年中国人日本留学生派遣・受け入れ経緯とその留学生教育」『日本研

究：国際日本文化研究センター紀要』第31号、2005年、193-194頁）。
(33) 「清国学生と法律学」『読売新聞』1901年10月3日『百年史』第一巻史料編Ⅰ、827頁。ちなみに、同史料は呂の本籍を「安徽州」とするが、安徽省の誤りである。
(34) 『百年史』第三巻通史編Ⅰ、647頁。
(35) 阿部裕樹、前掲「明治大学におけるアジア留学生数の動向」168頁。
(36) 阿部洋、前掲『中国の近代教育と明治日本』54～56頁。
(37) さねとう、増補版、付表「中国留日学生関係の五つの表」、544頁。
(38) 『百年史』第三巻通史編Ⅰ、628頁。
(39) 阿部裕樹、前掲「明治大学におけるアジア留学生数の動向」168頁。
(40) 『百年史』第三巻通史編Ⅰ、454頁。ただし、支部を組織したのが留学生なのか、在留日本人校友なのかは判然としない。
(41) 武井、前掲書、12頁。なお、朴前掲文に「一九〇三年（光武七年）には皇室特派留学生として魚允斌、尹喆重、金栄浩等三〇余名が明治大学で修学している」とあるが（59頁）、誤りである。
(42) 和田、前掲文、89頁、武井、前掲書、101～102頁。
(43) ビン・シン「東遊運動」『講座通史』第2巻、196～197頁。
(44) さねとう、増補版、71～74頁。
(45) 1903（明治36）年の「専門学校令」の公布により、大学と同じ組織編成をとる私立専門学校が「大学」と改称することが認められた（『百年史』第一巻史料編Ⅰ、493～495頁）。
(46) 「清国留学生法政速成科開講式」『法政大学史資料集』第11集、1988年、16～22頁、「留学生の増加」同上、136頁。
(47) 「私立経緯学堂設置認可願」明治三十七年八月九日、『百年史』第一巻史料編Ⅰ、834頁。その詳細な考察は、長沼、前掲論文を参照のこと。
(48) 『百年史』第三巻通史編Ⅰ、635頁、長沼、前掲論文、49頁。
(49) 「経緯学堂創立および職員」『百年史』第一巻史料編Ⅰ、842～844頁。
(50) 『百年史』第三巻通史編Ⅰ、642～645、806頁。
(51) 「明治大学校長岸本辰雄談」（二・完）村上一博編『日本近代法学の先達　岸本辰雄論文選集』日本経済評論社、2008年、342～343頁。ちなみに、岸本のいう「或学校」とは中国語の通訳を立てて講義をおこなっていた法政速成科などを指すと思われる。
(52) 『百年史』第三巻通史編Ⅰ、634頁。
(53) 当時の中国人の日本における留学生活を示す貴重な史料が、黄尊三著、さねとうけいしゅう・佐藤三郎訳『清国人日本留学日記（1905-1912年）』東方書店、1986年、である。そこには、日本社会の観察、勉学や衣食住の悩み、故郷への思い、清朝や革命運動の動向、日本の政策への批判、多くはないが日本人との

(54) さねとう、増補版、415〜416頁。
(55) 同上、461〜484頁。なお、武井一は、この事件と前述の韓国皇室特派留学生の東京府立一中における同盟休校との共通性、および相互の影響について指摘している（武井、前掲書、85〜88頁）。
(56) 『百年史』第三巻通史編Ⅰ、646頁。
(57) 詳細は、高田、前掲「明治期東京の中国人留学生諸相」249〜252頁を参照のこと。
(58) 武井、前掲書、55〜57、98〜100頁など。
(59) 詳細は、高田、前掲「明治期東京の中国人留学生諸相」291〜296頁を参照のこと。
(60) 『百年史』第三巻通史編Ⅰ、652頁。
(61) 同上、651〜652頁。阿部裕樹、前掲「明治大学におけるアジア留学生数の動向」、171頁。
(62) 台湾総督府は当初、台湾人に官吏任用の資格がないとしていたが、1922年に朝鮮人特別任用令に倣って台湾人特別任用令を制定し、地方庁の下級官吏への無試験任用を可能にした。とはいえ、任用はきわめて限定的だった（岡本真希子「帝国日本の植民地統治と官僚制――一九二〇年代の朝鮮総督府・台湾総督府」『講座通史』第4巻「社会主義とナショナリズム　1920年代」、岩波書店、2011年、298〜305頁）。
(63) 詳細は、紀旭峰、前掲書、195〜226頁を参照のこと。
(64) 1920年代以降、朝鮮総督府は朝鮮人高等官任用令を何度か改正し任用可能な職を拡大したが、高等文官試験の受験には一定の学歴と資格が必要であった。一方で1910年の併合当初から無試験で官吏を任用する朝鮮人特別任用令があり、1929年の時点で下級官吏の2割が朝鮮人官吏だった（岡本、前掲論文、297〜303頁）。
(65) 『百年史』第三巻通史編Ⅰ、516頁。
(66) 同上、653頁。
(67) 6名とは掲載順に、法科の南廷圭、金晋庸、朴海克、金基炯、趙鏞殷、成禎洙である（「明治大学記念講堂建築資金募集趣旨」『学叢』第7号、明治大学学友会学芸部、1910年、10〜11頁）。姓名から全員韓国人留学生と思われる。
(68) 『百年史』第三巻通史編Ⅰ、582頁。
(69) 1911（明治44）年2月28日の記述（黄尊三、前掲書、258頁）。「議員が起立して質問すると、政府の人員は必ず一々答弁し、外交問題の質問の時には論争が最も多かった」と、記述は簡単であるが、質問や論争の中身より、政府側が一々答弁すること、質問に論争が起きていることに注目しており、母国ではあり得ない（清朝は4年後の憲政実施を約束していたが）議会政治に目を見張ってい

る姿がうかがえる。
(70) 黄尊三、前掲書、1頁。
(71) 金炳魯、李仁、葉清耀については、前掲『明治大学小史人物編』208～209、226～229頁を参照のこと。
(72) 阿部裕樹「明治大学における学位授与の歴史と博士学位授与件数」『大学史紀要』第24号、2018年、203～208頁。
(73) 『岩波　世界人名大辞典』岩波書店、2013年、1653頁。
(74) 泉哲については、浅田喬二「泉哲の植民地論（上）」『駒沢大学経済学論集』第19巻第1・2号、1987年、同「泉哲の植民地論（下）」同上誌、第19巻第3号、1987年、および、紀旭峰、前掲書を参照のこと。
(75) 張玉萍『戴季陶と近代日本』法政大学出版局、2011年、42～45頁。
(76) 在日韓国基督教青年会と中国留日基督教青年会は当初は、ともに当初神田区美土代町にあった日本基督教青年会の2階を間借りしていたが、のちに前者は西小川町へ、後者は北神保町へ移転した（武井、前掲書、106頁）。清国留学生会館は、小島淑男によって1910、11年ごろには牛込区西五軒町へ移転し、留学生総会の拠点として機能していたことが確認されている（小島、前掲書、14頁）。
(77) 武井、前掲書、169頁。なお、「朝鮮独立宣言一九一九　二・八記念碑」は現在、在日本韓国YMCAアジア青少年センターに立っている。また明治大学を卒業した崔麟は三・一運動のリーダーの一人となる。
(78) 『中華留日基督教青年会会務報告』中華留日基督教青年会、1936年、13～25頁。なお、震災のさなか日本の憲兵隊によって王希天らが虐殺された事件に対しては「華僑同胞を殺したのは東京全市民ではない」と、募金への理解を求めている（同上、25～26頁）。また、『中華留日基督教青年会会務報告』については、高田幸男「中華留日基督教青年会について—同会『会務報告』を中心に—」『明大アジア史論集』第23号、2019年を参照のこと。
(79) 前掲『中華留日基督教青年会会務報告』、5頁。
(80) 『百年史』第四巻通史編Ⅱ、明治大学、1994年、108～119頁。
(81) 同上、339～347頁。
(82) 同上、348頁。
(83) 同上、346頁。
(84) 同上、136～139頁。
(85) 同上、142～143頁。
(86) 『百年史』第四巻通史編Ⅱ、145～146頁。陳群（陳羣とも）は明治大学専門部法科卒。そのまま汪精衛（兆銘）の国民政府でも内政部長を務めたが、日本の敗戦後漢奸（対日協力者）として追及されることを恐れて自殺した（前掲『明治大学小史人物編』212～213頁）。
(87) 『百年史』第四巻通史編Ⅱ、219～223頁。

(88) 第二世界大戦後、韓国の学兵組織一・二〇同志会に参加した安東濾の回想（同上、220〜221頁）。
(89) 『百年史』第二巻史料編Ⅱ、405〜406頁。このほか日本共産党の地下組織にも朝鮮人留学生活動家の名前が散見される（同上、195、199頁）。
(90) 本書第Ⅱ部第6章および同付録を参照のこと。
(91) 『百年史』第四巻通史編Ⅱ、223〜225頁。
(92) ちなみに、山本進一は朝鮮人出陣学徒について「潜在的には独立運動というのがありましたから、そういうものにでも加盟していれば別ですけれども、そうでない一般の朝鮮の人たちは、やはり日本人の気持ちでいましたから」と述べている（「座談会　明治大学の国際交流百年　第一回「戦前」の明大国際交流史」『紫紺の歴程　大学史紀要』第2号、明治大学、1998年、89頁）。
(93) 同上、349〜352頁。
(94) 同上、345〜348頁。
(95) 「座談会『国際交流百年』（第1回「戦前期」）略年表」、前掲『紫紺の歴程　大学史紀要』第2号、94頁。

第Ⅱ部　留学経験の諸相

志田鉀太郎教授と中国人留学生との会食
（昭和初期）

明大朝鮮同窓会卒業生謝恩会（1934年）

震災から復興した神保町通り（1927年）

明治大学記念館（1931年）

写真提供：明治大学史資料センター

第1章　清末・民国期の中国人の「留学経験」と政治・社会の民主化
　　　　―汪精衛と宋教仁、胡適と林語堂、湯良禮と周化人―

土屋　光芳

はじめに

　1911年10月の辛亥革命によって清朝が倒れて中華民国は誕生する。この出来事は、S・ハンチントンのいう「民主化の波」が欧米から波及して中国に達したことを示している。(1)中華民国は大統領制と議院内閣制の混合型を採用し、衆議院・参議院の二院制の内、衆議員は政党間の競争選挙（ただし、制限選挙）で選出され、民主主義体制になったからである。辛亥革命以降、中国は政治、社会、文化などの分野で「民主化」が進み、その中で外国留学経験者が大きな役割を果たしたことに注目しよう。

　この共同研究で中国の民主化を「留学経験」から考察しようと考えるに至ったのはなぜかについて最初に説明しておこう。素朴な疑問は、清国人の多くが日本留学の目的は日本について知ることではなく、日本が近代化のモデルにした「文明の技術」を学ぶことだったとされていることである。もしそれが正しいとするならば、清国留学生たちは日本そのものに関心がなかっただけでなく、中日関係を対等とも考えていなかったことになるのではなかろうか。(2)実際、かれら留学生は日本の社会・文化を中国の「猿真似」であるとする先入観を持ち、日本社会からは学ぶべきものがないと考えていたともいわれる。(3)

それにもかかわらず、そういった留学生たちが日本の政治・社会・文化の影響を受けた事実は否定できないであろう。戦前の中国人留学生や、戦後では1980年代までの外国人留学生の多くが「反日」になって帰国したとされるが、この説はかれらが留学時の日本の政治社会状況の影響を受けたことを意味している。ただし、かれらが「反日」になったとされる理由は戦前と戦後で異なっている。戦前は日本の「中国侵略」を認識しナショナリズムに目覚めたからであるとされる。戦後の1980年までの日本留学生の場合、かれらの「反日」感情は、島国根性に由来する日本の「排他的」性格によるものとされ、当時、日本は「国際性」を高めなければならないと力説されることが多かった。ところが、1980年以降、マンガやアニメなどの日本文化に関心を持つ留学生は、帰国して「反日」になったという指摘はあまりなされないのではなかろうか。
　しかし、1990年代後半になって中国の「愛国主義教育は日本への悪感情を固定化、拡散させ、反日を社会のイデオロギーとして定着させた」と指摘されている。「反日」は共産党政権を正当化する公式イデオロギーとなったのである。2010年に中国は日本を凌いで世界第二の経済大国となり、2013年に中国の指導者となった習近平主席は「チャイナ・ドリーム（中国の夢）」を語り、アメリカに対して大国として二国間の関係を求め出した。この「中国の夢」の真の狙いは「中華帝国」の復活だとする、それ以前になされた憶測が正しかったことがはっきりした。今やアヘン戦争以来の念願であった「富強（Wealth and Power）」を達成したことは疑いがない。しかし、シェルとドリュリーは中国のいわゆる「核心的利益」は西洋流のデモクラシーでも独自の「普遍的価値」でもないことが明確になりつつあると指摘し、「富強理念がさらに独断的で、攻撃的にさえなっていくならば、中国がそれほどまでに持ちたいと望んだようなソフト・パワーは絶対に確実なものではなくなるであろう」と予測していた。もっと率直にいえば中国のソフト・パワーは、もし「文化の民族性を重んじ、文化の輸出（海外への伝播）を国際化の

指標とみる⁽¹⁰⁾」ものならば、中国文化の世界化ではなく世界文化の中国化を意味することになる。2012年9月、日本が尖閣諸島を国有化して以降、中国公船の日本領海侵犯は日常化し、2015年、南シナ海の岩礁埋め立てと軍事基地建設、「一帯一路」構想と2016年1月のアジア・インフラ投資銀行設立など、アジアからのアメリカのパワーの駆逐を進めている。その公式イデオロギーが「反日」となってきたといえよう。

　これまで日本留学生の多くが帰国後、「反日」、あるいは「親日」になったのはなぜか、という設問が立てられることが多かった。戦後、冷戦が続くなかで日中の政府間関係が途絶え、「民間交流」が主流だった時期が長く続き、国交回復を双方から推進する運動として「日中友好」が掲げられたが、今や「反日」が公式イデオロギーである。このように「反日」と「親日」の二分法は友好と対立を操作する政治的シンボルであって、相互の認識を深めるには役立たないといわなければならない。この問題意識から「反日」と「親日」の二分法を克服するために「留学経験」という新しい分析概念を提起するのである⁽¹¹⁾。まず「留学経験」を定義し、清末以降の中国人の「留学経験」の特徴を明らかにする。次に留学生たちが、帰国後、中国の政治・社会の「民主化」において重要な役割を果たしたとすれば、留学経験とどのように関係するか、考察する。この「留学経験」という概念を利用すれば、留学先は日本など特定の国に限定する必要はなく、留学先の違いによって留学経験に違いがあったか否かなどに探究の範囲を広げることも可能となるであろう。

　その前に中国の大国意識復活に伴って日中関係が新しい転機を迎えつつある今日、清末に日本への留学生がなぜ激増し、その結果、どうなったか、確認しておくことも無駄ではないであろう。この設問の答えを出そうとする場合、「留学経験」の「留学」を制度とみると理解しやすくなる。この時期、科挙が廃止され、留学が科挙に代わる制度となった。中国の伝統的な官吏登用法であった科挙は、その試験科目が儒学中心であったので近代国家の建設

に役に立たないとして廃止された。そのかわり留学すれば官吏に採用される制度ができたわけである。こうして公費留学が増えれば、近くて費用のそれほどかからない日本への私費留学も増え、その結果、留学生の数は激増したのである。清国政府は留学制度を設置することによって外国の学校で「文明の技術」を学んで国家の近代化を担う人材の育成を目指していた。しかし、清国政府が留学生によって体制内改革をはかろうとしたこの試みは失敗し、日露戦争以降、危機意識を高揚させていった清国留学生の多くが、漢民族復興のナショナリズムに目覚め、革命運動に走ってしまった。清国政府の意図せぬ結果となったといえよう。それ以上に根本的な原因は、中国科学史の碩学、藪内清がかつて指摘したように「政治を優先する社会環境の中で育ってきた」中国人にとって「科学を尊重する新しい気運は、社会の中にも個人の心にも容易に生まれなかった」からであろう。[12]

それでは「留学経験」はどのように理解すればよいであろうか。政治哲学者のM・オークショットのいう「知の二分法」が参考になるであろう。オークショットは「経験」によって得られる知識を「技術知」と「実践知」とに区別し、「技術知」は書物などで「教え、かつ学ぶことができる」知識、「実践知」は「もっぱら伝授されて習得できる」知識であると定義した[13]。そうすると「留学経験」は「技術知」と「実践知」を習得する機会と定義できるであろう（ただし、何が「留学」か、についても考察の余地があるが、ここでは取り上げない）。当時の清国人留学生は日本で手っ取り早く「洋学を学ぶ」つもりだったとよくいわれるが、西洋文明の「技術知」は学んでもその「実践知」ではなかったということができる。しかしながら、日本に留学した清国人留学生はなるほど現地で直接に西洋文明を学ばなかったとしても、孫文の革命運動への参加や、日本で始まったばかりの帝国議会と政党政治を目の当たりにし、民主政治の「実践知」を習得したのは疑いないであろう。

以下、辛亥革命前後から民国の時期にかけて日本、アメリカ、イギリスに留学した経歴を持つ3組の人物を取り上げる。まず清末に日本に留学した革

命家ないしは政治家の汪精衛と宋教仁である。次にアメリカに留学し、1930年代の国民政府期に活躍した学者とジャーナリストの胡適と林語堂である。最後に汪政権時代に大亜細亜主義のイデオローグとして活躍した湯良禮と周化人である。かれらが帰国後、中国政治・社会の「民主化」で果たした役割とかれらの「留学経験」とは、どのように関係するかについて考察してみよう。

一　辛亥革命前後
　　　——汪精衛（1883-1944）と宋教仁（1882-1913）

　1883年に広東省番禺県に生まれ、1944年に南京政府主席として死去した汪精衛は、1901年、科挙の県試に合格し、1904年秋に官費留学生として来日し法政大学（当時の法政速成科）に入学した。来日後、孫文の革命運動に参加して革命派の傑出したイデオローグとなった。それに対して1882年、湖南省桃源県に生まれた宋教仁は1900 (1901)年に科挙の秀才の資格を得るが、同郷の革命団体、華興会を結成し1904年に長沙蜂起を決行して失敗、同年12月に日本に亡命した。宋は1910年12月に帰国するまで革命運動に従事する一方、日本語を学び、一時、早稲田大学に入学するなど精力的に社会科学の知識を吸収した。帰国後、清朝が崩壊し中華民国が成立すると国民党を結党し、第1回の議会選挙で勝利するが、1913年3月に袁世凱の刺客によって殺害された。汪と宋は二人とも伝統的な読書人としての教育を受けてきたが、科挙が廃止されて日本に留学し、日本で孫文の革命運動に参加している[14]。

　1903年に来日した孫文は革命に参加する学生を募っていた。1905年に孫文が再度来日したとき、1904年末に日本に亡命し、学生団体を結成していた宋教仁と黄興は、7月には孫文を指導者とする中国同盟会の結成に加わった。この中国同盟会には汪精衛もまた、孫文の演説を聞き共感して加わっ

た。中国同盟会では宋教仁は経理を担当し、他方、汪精衛は機関紙『民報』に論説を発表して、「滅満興漢」のイデオローグとして頭角を現した。

それでは、汪精衛は『民報』でどのような主張を繰り広げたのであろうか。『民報』第１号に汪が発表した論説、「民族的国民」が重要である。汪は立憲派の説く満洲族の「啓蒙専制」を不可能であると否定し、漢民族のナショナリズムを喚起しデモクラシーの実現を訴えた。汪は「民族主義」によって満洲族の支配を打倒すると同時に、「国民主義（民権主義）」によって清朝の貴族政治を打倒しようと訴えた。この革命は「二重革命」といってよい。つまり、漢民族によって満洲族を打倒する「種族（民族）革命」だけでなく、民主政治を実現する「国民革命」（「国民」は「市民」と同義語）をも同時に行うものである。これを孫文の三民主義（民族主義、民権主義、民生主義からなる）にあてはめれば、民生主義を除く民族主義と民権主義（汪の国民主義）の二つを柱に据えていたといってよい。

汪精衛のこの主張を「留学経験」からみるならば、孫文の革命運動に参加して「実践知」として習得したのが「反満」の「種族（民族）革命」となるし、日本の大学で「技術知」として憲法や国家学などで習得したのが、絶対王政を倒した「国民（＝市民）革命」となるであろう。いうなれば、汪は「留学経験」を通じて習得した「実践知」と「技術知」を統合して、漢民族のナショナリズムの覚醒とデモクラシーの実現を訴えたということができよう。

実際、辛亥革命は清朝皇帝を退位させて中華民国という「共和制」の実現となった。この革命過程で注目すべき点は、武昌の革命派がいったん占拠した漢口と漢陽を清朝側の袁世凱軍によって奪還されて軍事的な膠着状態に陥ると、袁世凱と妥協して清朝の打倒を優先したことである。これら両派の南北和議は宋教仁と黄興が指導し、前者の宋教仁は国際干渉を招かないために「内戦の収拾」を優先したとされる。この時期の宋教仁の主な功績は軍事的なそれではなく、むしろ諸外国に革命軍を「交戦団体」として承認させ、臨

時政府を成立させてその組織大綱を作成したことにあったといわれる[19]。日本で習得した政治学や国際法などの「技術知」を駆使したといえよう。ここでは宋教仁が寄与したとされる中華民国臨時約法の制定と政党政治という2点に注目しよう。

第1点について中華民国臨時約法を制定する際、議院内閣制の特徴を備えたものにしたことである[20]。宋教仁は日本で欧米の政治制度を研究し、大統領制よりも議院内閣制の方が大統領（総統）の権限を抑制できると知っていたといってよい[21]。しかしながら、宋教仁は誕生したばかりの議会政治が機能する上で必要な民主政治のゲームのルールを袁世凱総統が誠実に守ると考えていたのであろうか。もしそうだとすれば、宋教仁の政治家として未熟さはすぐに明らかになる。そうした限界があるとしても、宋教仁が日本亡命の時期、意識的に革命後の国家建設プランに関心を持ち、大学に入学する一方（学費不足で退学）、各国の憲法や財政、経済などの基本書の翻訳を行うことによって知識の吸収に努めていたことは特筆に値する。宋教仁が「留学経験」を通じて議院内閣制の制度的意義を「技術知」として習得していたことは疑いのないところであろう。

第2に宋教仁が議会政治には政党政治が必要であると認識していたように思われる点である。この時期の日本は、明治憲法下、「桂園時代」といわれ、藩閥の桂太郎と政友会の西園寺公望が「情意投合」して政権をたらい回しする政党政治が始まっていた。日本に6年余り滞在していた宋教仁がこのような議会政治の意味――つまり、政党政治による政権交代の可能性――に気付いたことに注目すべきではなかろうか[22]。それゆえ宋教仁は中国同盟会とその他の政党を糾合して国民党を組織したと考えられるのである。それどころか1912年の第1回議会選挙では国民党が勝利を収めた。そのまま何も起きなければ、議会の多数党党首であった宋教仁は総理に就任するはずであった。しかし、その直前、宋教仁は袁世凱側の刺客によって殺されてしまう。袁世凱にとって宋教仁は皇帝になる夢を阻む邪魔な存在でしかなかったからであ

ろう。ところが、袁世凱の野望もまた挫折する。このことは一般の中国人がまだ共和制に対する希望を失っていなかったことを示唆しているといえよう。[23]

　このように宋教仁は、「留学経験」を通じて議院内閣制の「技術知」を習得していただけでなく、日本の議会政治を目にして政党政治が政権交替を可能にする「実践知」であるとも気付いていたとみられる。この点からすれば、宋教仁の場合、日本「留学経験」が政治体制の民主化プランの作成で果たした役割は大きかったのではなかろうか。ただし、中国政治の現実を知らなかった結果として袁世凱に対する警戒心を怠ったといえるであろう。

　さて、中国国内はしばらく南北対立が続くが、1925年7月、広東で中国国民政府が樹立され、1928年に蔣介石を総司令とする国民革命軍が北京を落として全国統一がほぼ完成する。蔣介石は辛亥革命以前の1908年に日本で軍人教育を受け近代的な軍隊について学んだが、近代的な「民主政治」に対する関心は乏しかったようである。それゆえ、中国の民主政治は時期尚早とする国民党右派の主張に賛成して国民から政権を預かる「訓政体制」の樹立を進めたのも不思議ではないであろう。この蔣介石政権を「独裁」と批判したのが国民党左派の指導者、汪精衛であった。汪は国民政府の「民主化」を訴え、孫文の構想を下敷きにして「訓政体制」の民主化プランを提示した。このプランが蔣介石政権に約法制定を急がせ、さらには政権の分裂を助長するほどのインパクトを持った点に注目しよう。汪の民主化プランは次のようにまとめられよう。[24]

　第1に「軍政」、「訓政」、「憲政」の「三序」という孫文の国家建設プランを確認したことである。孫文によれば、「軍政」には「軍法」、「憲政」には「憲法」がそれぞれ必要であるというのである。

　第2に「訓政」の「党治」が「人治」とならないために「党治」を「法治」へとどのように持っていくか、そのプランを汪は提起したことである。一言でいえば、「党治」は民主政治でなければならないというものである。

具体的に「党治」が「人治」にならないようにするためには「約法」の制定が必要であると主張したのである。

　第3に訓政時期の「約法」を制定し、憲政時期の「憲法」が実現するまで「党治」によって「法治」を徐々に実現していくというのであった。実際、汪は第1次反蔣大連合ができると1930年10月27日に北平（北京）で開かれた拡大会議で「中華民国約法草案（太原約法草案）」の制定に精力を費やした。この草案は中国で「人民の権利と自由の規定」が最も整った最初の憲法とされるものである。(25)

　このように蔣介石政権の分裂の一因になった汪精衛の民主化プランは日本留学時代に孫文の革命運動に参加した経験が背後にあることはいうまでもないであろう。日本で立憲政治を民主化の目標とみる「技術知」を習得しただけでなく、中国同盟会を通じた革命運動の経験を通じて孫文の国家建設プランの「三序」を「技術知」として発展させたことにも注目すべきであろう。すなわち、「軍政」、「訓政」、「憲政」の三序を「軍法」、「約法」、「憲法」と読み替えて、「約法」を制定して「法治」を実現させるという「訓政体制」の民主化プランを提起した点が独創的であったといえるのである。

　以上、汪精衛と宋教仁の二人の革命家ないし政治家の活動をかれらの「留学経験」からみると、汪は辛亥革命以前、孫文の革命運動への参加を通じて「実践知」として「種族（民族）革命」を、日本留学経験の「技術知」として「国民（＝市民）革命」を習得してそれらを一体化させて漢民族による民主主義革命を構想した。その後の国民革命の時期に提起した、「党治」を「法治」に変える中国政治の民主化プランは、孫文の構想を汪が独自に発展させた「技術知」であったといえるであろう。しかし、蔣介石の軍事力の前には無力だった。他方、宋教仁は日本「留学経験」を通じて政党政治による政権交代を「技術知」として習得し、議院内閣制と政党政治によって総統の権限を制約できる民主主義体制を構想したといえる。しかし、宋教仁以上に中国政治の「実践知」に熟知し、皇帝の座を目指していた袁世凱にとって宋

教仁は取り除くべき邪魔な存在でしかなかったということができよう。

二　国民政府期——胡適（1891-1962）と林語堂（1895-1976）

　さて、胡適と林語堂、二人の経歴の簡単な紹介から始めよう。胡適は1891年に上海で官吏の家に生まれた。上海の梅渓学堂で英語を学び、1910年に清華大学のアメリカ派遣官費留学試験に合格して米国に留学した。コーネル大学に入学した後、コロンビア大学に移り、博士号を取得し、1917年に北京大学教授に就いた。胡適がコーネル大学からコロンビア大学に移ったわけはデューイ（John Dewey）のプラグマティズムに傾倒したからである。その間、在学中に陳独秀の編集する『新青年』に投稿して白話文学を唱えて、五四運動の時期のいわゆる「文学革命」の旗手とみなされるようになった。その後、南京政権の外側で雑誌『独立評論』の編集者として独裁と民主主義の論争、日中関係、時事問題などに紙面を提供し、社会の啓蒙活動を行った。日中戦争期には蒋介石に勧められて1938年から42年まで米国大使を務めた。大使辞任後、そのまま米国に留まり、1946年に帰国して北京大学学長に就任する。国民政府が大陸を追われるとアメリカに亡命するが、1958年に台湾に戻り、中央研究院院長に就き、1962年に死去した。

　他方、林語堂は1895年に福建省龍渓に生まれ、祖父から続くクリスチャンの三代目であった。1916年に上海の聖約翰（セント・ジョン）大学に入学、1919年にアメリカのハーバード大学に留学して修士号を、1923年にドイツのライプチヒ大学で博士号をそれぞれ取得、同年に北京大学語言学教授に就任した。1927年に林語堂は武漢の国民党左派政権に加わり、陳友仁外交部長の秘書となった。武漢政府の崩壊後、政界を離れ、中国学士院外国語編集委員となり、以降、文筆活動に入った。*The Peoples Tribune* の編集長となり、その後、フリーのジャーナリストとなって文筆業に専念した。上海で『論語』、『人間世界』などの雑誌を創刊し、政治・社会批評に従事し、1935

年にニューヨークで出版した *My Country and My People*（新井格訳『我国土・我国民』豊文書院、1938 年）は西洋世界で成功を収め、作家の地位を不動のものにした。戦後、ユネスコ芸術部長に選出され、1969 年、中国ペンクラブ会長、1975 年には国際ペンクラブ会長に選ばれ、1976 年に香港で死去した。

このように胡適と林語堂は日中戦争以前の南京政府の時期、それぞれジャーナリズムの世界で言論活動を展開し、二人とも政権に対してだけでなく、左右の政治勢力に対しても一定の距離を置いて比較的自由に政治社会の啓蒙と社会批判を行った点が指摘できる。かれらはなぜそのように伝統的な社会規範からの解放を訴える「民主化」の活動を行ったのであろうか。

まず胡適からみていこう。胡適は、米国に留学した時、プラグマティズムの哲学者、ジョン・デューイ（1859-1952）に傾倒し、コーネル大学からコロンビア大学に移り、専攻をそれまでの農学から哲学に変更した。デューイは「科学」と「道徳」の伝統的な二元論を克服するため「論理構築、すなわち効果的な探究方法」について考え抜いた末に自らのプラグマティズムを「実験主義（instrumentalism）」と名付けた。[27] 胡適は、1910 年にデューイが出版した『いかに思考するか（*How We Think?*)』に特に感銘を受けたようである。コロンビア大学で口述した回想録でこの本を取り上げて、「思考の論理」として次の 5 段階を示している。[28] 第 1 に先行条件として「困惑、疑慮」（問題）状況、第 2 に疑慮と困惑の所在はどこかを見定める、第 3 に問題解決のために仮説を探究し、仮説の中から解決方法を選択する、第 4 に「困惑、疑慮」に対して解決可能な方法を選択する、第 5 に大胆な仮説を選択して注意深く証拠を求め、「困惑、疑慮」に対して最も満足のいく解決方法を探し求める。[29] 後にデューイはこの「思考の論理」を「探究の過程」、つまり「問題解決の過程」ととらえ、この過程を問題設定、仮説、推論、検証、命題の確定という 5 段階に整理した。[30] もっとも胡適はデューイの「探究の過程」に至る思考の変遷に対してあまり関心をもっていなかったようである。いずれにしても胡適はデューイから学んだ「技術知」を実際に中国の「白話文学論」

に応用した点が重要である。この主張をまとめて陳独秀編集『新青年』の投書欄に送り、翌年1月1日発行の第5号に「文学改良芻議」と題する論文が掲載されたのである。「文学改良」の要点を簡潔にまとめている前者の投書をみてみよう。

ここで胡適は「今日の中国の文学は腐敗の極にある」と指摘しているが、これが中国文学の現状に疑問を提起する「問題設定」に相当する。つまり、「古典や常套語を使ってあれこれひねくりまわしてごまかしてしまう」のが問題だというのである。その理由を説明する仮説が「形式だけで精神がなく、うわべだけで内実がない」というそれである。胡適はこうした形式主義を克服するための「解決方法」として「文学改良」を提起したのである。

この「文学改良」の具体的提案は、まず形式上の革命として5点を提案する。第1に典故を用いない（不用典）。第2に常套語を用いない（不用常套語）。第3に対句を使わない（不講対仗）。第4に俗字俗語を避けない（不避俗字俗語）。第5に文法構造を追求する（須講求文法）。

次に精神上の革命として3点を提案する。第1に悩みもないのに深刻ぶらない（不作無病之呻吟）。第2に古人を模倣しない（不摹倣古人）。第3に言葉に中身がなければならない（須言之有物）。つまり、胡適は中国の「文学改革」によって典故、常套語、対句、古語など伝統的な「形式」ではなく、「口語」を使用して「中身」のある表現方法の必要性を説いたのである。

このような胡適の「文学改良」（「文学革命」ともいわれる）はデューイのプラグマティズムの「実験主義」を実行に移したといってよいであろう。胡適は、ある『胡適評伝』が指摘したように、「実践活動を科学の実践とみなし、さらには実験が真理を検証する基準であると強調した」。しかしながら、胡適は、この「技術知」をさらに中国社会の科学的探究には向けなかった。むしろ西欧近代の法則科学は中国古代についての考証学の研究法と共通性があると指摘したように、中国固有の思想に付会する傾向を示した。こうして胡適はデューイとは決別し、中国人知識人の伝統に戻ったといってよいのであ

(39)
る。

　1920年代後半、南京国民政府が誕生すると、胡適は、「憲法」の早期制定を訴える人権派の論客の一人として活躍した。胡適の論点は、国民政府『建国大綱』に記載された「訓政」はいつ「憲政」になるか、はっきりしないので、憲法が制定されないうちは、人権が保障されないと主張したのである。この議論に触発されて汪精衛は、すでに指摘したように、「訓政時期」に「約法」を制定する必要があると主張して蔣介石政権の独裁体制の「民主化」を訴えたのである。胡適の憲法制定の主張が米国での留学経験で「技術知」として習得した、アメリカ政治制度の知識に基づくものであったことは、想像に難くないであろう。1930年代に入ると胡適は『独立評論』の編集者として政府から独立した立場から、政治評論、「独裁と民主」などさまざまのテーマで多くの知識人の意見を掲載して世論の啓発に努めた。

　要するに胡適の場合、辛亥革命後、米国留学経験で「技術知」として習得した、デューイのプラグマティズムを中国文学の「改良」に応用し、文語文の「形式主義」を打破して白話文による文章表現の必要性を訴えて「文学革命」の旗手となった。それだけでなく、1920年代の後半には南京国民政府に「憲政」が必要であると訴えて汪精衛等の国民党左派に「民主化」の運動を起こさせるきっかけを与えたといえよう。しかしながら、胡適はこうした社会批判を、世論の啓蒙を超えて中国社会の科学的探究に向かうのではなく、西洋流の法則科学を中国思想に付会する伝統的な知識人に戻ってしまった。

　ところで、牧師の三代目であった林語堂はアメリカとドイツに留学して修士と博士の学位をそれぞれ取得すると同時に英語を自由に駆使できるようになった。とりわけ英語の文章中に頻発する「ユーモア」を「技術知」として習得し、これをヒントに「中国のユーモア」を社会批評の表現形式として確立したのである。一時、武漢政府に加わり、現実政治にコミットしたが、政権崩壊後、政界から引退した。その後、英文雑誌、*The Peoples Tribune* 編

集長を務め、ジャーナリストになって『論語』、『人間世界』などの雑誌に文章を載せた。林語堂は、文章の形式をエッセイ、サタイア、スケッチに分け、「中国のユーモア」の表現形式を確立しようとした。「中国のユーモア」は、林語堂によれば、「センスがナンセンスにすぐり、また或る時はナンセンスがセンスに勝ることの混合」と定義している。(41)

次に林語堂は「支那人のリアリズムとユーモア」というエッセイで「中国のユーモアの形式」を「形式を最大限尊重して、同時に実際生活においてこれを最大限軽視することである」と定義している。(42) こうして林語堂は「中国文化」の特徴に対する鋭い洞察を示した。一例をあげれば、「中国人の教養」が次の3つの要素から成り立つという仮説である。

1、嘘をつくこと、すなわち発言によって真剣に感情を隠そうとすること。

2、紳士らしく嘘をつく能力を持つこと。

3、自分の嘘と相手の嘘をユーモアの感覚で解して心の平静を保ち何事にも熱中しすぎないこと、である。(43)

かりにこの「嘘」を、日本語で「虚偽意識」と訳されるイデオロギーに置き換えれば、武漢の左派政権に参加し、現実政治の「実践知」を学び、政治に幻滅した林語堂の自己反省だったのではないかとも推測できよう。

このように林語堂は中国の知識人の伝統的な「形式主義」は形式を尊重しながら実際に無視するものであると指摘したが、この指摘は「形式だけで精神がなく、うわべだけで内実がない」という胡適の批判に通じるものがあるであろう。さらにいえば、中国で社会科学が発達しなかった原因をも示唆しているように思われる。もし社会についての認識が「嘘」であるとするならば、事実を確定して社会法則を明らかにするという社会科学は生まれないからである。林語堂が再発見した、「中国のユーモアの形式」による権力批判の手法は、確かに「風刺（サタイア）」の伝統を呼び起こしたといえるかもしれない。しかしながら、その手法は中国政治の「実践知」に対する科学的な認識方法の探究に向かうものではなく、権力に対するシニシズムを超えるも

のではなかったのではなかろうか。その点では孟子の理想主義よりも老子や荘子の現実逃避に結びつくものといってよいであろう。

　要するに欧米留学経験者の胡適と林語堂はそれぞれプラグマティズムの「技術知」とイギリスの「ユーモア」の「技術知」を中国に適用し、胡適は中国の「文学革命」をリードし、林語堂は「サタイア」という社会批判の様式を確立したといってよいであろう。二人は「留学経験」で得た「技術知」を実行に移して、世論の啓蒙を通じて伝統的な社会規範からの解放——「民主化」と同義である——に貢献したのではなかろうか。しかしながら、胡適は西欧近代の法則科学を中国古代の考証学に付会することによって伝統的知識人に回帰し、林語堂は荘子と老子の現実逃避に共感を寄せる傾向を示した。その結果、胡適と林語堂は西洋の社会科学の方法を応用して中国政治の「実践知」の発見や「民主化」を阻む原因の探究には向かわなかったといえよう。

三　汪精衛政権期
　　——湯良禮（1901-1970）と周化人（1902-1976）

　さて、これまであまり注目されることがなかった、汪精衛の英語版のスポークスマン、湯良禮、そして「大亜細亜主義」のイデオローグ、周化人の二人を取り上げてみよう。まず二人の経歴を簡単にみておこう。

　湯良禮は1925年にロンドン大学を卒業し、周化人も1930年代後半にこのロンドン大学で学んでいる。湯は一貫して汪の英語版の代弁者として、周は「大亜細亜主義」のイデオローグとして活躍した。前者の湯良禮は1928年にパリで汪精衛ら国民党左派と知り合って以来、中国の「民主化」の旗手として汪に大きな期待を寄せた。1932年に蔣汪合作政権が成立すると国民政府外交顧問に就き、日本占領下の汪精衛政権でも宣伝部国際宣伝局長にそれぞれ就いた。[44]他方、周化人はイギリス留学中、汪精衛の重慶脱出を聞いて帰国

し、1939年に「和平運動」に参加し「大亜細亜主義」のイデオローグとして活躍し、日本の雑誌に多くの論説を発表した。(45)戦後、二人とも漢奸裁判にかけられるが、釈放され、湯良禮は1970年にジャカルタで、周化人は1976年に香港でそれぞれ死去した。

以下、湯良禮の「中国問題」と中国の民主主義論の特徴、そして周化人の大亜細亜主義論と亜細亜連盟（汎亜連合）の構想を要約し、かれらの主張を「留学経験」との関係から考察してみよう。

1901年にジャカルタで生まれた湯良禮はロンドン大学とウィーン大学で学び、1925年にロンドン大学で経済学士号を取得した。1928年にパリで国民党左派の指導者、汪精衛らと知り合い、特に秘書の曾仲鳴と懇意になった。湯は汪精衛に心酔し、汪を「新しい中国」、つまり、中国の「民主化」の旗手として高い期待を寄せた。湯は孫文の革命運動から辛亥革命を経て国民革命にいたるまでの歴史と裏話をかれらから直接聞き、1930年に *The Inner History of the Chinese Revolution*（1930）を出版した。同書は中国革命の内幕を記した英文の古典として今日でも必読書の一冊に数えられる。1930年に帰国すると湯良禮は英語の雑誌、*The Peoples Tribune* の編集者となり、1932年に蔣汪合作政権が成立すると汪精衛らの論説の英語版を掲載した。日中戦争のさなか日本軍占領下で汪政権が成立すると、湯もこの政権に加わり、復刊された同名の英文雑誌の編集を担当、汪政権崩壊まで汪の論説の英語版を掲載し、汪の英文のスポークスマン役を果たした。戦後、上海の監獄に収監されるが、1949年に釈放されて、インドネシアに帰国した。

1928年に汪精衛ら国民党左派と知り合った時、湯良禮は大学卒業後、1927年に *China in Revolt* と、*The Foundation of Modern China* を相次いで出版したばかりであった。湯良禮は1930年に出版した、*The Inner History of the Chinese Revolution* の結論部分で汪に「新しい中国」を感じた様子を次のように書いている。

最近の中国革命史が何かを語っているとすれば、決して紛れもなく誇張でもないことは、革命の潮流と世論の啓蒙が逆戻りしないことである。⁽⁴⁶⁾

　この時期の南京政府は、まだ安定してはいなかったが、汪精衛は「新しい中国」を象徴する政治家であると湯良禮は称賛した。こうした汪とは対照的に「古い中国」の代表を蔣介石政権を支える呉稚暉と胡漢民であると湯良禮はみなした。さらに汪精衛は、革命の大義に対する無私と献身、フランスに長く滞在して完全に立憲主義者となり、多数決原理を信じる人物であるとも評価したのである⁽⁴⁷⁾。こうして湯良禮は国民党左派の指導者の汪を中国の「民主化」の旗手であり、その一方、国民党右派の呉稚暉と胡漢民は蔣介石の「独裁」を支える人物であり「古い中国」の代表であると描いたのである。

　このように大学卒業の直後、国民党左派の指導者たちと懇意になったことによって湯良禮は辛亥革命前の孫文の活動、中国同盟会結成以降の中国革命史を追体験し、この知識をいわば「実践知」として習得したといえよう。それだけでなく湯良禮は国民党左派に加わることによって汪の英文の代弁者役を引き受けることにもなった。要するに、湯良禮の「留学経験」はヨーロッパ留学で知ったデモクラシーの「技術知」と国民党左派の運動の「実践知」とを結びつける働きをし、国民党左派に中国の「民主化」の夢を託して自らも参加することになったのである。ただし、湯良禮がロンドン大学で経済学士を取得し、1930年代前半に *China New Currency System* という著作を出していることから、湯良禮が専攻した科目は通貨制度、金融関係の「技術知」だったことを記しておこう。

　1930年に湯良禮は *The Peoples Tribune* の編集者となり、当初は、国民政府に対して「党治」を止めて国民に政権を返すように要求していた⁽⁴⁸⁾。しかし、1932年の蔣汪合作政権ができると、湯は政府の外交顧問となり、汪の論説の英語版を出して汪のスポークスマン役を引き受けることになった。それ以降、湯は汪とのいわば不即不離の関係が始まり、英文による汪の代弁者

の役を引き受けることになったといってよい。ここでは湯良禮が蔣汪合作政権に加わった後の1935年に出版された『支那社会の組織と展望』で論じられた、「中国問題」と中国の「民主政治論」を取り上げ、湯の見解をかれの「留学経験」から考えてみよう。

　まず「中国問題」について湯良禮はどのように理解していたのであろうか。湯良禮が提出した最も重要な仮説と考えられるのは、当時の「中国問題」は古い「中国の文明」と「西洋の新文化」との「文化的闘争」であり、この闘争をどのように調節するかの問題であるというそれである。[49]前者の中国文明の伝統国家は「世界国家」であり、「大同」を理想とする倫理的存在であり、その代表が天子である。この世界国家では「国家意識が発生する余地はない」[50]。しかしながら、この「世界国家」はアヘン戦争と義和団事件によって制約され、中国は西洋諸国と「理論上平等」でも、事実上の「国際的属領」になったとみなした。[51]このように中国が「世界国家」から「国際的属領」に転落した原因を指摘した上で、「中国問題」は20世紀以降、古い文明と新しい文明のぶつかり合いによって発生したと考えたのである。その結果、中国は産業、政治、文化、社会の4つの革命を同時に経験していると主張した。[52]辛亥革命後に起きた「新文化運動」は中国文明と西洋文明の融合の試みとし、中国は柔軟に適応できると湯は楽観的な展望を描いていた。[53]

　次に中国の「民主政治」について湯良禮はどのような見解を持っていたのであろうか。興味深いのは、中国の「民主政治」は代議制ではなく「直接的民主政治」であるという指摘である。その意味は、選挙ではなく「権力を掌握している人々に対する評価のなかに現われる」というのである。[54]この説は湯良禮の別の著書をみるとより明確になる。湯は、明末清初の陽明学者、黄宗義（黄梨州、1610-1695）の『明夷待訪録』を引用し、黄は皇帝を「天子」とする儒教の説を否定し、「通例の絶対主義論に対して断固たる人民主権論を提起した」と述べる。[55]そうすると湯良禮の説はヨーロッパの「人民主権論」ではなく、黄宗義の説とみることができる。黄宗義は確かに同書の「原

君（君主論）」の章で「むかしは天下を主とし、君主を従とした。……いまや君主を主とし、天下を従としている」と君主政治を批判している。しかし、黄宗羲のこの主張は、「易姓革命の正当性を肯定し、仁義をそこなう暴君は君主に価」しないという孟子の「民本主義」であって、ヨーロッパの契約論を背景とした民主主義と同一のものとみなすことはできないであろう。いずれにしても、湯良禮によれば、西洋の侵略が契機となって中国の革命的民族主義が出現した時、中国の民族主義の起源の一つをこの中国流の「民主政治」に求めたのである。

　要するに湯良禮は「中国問題」を中国文明と西洋文明の衝突とみなす一方、辛亥革命後の「新文化運動」をこれら２つの文明の融合とみて中国の適応能力を示すものと評価した。中国にも「民主政治」は存在すると主張し、明末清初の陽明学者、黄宗羲の説にそのルーツを求めた。前者の「中国問題」についての見解は湯良禮がイギリス留学を通じて中国を外から観察した結果、「技術知」として理解したものといってよいであろう。しかしながら、後者の民主政治論は、西洋の民主政治が間接民主制（議会政治）として発展したことに注目するのではなく、民主政治のルーツを中国古典の「技術知」に付会して理解する中国人知識人の一般的傾向を示すものであろう。こうして湯良禮は黄宗羲の説く孟子流の「民本主義」に中国の民主政治のルーツを求めたのである。

　最後に汪政権期の湯良禮について一言しておこう。すでに湯良禮の主張は汪の英文の代弁者として汪と一心同体のようになっていた。その結果、汪政権に加わったあと、*The Peoples Tribune*（Vol.27, New Series）が、1939年8・10月号で第28巻第1-6号として復刊されると、再び湯はその編集者となる。しかし、独自の主張を繰り広げるのではなく、「和平・反共・建国」という汪政権のスローガンの英語版の宣伝以上のことはしていないように思われる。もちろん、英語版のプロパガンダの出版が英作文能力という「技術知」を行使したものであることはいうまでもない。

さて、周化人は今日では全く忘れ去られた人物のように思われる。しかし、汪政権における代表的な大亜細亜主義のイデオローグとして日本の雑誌、『大亜細亜主義』に多くの論文が掲載され、当時、有名な論客の一人であった。周化人は「大亜細亜主義」と一緒に「亜細亜同盟（汎亜連盟）」を説いており、それらの内容と留学経験がどのように関係するか、について以下、検討する。その前にまず周化人の経歴を確認しておこう。[60]

　1902年に広東省化県に生まれた周化人は、1925年に北京の中国大学に、1929年には北平（北京）大学に入学している。当時、国民党左派の中心的指導者の一人で北京大学教授だった顧孟余に師事したとき、汪を紹介された。[61] 1933年、津浦鉄路管理局副局長を務め、中国国民党宣伝部に所属していた。周化人は1935年にイギリスに留学しロンドン大学で学んだ。汪の重慶脱出を知ると帰国して汪精衛の「和平運動」に参加した。1939年9月、汪側の中国国民党組織部副部長に就任し、北平、上海、香港で政治工作に従事し、1940年2月中央秘書処宣伝組組長に就いた。汪政権成立後、鉄道部常務次長に任命され、1941年8月社会行動委員会委員となる。同年10月から1942年6月まで広東省政府委員兼広州特別市市長などに就いた。その後、新国民運動促進委員会上海分会委員、全国経済委員会委員、上海市第1区行政督察専員などを歴任した。日本のポツダム宣言受諾直前、吉林に逃れるが、逮捕され、上海堤藍橋監獄に収監される。後に釈放され、1976年に香港で病没した。

　こうした周化人の経歴のなかで注目すべき点は、第1に北平大学で改組派の指導者の一人、顧孟余に師事し、顧に汪を紹介されたこと、第2に1935年にイギリスに留学し、ロンドン大学で学んでいた時、汪の重慶脱出を聞き、師匠の顧孟余とは異なり、汪の「和平運動」に加わったことである。第1点について、周化人は留学以前に北平大学で顧孟余に師事して、顧に汪を紹介され、湯良禮と同様に汪との出会いによってその後の人生が決まったといえよう。ただし、周化人は、湯良禮と異なり中国の大学を卒業したあと、

ロンドン大学に留学したことが重要な意味を持ったといえるであろう。なぜなら湯は英語を武器に汪の代弁者の役を果たしたのに対して、周化人は、第2点と関連するが、汪の「和平運動」に参加して大亜細亜主義の代表的なイデオローグとなったからである。つまり、湯良禮は既に英文で本を書いており、英作文能力という「技術知」を駆使したのに対して、周化人は中国の大学を卒業後、1935年から1939年までロンドン大学に留学し、その間にヨーロッパの政治社会と国際政治について習得した「技術知」を活かして大亜細亜主義のイデオローグとなったということができよう。

　それでは周化人は大亜細亜主義と亜細亜連盟（汎亜連盟）で何を主張しようとしたのか、検討してみよう。周化人は日本の雑誌『大亜細亜主義』で大アジア主義に関する、次の6本の論文を発表している。「大亜細亜主義と欧米」（1940年6月号）、「王道と覇道」（1940年7月号）、「大亜細亜主義と日中和平」（1940年9月号）、「大亜細亜主義の必然性」（1941年3月号）、「大亜細亜主義の文化史的意義」（1941年11月号）、「大亜細亜主義と三民主義」（1941年12月号）である。最初から5本目までが孫文の大亜細亜主義の解説、最後の1本が汪精衛の「大亞洲主義」の解説であった。周化人の「大亜細亜主義」の特徴は、当時の日本のいわゆる「大アジア主義」のように日本をアジアの盟主とするものではなく、孫文の「大亜細亜主義」と汪精衛の「大亞洲主義」を踏まえて独自の主張を加味したものだったのである。したがって孫文の大亜細亜主義と汪精衛の「大亞洲主義」の内容をまず要約しておこう。

　1924年に神戸で行った孫文の2つの演説、「大亜細亜主義」と「日本は中国の不平等条約廃棄を支援すべきである」は、西欧を「功利」に基づく「覇道」の文化、アジアを「道義」に基づく「王道」の文化とそれぞれ規定し、その前提から日本が「覇道」によって行動するならば、西欧の番犬になるだけだと警告を発したものであった。(62) この孫文の説を敷衍して汪精衛は「和平運動」で「大亞洲主義」を唱えた。それは日本が近衛声明によって孫文の「大亜細亜主義」を自覚したとすれば、日本が真っ先に「大亜細亜主義」を

実行しなければならない。そうして中国との不平等条約を撤廃すれば、日中両国が協力して西洋のアジア支配を一掃するために戦うことができると主張したのである(63)。

　それでは周化人の大亜細亜主義論は孫文の「大亜細亜主義」と汪精衛の「大亞洲主義」と較べてどのような相違があったのであろうか。周化人は、大亜細亜主義の目的はヨーロッパ勢力の圧迫からアジアを解放することと規定し(64)、大亜細亜主義を「救亜細亜主義」と言い換えている(65)。その中身は、アジアの復興、仁義道徳を基礎としたアジア諸民族の連合、欧州の科学技術の学習の3点である。孫文の大亜細亜主義と周化人のそれとの相違は次の2点である。第1に孫文の「中心思想」が「王道と覇道」であり、西方文化が功利主義に基づく「覇道」であるのに対して東方文化が「仁義道徳・謙虚の美徳」に基づく「王道」であると描いたが、孫文のこの二分法に日本批判の含意がある点を周化人は明確にしなかった(66)。第2に孫文がアジア復興を必然的としたが、周化人がその理由を易の卦、「否極泰来、物極必反（ふさがり極まれば通じ、物極まれば必ず反す）」に求めた点である(67)。つまり、周化人は近代科学の方法——つまり、「理論」から導く「予測」——を重視するのではなく、胡適などと同様に、中国の伝統的な思想に付会する中国人知識人の一人だったといえるであろう。

　次に汪の「大亞洲主義」とはどの点で違うのであろうか。周化人は汪の説を「大亜細亜主義と三民主義の精神は一貫している」というそれだと指摘する。しかし、汪は三民主義を「救国主義」と定義し、三民主義の内の「民族主義」に「大亞洲主義」は含まれるとしており、汪が三民主義の下位概念に「大亞洲主義」を入れた点を周は明らかにしなかった。

　ところで周化人が提出した「亜細亜連盟（汎亜連合）」とは何であろうか。一言でいえば、それは大亜細亜主義を具体化する制度である。こうした「亜細亜連盟（汎亜連合）」を周化人はなぜ構想したのであろうか。その理由は、第2次世界大戦が終われば、「和平組織」が必ず出現すると予想したからで

ある。すでにヨーロッパでは第1次世界大戦後の1929年のブリアンの欧州連邦の提唱以降、ローマ法王の「世界国家連合」など、「連邦組織（欧州連邦）」が構想されてきた。周化人はこれらを「反独ソ」の構想と想定しているが、もっとも重要な点は欧州連邦ができる前に亜細亜連盟（汎亜連合）を結成しなければならないと訴え、日本と中国の協力がその基礎だと説いたことである。

それでは、亜細亜連盟（汎亜連合）の特徴はどのようなものなのか。

第1に相互に平等なアジアの民族国家からなる国家連合である。この組織が拠って立つ原則を10個挙げる。すなわち、各民族の平等、理事の人口比配分、経済的競争よりも協力の重視、連盟規約の法的効力の承認、平和的かつ公開による内部紛争の解決、アジア以外の民族に対する平和的な友好関係構築、東方の「仁義道徳」を基本とする西洋の物質文明の吸収、アジア民族相互間の人民の協力と政府の協力を目指す、公平の原則、東方の道義精神の尊重と功利思想の排除、である。

第2に国家間を結合する原則が大亜細亜主義である。

第3に亜細亜連盟の第1の目的がアジア各国の独立解放であって、連邦国家を目指すのではない。

第4にアジアの防衛、国防の完全な独立、相互扶助的な経済統合を目指す。

第5に国際組織ではなく地域的機構である。

このような周化人の「亜細亜連盟（汎亜連合）」の構想は、第二次世界大戦の終結を見越して孫文の「大亜細亜主義」と汪精衛の「大亞洲主義」の理念を地域的機構へと具体化させるために「留学経験」で習得した「技術知」を駆使したものだったことが指摘できよう。同時にこの地域的機構が大亜細亜主義に基づき、各国の独立解放を目指すものだというのは、孫文と汪精衛それぞれの理念を前提に日中の和平実現を図ったものでもあったといえよう。

要約すれば、湯良禮はパリで国民党左派と汪精衛に出会ってかれらの革命

運動を留学経験の「実践知」のように習得し、その結果、汪に中国の「民主化」の旗手を期待し、汪の英語版の代弁者の役を引き受けることになった。すでに英文書を出版していた湯にとって汪の論説の英語版の作成そのものが「技術知」の行使とみることができる。他方、周化人は中国の大学で汪派の中心的指導者の一人、顧孟余に師事したことで汪との関係が生まれた。ロンドン大学留学中、汪の重慶脱出を聞いて和平運動に参加し、大亜細亜主義のイデオローグとして活躍しただけでなく、戦後の平和組織として亜細亜同盟（汎亜連合）の結成をも提案した。前者の周化人の大亜細亜主義論は孫文の大亜細亜主義の日本批判を表面に出さず、また汪の「大亞洲主義」の上位に三民主義があることをあいまいなままにした上でヨーロッパからのアジアの解放を説いた点に特徴がある。まさに「和平運動」に参加して得た「実践知」がそれだったといえよう。後者の亜細亜同盟（汎亜連合）の構想は大戦後のヨーロッパの世界平和機構の出現を予想してアジア民族の解放を目的とする地域的機構の結成を呼び掛けたものであった。このように湯良禮と周化人はヨーロッパ留学時に習得した「技術知」を駆使しているにもかかわらず、二人とも中国の古典に付会して議論する中国の知識人に共通の傾向がみられ、湯は民主主義論を明末清初の思想家、黄宗羲の孟子流の「民本主義」に、周は大亜細亜主義の「必然性」を易経にそれぞれ付会して説明したのである。

むすび

　これまでの「親日」と「反日」の二分法に代えて「留学経験」という新しい分析概念によって清末以降の中国人留学生の「留学経験」の特徴を明らかにしながら、これらの特徴とかれらが中国の政治・社会の「民主化」で果たした役割との関係について考察を加えてきた。具体的に汪精衛と宋教仁という革命家ないしは政治家、胡適と林語堂という学者ないしジャーナリスト、湯良禮と周化人という汪政権の代弁者と大亜細亜主義のイデオローグを例に

とって考察を加えてきた。

　まず、本稿のキー概念、「留学経験」は、オークショットの「知の二分法」でいう「技術知」と「実践知」を習得する機会と定義した。「技術知」は書物などで伝達できるものであり、「実践知」は体験によって習得するものである。

　第1節で考察した汪精衛と宋教仁の日本「留学経験」は以下のように要約できる。辛亥革命以前の汪精衛の「留学経験」は、日本で孫文の革命運動に参加して「実践知」として「民族（種族）主義」を、日本の大学の憲法・国家学などの講義から「技術知」として「国民（市民）主義」をそれぞれ習得したものである。こうして中国の「民主化」には満洲族に対する漢民族の「民族革命」と満洲族の貴族制に対する「国民（市民）革命」という「二重革命」が必要であると指摘した点に特徴がある。1920年代後半に汪精衛は蒋介石政権の「訓政体制」を独裁と批判し、孫文の建国プランに沿って「約法」を制定し「法治」を達成して「憲政」への道筋を描く民主化プランを提示した。これは汪が「留学経験」を背景に中国政治の「民主化」の方法を「技術知」として提示したとみることができよう。他方、宋教仁は辛亥革命後に成立した中華民国の政治制度を大統領制ではなく議院内閣制にすることによって総統の権力を抑制できると考えた点で代議政治の意義を「技術知」として理解していたことが分かる。それだけでなく、新たに国民党を結成して政党政治による政権交代を可能にする戦略を示した点が日本の明治憲法下で始まっていた政党政治の意義に気付いた（つまり、「実践知」である）ことも指摘できるであろう。

　第2節で取り上げた欧米留学経験者の胡適と林語堂は、それぞれプラグマティズムの「技術知」と英語の「ユーモア」を独自に加工して自国の文学改革と社会批判に応用し、胡適は中国の「文学革命」の旗手となり、林語堂は「中国のユーモア」による社会批判の様式を確立した。かれら二人は「留学経験」によって社会批判の様式を「技術知」として習得し、それぞれ「文学

革命」と社会批判を通じて中国の伝統的な文章表現に支配的な「形式主義」を批判した。胡適は「文語」や古典の修辞ではなく「口語」の使用によるリアルな表現の必要性を指摘し、林語堂は「中国のユーモア形式」による権力批判を展開した点で、伝統的な社会規範からの解放という意味での「民主化」に貢献したといってよい。しかしながら、胡適と林語堂は二人とも、前者は考証学、後者は老子と荘子などの中国の伝統思想に付会する傾向があり、その結果、仮説の検証と反証といった西欧流の科学的な思考方式を中国社会に普及させる役割を果たすことができなかったといえよう。

　第3節では汪精衛政権における湯良禮と周化人というそれぞれ汪の代弁者と大亜細亜主義のイデオローグを取り上げた。湯良禮はパリで国民党左派と汪精衛に出会って孫文以来の中国革命運動の体験を聞き取って英文書に著し、その中で汪精衛を「新しい中国」の指導者かつ「民主化の旗手」として描いた。こうした英文書の出版を通じて湯は中国革命運動を「実践知」として追体験することになったといえる。その後、湯が汪の論説の英語版のスポークスマン役を引き受けるようになったのもその延長線上にあったといえよう。それは湯の「留学経験」からすれば、英文翻訳という「技術知」の行使といってよいであろう。興味深い点は英文の著書で湯良禮が提示した中国の民主主義論が西欧の議会政治ではなく孟子流の「民本主義」にそのルーツを求めるというように中国の「技術知」に付会させたことである。他方、周化人は北京大学で汪派の中心的指導者の一人、顧孟余に師事したことで汪との関係が生まれ、イギリス留学中、汪の重慶脱出を聞いて帰国し和平運動に参加した。和平運動で周は大亜細亜主義のイデオローグとして活躍し、地域的機構として亜細亜同盟（汎亜連合）の結成を訴えた。周化人の大亜細亜主義論は第1の目的をヨーロッパからのアジアの解放に置いていたが、孫文の日本批判の要素や、汪の「大亞洲主義」の上位に三民主義があることを明確に示さなかった。「和平運動」への参加で得た「実践知」がそれだったのであろう。周化人の亜細亜同盟（汎亜連合）の提案は大戦後のヨーロッパにお

ける世界平和機構の出現を予期して地域的機構を結成し、アジア民族の解放を目的とするものであった。この地域的機構が自由と公平の原理に基づくとした点に周がヨーロッパ流の民主主義思想を「技術知」として習得していたことは疑いのないところであろう。しかし、周化人もまた大亜細亜主義の必然性を説く際、易の卦にその根拠を求めた点にみられるように、伝統思想に付会する中国人知識人に共通した傾向があったのである。

　最後に「留学経験」と中国の政治社会の「民主化」との関係について考えられる結論をまとめておこう。留学先が日本だった汪精衛（フランスでは在仏中国人に対する言論活動を行った）と宋教仁は帰国後、中国の伝統的思想に付会せずに政治制度の「民主化」を実行して比較的大きなインパクトを中国社会に与えたといってよいであろう。他方、欧米に留学した胡適、林語堂、湯良禮は中国の伝統思想に付会して議論を展開する傾向があり、その結果、かれらが中国社会の「民主化」に与えたインパクトは知識人に限定されたものだったのではなかろうか。英国留学中、帰国して汪の和平運動に参加した周化人は、大亜細亜主義の「必然性」については中国思想に付会して説明した点で中国人知識人に共通する特徴をしめしたが、一方、西欧の和平組織に対抗して亜細亜連盟の結成を訴えた点は「民主化」を前提にして国際政治の知識を「技術知」として習得した成果といってよいかもしれない。しかし、民族独立に力点が置かれた結果として国内政治の「民主化」は副次的な意味合いしか持たなくなったといえよう。

【注】
(1)　「民主化の波」とは「非民主主義体制から民主主義体制への一群の体制移行」をさす（S.P. ハンチントン（坪郷實・中道寿一・藪野祐三訳）『第三の波――20世紀後半の民主化』三嶺書房、1995年、13頁）。
(2)　第2次大戦後「中国人の不満は日本の加害者としての反省が少ない」などという主張がみられるが（尚会鵬「中国人戦争被害意識の心理構造」『アジア遊学　特集日中相互認識のずれ』72号、勉誠出版、2005年2月、97頁）、その背後に「反省」を求める資格は中国だけが持つとみている点で日中関係を対等な関係を

認めない潜在意識を読み取ることができるであろう。この潜在意識の根拠は中国の王朝的な「華夷秩序」に求めることもできるし、より端的に「国民同士の間のヒエラルキー——どちらが上で、どちらが下か」の関係が前提にあるとみることもできる（武者小路公秀監修『アジア太平洋の和解と共存』（国際書院、2007年、98頁）の「第1セッション、ディスカッション」におけるピエール・グロセールの発言）。庄司潤一郎はドイツが「和解」に関して成果を上げた理由として、ドイツ側の歴史認識の「一定のコンセンサス」、両国の「対等な」対話、歴史を「政治化」または「倫理化」しない現実主義などを指摘した（庄司潤一郎「日中とドイツ・ポーランドにおける歴史と『和解』——その共通点と相違点を中心として」黒澤文貴・イアン・ニッシュ編『歴史と和解』東京大学出版会、2011年、252頁参照）。

(3) たとえば、「日本文化は明治維新を境目に、それより以前は中国文化の猿真似、それより以後は西洋の焼き増し」というのが中国人の常識であって、「日本に文化があるのか」とさえ疑われていたという主張は（王勇「日本文化への視座——模倣と独創の間」同上、『アジア遊学　特集日中相互認識のずれ』38-39頁）、日中相互の単なる「認識のずれ」ではなく日中両国の「価値観」の違いが問題であることを示している。価値観が認識のずれを生むからである。

(4) 辛亥革命前後に来日した中国人留学生はいつも「日本に抵抗する急先鋒」だったとされ、当時、かれらが反日になったのは日本の「拡張の野心」をみたからである（段躍中『現代中国人の日本留学』明石書店、2003年、49頁）。むしろ、かつて藪内清（『中国の科学と日本』朝日新聞社、1972年、290頁）が指摘したように、日本がかつて中国に対して「軽蔑」と「崇拝」という「二つの極端な態度しかとることができなかった」ことに根本的な原因があるのかもしれない。

(5) 岩男寿美子・萩原滋『日本で学ぶ留学生——社会心理学的分析』勁草書房、1988年。

(6) 1980年代は日中双方の政策に支えられ「留学ブーム」が起き、日本に「永住」したいという「永続的ソジョナー」も出現した（坪谷美欧子「『永続的ソジョナー』としての中国人留学生——1980年代の『留学ブーム』から新世代の出現へ」『中国21　留学という文化』第33号、東方書店、2010年7月、137-154頁）。

(7) 木下恵司「中国の愛国主義教育」家近亮子・松田康博・段瑞聡編『岐路に立つ日中関係——過去との対話・未来への模索——』晃洋書房、2007年、126頁。

(8) ウンシュールトは、中国がアヘン戦争から日中戦争にいたるまでに被った多くの「トラウマ」を「漢方の治療法」のように「予防と治療を自らの欠陥と失敗の分析から始めて」自身で克服してきたことに「中国の興亡」の秘訣を求めている（Paul. U. Unschuld, *The Fall and Rise of China; Healing the Trauma of History*, London: Reaktion Books, 2013）。同時に「嫉妬心（envy）」の破壊的性格を指摘する箇所（p.146）は「中華帝国」の「興亡」のサイクルが繰り返さ

第1章 清末・民国期の中国人の「留学経験」と政治・社会の民主化

れる危険を暗示しているようにみえる。
(9) Orville Schell and John Delury, *Wealth and Power: China's Long March to The Twenty-First Century*, New York: Random House, 2013, p.400, p.406。D・シャンボー（David Shambaugh）は *Modernizing China's Military: Progress, Problems, and Prospects* (Berkeley, Los Angeles and London: University of California press, 2002)、*China's Communist Party: Atrophy and Adaptation* (Berkeley, Los Angeles and London: University of California Press, 2008) の2冊を出版したあと、*China Goes Global: The Partial Power* (Oxford University Press, 2013) で、中国人研究者自身が「中国の文化的産物は外国で魅力がない」と認めているように、「ソフト・パワーの欠如」(p.212) を指摘し、中国を「部分的なパワー」と特徴づけ、「中国の大国の要素は驚くほど弱く、非常に不均等なのが現実である」と指摘した (p.x)。
(10) 前掲注 (3) 王勇、42頁。
(11) こうした「反日」と「親日」の二分法を前提としない先駆的研究として約半世紀前に出版された Y. C. Wang, *Chinese Intellectuals and The West, 1872-1949* (The University of North Carolina Press, 1966) を挙げることができる。ウォンは前言で「中国―と日本―の例からデモクラシーと国力は両立しない目標であることが多く、それらの目標は一夜にして達成できないし、大国の地位が達成できても呪われたものに見えるのも不思議でないと、結論付けるのが無難である」と公平に論じている（p.viii）。
(12) 藪内清『中国の科学文明』岩波新書、1970年、196頁。
(13) Michael Oakeshott, 'Rationalism in Politics'. *Rationalism in Politics and Other Essays*, Indianapolis: Liberty Fund New and Expanded Edition, 1991, p.15。なお「実践知」を教える学問は政治学であり、政治学の「科学化」の困難をどのように克服するかが、マンハイムの『イデオロギーとユートピア』の主要な問題意識であった（K. Mannheim, *Ideology and Utopia: An Introduction to the Sociology of Knowledge*, Routledge & Kegan Paul, 1976, p.99）。
(14) 拙稿「汪精衛と宋教仁の日本留学経験――二人の革命家の比較研究」明治大学『政經論叢』第81巻第5・6号、2013年3月、71-120頁参照。宋教仁が1904年10月30日から1907年4月9日まで書いた日記は、読書ノートにもなっている（宋教仁「我之歷史」陳旭麓主編『宋教仁集』下冊、中華書局、1981年、497-728頁。この日訳は松本英紀訳『宋教仁の日記』同朋舎、1989年）。
(15) 陳大為『汪精衛大伝』華文出版社、2010年、10頁。汪は法政速成科第1学期修業生223名中1番（1905年4月及6月施行）、第2回卒業生226名中4番（1905年11月施行）で、ともに「優待生」（第2回は「優等生」）であった（法政大学大学史資料委員会編『法政大学史資料集、第11集』1988年、138頁、145頁）。［ママ］
(16) 汪精衛「民族的国民――其一」黄志清編『汪精衛文集（他二種）上』第3編政

治、古佚小説会、2004 年、42-70 頁。
(17) 呉相湘『宋教仁』伝記文学出版社、1971 年、121 頁。なお 12 月 18 日に南北和議が始まると汪精衛は南側の代表の一人として尽力する。
(18) その他の理由としては、清朝打倒と共和制実現、黄興を大総統にする、財政窮乏の克服などがある（片倉芳和『宋教仁研究——清末民初の政治と思想』清流出版、2004 年、117 頁）。
(19) 同上、68 頁。
(20) 宋教仁は臨時約法の起草には加わらなかったが、宋教仁が起草した原案をもとに「ほとんど原案を大幅に変えることなく承認されたといえよう」と松本英紀（『宋教仁の研究』晃洋書房、2001 年、183 頁）も指摘するように、宋教仁の影響は大きかった。これが定説とされている（遅雲飛『宋教仁与中国民主憲政』湖南師範大学出版社、1997 年、120 頁）。これに対して曽田三郎は、宋教仁が約法制定にどの程度指導力を発揮したか、臨時約法の解釈と制定過程における主導性との 2 点で再考を促している（曽田三郎『中華民国の誕生と大正初期の日本人』思文閣出版、2013 年、55 頁）。
(21) 同上、遅雲飛、85 頁。
(22) 宋教仁「日本内閣更迭感言（1911 年 7 月 5 日）」『宋教仁集』上巻、中華書局、1981 年、305-307 頁。
(23) その後、曹勲による清朝復辟の試みも失敗し、中華民国は民主主義体制崩壊の危機を 3 回乗り切っている。つまり、革命→共和制→袁世凱のクーデタ→共和制→清朝復辟→共和制というように「三造共和」と称される（彭明・張同新『民国史二十講』天津人民出版社、1991 年、98 頁）。
(24) 拙著『汪精衛と「民主化」の企て』人間の科学新社、2000 年、第 6 章参照。
(25) 徐矛『中華民国政治制度史』上海人民出版社、1992 年、217 頁。
(26) 胡適と林語堂の略歴については拙稿「湯良禮はなぜ汪精衛政権側に付いたのか？」（明治大学『政經論叢』第 80 巻第 3・4 号、2012 年 3 月、101-110 頁）参照。中国における胡適研究は今日、盛んなようであり、沈寂『胡適史論拾零』（北京師範大学出版部・安徽大学出版社、2011 年）によれば、安徽大学胡適研究中心もあり、台湾の胡適記念館との研究交流がある。なお、胡適の年譜は山口榮『胡適思想の研究』（言叢社、2000 年、30-43 頁）、林語堂の経歴は徐友春主編『民国人物大辞典』（河北人民出版社、1990 年）など参照。
(27) John Dewey 'From Absolutism to Experimentalism', Gordge P. Adams and WM.Pepperell Montague eds. *Contemporary American Philosophy: Personal Statement*, London and New York, George Allen & Unwin and The Macmillan, 1930, Reprinted in 2002 by Routledge, p.23. なお、1904 年以来、コロンビア大学の哲学部、教育学部教授であったデューイが 1915 年、アメリカ大学教授連盟初代会長に選出されたのは胡適が在学中のことであった（杉浦宏「デューイの

哲学」C・W・ヘンデル編（杉浦宏訳）『ジョン・デューイと実験主義哲学の精神』清水弘文堂、1975 年、172-173 頁）。
(28) 胡適（唐徳剛訳注）『胡適口述自伝――美国哥倫比亜大学口述歴史訳稿之二』（伝記文学出版社、1981 年）、119 頁の注 28、96 頁。
(29) ただし、胡適のこの 5 段階の「思考の論理」は、デューイの *How We Think?* (Boston: D.C.Heath, 1910, p.73) の直訳ではない。とりわけデューイの「思考の論理」の 5 段階目は「観念と実験を反復してその解決方法を受け入れるか、あるいは拒否する」というものである。
(30) デューイ（河村望訳）『行動の論理学――探究の理論』人間の科学新社、2012 年、491-499 頁。
(31) 胡適「逼上梁山」『胡適選集（三）歴史』粋文堂書局、台湾、発行年不詳、39 頁。
(32) 胡適「通信」『新青年』第 2 巻第 2 号、1916 年 10 月、1-3 頁（丸山松幸訳「文学革命についての書簡」西順蔵編『原典中国近代思想史第四冊――五四運動から国民革命まで』岩波書店、1977 年、210-212 頁）。
(33) 胡適「文学改良芻議」『新青年』第 2 巻第 5 号、1917 年 1 月 1 日、1-11 頁。
(34) 胡適「通信」の「文学革命の 8 項目」（2-3 頁）はその順序が胡適「文学改良芻議」（1 頁）では（1）須言之有物、（2）不摹倣古人、（3）須講求文法、（4）不作無病之呻吟、（5）務去爛調套語、（6）不用典、（7）不講対仗、（8）不避俗字俗語、と変更されている。その理由を「ごく丁重に私の白話文学の主張を提出した」と述べており（前掲注（31）胡適、41 頁）、その趣旨に変更がないことを確認しておこう。なお、中国文学の表現形式は「駢文」（駢儷文、四六文）で完成したとされ、駢文の特色は、対句の多用、四字句、六字句が基調、典故の多用、修辞の美の追求などである（前野直彬編『中国文学史』東京大学出版会、1995 年第 22 刷、61-62 頁）。
(35) 増田渉『中国文学史研究――「文学革命」と前夜の人々』（岩波書店、1977 年第 3 刷、10 頁）によれば、胡適の意図は「口語の統一による国語運動」であったのを、陳独秀が「政治的なものにすり代え」て「文学革命論」（『新青年』2 巻 6 号）にしたという。陳独秀の主張は、政治、宗教、倫理道徳に革命があれば、文学芸術にも革命がある、というレトリックである（『独秀文存』安徽人民出版社、1987 年、95 頁）。これに対して筆者は胡適の「文学革命」の方法論としてのプラグマティズムに注目するのである。
(36) 朱文華『胡適評伝』重慶出版社、1988 年、61 頁。1954 年以降、中国の帝国主義と資本主義の代弁者として批判されてきた胡適について、朱は同書「後記」で「真剣に研究に値する人物で、簡単に『批判』するだけでは済まない」と考え、1978 年から本格的に研究しだしたと述べた（368 頁）。なお、胡適生誕百周年に出版された周質平『胡適叢論』（三民書局、1992 年）には巻末に胡適の英文著作

編年目録（1-82頁）が掲載されている。
(37) 前掲注（28）胡適、96頁。
(38) この付会（附会）説は「西洋の機器と技術は、原理的にはすでに早くから中国の諸子百家によってその萌芽が示されている」という洋務論者の説である（小野川秀美『清末政治思想研究』みすず書房、1975年2刷、4頁）。胡適は、諸子百家のなかでも特に墨子の「科学的記載は、算学、幾何学、光学、力学などにわたっている」と指摘する（柿村峻・藪内清訳『中国古典文学大系5、韓非子・墨子』平凡社、1968年に付された藪内清『墨子』解説、526頁）。確かに墨子の第40から第45までの経上下、経説上下、大取、小取の叙述には「科学的記述」の萌芽が認められるが、それらは断片的なものであって体系的なものではない。こうした文化的背景が中国の科学の発展を遅らせたという説は、UCLAのRichard Baum教授（2013年12月14日に72歳で死去、*International Herald Tribune*, Th, Dec, 27, 2012）が'Science and Culture in Contemporary China: The Roots of Retarded Modernization', (Meiji University-UCLA Japan Research Group eds. *Pacific Basin Studies: Selected Essays*, Tokyo: Ningen no Kagakusha, 1985, pp.47-68）で提出しており、具体的には形式主義的な認識論、偏狭な経験主義、独断的な科学主義、封建的な官僚主義、儀礼の強制など5つの文化的特徴を指摘した。
(39) 前掲注（26）山口榮、117頁。本書は胡適に関する日本文による本格的な研究書といってよい。山口は胡適が米国留学で農学から哲学に専攻を変更することになる遠因として、1908年中国公学入学直後、脚気で療養中、呉汝綸選『古文讀本』を読み「文学・史学への強い嗜向が生じ」たことを指摘している（6頁）。胡適『四十自述』（遠流出版、2011年5刷、125頁）によれば、「古詩」を読んで「詩歌原来是這様自由的」と感じたという。なお、胡適は1904年から1909年までの上海遊学中、梅渓学堂、澄衷学堂、中国公学、中国新公学で学ぶが、どれも卒業していない。1906年10月創刊の『競業旬報』に文章を発表、1908年7月その編集者になり、すでに「白話」の文章を発表していた。胡適の「古文」に対する懐疑はアメリカ留学以前からあったことが分かる。
(40) 胡適「我們什麽時候才可有憲法──対于建国大綱的疑問（1929年6月10日）」高軍・李慎兆・厳懐徳・王桧林編『中国現代政治思想史資料選輯』上冊、四川人民出版社、1984年、807-813頁。
(41) 林語堂（喜入虎太郎訳）『支那の知性』創元社、1940年、5頁。
(42) Lin Yu-tang, 'Chinese Realism and Humour', in Hu Shih and Lin Yu-tang, *China's Own Critics; A Selection of Essays*, New York, Paragon Book Reprint Corp. 1969, pp.160-165。同上、『支那の知性』、110-111頁。
(43) *Ibid.*, p.165.
(44) 拙稿前掲注（26）、87-125頁参照。湯良禮は、CIAの前身、OSS（戦略諜報局）

の中国班調査部によれば、国際宣伝局長に就任する前にドイツでナチスの宣伝方法について講習を受け、「外交関係のある面では極めて力強く明快な見解を持っていたことで知られていた」ようであり、また、北京では積極的に反米宣伝活動を行ったという（山本武利編『第2次世界大戦期日本の諜報機関分析　第4巻、中国編1』柏書房、2000年、174頁）。

(45) 拙稿「汪精衛政権の『大亞洲主義』とその実現構想——周化人の『亜細亜連盟（汎亜連合）』」松浦正孝編『アジア主義は何を語るのか——記憶・権力・価値』ミネルヴァ書房、2013年、424-446頁参照。

(46) Tang Leang-li, *The Inner History of the Chinese Revolution*, London; George Routledge & Sons, 1930, Rerinted in 1975 by University Publications of America, p.362.

(47) *Ibid.*, p.339。1933年に書いた Tang Leang-li, 'Wang Ching-wei——Leader of China Renascent' (*The Peoples Tribune*, Vol.4, No.5, April 1, 1933, pp.241-252) は、1931年の満洲事変を契機に汪がそれまでの「反蔣」から蔣汪合作に方針転換したことに賛成する立場を明確にしながら、汪については「孫文の遺産の擁護者、青年中国の指導者」とみる点で一貫している。

(48) Tang Leang-li, 'The Road to National Ruin', *The Peoples Tribune*, Vol.1, No.1. March 1931, p.2.

(49) 湯良禮（中山蒐美三訳）『支那社会の組織と展望——新支那建設の一指標』育生社、1940年、5頁。

(50) 同上、78-79頁。

(51) 同上、244-245頁。

(52) 同上、282頁。

(53) 同上、第8章。

(54) 同上、102頁。

(55) Tang Leang-li, *op.cit.*, p.2。黄宗羲の『明夷待訪録』は「明の国家がなぜ崩壊したのか、政治のどこが悪かったのか」について論じた書物である（山井湧「黄宗羲（1610-1695）」東京大学中国哲学研究室編『中国の思想家』勁草書房、1963年、654-666頁）。山井湧『人類の知的遺産33 黄宗羲』（講談社、1983年）。

(56) 黄宗羲（西田太一郎訳）『ワイド版東洋文庫20 明夷待訪録——中国近代思想の萌芽』平凡社、2003年、11頁。濱久雄『明夷待訪録』、明徳出版社、2004年、62頁。句読点を付した原文の全文は「此無他、古者以天下為主、君為客、凡君之所畢世而経営者、為天下也。今也以君為主、天下為客、汎天下之無地而得安寧者、為君也」（段志強訳注『明夷待訪録』中華書局、2013年第3刷、8頁）。

(57) 同上、濱久雄の「2、原君」の「余説」、68頁。

(58) 黄宗羲のこの主張は16世紀ヨーロッパのモナルコマキ（暴君放伐論）に似ているが、理想の君主の理念を想定し、人民主権論に結びつく契約理論とは異質で

ある。つまり、後者は君主・人民と神との第一契約と、君主が「正義に基づき、法に従って支配する」と約束し、人民は君主が「正義に基づいて命令する限り」服従する第二契約という二重契約を想定するものである（Jonann Sommervill, 'The Social Contract（Contract of Government）', Geoge Klosko, ed., *The Oxford Handbook of the History of Political Philosophy*, Oxford University Press, 2011, p.578）。
(59) Tang Leang-li, *op.cit.*, p.2-3.
(60) 注（41）参照。Wikipedia（最終更新 2013 年 9 月 8 日）の周化人の項目（2013 年 10 月 12 日アクセス）。周化人の没年はこのウィキペディアで筆者は初めて知った。筆者は未見であるが、化州市地方志編纂委員会編『化州県志』（広東人民出版社、1996 年）に記載されているようである。
(61) 顧孟余は同じく改組派の指導者で、漢奸裁判で処刑された陳公博とは異なり、汪精衛政権には加わらなかった。顧孟余は浙江省上虞人、1888 年に北京に生まれ、1905 年北京訳学館に入り 1906 年にドイツに留学、ライプチヒ大学で電気工学を、ベルリン大学で政治経済学を専攻し、中国同盟会に加わり、武昌起義に参加した。1916 年に北京大学文科教授、独文系主任と法科経済系主任、教務長を務める。1925 年に広東大学校長になる。1926 年 1 月に中国国民党第 2 期中央執行委員に、7 月に中央政治会議委員に選出され、1927 年 3 月に中央政治会議委員、国民政府委員、国民党中央宣伝部部長に就任している。以降、国民党左派のイデオローグとして活躍し、1932 年の蔣汪合作政権の復活に寄与する（周徳偉『落筆驚風雨：我的一生與國民黨的點滴』遠流出版、2011 年第 15 章参照）。1938 年 12 月の汪の重慶脱出に反対、1941 年中央大学校長に就任し、戦後、行政院副院長に任命されるが就任せず、香港に移る。1969 年に香港を去って台湾に行き、総統府資政になり、1973 年 6 月に病死した（注（26）徐友春主編参照）。
(62) 孫文の「大亞洲主義」と「日本応助中国廃除不平等条約」は中国国民党中央党史会編『国父全集』（第 2 冊、演説部分、中央文物供応社、1980 年 3 版）所収。
(63) 汪精衛「三民主義之理論与実際」国民政府宣伝部編『国民政府還都週年記念冊、和平反共建国文献』編者出版、1941 年。
(64) 周化人「大亜細亜主義と欧米」『大亜細亜主義』第 86 号、1940 年 6 月、11 頁。本稿は同雑誌の復刻版、後藤乾一・松浦正孝編『編集復刻版・大亜細亜主義』（龍渓書舎、2008 年）を使用した。
(65) 周化人「大亜細亜主義と日中和平」『大亜細亜主義』第 89 号、1940 年 9 月、24 頁。
(66) 周化人「王道と覇道」『大亜細亜主義』第 87 号、1940 年 7 月、24 頁。
(67) 周化人「大亜細亜主義の必然性」『大亜細亜主義』第 95 号、1941 年 3 月、16 頁。その原文は周化人「大亞洲主義的科學性」『大亞洲主義月刊』第 1 巻第 4 期、

1940 年、11 月 15 日、10 頁。
(68) 周化人「将来の和平組織と亜細亜連盟」『大亜細亜主義』第 88 号、1940 年 8 月、14 頁と 17 頁。
(69) 同上、17 頁。

第2章　師尾源蔵と経緯学堂

　　　　　　　　　　　　　　　　　　　　山泉　進

はじめに

　師尾源蔵は1897（明治30）年生まれで、最終的に明治大学専門部政治経済学科を卒業したのが1924年3月、他方、経緯学堂は1904（明治37）年9月に開校され、1910年4月には廃止されているので、師尾源蔵が経緯学堂と直接的な接点をもっているわけではない。ただ、師尾源蔵が卒業後、アジア、とりわけ中国からの留学生たちの支援を行ったこと、また明治大学と中国からの留学生との関係について、「中華留学生と明治大学」（『中華学報』第3号・1928年2月20日）と題して執筆し、そのなかで比較的詳細に経緯学堂の設立趣旨や組織、また入学生の動向などについて紹介していることがあり、その意味では師尾源蔵と経緯学堂との間には間接的接点があることになる。ここでは、師尾源蔵の中国人留学生支援、あるいは彼の変容していく中国や日中関係についてのジャーナリスト的認識について紹介するとともに、アジア人留学生の受け入れ学校であった経緯学堂の実態について紹介したい。

　ところで、師尾源蔵は1961年12月8日に急逝しているので、もちろん筆者と面識があったわけではない。それでも、明治大学内では、学生時代の愛称「モロゲン」の名で、今もって語り継がれている逸話がある。一つは明治大学射撃部の創始者としての逸話であり、もう一つは、明治大学の図書館の片隅にあったとされる戦没者の「忠霊殿」を、見るに忍びなく郷里の新潟に

持ち帰り、新潟県護国神社に仮安置した事績についての逸話である。師尾源蔵という人物像を描くためには、この二つの逸話は欠かすことが出来ないのではじめに紹介しておきたい。なお、引用文を含め漢数字はアラビア数字表記に改めた。また、引用文には読みやすくするため、適宜読点を入れた。

一　射撃部の創部と忠霊殿の保存

1．射撃部の創部と戦後の復活

　まず射撃部の創設について触れる。師尾源蔵と射撃との出会いは、彼が新潟から上京して明治大学法科に入学した時にはじまる。「ある時知人の一軍人に伴われて兵隊の射撃を見物したが、その気分が如何にも豪放。その趣味また津々たるに痛く心を奪われ、この射的を一般社会に広げたいと、即ち小銃射撃のスポーツ化を願望したのである」との回想が残されている[2]。そのことが動機となって、以後、学友を誘い青山射撃場の在郷軍人会に仲間入りをして、射撃会が開かれると銃を借りて参加していたとのことである。当初は「明大射撃クラブ」あるいは「明大学生射撃団」と称していた。4年にわたる兵役生活ののち、1921（大正10）年9月、師尾源蔵は明治大学専門部政治経済科に再入学、射撃部活動を再開、当時明大学生監であった矢部謙次郎大尉を部長兼教官に迎え明大射撃部が創部された。こういう経緯から、明大射撃部の創部は1921（大正10）年9月とされている。ちなみに、日本において射撃がはじまったのは1880（明治13）年に「日本帝国小銃的協会」の設立以後とされているが、東京帝国大学に「小銃射撃部」が誕生するのは1915年から翌年にかけてのことである。当時の山川健次郎総長の提唱により、小銃300挺と弾薬の購入がなされた。「モロゲン」の回想のなかには、「我等は帝大のように偉い肩書の大先輩もいないし、銃を買って呉れる後援者も無い。いまだかつて一文の寄付も仰がなければ、何人の干渉をも受けたことはな

い」というような恨み節と自負とが記録されている。以後の師尾源蔵の活躍については、『明治大学体育会射撃部90年史』の記述より引用する。

　大正11（1922）年、12年頃になると東京帝大、明治以外にも法大や東京農大に部ができ、学習院などで同好の者の間で小規模の催しもあり、少しずつではあるが射撃会が広まっていった。
　明治神宮外苑に新設される競技場で国民の身体鍛錬・精神の作興に資することを目的とした「明治神宮競技大会」が開かれることになり、普及には好機ととらえた師尾は学生を代表して参加を申し込みに行く。
　当時の主務官庁であった内務省衛生局は、「射撃はまだ分団が結成されていない」との理由で参加を認めなかった。あきらめきれない師尾は射撃の有用性を再三に説いて折衝したが、結局希望ははねつけられた。それに義憤を感じた師尾は明治神宮祭典祝日その日に学生の大会を開こうと決議する。
　かくして大正13年11月3日に第1回関東大学専門学校射撃大会が挙行された。1校8名以上、弾数は団体競技が1人5発、個人は3発、射距離200m、姿勢は依託なしの随意、標的は10圏固定的とした。参加校は帝大、商船大、早大、商大、法大、明大、一高、など団体10校、個人参加者を含めて150人、優勝は帝大。
　師尾は大学専門学校の学生に射撃が普及するや、ただちにその範囲を（旧制）中学校にまで拡大する目的で、大正15年5月には明大射撃部主催で全国中学校射撃大会を開催した。これが昭和9年の全日本中等学校射撃連盟結成の基礎となっている。
　また、民間射撃としては、学生・生徒のみでは満足できず、大正15年4月に射撃部OB会の駿台射友倶楽部主催で東京市民射撃競技大会を行っている。これは競技の他に野外講話や音楽隊演奏などがあり参加者は500名におよぶ盛況ぶりであった。同年駿台（明大OB）と赤門（帝大

OB）対抗戦を開始し、これを契機として関東大学倶楽部射撃会を設立して、のちの全日本射撃倶楽部連盟設立までに発展した。⁽³⁾

　平尾真の「師尾先輩の思い出」（後述）で補えば、大正13年11月3日に開催された日本最初の学生射撃大会である「関東大学高等専門学校学生射撃大会」が行われたのは、赤羽陸軍射撃場で、この大会を機会にして関東学生射撃連盟が設立され、その第1回大会が、大正14年5月に開催された。その後、関東、関西、東海の3学生連盟が合併して、1936（昭和11）年に全日本学生射撃連盟が結成されたとのことである。⁽⁴⁾

　師尾源蔵のスポーツとしての射撃普及に果たした役割は、以上の記述により十分に知ることができるが、視点を再び明治大学内へと移してみよう。1923年9月の関東大地震により駿河台キャンパス内の本館、2号館、図書館など24棟、2,966坪余りが焼失、秋には矢部教官が明治大学を去り、赤神良譲教授が部長に就任した。「モロゲンが描いた"夢"」には、「射撃部の部室はボーイスカウト団と共用で記念館の左側の校門を入った右手のバラックであった。その頃は学内の掲示から空気銃愛好者を発掘したり、皆を集めて所沢の飛行場見学や富士裾野の野外キャンプなどを行いながら学生の興味を引き付ける努力をして何とか部員を確保している。／また大変な思いで払下げ銃を手に入れたり、参考書や蒲団を質入れし、さらにいくらもない道具までをも叩き売って弾薬代や電車賃にするなどの苦労の連続であった。"モロゲンさん"の思いが浸透して、射撃部活動は次第に活発隆盛になり報知新聞やグラフ（アサヒグラフ）に紹介されるまでになった⁽⁵⁾」と記載されている。翌1924年に射撃部は学友会に加入の申請を行った。総務委員会では、大正デモクラシーの影響もあってか、射撃団は軍隊ではないかとの反対意見もあったということであるが、師尾源蔵は「射撃部は柔道・剣道と同じく武士道を発揮するもので、体育の錬磨・品性の向上を図ることを目的」とするものであるといって反論、加入が認められることになった。ただ、当初は学友

会補助部としての扱いで、1925年12月の学友会全委員会において正式に加入を認められたということである。明大射撃部の後輩として大正14年以来、死ぬまで付き合いがあったという平尾真は、日本ライフル射撃協会の「師尾記念賞」制定を記念して刊行された小冊子『「師尾記念賞」制定について・師尾先輩の思い出』に次のように回想している。「何しろ、当時の射撃部は、教練用に軍隊から払下げられた三八式歩兵銃から、選び出したものを使用し、射撃の練習も、遠い戸山ヶ原の陸軍大久保射撃場まで行って、僅か1日に5発の射撃をするだけで、後は他の部員のために、監的壕に入って重い標的廻しをやらされた。それも、練習日が晴天の時だけで、雨天の日は、屋外の射撃場では射撃ができないので、校舎の暗い室内で、予行演習をさせられたのである。だから射撃部とは名ばかりで、私達も1年間に1人約百数十発の射撃しかできなかった時代である」という状態であった。ただ、師尾はアイデアマンであり、また「チャンス・メーカー」でもあり、「私が入部した頃も、部員以外の学生達を、飛行場につれて行って飛行機に乗らせたり、機関銃射撃をやらせたりして、この機会に部員を募集するというように、射撃部のPRを兼ねた部員募集の一石二鳥の計画を樹てる才能があった」とも書いている。

　少し後のことになるが、師尾源蔵の射撃部監督としての談話「射撃は禅味があり、そして男性的だ」が『駿台新報』（1930年7月1日号）に掲載されている。それによれば、「日本では射撃と申せば従来は猟銃だけのやうに思はれて居つたが、大正4、5年殊に大正10年頃から小銃による競技方向が一般学生競技界にスポーツ化して採用されてから、断然民衆の間に普及性を拡大」していると指摘し、「小銃射撃は古来から日本6芸の1に数へられ、今日も武士道的精神を縦となし、新時代に適合したスポーツマンシップを緯とした新鮮味の充味ある運動だ。老若男女誰でも入りやすく、特別に大した腕力も必要としない。技術もそう天才を必要ともしない。誰でも出来る。経費も計画方法によつては割合に少ない。だから国民的スポーツとして最適だ」、

そして「射撃の心得のある人が全国に400万人あるし、民間に払い下げの小銃が20万もある。小銃は軍隊の専用ではない。国民全部の試み得るスポーツとして採用しスポーツ化してゆく所に国民競技としての意義がわく」とコメントしている。ライフル射撃を民間スポーツとして普及させるために、師尾は射撃をオリンピック大会に参加させることが最良の手段であると考え、1936年8月に開催された第11回ベルリン大会を自費でもって視察したこともあった。

　関東大学高等専門学校学生射撃大会で明治大学が優勝するのは、1930年の第7回大会であった。翌年の第8回大会からは、主催を明大射撃部から関東学生連盟に移した。1937（昭和12）年には全日本学生射撃連盟、全日本中等学校射撃連盟、全日本射撃倶楽部連盟の会長、および関係官庁であった陸軍、海軍、内務、文部等の各省の代表者を集めて協議をして大日本射撃協会が組織され、会長には奈良武次陸軍大将が就任している。この設立にあたっても師尾の尽力が大きかったといわれる。戦時体制にはいると、競技スポーツとしての射撃の性格は「学生射撃訓練大会」と変えられ、さらには「学徒戦技訓練」と呼ばれるようになる。『明治大学新聞』（1944年3月17日号）には師尾源蔵の「学徒戦技訓練の到達点」が掲載されている。「皇国も愈々存亡の時が来た」という時局認識にたって、「戦技教育」の魂は「死の教育」であると説いている。そして、近代戦闘の主流は「白兵戦」ではなく「銃砲」にあり、さらには「理化学的兵器」が戦闘の勝敗を決めるとの考え方は「愚劣」である。「如何なる戦闘でも有史以来最後の決を与ふるものは器械力ではなく、科学兵器ばかりで無く、それは物質力を超脱したる精神力であり魂と魂の激戦に他ならない」と主張し、「常に勇猛果敢敵陣に突こんで行く銃剣突撃即ち白兵戦の訓練が、各兵隊の如何を問はず陸、海軍共に重視される戦技である」と鼓舞している。日本の敗戦を覚悟しての教育の立場上からの時局への迎合のようにも読めるが、先の『明治大学体育会射撃部90年史』では、「スポーツは体育と武道に分けられ後者の射撃は大日本武徳会に組み

入れられる頃になると時代の流れは戦時色が強まり、明大射撃部創部当初に"モロゲンさん"の希求した「スポーツ射撃」とは大きな隔たりを見ることになる」と擁護されている。また、「戦酣(せんかん)の頃、明大も学徒出陣によって学生を戦陣に送り出し、明大射撃部は多くの優秀な部員を失った」[9]とも記されている。

　日本の敗戦後、1945（昭和20）年10月には軍国主義教育に協力した教職者に対する追放が行われ、さらには翌年1月には幣原内閣のもとで公職追放令がだされた。A項には戦争犯罪人、B項には陸海軍の職業軍人、そしてG項には「その他の軍国主義者、超国家主義者」が該当させられた。『明治大学体育会射撃部90年史』には、「昭和20年10月26日に協会（大日本射撃協会）は学生代表に対して25年間にわたる学生射撃に終止符をうつむね（旨）通告し、同年末にはGHQ戦犯G項により解散させられた」[10]と、簡略化されて記述されているが、おそらくこのあたりの事情を指しているのであろう。学生射撃連盟の復活は1953（昭和28）年、総会が開催され学生幹事長には明治大学の横山長幸、理事長には明大OBの芹沢新平が選出された。芹沢の回想「学生射撃復活の前後」[11]によると、ここで総会とよばれているものは、その年の6月28日、小石川の室内練習場にOB数十名、約30名の学生が集まって開かれたとのことである。それ以前、関東に「東日本射的倶楽部」、関西に「西日本射的倶楽部」が結成され、射撃活動が復活しはじめる。1949年9月「日本射撃協会」が設立され、1951年5月には日本体育協会への加盟、同年12月には国際射撃連盟（UIT）への再加盟が認められた。そして同年の広島での国民体育大会から正式種目として参加した。オリンピックには1952年のヘルシンキ大会から参加し、金メダル1、銀メダル1、銅メダル3の成果をあげた。戦後の学生射撃の復活に果たした師尾源蔵の役割について、先の芹沢の文章では、「師尾先生再度の大活躍」の見出しで、「なにしろ射撃部のOBもいなければ、射撃を知っている先生などひとりもいない大学にとびこんで説明し、納得させ、何名かの学生を集めさせるには、どれほど

の努力と辛抱が要求されたことだろう」と評価している。その功績によって、日本ライフル射撃協会名誉会長の栄誉を与えられている。

2. 忠霊殿の建立と新潟県護国神社への仮安置

　師尾源蔵のもう1つの逸話は、忠霊殿にまつわるものである。1937（昭和12）年7月7日、北京郊外の盧溝橋付近で日中両軍が衝突、日中戦争が開始された。近衛内閣は同年8月に国民精神総動員実施要綱を決定、9月9日には、「挙国一致」「尽忠報国」「堅忍持久」の3つのスローガンを掲げ、日比谷公会堂で政府主催の国民精神総動員大演説会を開催した。10月に国民精神総動員強化週間が開始されると、明治大学は学校をあげて賛同し、18日の予科会主催の明治神宮祈願大行進には1,300名にのぼる予科生が参加したといわれる。また、25日には、天皇・皇后の御真影と教育勅語を授与され、総長室に新しく設けられた奉安庫に安置された。翌1938年8月、木下友三郎が総長、警察官僚であった双川喜一が専務理事に就任、加えて10月からは事務局長を兼任した。また双川の斡旋により予備役陸軍少将であった松室孝良が指導局長として招かれ、学生の訓育に強力な指導を振るうようになる。そして翌年にはこの松室が企画発案した興亜科が新設された。その設立(12)趣旨には、「我ガ建国ノ大精神タル八紘一宇ノ理想ハ、曩ニ満洲国ノ建国今又支那事変ノ□□（発生？）ニ依リ、其実現ノ暁光ヲ放チ、茲ニ日満支□□（提携？）ノ大道拓カレ、近ク新世界文明ハ樹立セラレントス」（□は解読困難の箇所、以下同様）というような言葉が並んでいる。木下総長は「興亜新秩序建設は目下非常に急務である。それにはあらゆる方面で人材を必要としなければならない。（中略）その教育方針は訓育に重きをおくものであつて、今迄の如き知育許りのものでなく、腹をこしらへるものであり、スパルタ的とは云へないが、心身の鍛錬を主眼とするものである(13)」と訓示している。事実、興亜科の養成する人材は、経営科（満蒙支の鉱業、工業に従事する中堅管理

経営者)、貿易科（東亜および南洋の一般商業、貿易業、金融業、運輸および航空、関税等の業務従事者)、農政科（満蒙支の農業、林業、牧畜業等の経営者、農村および合作社の指導者。日本移民団の中堅的人物)、厚生科（満蒙支の公務、教育、社会事業、社会教科に従事する者）というような即戦力となる人員であった。明治大学に総長を団長とする報国団が結成されるのは、日米開戦直前の1941年4月からである。報国団は、本校団、女子部団、大学予科団、明治中学団、明治大学商業学校団の5つの団体から構成され、教職員と学生には国防訓練や心身鍛錬が求められた。大学は戦時体制（高度国防国家）を支える組織として再編成されていくことになる(14)。これに先立って、盧溝橋事件以後、戦争犠牲者たちへの慰霊の儀式体制も急速に整えられていった。1938年12月6日には、中国・廬山において戦死した元予科配属将校であった飯塚国五郎の留魂碑が和泉キャンパスに建立された（『駿台新報』1938年3月17日号)。さらには先に紹介した興亜科の設置を報じている『駿台新報』(1939年2月17日号）の同じ紙面には「歴史を飾る金字塔」「本学関係の英霊よ、永遠に眠れ」の見出しのもとに次のような記事が掲げられている。

　　今支那事変発生して以来一年半になり、今や、長期作戦に入り皇軍は南支、中支、北支の海に、陸に空に又は満蒙等の各地に於て「海征かば水漬く屍、山征かば草むす屍」と将兵は忠節を尽すことを本分として、或は死して護国の鬼となり、或は極寒、酷暑を冒して奮戦奮闘してゐる。一方、この古今未曾有の非常時に当り、銃後国民は一層自粛自戒して各人の本分に依り聖戦の目的のため協力邁進して居る。而して、此の秋にあたり、学校当局に於ては学校関係職員、校友、学徒の出征者が日清、日露両戦役を始め北清事変、日独戦争、シベリヤ事変、更に山東、済南、満洲、上海を経て最後に今回の事変に到る迄、戦死した者は〇〇名であり、今事変の犠牲者は既に〇〇に達するので、この業績を永久に記念すべく、前総長鵜沢博士発案人となり、引継事務となして木下総長

が発起人となり、教職員等多数賛同の下に記念塔建設会が設立された。記念館前に高さ30尺直径5尺の台がトーチカを型どつたもの、上に16尺の砲弾を型どつた記念塔が建設されることとなつた。同塔は3階の窓の一隅に達する大きなるものであり、碑文は靖国神社宮司鈴木季雄大将に執筆を依頼する予定で、この記念塔に本学関係の勇士の英霊を母校の名誉として、永遠に顕彰することになつた。この碑の除幕式は来る4月29日天長節の佳日に行はれる様、目下着々とその準備に着手している（○○とされているのは具体的数字の記載が憚られたからであろう）。

　この忠霊塔の建立計画は、師尾の友人であった安達幸一（1916年商科卒、大連福幸公司社長）が1千円を寄付したほか、満洲留学生謝恩会などの寄付をえて進められた。予定ではトーチカを模した台の直径が1.5メートル、高さ9メートル、その上に4.5メートルほどの砲弾様のものを乗せるという計画であった。ところが内務省では、「碑表の建設を競い華美壮大を争ひ、式典行事等に多額の費用を投じたり、建設者等の売名宣伝にならぬやう厳戒する」という理由から、この種の記念塔や記念碑は1市町村に1基という決定を行い、大学では初の試みとして喧伝された忠霊塔の建設は中止を余儀なくさせられた。他方、忠霊殿は、師尾源蔵が会長を務める明治大学の在郷軍人により組織された照星会の献納により図書館3階の閲覧室に安置された[15]。この図書館は、恩賜図書館ともよばれ、1932年3月に竣工したものである。総坪数480坪、1階に事務室と閲覧室、2階に大閲覧室、3階に校友大ホール兼会議室、地下1階に書庫と大学院付属研究室があった。遷霊祭は3月10日の陸軍記念日におよそ100名ばかりの列席をえて行われた。陸軍大将枢密顧問官元参謀総長・鈴木壮六、元枢密顧問官元侍従武官長・奈良武次、元関東軍司令官・菱刈隆等、明治大学からは木下総長、鵜沢前総長、志田（鉀太郎）商学部長、もちろん師尾の名前もみられる[16]。こうして忠霊殿は大学により祭祀され、毎年7月10日に祭礼を行うようになった。この忠霊殿に

は戦争で亡くなった1,200名余りが祀られているといわれているが、太平洋戦争中の学徒出陣による戦死者が一番多いとされている。もちろん「位牌名簿」が保存されてきたが、戦争直後の混乱により紛失し、その後正確な数がわからなくなっている。また、占領軍の指令により、各大学の忠霊殿も焼毀されることになった。ところが、明治大学では、伊藤省吾、加藤五六らの手によって、記念館講堂の地下に隠され埃まみれの状態で解体・放置されてきた。このことを聞いた師尾源蔵は、当時は校友会新潟連合会支部長の地位にあったが、新潟県の護国神社の宮司で明治大学校友の樋口隆に相談をして、そこに仮安置することに決めた。(17)1955年7月、忠霊殿は明治大学から新潟県護国神社に遷座され、9日、10日と慰霊祭が行われた。主催者は明治大学戦没者英霊顕彰会と明治大学校友会新潟県連合支部で、「人類永遠の福祉増進と祖国と世界平和の礎となられた本学並に全国大学・高専戦没学徒勇士の御魂を慰む」ことを趣旨とした。(18)もちろん師尾源蔵の尽力が大きかった。ところが、師尾が1961年12月に急死し、「どこに行く明大忠霊殿」の見出し記事になったわけである。当時の加藤五六総務理事は、「師尾さんがいろいろと世話をしていてくれたので本当に有難かった。今後も、粗末にしないようにしたいと思っている。安置の場所は当分ひろびろとした新潟の護国神社がいいのではないか」、永野徳光職員会長は、「2度ほど拝礼したが、新潟では地理的に離れすぎて難がある。今後理事会で良く検討して、師尾さんの遺志を生かして最もいい方法を構じたいものだ」とコメントしている。新潟県護国神社への仮安置から50年が経過した2006（平成18）年10月9日、「明治大学戦没学徒忠霊殿」が同じ護国神社内に建立され、その竣工祭が行われた。明治大学からは長吉泉理事長、青木信樹校友会長、栗山清校友会新潟県支部長らが参加した。(19)1963年9月8日、多くの有志の浄財によって護国神社境内に「師尾源蔵先生顕彰碑」が建立された。師尾源蔵の名前は、この忠霊殿とともに明治大学の歴史のなかに遺されることになった。

二 「尼港事件」体験と明治大学時代

1. 師尾源蔵の履歴と「尼港事件」体験

　師尾源蔵については、詳しい経歴はよくわかっていない。あまり信用がおける記述とは思えないが、とりあえず『紫紺の旗燦たり』[20]に掲載されている文章から引用すれば、「師尾源蔵氏は、日本ライフル射撃協会名誉会長、新潟県航空協会会長、本学校友会新潟県連合支部長を務めた。／師尾氏は新潟県の出身、大正13年に明大専門部政経科を卒業、新潟日報の新聞記者となる。その後、上海日報、北越日報などに務めるかたわら、明大に学ぶ中華民国留学生の指導・援助、その他日華学会をつくっていた。昭和5年には当時の横田秀雄学長とともに、上海、南京へ研修旅行に出かけている。／近年は日本ライフル協会の創立者として活躍、明大体育会の顧問を務めている。／加藤五六理事（当時）の師尾氏を偲ぶから。『師尾さんは大正13年明大政治経済科を卒業、新聞記者として郷里の新潟日報社へ勤務され、その後、奉天、長春、上海、天津等の各新聞社の顧問、嘱託を歴任した。その間、中国大陸へ渡られること実に16回の多きに亘り、満蒙及び中国大陸の開発にその情熱を傾け、又本学の講師を嘱託されて中国人の面倒を見たこともあります。また健全な人間教育は1にスポーツの振興にあることに着目されて、大学在学中から営々としてそのために努力され、青少年に対して大いなる希望と正しい理解と認識を与えるものこそ、アマチュア・スポーツにあることを強調しつつ、自ら率先垂範されましたことは感嘆に絶えないところであります。』日本ライフル協会育ての親でもある師尾氏は、東京五輪をひかえて急逝、スポーツ界や明大関係者から惜しまれた」と紹介されている。

　射撃部の後輩である平尾真の回想[21]によれば、師尾源蔵は1897（明治30）年3月16日、新潟県西蒲原郡水原村（現在の阿賀野市）に父・彦次郎、母・よ

し子の4男として生まれている。新潟市立大畑小学校を卒業後、県立新潟中学、新潟商業で学び上京、明治大学に入学したということである。1916（大正5）年法科に入学したが、翌年12月新潟県新発田の歩兵第12連隊に入営、1921（大正10）年5月に除隊、3年半の軍隊生活を経験した。同年、専門部政治経済科に復学、1924年に卒業している。軍隊経験については、前掲の「モロゲンが描いた"夢"」で少し言及されている。1917年（大正6）年12月、師尾は徴兵されて新潟県新発田歩兵第12連隊に入営した。入営後の感想として、「1志願兵や士官候補生の企及することのできぬ立場にあって自己の軍隊哲学を考えた。そして単なる軍卒の1人として純真に行動した。大正8年4月朝鮮暴徒事件の突発は守備隊として大部分の戦友はその地に赴き、私も志願したが何故か残留を命ぜられた。学業半途の私にとって個人としては2ヶ年の兵役はかなりの打撃であるけれども、私独自の軍隊哲理を体得した喜悦と異常な希望を授けられたことを感謝したのであった」と記している。文中の「大正8年4月朝鮮暴徒事件」というのは、「3.1独立運動」を指していると考えられるが、長谷川好道朝鮮総督と宇都宮朝鮮軍司令官は、独立運動の拡大に対して、4月1日に連名で弾圧強化を指示、日本国内から6個大隊と憲兵400名を増派した。「提岩里の虐殺」として知られている住民殺害事件などが起きている。5月21日、総督府は「万歳事件の終結」を宣言した。総督府集計によれば、万歳デモ参加者は106万人。死者553人、負傷者1,409人に達したということであるが、実際にはもっと多くの数にのぼったであろう。これにより、すべてのキリスト教会が封鎖され、集会が禁止された。

　また、平尾真の回想には、師尾がシベリア出兵に加わり、「尼港事件」に遭遇したことが記されている。シベリア出兵は、ロシア革命直後の1918年から1922年にかけて、日本を含む連合国が「革命軍によって囚われたチェコ軍団を救出する」という大義名分でシベリアに出兵した事件である。社会主義革命に対する干渉戦争であると同時に、ロシア帝国時代の外債と、ロシ

ア銀行などのさまざまな外資を保全する目的もあった。日本は兵力7万3,000人（総数）の兵力と巨額の戦費を投入した。結果的には5,000名近くの戦死者を出して撤退した。「尼港事件」は、1920年3月から5月にかけて、ロシアのトリャピーチン率いる共産パルチザン（ロシア人、朝鮮人、中国人4,000名から構成されていたといわれる）が黒竜江（アムール川）の河口にあるニコライエフスク港（尼港、現在のニコラエフスク・ナ・アムーレ）の日本陸軍守備隊（第14師団歩兵第2連隊第3大隊）および日本人居留民約700人、現地住民の一部を虐殺したうえに、町を放火した。この「尼港事件」を契機として、日本軍はシベリア出兵後も1925年に日ソ国交が回復するまでの間、石油産地の北樺太（サガレン州）を占領した。平尾の記述には次のようにある。「先輩は大正9年ソ連（当時は帝政ロシヤ）のニコライエフスクで、在留邦人約700数名が、パルチザンの手によって、体をバラバラに切落され黒竜江に放棄されるという甚だ残虐な事件が勃発した。これがため、我が国の陸軍では、直ちに出兵して、これを鎮圧することになった。当時学生であった師尾先輩も召集されて、これに加わることになったが、これが有名な「尼港事件」である。この出兵中、師尾先輩の所属した中隊は、スパスカヤ飛行場の占領を命ぜられたが、中隊長以下、下士官も全滅し、止むなく師尾先輩が中隊の指揮をとって、飛行場を占領したばかりでなく、2台の飛行機をも捕獲したので、後に金鵄勲章が授与された。この出兵に参加した体験が、師尾先輩の「忠君愛国」の精神を終生、堅持させた原因と思われる」[22]と。もちろん、冒頭に出てくる「ソ連（当時は帝政ロシヤ）」の表記は誤りで、革命後のロシアのことであるが、師尾の国家への忠誠心の源泉という意味では、重要な出来事であったのであろう。師尾自身も、『駿台新報』(1924年2月4日号) に掲載した論「民衆をして「王道の師」たらしめよ」（後述）のなかで、この事件について次のように言及している。

　　余多年海外に在り、時に軍に従ふてシベリアに出征し、幾度か破煙弾

雨の間白兵戦を演じて死生超脱大観に及んだ、それは黒竜江畔ニコライフスクに於て友軍暗殺された当時、ウラジオストックの東北方200里、ウスリー線スパスコエに於る戦闘であつた、敵はステパネンコの指揮する勇猛なパルチザンを主力とする3万と称する大軍を以て歩兵2個大隊1,500の日本軍を全滅せしめんと画策した時である、孤立無援の日本軍は落日孤城の悲壮涙ぐましい戦闘がつづけられた、併し乍ら勇士常に躍進神出鬼没、天祐に因りて奇捷を博し翻々たる旭旗がうら高くシベリアの眩原に聳えた、死屍累々たる戦場には頭を貫通されて紅血を浴び、仰向けに打斃れた者、田螺の様に白く鉛の様に重く恨めしげに眼を見開た儘死んで居る者、其悶絶し手の握り拳、無念相に食ひしばつた口、敵に突撃する迄よく走りよく働いた其足と足に着けた重い籠の様な大きな靴との投げ出された儘動かない姿、無惨に突かれた胸の銃剣の傷、踏まれた顔の泥、爆弾で全身黒焦げになり乍ら後頭の半分欠けた男、私の軍服の胸に血痕生々しい脳味噌の一塊が丁度ザクロの果実の様について居るのだ、戦陣生□に於ては自己の生命が五分乃至十分の保証の出来ぬ場合に遭遇する、併し乍ら間髪も容れざる白兵戦に際しても、かへつて精神沈著頭脳明快にして其心理状態は此頃の冴えた寒月の様である、死生を超脱して大観に至るは敢て戦場に馳駆し海外を放浪したる者のみの賜ではない、戦闘的生活はこれ男の本領、人生は常に絶筆を記すの気力を以て今日を送り、明日を迎へなば又悔を残さず心胆常に光風斎月の如しだ[23]

このように、この時の経験から「生死超脱大観」の思想、つまりは生死を超越した人生観を得たことを告白している。おそらく、現実的な死に直面して、その死の恐怖を越えて得た生の充実の意義を「大観」と表現しているのであろうが、この人生観こそが、生き残った師尾源蔵という人間の精神と行動のエネルギーになっていったと推測できる。

さて、師尾源蔵は、夢でもあった東京オリンピックを前にした1961年12

月8日に急逝しているが、戦後の活動の一端は、『明治大学新聞』(1960年3月17日号) に掲載された校友会新潟県支部長としての報告にみることができる。そこでは、文化的・経済的風土が比較的に近似している北陸・信越地域 (福井・石川・富山・長野・新潟の5県) の交流を深めることの大切さとともに新潟県におけるスポーツ振興の重要性を次のように説いている。「新潟県では戦後各地で既に野球、重量挙、剣道、レスリング、フェンシング、籠球、角力、空手の各体育会の合宿や遠征を迎えているが、体育会各部は、青年の修行と心身の鍛錬であるから、若い母校の逞しいスポーツマンはいつもそれぞれの合宿地では、地元側と明大のためによい印象を一般に与えてくれて嬉しい。体育会は明大の学風の中核であるから、責任者とコーチの同行する体育会の来征には、いつもその地域の教育委員会と校友全支部が協力、地元高校生と合同練習をお願いしている次第である。これが母校体育会強化策の1つである」と。文末には「体育評論家」という肩書が付されているので、校友会新潟県支部長としては明大体育会の強化に最大の関心をもっていたことを窺うことができる。この点は、平尾真も次のようにフォローしている。「師尾先輩は特に射撃に対してはその生涯の大半を傾注して下さったが、その他にも新潟県のグライダー、レスリング、水泳、重量あげ、フェンシング、スキー等の各種の体育団体にも関係され、その育成に努力されたばかりでなく、佐渡海峡の命名、佐渡海峡横断遠泳、雪の車窓芸術展、ゴムボートによる信濃川の学術調査、新潟全県下の学童による積雪調査、湯沢・長岡間のスキー駅伝の開催等、私達の余り良く知らない色々の企画を立案さし、実行されたアイデア・マンでもある」[24]と。

2. 専門部政治経済科時代と『駿台新報』記事

1920 (大正9) 年4月、明治大学は大学令にもとづく大学への昇格が認可された。ただ設置された学部は法学部と商学部の2学部であり、政治経済学

部構想は在学生が少ないことから昇格基金の目途がたたないという理由により見送られることになった。そのため法学部に法律科と政治学科の2学科が置かれた。そもそも1904（明治37）年専門学校令のもとで政学部が設置され、法学部からカリキュラム上での自立化をはかり、1912（明治45）年7月には政学部を改称して政治経済科とし、学部的機能を強化してきていた。ところが大学令による再編によって、この政治経済科は法学部政治科と商学部に分属することになり、事実上、政経科は学部としては解体することになった。そのことが後の「植原・笹川事件」へと繋がっていく要因にもなった。ともあれ、政経学部の設置に失敗した明治大学では、専門学校令により併設された専門部の政治経済科だけが大学昇格後も残ることになった。学部と専門部との違いは、1904年「明治大学規則」によれば、いずれも「17歳以上ノ男子」に限り（第30条）、入学資格については、学部本科は「本学ノ高等予科ヲ卒業シタル者」または「本学専門科正科生タル資格アル者ニシテ本学ノ高等予科卒業生ト同等ノ学力アル者」（第31条）とした。それに対し専門科正科は、「中学校ヲ卒業シタル者」「師範学校ヲ卒業シタル者」等（第32条）と区別された。高等予科への入学資格が中学校、師範学校等の卒業者であったことを考えれば、学部と専門部との学歴差は歴然としている。なお、教育内容については、学部の本科が「邦語教授ノ外英語仏語若クハ独語ニ依リ其外国法ヲ教授スル」とされているのに対して、専門科は「専ラ邦語ヲ以テ教授ス」と区別されていた（第5条）。そして1918年学則でも「専門部ニ於テハ主トシテ邦語ヲ以テ教授ス」（第37条）と引き継がれた。いま、1920年2月時点での政治経済科のカリキュラムをみれば、第1年次の科目として、政治学及政治哲学、経済学（経済原論）、憲法、国際公法（平時）、刑法（総論）、民法（総則）、社会学、英文政治、英文経済、独語・仏語（随意）の10科目で時間数としては25時間、第2年次には政治史（泰西）、財政学（国家財政）、比較憲法、行政法、国際公法（戦時）、民法（物権・債権）、商法（総則・商行為・会社）、統計学、英文政治、英文経済、独語・仏語（随意）の11

科目で29時間、第3年次には政治史（東洋近代）、財政学（地方財政）、国際私法、商法（保険・手形・海商）、経済政策、植民政策、社会政策、外交史、英文政治（含、英字新聞）、英文経済、独語・仏語（随意）の11科目の24時間である。各学年に配置されている随意科目である独語・仏語の9時間を除けば、3年間の合計授業科目数は29科目、授業時間数は69時間となる。1年次でみれば経済学と民法に4時間が配置されていて（他は2時間）、随意選択科目を除いて、おそらく1週間に11コマを履修することになり、3年間を通して、結構タイトな授業スケジュールが組まれていた。ちなみに、政治経済学部としての独立が認可されたのは、1925（大正14）年7月である。この時の必修科目は19科目、選択科目は23科目、専任教員15名、兼任11名のスタッフであった。師尾源蔵は、明治大学の履歴でいえば、明治大学が大学令により大学に昇格した翌年の1921（大正10）年9月に専門部政治経済科に入学し、1924（大正13）年3月に卒業した。その後、同年7月高等専攻科に入学し、翌年3月に退学している。これは以前の高等研究科（大学院）に相当するものであったと考えられる。軍隊経験を経て20代半ばで再入学したこともあってか、また文章力に秀でていたこともあってか、在学中から学内機関紙であった『駿台新報』に多くの文章を掲載している。

　『駿台新報』は、師尾源蔵が専門部政治経済科に再入学した1921（大正10）年の10月25日に、明治大学新聞学会により創刊された。現在、創刊号は発見されていないが、第2号（10月31日）には新聞学会の構成員が掲載されていて、会長は学長の富谷鉎太郎、副会長は『駿台新報』社長（本学教授）の泉哲、評議員に富田清毅・大西種次郎、他4名、『駿台新報』編集部員として、西虎彦・加久田清正・景山盛之助・川崎託美・田中不二雄・山本省三・斎藤勤吾・佐々木吉郎・由井啓介の名前が掲げられている。発行は駿台新報社（明治大学内）、発行兼編集印刷人は景山盛之助で、中国の『遼東新報』記者を経験し大学生活にもどった人物と紹介されている。第2号の1面に掲載されている泉哲の論説「社会と新聞」には、「新聞は社会の耳目であつて能

第 2 章　師尾源蔵と経緯学堂

く聴き、能く見る、従つて社会の意思は新聞に依つて知るのが捷径である、新聞は又与論の喚起者であり、同時に指導者である。…然るに問題紛糾して帰着点を見出し得さる時は又新聞の力に依て意見の一致を計る事が出来る」と主張されている。ところが、「明治大学は学生の数 7 千に達すと云はれて居るが彼等の手に成る 1 の日刊新聞もなければ、週刊なく月刊雑誌もないと云ふ有様である。して見れば明大と云ふ社会は耳目を有せざる聾盲の団体で、意志の表示機関もなければ又指導機関もない訳である、如何にも不完全なる社会ではあるまいか」と批判している。この泉の大学批判の背後には、前年 11 月から翌年 6 月にわたって起きた「植原・笹川事件」（前掲）があった。木下友三郎学長と田島義方学監に対する「学生大会」の名でもって出された辞職勧告から始まった事件は、学生側に同情的であった植原悦二郎と笹川種郎の解職、8 名の学生の放校処分となったが、翌年 1 月末には大学側は全面的に取消し、終息したかに見えた。ところが、5 月には原内閣の文部大臣・中橋徳五郎の対応は厳しく、大学側は改めて運動の中心人物 13 名を退学処分に付した。それに対して学生側は同盟休校で対応、警官隊が導入され乱闘騒ぎとなり、責任をとって木下友三郎（学長）・掛下重次郎・鵜沢総明・田島義方の 4 理事が総辞職し、新たに富谷鉎太郎（学長）・杉村虎一・横田秀雄・甲能順の 4 理事が商議員会で選ばれた。「明治大学史上の一大汚点」として語られている、この事件に対する明治大学の対応の一つが『駿台新報』の創刊であった。[27]

　1923 年 9 月の関東大震災により『駿台新報』は一時的に刊行が中断し、復刊されたのが、その年の 11 月 17 日で、第 18 号（同年 12 月 24 日）から『明治大学駿台新報』と改題した。さらにその翌年の 1924（大正 13）年 11 月 17 日号（第 58 号）には、創刊 3 周年の特集を組んでいる。発行編集兼印刷人・景山盛之助、発行所・明治大学新聞学会、毎週月曜日発行、定価 1 部金 5 銭（1 ヶ年郵送料共金 2 円 50 銭）と印刷されている。巻頭言「創刊 3 周年―復興 1 周年を迎えて」には、「去年の今日は本紙が震災後最初の新聞を発行

した日である。回顧すれば当時の嬉しいやうな悲しいやうな状況がまざまざと眼に浮かぶ、考へてみると、当時の新聞と今日の新聞との相違の甚だしいのに驚く、創刊2年にしてあの天災に遇ひ起死回生の思ひをして今満3ケ年齢を閲した」云々の言葉が並んでいる。社説にあたる「駿台時論」には「大学新聞と其の使命」と題して次のような文章が掲げられている。すなわち、大学新聞の使命は「大学と言ふ社会の第一線に立つて其社会の隆盛、発達を促進するために新聞の有する機能の全部を発揮する」ことであり、対内的には大学内部の相互理解や意思疎通をはかること、対外的には大学の社会的位置の向上をはかることであると主張する。そのうえで、大学新聞は、大学中心主義の上にたって大学の学風や精神を紙面にいかんなく表現することであり、そのためには編集者には社会を動かすに足る「識見」と「権威」をもって、学生に学術的理論の社会化と時事問題批判の機会を与えることが重要であり、「あらゆる社会問題、思想問題に触れ、メスの如き犀利な批評を以て、一世を動かす新聞究極の理想に一指を染める覚悟がなくてはならぬ」と述べている。紙面には、学長である富谷鉎太郎、東京朝日政治部長・緒方竹虎、報知新聞副社長・太田正孝、読売新聞編集長・千葉亀雄、他の談話、あるいは明治大学教授によるコメントが掲載されている。そのなかに「校友」としての師尾源蔵の「三星霜」と題され文章が一面下段に掲載されているので紹介していきたい。

　創業時代の3年を閲して記念号を発刊されると云ふ事は、爾後更に建設時代に強く歩を進める事に対して誠に意義の深甚なる事と思ふ、駿台新報が今日の現実味と大学新聞の使命を完全に発揮し得る迄には種々涙ぐましい程の努力があつた、同人諸君が原稿締切後の土曜日の夜行で宇都宮の下野新聞社に出かけ、日曜日には終日工場で職工と共に働き、月曜の午前4時頃上野行きの列車を2、3時間も待合室で新聞を抱いて交代に休むのであつた、そうして経営困難の為、同人は全く自己を犠牲に

してゐた。唯酬ひられたる所のものは、奇麗に印刷された新聞を拡げた時の気分だけであつた、この意気を以て経営から編集、広告、図案と寸暇を捧げて、ただ内容の充実の時を待つたのである、明治大学の文化建設と云ふ大なる使命を果す可き有力なるものとしての現在に到る迄には、如何許りの犠牲があつたであらう、学園の諸君は満腔の熱血を捧げて感謝せねばなるまいと思ふ、創業時代から同人諸君の苦心を知つてゐる私は、是非この一点だけ諒解して貰ひたいのだ、大学新聞中特に新しいニュースの多いのが特徴であると云ふ事は、駿台新報を手にすれば母校の状況が一目してわかる事が一番うれしい。

　この文章によれば、師尾が『駿台新報』の発刊状況について深く知る立場にいたことを窺うことができる。師尾源蔵は、後にみるように在学中から論説を掲載しているので、内部事情について精通するところがあったのであろう。師尾が在学中に『駿台新報』に掲載した文章は「社会現象に於ける協同性の地位」（後掲の番号①）と「民衆をして「王道の師」たらしめよ」（同番号②）と題された2編である。前者には「政治経済科」、後者には「政経3年」の肩書が付されている。「社会現象に於ける協同性の地位」の結論部分は、近代的個人主義の徹底するなかから社会的協同性が生まれてきたのであり、それが「平等」を求める「デモクラシー」の基盤となっている。その意味において「社会現象における協同性」の価値は絶対的である、というものである。「民衆をして「王道の師」たらしめよ」は、シベリア出兵の体験と「死生超脱大観」として紹介したが、その冒頭は、「道途聞く所に依れば、最近東洋の或国に於ては大多数の国民と全く没交渉なる内閣が組織せられたそうである、而して其台閣に上る者は老齢無力を自覚し乍ら幾多の曲折を経て前代未聞の居直りを演じたそうである」云々とはじまっている。時期的にみて、1924年1月7日に誕生した清浦奎吾内閣を批判していることは歴然としている。この2月4日号には、1月25日、芝協調会館において開催され

た5大学新聞連盟主催の第1回普選即行大演説会の模様が掲載されている。司会は『駿台新報』の編集者である景山盛之助、開会の辞が早大の井原真美、以下講演で、帝大からは蠟山政道助教授の「普通選挙と労働階級」、早大の五来素川教授の「絶対平等と普選問題」、明大からは赤神良譲教授の「見よ老屋は倒れたり」、そして日大の永井教授の「思想上より見たる普選問題」であった。採択された「共同宣言」には、「我等は選挙権を要求す。国家運用権は社会の一特殊部分に依つて独占壟断されべき何等の理由存せず」云々の主張が記されている。師尾の論説は、「民衆の面目を回復して王者の師に就かしむる事」が現在の喫緊の課題であると主張しているが、この主張が、この時期におけるデモクラシー思潮を反映させていることは歴然としている。ただ、師尾は、憲政の常道を説く既存の政党政治家たちも私利私欲に走って「民衆の敵」となっているとも説き、「伝統の大和民族の精神」の重要性を説き、同時に「8億のしいたげられたアジアの同胞との結束」「黄色民族の生存権」を強調する。もちろん、先に紹介した「吾人は死生超脱の意気を以て民衆を率いて起たねばならぬ時が来た」というような言葉も挿入されている。これらの言辞から判断すれば、師尾が民衆の解放を左翼的方向（社会主義あるいはアナキズム）ではなく、民族主義的あるいはアジア主義的方向へと向けていることを知ることができる。

三　『駿台新報』掲載記事にみる中国認識

　1924（大正13）年3月に専門部政治経済科を卒業した師尾源蔵は、卒業後も『駿台新報』に多くの記事や論説を掲載している。現在確認できる執筆文章をまずリストアップしておきたい。なお、『駿台新報』は、1941（昭和16）年5月17日・第488号をもって『明治大学新聞』と改題された。『明治大学新聞』は1944年5月17日・第524号で廃刊、戦争をはさんで1945年10月25日・第525号として復刊する。そして、1974年6月27日・1319号まで

継続した。リストの掲載にあたっては、執筆年の時系列を知るために『日華学報』と『日本及び日本人』に掲載された師尾の論説を＊を付して挿入しておいた。

①社会現象に於ける協同性の地位（1924 年 1 月 10 日号）
②民衆をして「王道の師」たらしめよ（1924 年 2 月 4 日号）
③三星霜（1924 年 11 月 17 日号）
④謹賀新年（1925 年 1 月 15 日号）
⑤ハルビンの第一印象（1925 年 5 月 30 日号）
⑥自称民衆使節で露支国境に（1925 年 6 月 20 日号）
⑦長白山の麓から―南満の日支関係を眺めて（1）（1925 年 6 月 20 日号）
⑧長白山の麓から―南満の日支関係を眺めて（2）（1925 年 6 月 27 日号）
⑨長白山の麓から―南満の日支関係を眺めて（3）（1925 年 7 月 4 日号）
⑩行衛不明を伝へられる満鉄探検隊に就いて　最近蒙古の消息（上）（1925 年 10 月 24 日号）
⑪行衛不明を伝へられる満鉄探検隊に就いて　最近蒙古の消息（下）（1925 年 10 月 31 日号）
⑫赤化せる北満洲（1）（1925 年 12 月 5 日号）
⑬赤化せる北満洲（2）（1925 年 12 月 12 日号）
⑭よみがへりの女―シベリア夜話（1926 年 10 月 16 日号）
⑮よみがへりの女（前承）（1926 年 10 月 23 日号）
＊「支那留学生は如何に日本を見るか」（『日本及日本人』1927 年 10 月 15 日）
⑯満洲の排日とその将来（1927 年 10 月 29 日号）
＊「中華留学生と明治大学」（『日華学報』第 3 号・1928 年 2 月 20 日）
⑰留学生史―駿台に笈を負ふた 5 千名・ほこるべき本学の一異彩（1928 年 4 月 21 日号）

＊「支那学生と日本の山水及社会相を語る」(『日華学報』第5号・1928年9月25日)
⑱興安嶺に佇みて（1928年10月20日号）
⑲興安嶺に佇みて（完）（1928年10月27日号）
⑳新支那の前途（1928年12月1日号）
㉑最近の南地支那を視る（1929年3月16日号）
㉒朝鮮妓生気質と東莱温泉（1929年8月24日号）
㉓新支那と孫中山（1929年11月9日号）
㉔明治大学の東洋的特質を思ふ（1930年5月31日号）
＊「明治大学に於ける中華学生」(『日華学報』第14号、1930年7月1日)
㉕射撃は禅味がありそして男性的だ（1930年7月1日号）
㉖ロシヤの共産党を叱り飛ばした話（1930年8月23日号）
㉗最近の揚子江を見る（1931年1月1日号）
＊「明大横田学長中華観察記」(『日華学報』第19号・1931年1月1日)
㉘中華人は我国議会を何と見る（1931年3月25日号）
㉙日華関係の将来はどうなる（1931年10月10日号）
㉚新しき満洲は行く（1932年5月21日号）
㉛満洲を見直す（1933年6月10日号）
㉜新満洲国論（1934年6月30日号）
㉝学徒戦技訓練の到達点（『明治大学新聞』1944年3月17日号）

　以上が戦前の文章である。戦後の文章は『明治大学新聞』に掲載されていて、すでに紹介したものもあるが、改めてリストとして掲げれば次のようになる。

㉞伯鶴の講談以上―話上手な先生（赤神先生を偲ぶ）（1953年4月25日号）
㉟謹賀新年（校友会新潟県連合支部・支部長）（1956年1月5日号）

㊱近県合同総会開く（T13政経卒、体育評論家）（1960年3月17日号）
㊲体育校友一堂に会す（新潟県支部長）（1960年9月8日号）

　ここでは、師尾源蔵の中国（満蒙・支那）認識に焦点をあてたい。その点において㉒「朝鮮妓生気質と東莱温泉」と㉖「ロシヤの共産党を叱り飛ばした話」、また既に紹介した㉕「射撃は禅味がありそして男性的だ」と㉝「学徒戦技訓練の到達点」については言及しない。さて、師尾源蔵は、番号④の「謹賀新年」の挨拶文によれば、卒業の年の1924年12月中旬、朝鮮、中国、蒙古地方へと「親善及び視察」旅行に出発している。所在場所は、「蒙古パインタラ城外に於て」と記されている。パインタラ（白音太拉）は現在の中華人民共和国内モンゴル自治区にある通遼市のことである。

　番号⑥には、6月下旬に帰国する旨を記しているので、およそ半年の旅行であった。肩書は「校友会評議員・政経学窓会幹事」と付されている。ハルビンからの第一報は番号⑤の5月に書かれた通信文で、「在留民4千（日本人）ことごとく愛国者で却て母国を憂ひて居ります、赤だ白だと騒いでゐると思ふたら、ロシア人は相変らずダンスと酒‥‥」、「東支鉄道の露支関係は面白い研究材料を得ました、これから再び蒙古に入ります、民族心理の研究を続けやうと思つてゐます、もう半年の長い旅で、神経衰弱にもならず宿泊は1泊20銭の支那旅舎」、「食事は1食10銭の豊富な支那饅頭です、大分母国が恋しくなりました」と報告している。「民族心理の研究」が旅行の目的と記しているが、要するに東北アジアの現況視察と捉えておけばよいのであろう。次いで、同じく5月中にハルビンで書かれた番号⑥の通信で、ロシアと中国との国境である「クラニチナーヤ地方」に向かう旨を記し、革命後のロシア情勢について、「私は民族使節として個人的にハルビンで赤軍、白軍、中立、ユダヤ系などの連中と会談しましたが、赤軍系の委員が若いタイピストを2人も使つて、そのタイピストたるや1ヶ月2回の出席、略その役目がわかりませう。そしてモスコーから来たロシア人にも会ひましたが、絹

の衣も纏はば、自動車もとばす、賄賂もとる、女も貯へる、全露処女なしといふ情態なのです、そして自由と平等が悉く破壊され、ユダヤの専政、共産党の圧政独裁政治であります」と報告している。尼港事件での体験、民族主義からする共産主義への嫌悪、師尾の見方は徹底している。そしてロシアへ行くことも考えたが、危険で、手間と金がかかるので止めることにした、と書いている。続いて、「支那の青年志士」と種々「画策」をしたこと、内蒙古では「蒙匪の首領」と握手を交わしたことに触れ、「私の研究は一生涯です、私の実際運動は十年後です」と宣言する。「些々やかなる研究者として、また憂国の志士として苦惨なる旅を半年続けました、すつかり痩せました、併し元気は相変らずですから御安心下さい」と結んでいる。現状を視察する「研究者」であり、また「憂国の志士」としての活動家を目指したこと、このような師尾のスタンスを、この文章から読み取ることができる。

　番号⑦〜⑨の文章は、サブタイトルにあるように「南満の日支関係を眺めて」が主題である。第4面の「学芸」欄に掲載されていることもあって、「長白山の麓から」というエッセイ風のタイトルが付けられている。タイトル通り、中国に滞在中に執筆されたものである。ただ、文章を理解するために、第1次世界大戦から1925年までの中国での出来事を簡略に書いておきたい。1914（大正3）年8月日本はドイツに宣戦布告、山東省への上陸を開始する。翌年1月に大隈内閣は、袁世凱に対して旅順・大連の租借期限の延長、ドイツ権益の譲渡など21カ条を要求、1919年1月のパリ講和会議において中国代表が山東の中国還付を要求、5月には北京の学生3,000人余りが山東問題に抗議して示威運動を行った（5.4運動）。その後も北京や上海で日貨排斥運動が展開される。1921年7月中国共産党の創立、1922年4月張作霖の奉天軍と呉佩孚の直隷軍との間で第一次奉直戦争開始、1923年3月中国は、日本に21カ条条約の破棄を通告、各地で条約破棄、旅順・大連の回収を求める排日運動がおこる。1924年1月広州において中国国民党の第1回全国代表大会が開かれ、連ソ・容共・扶助工農の3大政策を採用、第1次

の国共合作が成立する。同年11月には馮玉祥による溥儀の紫禁城からの追放命令、溥儀は日本公使館に避難する。孫文は北京での善後会議出席のため広東を出発、途中、神戸に立寄り「大アジア主義」を演説、不平等条約破棄・国民会議召集を要求する。張作霖や馮玉祥に推されて段祺瑞が臨時執政となる。11月26日モンゴル人民共和国が成立、翌1925年3月12日孫文が北京で病死する。2月上海、4月青島、5月再び上海・青島で日本紡績工場労働者のストライキが起こる。5月30日には、上海の共同租界で学生2,000人余が日本内外綿紡績工場における虐殺に抗議し、「租界回収」「打倒帝国主義」を叫び、イギリス警官隊が中国人のデモ隊に発砲し死者11名を出す(5.30事件)。6月1日上海では労働者、学生、商人らが抗議ストを開始、日米英仏の陸戦隊上陸、共同租界に戒厳令を布く。各地に反帝運動が波及する。このような状況になっていく。

　さて、師尾の「長白山の麓から」は、「文と詩の大陸に帰着する様な心地で、単身研究の旅杖を運んで数ケ月、『都をば去月のとばりに立ちしかど夏草燃ゆる北満の原』どうも可笑しい焼直しだ」という文章から始まっている。奉直戦争、排日問題などに触れながら、日支間に様々な行き違いがあったとしても、その到着点について、師尾の主張は次のようにはっきりとしている。「一体日本が満蒙に特殊地位を占めるなんど今更構ましくほざくから軽侮を受けるんだ、公正にして妥当なる、しかも平和的経済的の発展が日支両民族の福祉の上に当然の権利であつて又責任ではないか！　真に東西の文明を調和し人類永遠の平和の大理想に邁進せんとする時、其処に先づ亜細亜文化の育みとして真緒的原動力の親善があるのだ」と。師尾のアジア文化への傾倒と一体感は、「偉大なる哲学として宗教として、果た深遠なる芸術として道徳として、其光りは先には埃及及びフエニギヤの文明を培ひ、今猶無形に世界の人心を支配するのである」と表現されている。翻ってヨーロッパの物質文明と資本主義国家の侵略性を批判の対象にする。師尾にとって、日清戦争と三国干渉、日露戦争におけるロシア帝国の打倒、中国におけるロシ

ア権益、その後の山東半島でのドイツ権益の日本への譲渡、この歩みは中国における日本排斥運動にもかかわらず肯定されるべき現実であった。「肉弾による白人駆逐の渦紋は虐げられた亜細亜民族の為に万丈の気焔を吐き、其奮起を促し、東洋平和の一紀元をつくらしめたではないか」、「山東に於ても、其払つた尊い一切の犠牲を捨てて、これを独逸から奪つて支那へ還付した役割を演じた」と述べる。遠くにある理想状態を提示して、現状を肯定する師尾の思考方法は、やがては大東亜共栄圏を掲げて日本の中国への侵略行為を是認する思考へと通じていくことを予感させる。

「最近蒙古の消息」（番号⑩⑪）は、満鉄の調査班（探検隊第2班）行方不明事件に関するコメントである。満鉄調査部は、1906年に南満洲鉄道（総裁・後藤新平）が発足した翌年に、大連に本社を置いて、満鉄の経営のための調査、あるいは中国東北地区などの政治、経済、地誌等の基礎的調査・研究を行なうことを目的として設置された調査機関であり、時期によって「調査部」「調査局」「調査課」などと名称変更を行っている。この時の調査班一行は13名、それに中国人や蒙古人の従者が10名位、一行のなかには森岡清美という上海東亜同文書院出身で語学に堪能で奥地事情に精通したスペシャリストが入っていた。1925年5月25日大連駅を出発し南満線を北上、四洮線に乗り換えてパインタラ（白音太拉）で下車し、その後行方不明になった。興安嶺を越えたあたりのモラウヂムチン廟の蒙古赤軍により拘禁されたと師尾は記している。師尾も5月頃に満蒙奥地の研究のため調査旅行中であったとのことである。師尾によれば、満鉄の調査であるから予備知識や事前交渉があったはずで、このような事件になったのは、「地方の雑兵供が一行を抑止したのは無謀か無理解か、それともあるいは他に何等かのいきさつが其処に存在してあつたに相違無い、元来蒙古は支那の主権、厳として存すべき筈で、ましてその釈放に関する折渉を労農露国に依頼すべき理由がない」とコメントしている。モンゴル高原は、清朝時代には清の支配を受けていたが、1911年辛亥革命以後は、独立運動がおこり、チベット仏教の活仏を主権者

とする国家の独立を宣言した。1915 年には外モンゴルは中国の宗主権のもとで自治が認められたが、南部の内モンゴルは中国に編入された。1917 年ロシア革命の影響により社会主義の影響が強くなり、中国政府はモンゴルの自治を撤回、その後白軍が侵入しモンゴルを支配したが、1921 年にモンゴル人民党（後にモンゴル人民革命党と改称）がソヴィエト赤軍の支援のもとで外モンゴル人民臨時政府を樹立した。1924 年活仏が死去するとモンゴル人民共和国として社会主義国家になった。1922 年のソヴィエト社会主義共和国連邦（ソ連）につぐ世界で 2 番目の社会主義国家となり、首都名をクーロン（庫倫）からウランバートル（「赤い英雄の都」の意）に改称した。このような歴史的推移が師尾のコメントの背後にある。師尾は自分が見聞したこの地方の文化と歴史を紹介しながら、その安否を次のように心配している。「大陸の秋は既に 10 月となれば冬であつて万目蕭々冷い霰がふつて来る、下旬には白雪凱々となつて半年の冬を迎へるのである、所にもよるが厳寒は西伯利亜より寒くて零点下 45 度に下るのだから、此頃ではもう防寒の毛皮の胴着や靴も早速入用である。未だ林西から 1,400 満里のウヂムヂン廟に留つて居るのか或は遠く外蒙赤化政府の首都庫倫に押送されているのか知れないが、携帯した食糧は早速狼の様な無謀な蒙古赤軍の腹を肥したに過ぎまいし、外蒙の奥ぢや黄粱の粥をすするのも酋長格でなければありつけぬし」云々と。

「赤化せる北満洲」（番号⑫⑬）も、同じ 1925 年に書かれた記事である。これも師尾がハルビン等での視察旅行にもとづいた観察記録であり、前の記事で指摘した「外蒙古」に続く「北満洲」へのソヴィエト政権の影響力に対して警鐘を鳴らしている。師尾によれば、「北満洲」とは長春の北、吉林省の約半分、黒竜江省の全部で「東支鉄道を血脈とせる約 4 万 5,000 里」の地域で、人口はわずかに 900 万人余り、日本本土の約 2 倍にあたると説明されている。東支鉄道は、東清鉄道ともよばれ帝政時代のロシアが満洲北部に敷設した鉄道網のことである。ロシア帝国によるシベリア鉄道の着工が 1891 年

年5月、日清戦争後の三国干渉により、ロシアは清国より満洲北部の鉄道敷設権を獲得（露清条約、1896）、チタから満洲北部を横断してウラジオストクに至る路線を計画し、露清銀行により中国東方鉄道会社（大清東省鉄路）が設立された。理事会はロシアの首都、サンクトペテルブルグに置かれ、ロシア大蔵省が理事を任命した。1897年にウスリー線（ウラジオストク～ハバロフスク）、翌年には中部シベリア線（オビ～イルクーツク）、1900年にザバイカル線（ムィソーヴァヤ～ハバロフスク）が開通した。旅順・大連から長春を結ぶ南満洲支線が開通したのは1903年1月である。そして、翌年2月、日露戦争の開戦直前に大興安嶺トンネルが完成し、シベリア鉄道と完全に連結することになった。ロシア革命後は、ペテルブルグの理事会は機能を停止し、奉天軍閥が影響力を強めるようになった。1919年から1922年にかけては、日本やアメリカが参加した連合国鉄道管理委員会が経営に関与する。革命政府は、1919年の第1次カラハン宣言で東清鉄道の放棄を宣言したが、やがて方向転換して北京政府や奉天軍閥に経営への参入を強く求めた。1924年5月、中ソ両国は国交回復のための協定を結び、東清鉄道の利権を確認する（北京協定）。ただ、この協定に不満をもった東三省の張作霖政権は、これとは別に同年9月20日に奉ソ協定（師尾の文章では10月3日の「奉露協定」）を結んだ。1925年1月、日ソ基本条約が締結。同年4月ソ連側が権限を越えて第94号命令（ソ連管理局長がソ連もしくは中華民国の国籍のない白系ロシア人を解雇できるという示達）を実行したため、中華民国側が反発することになった。これらの歴史的推移が師尾の記事の背後にある出来事である。

さて、師尾は「北満洲の赤化」の第一歩は、「昨年10月3日の奉露協定の結果であつて白系のオストロモフやゴンダッチ等が錯雑した奉露問題の芝居の道具に使はれて獄舎に投げこまれた。この時から現在支那が露国から受ける2つの軍国的脅威即ち外蒙赤化問題と共に悩みの1つの原因を更に深く醸成せしめた」と分析している。そして、その機関については、5名の共産党政治委員からなるハルビン県委員会が統括し、その下に18の小赤色職業同

盟で構成される職業同盟が置かれて東支鉄道従業員以外の者を監督する。東支鉄道従業員に対してはトルゴム（鉄道協議会）、8ヶ所の主要な駅に置かれたウチコム（区協議会）、約80ヶ所の小駅のメストコム（地方委員会）という組織が置かれ、講演会や宣伝文書を配布しているとする。東支長官示達第94号事件については、中国側は「強行の態度を持して5月末日までの問題解決（を求め、）回答の際は吉林に属した張作相が手兵を提げて遠路ハルビンまでのりこむ段どりとなつた。当時恰もその地に滞在中の筆者は事の推移如何と嵐の前の静寂さを味ひつつ夜半支那兵の物々しき示威行軍を凝視して居つたのである」と回想している。そして、「北満の血脈は既に労農の手中に握られ、東支の実権は、排外運動利権回収に狂奔しつつありし支那の力を他所にして、ハルビンを第2のレニングラードたらしめんとして居る」、このようなソ連の軍事的、経済的進出は、日本においても「慎重なる対策を実施す可きを促されて居る」と警告している。

　「よみがへりの女―シベリア夜話」（番号⑭⑮）は、場所と時は、ザバイカル州のあるコサック部落、天長節の朝である。60歳を越したとおもわれる中国人女性、実は彼女は日本の九州の漁村で生まれ、8歳の時両親が亡くなり、10歳の頃、軽業師の手を経て上海に売り飛ばされた。一時、武昌で土匪のかこい者になったが抜け出して、香港、マレー半島、南印度と醜業婦として放浪した。40歳の頃には日本語を忘れ「支那人」張黛玉と名乗って結婚をした。満洲里からシベリアに移住して15年、現在では朝鮮人20名ほどを使用する牧場経営者として平和な暮らしを送っている。ところが心の奥底には日本人としての意識があり、牛乳を配達してくれたりして何かと日本人守備隊の世話をしてくれる。ところがロシア革命により移住者たる彼女の牧場は奪われ、彼女の家族は黒竜江省のチチハル校外に百姓として暮らすことになった。ここからは師尾の体験談で、「世界は広くてせまいもの、昨年私が内蒙古から北満に研究の旅を続けて居る時、チチハルの市街で馬車の行きずりに偶然に会つた。…婆さんは私に飛びついて泣いた」というエピソード

である。それから娘の進路や日本訪問の希望などについて言及しているのであるが、「私が幾度かのアジア大陸の旅に於て、此事なども思ひ出の深い1つである」と結んでいる。

「満洲の排日とその将来」(番号⑯)は、1927(昭和2)年4月に成立した田中義一政友会内閣の中国問題に対する「積極政策」の批判である。田中首相は外相を兼務し、張作霖による東三省の保境安民、蔣介石による中国本部(関内)の統一達成を中国側の動向とみて、現地居留民の保護のための山東出兵、外務省・陸軍省・関東軍の首脳らによる対華政策決定のための東方会議開催、山本条太郎を満鉄社長に起用しての鉄道交渉、満洲の治安維持に関する南北両軍に対する警告措置などを行った。ところが済南事件、1928年6月の張作霖爆殺事件が日中関係を悪化させ、東三省の易幟、全中国の統一をみて以後は、その政策は消極策に転じて問題解決には至らなかった。師尾の論説は、張作霖爆殺事件以前の満洲における排日運動を問題にしている。「過般奉天に起つた排日示威運動は、3万の大衆が非公式なる官辺の指揮によって『打倒田中内閣積極政策』『打倒帝国主義』を標語として排日歌を高唱し排日旗を掲揚した。しかも其運動は兆南、吉林、哈爾濱は勿論、全満の津々浦々に宣伝されたる連絡を有する未曾有の事件であつた」とし、「積極政策」は、組閣以来、「山東出兵、東方会議、大連会議、大満鉄主義、拓務省設置、移植民主義、満蒙会議」として大げさに吹聴されてきたが、いずれも田中内閣の「浅見」と「愚鈍」にあったと指摘する。「面子を重んずる支那人に、しかも野心家の群る官僚軍閥に、好餌を捧げる様な誇張的積極政策の宣伝は、政治的に対外的に拙悪極まるもの」と批判する。師尾は、日中関係の中心は満蒙問題にあり、「日本が満蒙に於ける平和的経済的発展のために支払はれたるものは、明治維新後の凡ての日本の総決算の結果であつた。其肉塊、其血汐、其投資額を謂ふのではない。過去1世紀の一切の新日本文化の生命力の民族的結晶の一歩が大陸に印せられ、其処に我等の生存権を共存共昌の立場に於て主張し得られた事である」と。少なくとも東三省の発展

については日本の文化的な寄与が大きい、と言明する。そのうえで、「我等は極東亜細亜に於ける極楽郷の現出を、先づ満蒙に於て見る事を期待する者である。経済的に両者が提携して満蒙を科学的に経済化せしめ、平和的に善隣の友情を以て相許容し、其処に東洋民族の復帰と亜細亜文明の自主的価値を見るの日を願ふ者である」と主張する。

「興安嶺に佇みて」（番号⑱⑲）は、1928（昭和3）年8月30日に、チチハル（斉斉哈爾）で執筆された原稿である。チチハルは現在では、中華人民共和国黒竜江省に位置する省の直轄市である。清代には黒竜江地域の中心都市として繁栄したが、東清鉄道開通後は、物流がハルビンへと移り、省都もハルビンに移転した。師尾は、この文章のなかで、満蒙地域に近年起こっているいくつかの事件をとりあげ、それにコメントを付している。まず、奉天派が五色旗から青天白日旗に変えたことについて、これによって奉天派の主張が変わるわけでも、条約を破棄することもないであろうと、楽観的に構えている。五族共和を意味する五色旗（赤＝漢族、黄色＝満洲族、青＝モンゴル族、白＝ウイグル族、黒＝チベット族）が辛亥革命後の中華民国の国旗とされた。ところが袁世凱が孫文たちの革命勢力を追放して権力を掌握する（北京政府）と、袁世凱に反対する勢力のなかで五色旗に対する反発が強まった。北京政府から追放された孫文たちは、1919年に広東で中国国民党を結成し、青天白日の紋章を党章とした。1925年国民党は広州で国民政府を樹立、その際に孫文が製作した晴天白日満地紅旗を国旗として定めた。それによって中国には五色旗と青天白日旗の2種類の国旗が併存することになった。1927年2月汪兆銘が武漢国民政府を樹立、4月蒋介石は、上海で反共クーデタを敢行し南京に国民政府を樹立、翌年2月蒋介石が政治と軍事の両権力を握り北伐を開始、5月には北伐軍が山東出兵の日本軍と衝突（済南事件）、6月には北京に入城する。そして7月張学良が東三省の保安総司令官に任命され、林久治郎・奉天総領事が反対通告を行うも、青天白日旗の掲揚を決定する。師尾は、孫文たちが主張する三民主義は自由平等の潮流であり、「南方派の主張

は、丁度揚子江に舟を浮べ順風に帆をはらんで川を下る勢だ。時の利を得て居る。北方派は頗る分が悪い」と分析する。ついでに、「蒙古独立運動の噂」に触れ、これは蒙古の実情を知らない机上の空論で、実際には、「蒙古人は可哀想な民族だ。支那人の蒙古にとつた政策は人種撲滅策であつた。蒙古人はモウ駄目だ」と述べ、しかし蒙古人は祖先の若干の地に余命をつないでいる。それに比べて満洲族は「全く皆目、蔭も形も漢民族に征服されてしまつた」という。「漢民族は事実上、今完全に五色の旗を晴天白日旗に変化せしめた。四隣の民族は半ば滅び半ば無力だ。漢民族は恐ろしく抱擁力の大きな民族だ」と論評する。

次に日本にとっての満蒙問題に言及する。日本人は満蒙地域について内地の人口問題や食料問題として考える傾向があるが、現在、日本人が住んでいるのは関東州租借地や満鉄の付属地であって、満鉄、関東庁、外務省、陸軍関係者とその家族たちであり、その数は20万人ほどである。日本は満蒙地域において「支那の番犬」になる恐れだってある。そもそも満蒙を中国全体のなかで見る人は少ない。まして「東洋の満蒙」「世界の満蒙」という視点から考える人はさらに少ない。「満蒙経営」というが、「経営」は支配を意味するものであり、物事は日本人の立場からばかり見ずに、「支那人の身になつてみる事が肝要」である。そして次のように警告する。「日本は今西欧の文物制度の形式の一端を学び乍ら、其物質文化を生みたる偉大なる西欧の精神的努力を学ばなかつた。支那と西欧の文明的欠陥のみが今日本自らを破滅に導きつつある。私は今度日本を離れて日本を望み、低回して一入其感を深うして居る。西洋化する日本、支那化する日本、しかも其いづれもが退廃的な堕落したる汚点のみの模倣と直訳であつて、毫も東西文明の精神的原動にふれない。そして自らのみがもつ日本人の特質を失ひつつある。どうなるだらう」と。

「新支那の前途」（番号⑳）は、1928年10月蒋介石が国民政府主席に就任した直後の文章で、冒頭、「国民革命の大施は、すでに南北を統一し、歓喜

の甘酒に酔ふて居る今日此頃である」と書き出されている。孫文の三民主義の説く自由平等の思想は中国民衆に受け入れられ、孫文の遺訓「革命尚未成功、同志仍須努力」の標語は、金科玉条とされて至る処に貼られている。しかし、師尾は、中国の現状について「私は支那の現状は最も有望にして、又最も危険なる時期」であると分析する。師尾が「危険」と認識するのは、三民主義のなかに共産主義的思想が入ってきていることであり、共産党の台頭と潜勢力は、軍閥や外国勢力よりも危険で、「国民革命の過程における恐怖すべき獅子心中の虫」であると。そして、「国民党にして一度共産派に占領されんか、新支那は永遠に亡びて再びたつ能はざるにいたるであらう」と言切っている。「最近の南地支那を視る」（番号㉑）は、前稿から4ヶ月ほど後に書かれた原稿で、北京（北平）郊外の碧雲寺に孫文の霊廟、前年暮に万里長城の居庸関、12月暮には南京を訪ねての報告である。師尾は孫文に対して、「志士的生活、40年の苦惨と、其誠心こめし熱情に対しては、涙ぐましく、満腔の敬意を表し度いと思ふ」と述べ、「現代支那は孫文の支那」であり、「孫文あつての新支那」であるという。そのうえで、中国で進行する国民革命を前にして、師尾は日本の現状を憂いている、「日本は又たしかに過去に於ては輸入したる支那文明、印度文明、西欧文明これを最短期間に吸収し、消化した。併し将来に於て其等を一丸として日本固有の文明を加へて真に東西文明を調和し、支那と共に新時代の東洋文化を再建する所の力が、果して今の日本民族の血汐の中にあるであらうか、日本はすでに民族的老境に陥つたのか」といささか悲観的である。

「新支那と孫中山」（番号㉓）は、1929年5月の末に孫文の墓が北平（北京）から南京の紫金山に移されたことを話題にして、「現代支那の人心を支配するのはすべて孫文の魂」であるとする。師尾は生前の孫文に、上海において一度会ったことがあると告白している。「私共は国民党の政治的勢力が強固になり、それの支持する国民政府が漸次統制の堅実をゆくのだらうかと考へさせられる」と論評する。「最近の揚子江を見る」（番号㉗）は、1931年の新

年号に掲載された文章である。揚子江の南、南京、蘇州、杭州などの文化や歴史、そして秋の風景に触れながら、輝く希望にみたされている中国と暗い日本とを比較する。「南北支那の土を踏む事、二度は一度よりも、五度は四度よりも『支那は明るい方向に向いて歩いているぞ』、そして『日本は、日本の国民今何処を歩いているのか、明るい希望を失つて居る国民ではないか』といふ直観が湧いて来るのをどうしようか」と。一昨年も揚子江に舟を浮かべ、いままた最近の揚子江をみて、「ぐんぐん伸びて行く新しい希望の中華民国」の印象を深めたと結んでいる。「中華人は我国議会を何と見る」(番号㉘)は、1931年2月3日の衆議院予算委員総会で首相代理の幣原喜重郎の失言をめぐって乱闘事件が起きたことに対する中国人の反応を紹介したものである。

「日華関係の将来はどうなる」(番号㉙)から「新満洲国論」(番号㉜)までは、1931年9月18日に奉天郊外でおきた満鉄爆破事件(柳条湖事件)から翌年3月1日の満洲国の建国宣言とそれ以後の国造りについて言及した論考である。柳条湖事件は、現在では石原莞爾や板垣征四郎ら関東軍参謀らによって引き起こされた満洲占領策であったことは知られている。師尾は「日華関係の将来はどうなる」で、この事件を「奉天事変」として捉え、「日華両国の平和の上には、甚だ悲しむべき事件として展開しつつある。誠に残念な事だと思ふ。併しこれ決して日華両国の国民の恨みでも何でもない」とコメントする。そして、日本人と中国人が相互に無知であることから誤解が生じ、トラブルが起こるとする。とりわけ日本人は中国人の「民性」を知らない。歴史や伝統や民族性が根本的に異なっているにもかかわらず、自分の考え方にあてはまらなければ、すぐに悪いことと速断してしまう。東洋の平和と人類の福祉増進を祈る点においては日中両国に違いがないではないか、と警告している。ただ、軍事的陰謀である可能性については全く言及していない。「新しき満洲は行く」(番号㉚)は、国際連盟から派遣されたリットン調査団についての言及である。師尾は、「連盟調査員が、僅かな施行で何がわかる

ものか。結局その報告は日本の東洋平和に対する理想とかけ離れたものに違いないと私は思ふ」と断言している。師尾の目指すものも日本と中国の「共存共栄」にあるのであるが、それは「白色人」本位でなされるべきものではない。「過剰人口の捌け口と生産資源の乏しいことに苦しむ日本と、しかも豊富な天産を有し、かつ日本の工業的組織から吐き出される物貨を吸収する力ある支那、殊に満蒙との関係を、ただ暴力的排日によつてのみ防ぎきれるものではない。満蒙又は日支間における経済関係の共存共栄は、決して力でなくて自然の経済原則であり、かつ歴史的関係の結果である」と捉える。関東軍による独走に対する批判的視点は全く欠如しているばかりか、既成事実を「自然」な流れとして肯定する。日本の満洲国の承認（日満議定書調印）が1932年9月、リットン調査団の報告がその翌月、1933年1月には三海関で日本軍と中国軍が衝突、3月には国際連盟を脱退することになる。「満洲を見直す」（番号㉛）は、その年の5月に執筆されている。師尾は中国との軍事的衝突のなかでも、「日支の人間的提携と融和のみがアジア復興の根本第一義」であると説いて、欧米から「アジアに押し寄せる政治的又は経済的覇道」を認識して、「満洲に新らしい心の希望を抱いてながめよう」と結んでいる。「新満洲国論」（番号㉜）は、「柳条溝事件以後3年に充たずして、北平の汽車が一直線に乗り入れる間柄」になったと評価し、満洲の実情は「大体において非常に希望に充ちて来た」と楽観的である。「満洲国が順天安民の理想境を現出するためには、満洲3,500万の大衆が少くとも、張父子（張作霖・張学良）時代より幸福であつたといふ実証を挙げてやらねばならぬ」と述べる。そのためには、「若くして実行力のある、そして金も欲しくない、生命もいらない、一切の私情私心を捨てて公事に従容として死に就く人格陶冶されたる青年学徒」が必要であるとしている。

四 『日華学報』論説と経緯学堂

1. 明大留学生関係文章と『日華学報』論説

　前に触れたように、師尾源蔵と経緯学堂との接点は、『日華学報』に掲載した「中華留学生と明治大学」などによって、明治大学が設立したアジア留学生の受け入れ機関としての経緯学堂を紹介したことにあった。まず、昭和初期に師尾が執筆した代表的な「中華留学生」に関する論説を時系列に並べておきたい。⑰のような丸番号は前掲の『駿台新報』掲載論説であり、（A）〜（E）はそれ以外の雑誌に掲載された文章である。

　　(A) 留日中華学生の観た日本（『満蒙』1927年9月1日号）
　　(B) 支那留学生は如何に日本を見るか（『日本及日本人』1927年10月15日）
　　(C) 中華留学生と明治大学（『日華学報』第3号・1928年2月20日）
　　⑰　留学生史—駿台に笈を負ふた5千名・ほこるべき本学の一異彩（『駿台新報』1928年4月21日号）
　　(D) 支那学生と日本の山水及社会相を語る（『日華学報』第5号・1928年9月25日）
　　㉔　明治大学の東洋的特質を思ふ（『駿台新報』1930年5月31日号）
　　(E) 明治大学に於ける中華学生（『日華学報』第14号、1930年7月1日）
　　(F) 明大横田学長中華観察記（『日華学報』第19号、1931年1月1日）

　このうち、『駿台新報』に掲載した番号㉔の「明治大学の東洋的特質を思ふ」と『日華学報』に掲載された（E）「明治大学に於ける中華学生」は内容が全く同じものである。また、（A）と（B）は、1927（昭和2）年4月に田中義一内閣が成立、中国に対して積極外交の方針を掲げた時期に執筆されたも

のであり、内容的に重なるものである。さて、政教社が刊行する『日本及日本人』に掲載された論説「支那留学生は如何に日本を見るか」を紹介すれば、まず師尾は、これまでに20万人ちかい中国からの日本留学経験者がいて、現在活躍中であるという事実から出発する。さらに日本に滞在中の外国人が2万5,000人、そのうちの約70％が中国人、そのなかに留学生は官費・民費を含めて約3,000人、うち女子200人とされる。その思想的傾向は、孫文の三民主義を支持するものが90％もいるという。ところが、留学生たちのなかには「日本に来て余り快よく感ぜぬ」学生が多い。下宿屋のなかには暴利をむさぼるもの、中国人お断りの札をだすもの、中国人と知って約束を取り消すものがいる。それは日本人の優越感や誤った親善意識にもとづいたものである。また国際連盟についても、中国人留学生からすれば、「非合理な現状維持」「勢力均衡保持」を求めるものであり、さらにはその平和主義についても、先進国の有する特権を恒久化しようとするものであって、「白人社会の合法的搾取」「侵略主義」以外の何物でもない、と認識される。このような現状を変えるための方策として師尾源蔵は次のように主張する。「日本は東洋の日本」であり、また「亜細亜民族の日本」であって、「人類正義」を実現するためには「自己を愛し隣人と親しむ」ことが第一歩でなければならないとする。西洋の「没落せる物質文明」は東洋の「精神文化」に触れることによって蘇生するのである。我々は先ず「日本在留の支那人」および「次の支那を担当する若き支那留学生」と「赤裸々の人間対人間としての心の交り」から始めなければならない、というのである。もちろん、軍事的な圧力政策をとる田中内閣の積極主義に対する批判の意が込められている。

翌年の『駿台新報』掲載の「留学生史」(番号⑰)は、師尾が、経緯学堂を紹介し、明治大学が中国からの留学生受け入れに果たした役割について論じた文章である。冒頭、次のように述べる、「明治大学は既に創立以来47年の歴史を有し、過去に於て2万人に近き校友を生んだ。特に中華民国留学生来遊の数を概算すれば実に5千人を超え、我日本に於て最も特色を有する大学

である。日華両国の文明的交渉は徒に巧言令色の外交的辞令を喜び、又は所謂職業的日支親善押売業者、或は売名の学者や浪人の道具に使はるる事によつて、相互の無理解が多かつた。遠来の学徒を遇するの道は学術と友情に人種のけじめ無い心から出発せねばならぬ」と。次いで、経緯学堂での留学生受け入れ（入学者総数・2,856人、卒業生総数・1,389人）、明治40年から昭和3年までの21年間にわたる大学部と専門部における受け入れが約1,080人（法科・746人、政治経済科・393人、商科・236人、文科・1人）、現在は160人が在籍していることに言及する。また、師尾は明治大学の「東洋的特質」について触れる。「朝鮮学友」は500人に近く「台湾」からは100人を超える留学生を受け入れてきた、と。「明治大学の東洋的特質を思ふ」（番号㉔）においては、明治大学は、「日本の大学にあつて随一の此誇る可き東洋的特質」をもつ大学であり、「日華両国の融合」と「新なる東洋文明の宣明」のために寄与する必要があると論じている。

『日華学報』は日華学会の機関誌として1927（昭和2）年8月に創刊された。第11号までは年4回の季刊、それ以後第34号までは月刊、その後は2、3ヶ月に一度の間隔で刊行された。終刊は敗戦後の1945年10月25日、第97号である。約3,000部が発行された。収録された記事内容は、「支那留学生に関する文部省及び文化事業部其他の法規及各種事項」「駐日中華民国公使館及監督処より発せらるる留学生関係規程其他の事項」「留学生を収容せる各種学校と連絡し入学手続、入学試験課目、試験時日及び入学試験の成績等」、以下、留学生名簿の作成、留学史資料の収集、「専門大家」の学術論説・講演、留学生の研究論文、等の項目が並んでいる。ただし、「時事問題には一切触れざる」ことという大前提があった。母体となった日華学会は、1918（大正7）年4月に創設された。会長は小松原英太郎、理事として内藤久寛・山本条太郎・白岩龍平・濱野虎吉（常務）の4名が就任した。山本条太郎は三井物産、白岩龍平は日清汽船、後に触れる「支那留学生同情会」の提唱者であった。会の目的として、中華民国留学生のための学校紹介、入学

転学についての情報提供、宿泊施設の提供、銀行・工場・商店での見学・実習の斡旋、学術技芸の研究調査、また教育視察団に対する便宜供与が掲げられた。資金は、辛亥革命の折に帰国困難者となった留学生に対する支援金として財界有志（「支那留学生同情会」）が集めた多額の寄付金をもとにした。日華学会の創立の背景には、1915 年の大隈政府による「21 カ条要求」、1918 年の「日華共同防敵軍事協定」に対する中国人留学生たちの反日感情の高揚があった。その後、1921 年には文部省、外務省の許可のもとに財団法人となり、とりわけ 1923 年には「対支文化事業特別会計法」が制定され、外務省に事業を管轄する文化事業部が置かれ予算が計上された。孫安石によれば、「『日華学報』の創刊そのものが、「日華学会」の他にも、実は日本の外務省文化事業部と駐日中華民国公使館、そして、中華民国留学生監督処などの強い影響のもとで準備されていた」ということである。[30]

『日華学報』に掲載された、師尾源蔵の明治大学に関係する 3 つの文章は、「中華留学生と明治大学」(C)、「明治大学に於ける中華学生」(E)、「明大横田学長中華観察記」(F) である。「支那学生と日本の山水及社会相を語る」(D) は明治大学に直接的に関係する内容ではない。(C) では「於明治大学研究室」、(F) では「明治大学講師・中華留学生係」の肩書きが付されているが、これだけでは師尾が大学組織とどのように関わっていたのかを判明できない。[31]師尾源蔵の思想的な立ち位置については『駿台新報』の掲載文章で紹介してきたところと重なるが、(C) によれば、1 つには、「世界の平和は人類最高の理想」であり、そのためには、まず隣人を愛し同胞に親しむことが第一歩であるといい、また「学術と友情には国境はないのだ。又誤りたる日華相互の優越感は共に天に唾するの愚挙である」という、きわめて理想主義的な立場の主張である。そして、もう 1 つは、「我等は切に日華両国青年学徒の琴線の純情触れ会ふ所、其処に妙なる友情の曲は奏でられ、近き将来に於て中日親善の語の不必要なる時代が招来され、しかも頽廃せる物質文明社会の混濁の上に東洋の精神化による道義的の霊光が人類永遠の平和として輝

き且つ甦生するであらう事を祈念する」という文章に表されているように、西欧の物質文明に対する嫌悪感と東洋の道義的優越性の主張である。いわゆる「アジア主義」を基盤とするものである。このような主張が、当時、それほど独創的なものであったとは考えにくいが、その弱点を指摘しておくことも大切であろう。つまり、師尾源蔵のように、個別的、具体的な人間関係における「心と心の交り」を重要視する、人間主義的なスタンスが、大局的な国際的関係を認識し、政治的関係の歴史的変化にどれだけ対応できたのか、という点である。事実、ほぼ同時期に刊行された『新朝鮮風土記』（万里閣書房、1930年9月）は、1910年に韓国併合後の植民地となった朝鮮社会についてのルポルタージュであるが、次のような文章にであう、「半島2千万の兄妹に親しむがよい。その山河と社会に触れて来い。そして我等と同じく陛（ママ）下の赤子として、大日本帝国臣民としての範囲内に於て、如何にすれば、その美はしい朝鮮民族の伝統と習慣とを維持し、更にそれを改善し、向上せしめて、民族の幸福と、安寧を保つてゆく事ができようか」と。つまり、朝鮮民族の美はしい「伝統と習慣」あるいは「民族の幸福」は、「陛下の赤子」として生きることによって維持、向上されるというのである。あるいは中国留学生についての次のような文章、「支那学生はどうも日本人の皇室に関する尊敬の念はどうしても不明らしい。一君万民上御一人を中心とする先祖以来の大家族たる日本国家の根本的特質―その内容である日本人精神の本質を探つてみようと云ふ研究心が少ない」と。そして、「今印度に仏教なく支那に孔孟も老荘もない時、独り日本のみが猶世界の仏教国であり、所謂孔子の理想とする有道の国家として実現しつつある」として、「有道の国家」としての日本国の優位性を説くことになる。アジア主義が、アジア人の対等な連携にいたらずに、日本を盟主とする大東亜共栄によるアジアの解放へと向かったように、師尾源蔵の論調は、かぎりなく時流に同調していきかねない。もちろん、これは『日華学報』を刊行した日華学会そのもののスタンスでもあった。もちろん、これらの文章は、1931（昭和6）年9月の「満洲事

変」以前のものである。それ以後については『駿台新報』論説によって知ることができるが、国策である大東亜共栄圏構想へと限りなく近づいていったことは間違いない。しかし、私は、そのことによって師尾源蔵を断罪しようとするものではない。明治大学が中国からの留学生を積極的に受け入れ、その人間的な触れあいを大切にしたことは、師尾源蔵という人物の功績であったことは間違いないし、経緯学堂以後の中国人留学生の受け入れについての貴重な証言を遺してくれたことも事実である。

2. 経緯学堂主旨（原文と書き下し文）

　師尾源蔵は、先に紹介した「中華留学生と明治大学」（C）において、1904（明治37）年9月に創立され、1910（明治43）年3月の閉校まで明治大学の分校として約6年間、中国人・韓国人に対する教育機関として経営された経緯学堂の活動について紹介している。(32)文中には「経緯学堂主旨」が原文のまま紹介されているのであるが、現在では読み下して内容を理解することは極めて困難な状況になっている。そもそも、「経緯学堂主旨」は『明治学報』（第76号・1904年9月8日）に掲載されたものであった。『明治学報』は、明治大学内に設置された明治学会が発行した機関雑誌で、毎月1回（8日）発行、定価は1冊10銭で販売された。第76号の巻頭言「明治法学の改題」によれば、本号からそれまでの明治法学会を明治学会と改称し、それにともなって『明治法学』を『明治学報』と改題することになったと説明されている。その理由は、1903（明治36）年8月、専門学校令のもとに明治法律学校を明治大学と改称、翌年のこの月から法学部に加えて政学部と商学部を創設し、さらには経緯学堂を併設して「清韓人士教育」に従事することになり、雑誌名の改題へと至ったということである。そもそも明治法律学校（明治大学）の機関雑誌の発行は、1885（明治18）年2月の『明法雑誌』までさかのぼる。1888年8月には特別認可校の指定をうけて、法律学部と政治学部が認可さ

れ、1890年1月に『明法雑誌』を『政法誌叢』と改題、法学に加えて経済・財政、政治関係の論評と記事を掲載するようになった。さらには1892年3月には『明法誌叢』と改題、翌年には政治学部が廃止、一時休刊の時期を経て、1899(明治32)年9月『明治法学』として再刊した経緯が述べられている。

「経緯学堂主旨」が掲載された、『明治学報』第76号には編集者の田能村梅士(秋皐)の「清国教育界の過渡時代」が掲載されている。それによれば清国における教育の現状は、旧思想と新思想とが衝突する過渡期にあり、科挙の制が行われる一方で、他方では各省において、従来の「書院」に代わる新しい「学校」が創設されつつある。その現状を次のように報告している。「各省には、概ね1の大学堂あり、若干の高等学堂あり、師範学堂あり、武備学堂あり、外国語学堂あり、蒙学堂(小学校)の如きは、枚挙に遑あらず、其他女学校亦少からず、半日学堂の設立さへあり、図書館の如き、新聞雑誌閲覧所の如き、概ね地方紳士の義捐によりて設立し、無料にて閲覧せしめて、以て風気の開発に努むるあり」云々と。また、他方では、北京政府をはじめとして各省から多くの留学生を海外へと送り、欧米には「数十人」、日本には既に「2、3千人」もの数にのぼるが、帰国後の待遇が悪く、十分な活用が行われていない現状である。また、日本への留学生は新思想の影響をうけた学生が多いことは当然であるが、同時に保守主義の学生もいる。さらには新思想の学生のなかには「極端なる急進主義」も含まれている。これらのことから考えれば、清国からの留学生の教育にあたっては、「旧思想は之を誘掖(導き助ける)し、極端なる急進主義は之を矯制(正しく直す)し、其旧思想に付いては清国固有の長所を助長し、短所を戒飭(いましめる)せざる可からす」(括弧内は引用者の注)と。そして、このことは言うは易く行うは難いことであって、経緯学堂の教育においてもこの心得が必要である、このように論じている。

経緯学堂は、『明治学報』(第76号)の「録事」に掲載された「経緯学堂創

第 2 章　師尾源蔵と経緯学堂

立」によれば、組織構成としては、普通科と高等科に分かれ、前者は 2 年、後者は 1 年の修学年限をもち、日本語と「高等の普通学」を教授し、普通科卒業生には明治大学専門科に、高等科卒業生には本科に進学することができた。また別科として日本語・法学・警務・師範の 4 科を設置して 1 年以内の速成をめざした。『明治大学百年史』（第 1 巻・史料編Ⅰ、前掲）収録の資料559「卒業生統計表」（明治 38 年～明治 43 年）によれば、入学者総数 2,856 名、卒業生総数 1,389 名と記録されている。なお師尾源蔵の資料（C）には、前者が 2,847 名、後者が 1,388 名と若干の違いがある。ところで、「経緯学堂主旨」は、原文どおり漢文のままで『明治大学百年史』（前掲）に「資料540」として収録されている。したがって、これまで解読されることなく、現在の私たちには十分に意味を読み取ることができなかったといってよい。アジア留学生研究会では、一応の意味を知っておくことが重要であると考えて、その解読を法学部教授・加藤徹（中国文学）氏にお願いし、あわせて同学部准教授・神田正行（日本文学）氏の意見も聞いて書き下し文を作成した。文責は私にあるが、その功績はこのお二人にあることはいうまでもない。(33)

【原文】

　且以清韓二国諸生有志法学来遊於我明治大学者日見其衆誠恐有愕青年於是特定章程有鑑於両国之国体風俗故取捨折中参諸一致以教育之然余等用意之微誠恐普通学未精諸生有隔靴掻癢之患耳仲尼曰絵事後素虢射曰皮之不存毛将安伝古人教人先施其素已二千余年矣近者我国学士深念夫極東之経緯特欲養成同文国之諸生以振興其国運方不負我国善隣之誼抑可使二国臣民咸知報国之本也於是為諸生謀特設一学校以為普通教学之所名之曰経緯学堂夫経緯云者非取諸詩書之古義微意自有存焉蓋余等所欲養成諸生者在乎各有東人之学問兼通西人之新識以応接宇内之事物而超邁乎西人之上以成卓々不羣之君子也本学設教之旨以東亜先聖之教為経正徳之本取法於此以欧米百科之学為緯利用厚生亦由於此然不明経緯之弁保無醸成禍端其流害伊于胡底請籍我国昔日之事以代前箸当

125

明治龍興之始　天子下勅使採泰西之長以補我国之短於是朝廷聘用外人以充顧問特派諸生遊学外洋苟足以補我之略者無不専意採取越三年新定学制自小学以至大学一一取法於美国於是欧美百般技芸無不駸々乎闌入而朝野人士衒於新奇咸以為東亜無長進蔑視我邦固有之国体与先聖之貽訓以知泰西事故為文明以守道義忠厚為迂腐滔々擾々捨旧従新天下之輿論如原田莓々之歌殆莫知所適従矣識者窃以為学制中経緯不明之所致也於是　天子再発詔勅以示教育之大旨曰朕惟我皇祖皇宗肇国宏遠樹徳深厚我臣民克忠克孝億兆一心世済厥美此我国体之精華而教育之淵源亦実存于此爾臣民孝于父母友于兄弟夫婦相和朋友相信恭倹持己博愛及衆修学習業以啓発智能成就徳器進而広公益開世務常重国憲遵国法一旦有緩急義勇奉公以扶翼天壌無窮之皇運如是不独為朕忠良之臣民又足以顕彰爾祖先之遺風斯道実我皇祖皇宗之遺訓而子孫臣民之所俱遵守通之古今而不謬施之中外而不悖朕与爾臣民庶幾俱拳々服膺咸一其徳自是国人皆悟内外国体之異与夫教育之旨由是敦厚之風漸復忠愛之情再生矣而無複敢唱異議以揺蕩世道人心者幸無及於乱倘不明学制中之経緯以慎其始誤用自由権利等書以教之必至乱其国体壊其人心殆有不可収拾之患如今之創異説者豈非殷鑒乎此皆不明経緯誤用敗壊之書以設教之故也凡外物之侵入也必有所紛擾上古仏法流入之時亦然況今日之世乎若徒舎旧図新以為治平之具不但無益於国実為兆乱之器豈可不懼哉余等才雖駑鈍教養子弟已二十余年矣聊有所経歴初則以欧美事物不択薰猶一意模倣以造我国風俗繼則以欧美学術為経以我国旧制為緯以織成半西半東之錦至成法発明之後得所遵循精誠式之乃有今日之隆盛愈以知宜以東亜先聖之遺訓為造士保国之大本也蓋渉世久而閲歴宏更事多而識力熟余等久遊欧州研究法学帰国之後即以斯学教養子弟窃謂於講学之道三折肱矣至於普通学則非余等所敢専如倫理科則聘宿儒以充之其他各科均選通達之士以授教夫以先聖之教為金鼓旗幟以振興同文国之耳目則善鄰之基礎其鞏固自如盤石矣設有欲拓其疆者自必群出於同文以外之境吾知其有断然者此即余等立意之苦心也已

（『明治学報』第 76 号・明治 37 年 9 月 8 日）

【書き下し文】(1～7の【 】は内容に応じて補った)
【1、基礎教育の重要性】
　且つ、清韓二国諸生の法学に志す有りて我が明治大学に来遊する者、日々に其の衆きを見るを以て、誠に青年を愕(おどろく)せんこと有らんことを恐る。

　是に於て、特に章程を定む。両国の国体風俗に鑑みる有りて、故に取捨して折中し、諸を一致に参し、以て之を教育せんとす。

　然るに、余等の用意の微なる、誠に、普通学の未だ精ならずして諸生に隔靴掻痒の患有らんことを恐るるのみ。

　仲尼(孔子)の曰く「絵事は素を後にす」と。觺射の曰く「皮の存せざれば、毛は将た安くにか伝かん」と。古人の人を教ふるに、先づ其の素を施すこと、已に二千余年なり。

【2、東洋の道徳と西洋の知識を兼備する世界一流の人材を】
　近者、我国の学士、深く夫の極東の経綸を念ず。特に、同文国の諸生を養成して、以て其の国運を振興し、方に我が国の善隣の誼に負かざらんと欲す。抑々二国の臣民をして咸、報国の本を知らしむべきなり。

　是に於て、諸生の為に謀りて特に一学校を設け、以て普通教学の所と為さんとす。之を名づけて「経緯学堂」と曰ふ。

　夫れ経緯と云ふ者は、諸を詩書の古義に取るに非ず。微意自ら焉に存する有り。蓋し、余等の養成せんと欲する所の諸生なる者は、各々東人の学問と西人の新識を兼通する有りて、以て宇内の事物に応接し、而も西人の上に超邁し、以て卓々たる不群の君子と成るに在るなり。本学の設教の旨は、東亜先聖の教を以て経と為し、正徳の本は法を此に取る。欧美百科の学を以て緯と為し、利用と厚生と、亦た此に由る。然れども、経緯の弁を明らかにせずんば、禍端を醸成し、その害を流すこと伊れ于きて胡くにか底らんこと無きを保たんや。

【3、西洋かぶれの横行】

　請ふ、我が国の昔日の事を籍りて、以て前箸に代へん。明治龍興の始めに当り、天子勅を下し、泰西の長を採りて、以て我が国の短を補はしめたまふ。是に於て、朝廷は外人を聘用して以て顧問に充て、諸生を特派して外洋に遊学せしむ。苟しくも以て我の略を補ふに足るものあらば、意を専らにして採取せざるは無し。三年を越し、新たに学制を定め、小学より以て大学に至るまで、一々法を美国に取る。是に於て、欧美の百般の技芸、駸々（急速に）乎として闌入せざるは無し。而して朝野の人士は新奇に衒ひ、或は以て東亜に長進無しと為し、我が邦固有の国体と先聖の貽訓（いくん）（教訓）とを蔑視す。泰西の事故を知るを以て文明と為し、道義忠厚を守るを以て迂腐（うふ）（おろかで役に立たない）と為す。滔々擾々として、旧を捨て新に従ふ。天下の輿論は原田苺々の歌の如く（「原田毎々」の誤りか、『左伝』（僖公二八年）に「原田毎々、舍其旧而新是謀」とあり、野原や田に草がはびこり、ふるきを捨てて新しく考えようとある）、殆んど適従する所を知る莫きなり。識者窃かに以て学制中の経緯の不明の致す所なりと為す也。

【4、教育勅語】

　是に於て、天子再び詔勅を発し、以て教育の大旨を示したまふ。曰く

「朕惟フニ我カ皇祖皇宗国ヲ肇ムルコト宏遠ニ徳ヲ樹ツルコト深厚ナリ、我カ臣民克ク忠ニ克ク孝ニ億兆心ヲ一ニシテ世ゞ厥ノ美ヲ済セルハ此レ我カ国体ノ精華ニシテ教育ノ淵源亦実ニ此ニ存ス、爾臣民父母ニ孝ニ兄弟ニ友ニ夫婦相和シ朋友相信シ恭儉己レヲ持シ博愛衆ニ及ホシ学ヲ修メ業ヲ習ヒ以テ智能ヲ啓発シ徳器ヲ成就シ進テ公益ヲ広メ世務ヲ開キ常ニ国憲ヲ重シ国法ニ遵ヒ一旦緩急アレハ義勇公ニ奉シ以テ天壤無窮ノ皇運ヲ扶翼スヘシ、是ノ如キハ独リ朕カ忠良ノ臣民タルノミナラス又以テ爾祖先ノ遺風ヲ顕彰スルニ足ラン

斯ノ道ハ実ニ我カ皇祖皇宗ノ遺訓ニシテ子孫臣民ノ俱ニ遵守スヘキ所、之ヲ古今ニ通シテ謬ラス之ヲ中外ニ施シテ悖ラス、朕爾臣民ト俱ニ拳々服膺シ

テ咸其徳ヲ一ニセンコトヲ庶幾フ」

　是より、国人皆内外国体の異と夫の教育の旨とを悟る。是に由りて、敦厚の風漸く復し、忠愛の情再び生ぜり。而も複た敢て異議を唱へ以て世道の人心を揺蕩する者無し。幸ひにして乱に及ぶ無し。

【5、自由権利の意味を取り違える危険】

　倘し学制中之経緯を明らかにして以て其の始めを慎しまず、自由権利等の書を誤用して以て之を教へば、必ずや其の国体を乱し其の人心を壊るに至り、殆んど、収拾すべからざるの患有らんとす。如今の異説を創る者、豈に此に殷鑒するに非ざらんや（いましめの材料はすぐ近くにあること）。此れ皆経緯を明らかにせず、敗壊の書を誤用して、以て之を設教するの故なり。凡そ外物の侵入するや、必ず紛擾する所有り。上古の仏法流入の時も亦た然り。況んや今日の世をや。若し徒らに旧を舎て新を図るを以て治平の具と為さば、但に国に益無きのみならず、実に兆乱の器と為らん。豈に懼れざるべけんや。

【6、教育経験に対する自負】

　余等、才は駑鈍なりと雖も、子弟を教養すること已に二十余年なり。聊か経歴する所有り。初めは則ち欧美の事物を以て薫蕕（善と悪）を択ばず、一意に模倣して以て我が国の風俗を造る。継ぐに則ち欧美の学術を以て経と為し、我が国の旧制を以て緯と為し、以て半西半東の錦を織り成せり。成法発明の後に至り、遵循（したがう）する所を得、精誠もて之を式し、乃ち今日の隆盛有り、愈々以て、宜しく東亜先聖の遺訓を以て造土保国の大本と為すべきを知るなり。蓋し、世を渉ること久しければ閲歴も宏く、事を更ること多ければ識力も熟せり。余等、久しく欧州に遊び、法学を研究す。帰国の後、即ち斯学を以て子弟を教養し、窃かに、講学の道、三たび肱を折ると謂へり。普通学に至りては、則ち余等の敢て専らにする所に非ず。倫理科の如きは則ち宿儒を聘して以て之に充て、其の他の各科は均しく通達の士を選び以て授教せしむ。

129

【7、儒教道徳で善隣友好そして世界へ雄飛】

　夫れ先聖の教を以て金鼓旗幟と為し、以て同文国の耳目を振興せば、則ち善鄰の基礎、其の鞏固なること自ら盤石の如くにならん。設し其の疆を拓かんと欲する者有らば、自ら必ずや同文以外の境に群出せん。吾、其の断然たる者有るを知る。此れ即ち余等の立意の苦心なるのみ。

3. 吉田義静の履歴

　ところで、師尾源蔵が執筆した「中華留学生と明治大学」(C)によれば、「この原文（経緯学堂主旨）は今は故人となられたが当時東京外語の吉田義静教授等が立案されたものだと云ふことである」とされている。吉田義静は、同じ『明治学報』（第76号）の「録事」欄に掲載されている「経緯学堂職員」によれば、校長・岸本辰雄、学監・木下哲三郎、教頭・和田垣謙三に次ぐ、「主事」として「東京外国語学校講師」の肩書で掲載されている。それ以下には、もう1人の主事（隈本繁吉）、幹事（田島義方・田能村梅士）、会計主任心得（柴崎俊雄）の名前が並んでいる。また、「教授」の項には、15名のなかの「倫理」担当教員として土屋弘（華族女学校教授）と並んで記載されている。『明治大学百年史』（前掲）の資料539「設置許可願」のカリキュラムでは、「倫理」は、普通科第1年生の第1学期・第2学期に週1時間、第3学期に週2時間、2年生では、第1〜第3学期まで週2時間が配当されているように重要な科目であった。

　吉田義静の経歴についての確実な資料は、国立公文書館に所蔵されている「吉田義静山梨尋常師範学校長ニ被任ノ件」と題された文書で、「内閣文第9号」の押印、「3月24日裁可」と書かれたものである。内容は、1887（明治20）年3月4日付文部大臣・森有礼から内閣総理大臣・伊藤博文宛の文書と同年9月24日付の内閣総理大臣・伊藤博文の上奏文で、伊藤の文書には「天皇御璽」の印が押されている。その附属文書として吉田義静の「履歴書」

が添付されている。それには、「熊本県士族」吉田義静の経歴として次のように記されている。ここでも漢数字をアラビア数字に直して表記する。□は判読不明の個所である。

1	万延1年正月ヨリ明治3年7月迄	御藩黌時習館ニ於テ漢学習字修業
1	明治3年12月ヨリ	大阪陸軍青年学舎ニ於テ陸軍砲兵科ニ従事シ兵学練兵算術修業
		同4年10月看病帰省後退校
1	明治4年12月ヨリ同7年9月迄	同県儒者国友昌ニ従ヒ漢学修業
1	同年同月ヨリ同年同月迄	同県徳野常信ニ従ヒ洋算修業
1	明治7年11月ヨリ9年4月迄	岡山県儒者進□山ニ従ヒ漢学修業
1	明治9年9月ヨリ同12年1月迄	仏人武理慧ニ従ヒ仏学修業
1	明治15年9月	兵庫県師範学校長ニ任シ准八等官月俸金60円
		16年2月辞職
1	明治16年9月ヨリ同17年3月迄	1等侍講元田永孚ニ従ヒ漢学修業
1	明治17年4月	山梨県徽典館長兼1等教諭ヲ命シ月報金60円ヲ給ス
1	明治17年11月	兼山梨県農事講習所1等教諭ヲ命ス
1	右同月	山梨県農事講習所長心得兼務ヲ命ス

131

1　明治19年6月　　　　　　　　月俸金70円ニ増給ス
1　右ノ外職務勉励ノ□ヲ以テ賞ヲ与ヘシコト2回

　これでみると、吉田義静の教員歴は1882（明治15）年9月の兵庫県師範学校長にはじまる。翌年2月には退職しているので短期間の任期であった。兵庫県師範学校は、1874（明治7）年に設置された兵庫県師範伝習所を起源とし、1877（明治10）年に豊岡県・飾磨県・兵庫県の各師範学校が統合されて神戸師範学校が誕生する。1886（明治19）年に師範学校令により兵庫県尋常師範学校になり、1897（明治30）年には師範教育令により兵庫県師範学校と改称される。これでみると、吉田が勤務したのは神戸師範学校ということになるが、この時期にも兵庫県師範学校が残っていたということであろうか。その後、元田永孚について漢学に磨きをかけた。元田永孚（1818～1891）は同じ熊本藩出身、横井小楠に師事した。1871年、藩命と大久保利通の推挙により宮内省に出仕し明治天皇の侍読となり、以後20年にわたって務めた。元田が「1等侍講」となったのは1881（明治14）年、1886（明治19）年には宮中顧問官になった。元田の推薦もあったのであろう、吉田は山梨県徽典館長に就任する。徽典館は、それ以前の歴史を省略すれば、1881年に山梨県師範学校と中学校が合併して山梨学校が誕生、さらに医学校を吸収して、1882（明治15）年に徽典館と改称、師範学科と初等中学科を設置、漢学専修科（漢学科・2年生）を増設した。その後の歴史は兵庫県の場合と同じであるが、1886（明治19）年12月、師範学校令により徽典館師範学科を山梨県尋常師範学校と改称、他方の初等中学校は翌年に分離し山梨県尋常中学校となった。吉田は、1884（明治17）年4月に徽典館長に就任、1887年3月に改称された尋常中学校長になったということになる。ただ吉田の在任期間は、1887年3月から同年5月までと短期間であった。ちなみに、吉田義静は現在の山梨県立甲府第1高等学校の歴代校長のなかに名を連ねている（1884年4月8日～1887年3月24日）。

ネット上で検索すれば、いろいろな情報にであう。もちろん、これらに全面的な信頼を置く事はできないが、今後の探求のために備忘として書き残しておきたい。例えば、熊本藩出身の三兄弟として、吉田泰造・吉田義静・吉田作弥のことがでてくる。父親は吉田如雪という人物で、「熊本近代教育之功労者」の顕彰碑が建てられているほどの人物であるとか、弟の作弥は1858（安政5）年生まれで、熊本洋学校に入学しジェーンズから洗礼を受け、同志社に入学、卒業後は外交官となりそれなりの足跡を残し1929年に死去したとかという情報がある。ところが義静については、「フランスに約10年滞在し、明治の第一級の仏学者として日本政府の教育勅語の仏訳を完成し、最後は山梨師範学校長を勤めた」と紹介されていて、山梨師範学校のところだけは先の履歴書に符合しているが、その他の個所は合わない。このような噂もあったということであろう。しかし、ここに記されているフランスとの関係が全くの誤報であるかといえばそうでもない。先に紹介した履歴書には「明治9年9月ヨリ同12年1月迄仏人武理慧ニ従ヒ仏学修業」とあった。1876（明治9）年7月、岸本辰雄・宮城浩蔵・矢代操ら明治法律学校の創立者となる3名を含む、司法省法学校の第1期生20名が卒業した。その後同年に第2期生が募集され、9月に104名が入学する。その中には原敬・河村譲三郎・鶴丈一郎・古賀廉造らと並んで吉田義静の名前がある。[35]そして、彼らの教育のためにフランスからアッペールら4名が招聘された。その4人のなかの1人に「ムーリエ」（Pierre Joseph Mourrier）という人物がいる。[36]履歴書に登場するフランス人「武理慧」がこの人物であろう。そして、この第2期生は1880年6月に普通課程を修了し、48名が専門課程に進んでいる。吉田の履歴書によれば、1879（明治12）年1月までムーリエについて「仏学修業」をしたということなので、吉田義静は普通課程を修了することなく、2年4ヶ月ほど司法省法学校に在籍して退学したことになる。その後のことは、『法律学の夜明けと法政大学』に登場する。1877年8月、『法律雑誌』が時習社から発刊された。社主兼編集人は金丸鉄、印刷人は矢代操であっ

た。発行場所は、創刊時の北神保町 4 番地から、すぐに京橋弥左衛門町 19 番地に移されたとのことである。先の『法律学の夜明けと法政大学』によれば、「金丸鉄は、時習社を八塚幹之助と吉田義静（司法省法学校退校者）に託した後、中村一興（のち和仏法律学校校友）とともに、週刊『法律新聞』を東京法学社から発刊する。現在見ることができるのは、明治 15 年 1 月の第 5 号のみで」云々と記述されている。1882 年（明治 15）年 9 月に兵庫県師範学校の校長に着任しているので、この間、つまり退学した 1879（明治 12）年 1 月から 1882（明治 15）年 1 月あたりまでの期間のうち、ある時期、吉田義静は時習社の経営、あるいは『法律新聞』の刊行にかかわっていたことになる。

しかし、この間の 1880（明治 13）年に設立された興亜会の会員として吉田義静の名前が登場する。興亜会は、日中両国の善隣親和を図る事を目的として東京で設立された団体で、初代会長には旧熊本藩主・細川斉護の第 6 子である長岡護美、副会長に渡辺洪基、幹事には曽根俊虎らが選ばれたということである。佐々博雄の論文「清仏戦争と上海東洋学館の設立」には、興亜会の会員である吉田義静は、熊本に赴いて興亜が急務であることを説き、識者の注意を喚起する遊説を行ったことが記されている。熊本では、これを受けて佐々友房らが、既に設立していた同心学校において中国語や朝鮮語を教科に加えた。佐々友房（1854 ～ 1906）は、熊本藩士の次男として生まれ、藩校時習館に学んだ。西南戦争では西郷軍に投じ、吉次峠の戦いにおいて重傷を負って入院、宮崎の監獄に収監された。1879 年 1 月に出獄すると熊本市に同心学舎を設立し、皇室中心、国家主義を建学精神とした。後に同心学校と改名、1882 年 2 月に済々黌と改称されたが、この学校でも中国語教育は継続された。吉田義静は、佐々友房著『硝雲弾雨一班』（1881 年）の「評」者として名前が残されている。もう少し時代が下がると、1897（明治 30）年 4 月に樽井藤吉・中村太八郎・西村玄道らの呼びかけで 200 名余りが参加して結成された社会問題研究会の 30 名の評議員のなかに、吉田義静の名前を見

ることができる。また『読売新聞』（1905年10月3日号）のベタ記事には、「四川省高等学堂教習兼同省学政顧問」として中国に招聘されたことが掲載されている。残念ながら、吉田義静の履歴調査もここまでで、東京外国語学校の教師になった時期など肝心なことが解明されていない。ただ、明治法律学校の創立者たちとの関係は、司法省法学校にあったことだけは確実である。

おわりに

明治大学のアジア留学生受け入れにあたって師尾源蔵という人物に着目してみた。これまでは、1904年に設立された経緯学堂の紹介者として大学史において取り上げられることはあったが、彼の経歴、活動、考え方については断片的にしか紹介されてこなかった。本稿では、多方面に散らばっている師尾源蔵についての資料の断片をかき集めながら、その全体像の構築をめざした。しかし、敗戦前の時期においては、時代の潮流に乗ったこともあって、彼独自の考え方がどういうものであったのかを見えにくくしている。師尾はジャーナリスト的感覚で現状を「見る」ことに努め、自分の信条にそって行動することを求めた。師尾源蔵を通して明治大学のアジアとの交流を検証することが、本論考の目的とするところであるが、とりあえず基本的な資料と視点だけでも提供できたことに満足しなければならない。

【注】
(1) 『明治大学百年史』、明治大学百年史編纂委員会編第1巻・史料編Ⅰ、1986年3月。第4章「清韓留日学生と明治大学」には師尾源蔵の「中華留学生と明治大学」から「経緯学堂講師・評議員・職員一覧」（資料番号・544）の部分が摘出されて収録されている。
(2) 『明治大学体育会射撃部90年史』、駿台射友倶楽部・明治大学体育会射撃部、2011年11月、7頁。この回想は明大射撃部の部誌『たまがら』に掲載されているとされるが、実物は確認できていない。

(3) 『明治大学体育会射撃部 90 年史』、前掲、10 頁。
(4) 平尾真「師尾先輩の思い出」、『「師尾記念賞」制定について・師尾先輩の思い出』、社団法人・日本ライフル射撃協会刊、1967 年 12 月、改訂版・1975 年 4 月、3 頁。
(5) 『明治大学体育会射撃部 90 年史』、前掲、7 頁。
(6) 同上、9 頁。
(7) 平尾真「師尾先輩の思い出」、前掲、2 頁。
(8) 同上、3 頁。
(9) 『明治大学体育会射撃部 90 年史』、前掲、13 頁。
(10) 同上、13 頁。
(11) 芹沢新平「学生射撃復活の前後」、『学生射撃』1969 年、http://www.riflesports.jp/nraj/archives/gakusei/index.html
(12) 明治大学史資料センター編『明治大学小史――"個"を強くする大学 130 年』、学文社、2010 年 3 月、第 3 章「戦争と明治大学」(秋谷紀男執筆)、103 〜 105 頁。
(13) 『駿台新報』、1939 年 2 月 17 日号。
(14) 5 つの組織にそれぞれの団則が定められたが、明治大学報国団々則によれば、総長が団長(第 3 条)となり、「建学の精神に基き臣道を実践し、現下高度国防国家体制の建設につき負荷の大任に堪ふべき人材を育成する」ことを目的とした。その目的達成のために、総務・学術研究・心身鍛錬・国防訓練・文化教養・学生生活の 6 本部が設けられた(第 6 条)。中枢となる総務本部長には猪俣淇清、副部長に赤神良譲、学術研究以下の部長には赤神良譲・太田黒敏男・猪俣淇清・小島憲・阿保浅次郎が選ばれている。そして、学術研究部会は学内のすべての研究組織を統括し(第 8 条)、また心身鍛錬本部は瑞艇・野球・柔道・剣道・庭球・弓道などのすべてのスポーツ組織を指導した(第 9 条)。こうして高度国防国家に見合う大学の国防組織化が推進されていった。以上は『明治大学新聞』1941 年 3 月 17 日号、同年 6 月 27 日号を参照。
(15) 記念塔と忠霊殿については、石橋星志「明治大学忠霊殿について」(『図書の譜』、明治大学図書館紀要第 14 号・2010 年 3 月)を参照。なお、石橋によれば、照星会は、創立時には昭星会とよばれ 1927 年 2 月に結成されたとされる。入会資格としては、「本学教職員校友及学生ニシテ軍隊生活ヲ修了セシ者」とされた。事務所は明治大学内に置かれた。日中戦争開始以後は、唯一の大学軍人会として会規を制定、師尾源蔵・加藤五六・中川晃・岡田嘉吉郎の 4 名が常任理事に就任している。日常業務としては日清戦争以後における戦没者についての調査を行っている。石橋は、以後における師尾の活動の一端を『駿台新報』(1936 年 12 月 19 日号)に掲載された記事のなかで紹介している。それによれば、同年 12 月 15 日に記念図書館 3 階で、照星会主催による師尾源蔵歓迎会が開催されていて、師尾は 5 ヶ月間にわたりヨーロッパ・アジアを歴訪した報告をし、また

オリンピック写真や記念品を陳列したとのことである。
(16) 「護国の鬼を祭る忠霊殿、教職員・照星会が献納」見出し記事、『駿台新報』、1939 年 3 月 17 日号掲載。
(17) 「どこに行く、明大忠霊殿」見出し記事、『明治大学新聞』1962 年 2 月 15 日号掲載。ちなみに、護国神社は、1939（昭和 14）年 3 月 15 日に内務省令として公布（4 月 1 日施行）された「招魂社ヲ護国神社ト改称スル件」により、明治期に全国各地に建立された招魂社を一斉に改称して造られた神社である。「護国」という名称は、1872 年 12 月の徴兵令詔書の「国家保護ノ基ヲ立ント欲ス」や 1882 年 1 月の軍人勅諭の「国家の保護に尽さば」の用語に依るとされている。護国神社の総数は、1939 年 4 月の時点で 131 社あった。社格は内務大臣が指定した指定護国神社と村社に相当する指定外護国神社に分けられた。敗戦後の GHQ による占領下では、護国神社は軍国主義施設とみなされ「護国」の文字を外すよう求められたが、1952 年のサンフランシスコ講和条約発効後は、大多数は旧名称に戻した。新潟県護国神社は、1868 年 10 月に、戊辰戦争における維新政府軍側の戦死者を祀って常磐ケ岡（旧新潟大学本部の跡地）に社殿を造立し、新潟招魂社と称したのが始まりとされる。1941 年に護国神社と改称、1945 年 5 月現在の西船見町に移転した。主祭神は「新潟県出身の国事殉難者」とされている。
(18) 渡辺實「明治大学戦没者学徒忠霊殿の歴史」、『駿台会だより』明治大学校友会新潟県支部発行、2005 年 7 月 2 日号。
(19) 「戦没学徒忠霊殿竣工」、『明治大学広報』2006 年 11 月 1 日号。
(20) 『紫紺の旗燦たり―近代日本の鐘打ち鳴らす明治大学 500 人』、駿台資料編纂会、1982 年 2 月、227 〜 228 頁。
(21) 平尾真「師尾先輩の思い出」、前掲、2 頁。
(22) 同上、3 頁。
(23) 師尾源蔵「民衆をして「王者の師」たらしめよ」、『駿台新報』1924 年 2 月 4 日号。
(24) 平尾真「師尾先輩の思い出」、前掲、6 頁。
(25) 『明治大学百年史』、前掲、第 3 巻通史編Ⅰ、1992 年 10 月、513、845 頁。なお、「植原・笹川事件」については、前掲の『明治大学百年史』、第 3 巻の第 4 編・第 2 章・第 2 節の「植原・笹川事件」参照のこと。
(26) 『学部創立百年史』、明治大学政治経済学部創立百周年記念事業委員会、2004 年 7 月、48 頁。
(27) 3 周年記念号に掲載されている『万朝報』の渋田常太郎の談話「大学新聞の生命」には、「慶應義塾が初めて、三田新聞を刊行してから、もう十年近くになると思ふ、其の後早大、帝大、明治の大学も各自大学新聞を発行して既に数年を経過して」云々とある。慶應大学の『三田新聞』の創刊は 1917 年 5 月、『東京大学新聞』が 1920 年、『日本大学新聞』が 1921 年、1922 年に『早稲田大学新

聞』と『駿台新報』が創刊された。1923 年には、五大学新聞連盟（早稲田、東京帝大、慶応、日大、明治）が結成され、普通選挙の促進を目標として演説会が開かれている。なお、渋田は、大学新聞は「市井の新聞」（一般紙）とは違って、「報道」を第 1 要件とせず、「研究の発表」「意見の交換」「有益な記述」「精確なる記事」を掲載するところにその使命があると提言している。『駿台新報』の刊行以前、明治大学においては、1918 年に明治大学新聞研究会によって『明大新報』と題する新聞が発行されたことがあった。この新聞は文芸部の予算により年 1 回、陸上運動会に合わせて刊行された。編集メンバーには、佐々木光三（味津三）、村瀬武比古、関未代策、貞頼卓男、山田孝雄らであった（佐々木味津三「『明大新報』回顧」、関未代策「その時代の人々」、『駿台新報』1928 年 4 月 21 日号。

(28) 赤神良譲は、1892（明治 25）年 10 月、師尾と同じ新潟県生まれ（寺泊町）。1919 年東京帝大文学部社会学科を卒業し、同校の助手となった。1921 年明治大学政治経済学科の講師、1923 年には東京帝大法学部政治科を再卒業し明治大学の教授となった。1953（昭和 28）年 4 月 6 日、60 歳で死去。師尾は同郷ということもあって、赤神の思想的影響を受けたと考えられる。『明治大学新聞』（1953 年 4 月 25 日号）には、師尾が追悼文を寄せ、「大正 10 年初めて東大から明大に来られて最初の講義を聴いたのは大正 13 年の私達のクラスである」、「明大射撃部及びこの OB 団体である駿台射友クラブ会長を 30 年続けて頂いたが、今日ライフル競技がオリンピックに出場できるようになったのも全く先生のお蔭げなのである」、「昭和 5 年上海や南京の大学へ講演でお伴した時」云々などの謝辞が並べられている。1940 年には政経学部長に就任している。明治大学報国団では、創立当時、学術研究本部長、総務本部副団長、政経学部会長などの要職を占め、また大政翼賛会調査役に就任している。敗戦後、教育における軍国主義や極端な国家主義を排除する目的で、教職員に対する適格審査が行われ、1947 年 2 月に赤神良譲は不適格の判定を受けた。その後 1951 年 10 月に不適格が解除されている（『明治大学百年史』第 4 巻、422 〜 423 頁）。ただ、中川富弥は「赤神良譲論」（『明治大学、人とその思想』明治大学新聞学会、1967 年 11 月）のなかで、「専門に関する基礎理論の著書の他に、時代の要求に応じて政治、および経済の実情を論じた著作も少くなかった。その中に一部の人々から国家主義的なものがあったと誤解されて、終戦後に教職を追放されたのは甚だ遺憾であり、私ども理解に苦しむのである。しかし、先生が自由主義者であったことは先生を知るほとんどの人々の一致するところである」と述べて弁護している。

(29) 坂口雅樹「明治大学新聞に現れた図書館記事索引」、『図書の譜』、前掲、第 8 号、2004 年 3 月。

(30) 以上の記述は、『中華学報』復刻版（ゆまに書房）の見城悌治「解説」（第 1 巻、2012 年 9 月、所収）、孫安石「『中華学報』創刊に関する試論」（第 16 巻、2013

(31) これらの文章については、拙稿「『日華学報』に掲載された師尾源蔵の明大留学生に関する文章」(『大学史紀要』第18号・2014年3月)で紹介した。
(32) 経緯学堂については、『明治大学百年史』(第1巻・史料編Ⅰ、前掲)第4章「清韓留日学生と明治大学」、同(第3巻・通史編Ⅰ、1992年10月)第4章「中国・朝鮮人留学生と大学の対応」、島田正郎「私立明治大学経緯学堂始末記」(『明治大学法学部創立百周年記念論文集』(1980年11月)、同時に『清末における近代的法典の編纂』(創文社、1980年10月)の第9章「清末学生の日本派遣」として収録された。阿部祐樹「明治大学におけるアジア留学生数の動向」(『大学史紀要』明治大学史資料センター、第18号・アジア留学生研究Ⅰ、2014年3月)、長沼秀明「経緯学堂の教育実態」(同、第20号・アジア留学生研究Ⅱ、2015年3月)を参照。関連して、早稲田大学の清国留学生部については『早稲田大学百年史』(第2巻・1981年9月)第9章「清韓留学生と学苑」、さねとう・けいしゅう『中国人日本留学史』(増補版、くろしお出版、1970年10月)、孫倩「清末留日学生の教育機関—早稲田大学と法政大学を中心に」(『社学研論集』2012年9月)等を参照した。
(33) 山泉進・加藤徹「師尾源蔵資料と「経緯学堂主旨」の読み下し文」、『大学史紀要』、第20号・2015年3月、として掲載した。
(34) 吉田義静の経歴についても同上論文で紹介しておいた。
(35) 『明治大学百年史』、第3巻、前掲、52頁。
(36) 『私学の誕生』、創英社・三省堂書店、2015年3月、79頁。なお、二葉亭四迷が、1871年、7歳の時、名古屋県洋学校でフランス語を学んだ教師としてムーリエが知られているが、同一人物であろうか。
(37) 『法律学の夜明けと法政大学』、法政大学、1992年3月、141頁。
(38) 佐々博雄「清仏戦争と上海東洋学館の設立」、『国士館大学文学部人文学会紀要』1980年1月、56頁。

第3章　中国人留学生と神田神保町「中華街」の形成と特徴
―明治末期を中心に―

鳥居　高

はじめに

　近年、千代田区神田神保町界隈にかつて、中国からの留学生とその生活、特に食生活を支える中華料理店などからなる「神田神保町中華街」あるいは、チャイナタウンが存在したことがマスコミなどでしばしば取り上げられるようになり、注目を集めている。代表的な成果としては『東京人』（No.302〔2011年11月〕）が「チャイナタウン神田神保町」という特集テーマで取り上げた。また、明治大学でも創立130周年記念事業の1つとして、2011年10月から12月にかけて「神田・神保町地区と手を携えて、『教育』『街』『世界』の凝集した歴史的存在である"神田・神保町中華街"を軸とした各種イベントを開催し、その発見を行う」として諸行事を行った。[1]

　清末以降の中国人留学生やその交流史に関しては、国内外で様々な角度から研究が行われてきた。日本国内での研究成果を見ると、留学生受け入れの中心的な役割を果たした松本亀次郎自身の記録、實藤惠秀の一連の研究を嚆矢とし[2][3]、1970年代以降、外務省外交史料館における留学生に関する記録資料の公開が契機となって阿部洋を中心とする国立教育研究所グループの一連の研究が存在する[4]。さらに、近年では大里浩秋・孫安石を代表とする神奈川大学グループの研究、また日中関係史から川島真の一連の研究が存在する。[5]

この他に研究対象別に見ると、留学生らの日本国内での革命運動や文芸活動を扱った研究[6]、女子留学生に注目した石井洋子の一連の研究[7]、また中華民国期の女子留学に重点をおいた周一川の研究[8]など、その裾野は拡大している。

　これらの研究の焦点は中国の留学政策や留学生の動向、留学生交流史などにあてられており、留学生を含めた生活空間、すなわち「中華街」にあてられたものではない。そもそも当時の留学生の回想録（代表例としての周恩来の留学日記）や大学史などの大学側の記録など断片的な情報から中国人留学生の存在や活動を確認できるが、「神田神保町中華街」としばしば称される「町」としての存在の全体像や詳細を把握できるには至っていない。前述した『東京人』の特集がその最初の試みといえる。

　そこで、本小論は留学生史や日中交流史に関する既存研究をいわば、時間を貫く「縦軸」としておき、それらを最大限に活用し、留学生の全体像と特徴を明らかにし、自治体の記録や神田区の歴史や経済活動を同時代の変化、「横軸」として組み合わせることによって、神田神保町「中華街」を街の形成という視点から整理することを大きな目的とする。その上で、本小論では神田神保町「中華街」の成立と概要を提示し、他の中華街との比較を行い、その相違点や特異性を明らかにし、中華街「比較試論」を提示することを目的とする。

　既存研究から明らかなように、中国大陸からの留学生は19世紀末の清国からの派遣に始まり、量的な変化は見られるものの、中華民国時代さらには日中戦争の時期（汪精衛政権や「満洲国」）まで営々と続いた[9]。本小論では、その前半と位置づけられる明治末期、特に神田神保町に主要な教育機関が集中していた時期のみを扱うことにする。

　なお、結論にかかわるが、表記に関しては、神田神保町界隈に中国人留学生の学ぶ場、生活の場（下宿、飲食店）などからなる集住の場としての空間は存在したものの、ほかの中華街とは性格を大きく異にすることから神田神保町「中華街」と表記することにした。既存研究などで用いられている場合

第3章　中国人留学生と神田神保町「中華街」の形成と特徴―明治末期を中心に―

にはその限りではないことをお断りしておく。

一　神田神保町「中華街」の起源

1. 起源のプッシュ要因

　まず、留学生がどのように日本にやってきたのか、その過程を整理しておこう。人材・人的資源の移動を議論する際に、まず2つの側面から考える必要があろう。1つが押し出す側、中国（清国）からのプッシュ要因であり、もう1つが引き寄せる側、日本のプル要因である。さらに、その2つの要因には両国間の関係変化が大きな外部環境として作用することになる。そこで、本小論でも各時期におけるこれらの3つの要因を中心に論じることにする。

　留学生をどのように定義するかにもよるが、清国から「国費留学生」は当初2つのルートで送られてきた。1つが、1896（明治29）年6月から陸軍参謀本部に設置された清国留学生管理委員の委託により、陸軍士官学校・幼年学校の予備学校と位置づけられた成城学校（新宿原町）が受け入れた留学生である[10]。

　これに対し、清国政府が、いわば外務省ルートを通して送り込んできた留学生がいる。その第1弾は、既存研究が指摘する、日清戦争で清国が日本に敗北した翌年の1896（明治29）年に派遣した13名の国費留学生である[11]。ところで、前述した成城学校はその後、留学生の受け入れを辞退することになり、後者の外務省ルートが本小論につながる留学生の源流となる。

　この外務省ルートによる留学生の渡日のきっかけは、1886（明治19）年に清朝の高官であった張之洞が書いた『勧学篇』である。同書は皇帝の命令で各省に配布され（100万部発行）、大きな影響を与えたとされる[12]。彼は、『勧学篇』の「外篇」の中で、近代教育の普及、「学堂」と呼ばれる新式の教育機

143

関の開設、日本への留学生派遣など教育制度の改革を主張した。⁽¹³⁾張之洞の主張の論理展開は２段階になっている。

　まず、「学堂は固より速やかに設けるべきである。然るにそれは多く設けねば用を済ませるに足らぬ。多く設けるには困難が２つある。巨額の経費がいることと、教員の少ないことである。師を求める難しさは経費難よりずっと甚だしい。（略）よってただ、外国游学に赴かせるの一法しかない⁽¹⁴⁾」とし、国内ではなく外国留学によって教育を受ける必要性がある、と主張した。

　第２段階の主張が外国留学の行き先をどうするか、という問いへの答えである。彼は日本への留学を主張した。その背景には「敗戦の衝撃」がある。日清戦争で当時の新興国・日本に敗れた清国では、近代化によって体制改革を求める気運が高まった。明治政府率いる日本が短期間で、急速に取り込んだ西洋の諸制度を欧米諸国に行くことなく日本で学ぶことができ、また、第１に同じ漢字文化圏であり、第２に経済的にも安価で収まることなどから、日本を通じて、日本人の理解から西欧の知識を吸収することを勧めた。その際に考慮に入れるべきは、当時の清国の教育事情であろう。阿部兼也によれば、「戊戌の政変（光緒24〔1898〕年９月）以前の、変法自強の宣布（光緒24年６月）へと向かう流れが健在で、学校教育制度の近代化の試みも、民間の篤志家が先頭になって、各地で積極的に始まっていた」。この結果、科挙、書院、家塾しか存在しなかった中に、新式の「学堂」という教育機関と教育機会が生まれたことになる。しかし、「新式の学堂と科挙との制度的調整がうまくいかず、模索が繰り返されていた」状況にあった。その結果、より近代的な教育機会として位置づけられた留学という方式が選択肢として浮上してくることになる。

　以上、きっかけとしての『勧学篇』、そしてその背景にあった日清戦争の敗北、近代化促進に必要な人材育成、国内の教育機関の限界がプッシュ要因と整理することができる。

2. 受け入れ機関としての弘文学院

　留学生に対する日本側、特に神保町のプル要因としては、法律学校をはじめとする専門学校、私立学校の集中立地があげられる。これらの既存の諸学校を基盤として、次に、日本側の留学生受け入れ体制の整備が重要であった。

　1896（明治29）年に当時の外務大臣兼文部大臣の西園寺公望は清国公使・裕庚から「日本への留学生を公使館で要請したが今度は日本人に依頼したい」という相談を受け、当時高等師範学校長であった嘉納治五郎に「何か良い方法を講じるよう」依頼した。この要請を受け、嘉納は同年6月に私塾を開設した。開設では、嘉納が中心になったものの、実際の運営には、当時高等師範学校教授であった本田増次郎が監督となり、日本語、日本語文法及び普通科の教授をはじめた。同機関が清国留学生受け入れの始点となった。

　この亦楽書院を発展的に解消したのが、1902（明治35）年4月10日に開設された「弘文学院〔後に宏文と改称〕」である。同学院に関しては、後述する東亜高等予備学校の創立者でもあり、校長を務めた松本亀次郎の著作（『中華留学生教育小史』）、前述の阿部洋と阿部兼也の研究、さらには魯迅研究者である北岡正子による周樹人〔後の魯迅〕の留学時期に関する秀逸な研究が存在する。ここでは松本と北岡の研究を用いながら、始点としての弘文学院（松本の記述では宏文学院）について、その基本的な情報を整理しておこう。

　弘文学院は、清国留学生に3年間の日本語教育と日本語による普通教育を教授するために設けられた教育機関である。大きくは日本語による正課学級と、通訳がついて授業がおこなわれる専門分野の「速成科」と呼ばれた別科学級に大別された。正課学級における普通教育とは、弘文学院を修了後、日本の高等学校や大学の試験を受けるための予備教育であり、その内容は地理歴史、数学、理科などの他、1年次には修身、体育などが置かれていた。また、第2学年以降、随意科目としての英語も置かれていた。

二　留学政策の変化と留学生の変遷

1．概観：5つの時期

　弘文学院の創設から日中戦争前後までの神田神保町「中華街」の変遷は既存研究を基に、表1に示したように、大きく5つの時期に分けることができる。すなわち、留学生派遣の契機となった日清戦争の勃発から下関条約締結までを事前期、1896年（明治29）から1902（明治35）年までを清国留学生の

表1　神田神保町「中華街」関連年表

事前期	1894（明治27）年	日清戦争の勃発
	1895（明治28）年	下関条約締結
黎明期	1896（明治29）年	13人の清国留学生の来日
	1898（明治31）年	京師（ケイシ）大学堂創設
	1899（明治32）年	勅令352号「条約もしくは慣行により居住の自由を有せざる外国人の居住及び営業に関する件」→外国人の内地雑居が認められる 鄭余生、開業（後の「維新號」）、（神田今川小路〔現在神保町3丁目〕）
	1902（明治35）年	嘉納治五郎、中国人留学生受け入れのための弘文学院創設 清国留学生会館の開設（神田駿河台鈴木町18番地）
第1次ブーム期	1905（明治38）年	日本政府、「清国留学生取締規則」発布
	1906（明治39）年	清国政府、「日本留学への選抜に関する制限弁法」制定
低迷期	1907（明治40）年	中華青年会館（中華留日基督教青年会館／1912年に北神保町10番地へ移転）
	1911（明治44）年	辛亥革命勃発 漢陽楼、創業
	1913（大正2）年	2月20日、神田の大火→北神保町、南神保町の一部を除いて古書店が消滅。併せて、大学、専門学校などが全焼
第2次ブーム期	1914（大正3）年	松本亀次郎、東亜高等予備学校を創設
	1917（大正6）年	周恩来、日本へ留学。東亜高等予備学校にて日本語を学ぶ
	1918（大正7）年	周恩来、帰国（8月12日） 日本政府、日華学会設置（神田区西神田2丁目2番地）

〔出所〕主な既存研究に基づき、筆者作成。

黎明期、1903（明治36）年から1906（明治39）年までを第1次ブーム期、1907（明治40）年から1913（大正2）年までを低迷期、1914（大正3）年からの第2次ブーム期と5つの時期に区分してみることができる。

2. 黎明期から第1次ブーム期まで

1902（明治35）年の弘文学院の設立により、清国からの留学生受け入れの基盤がまずできあがった。その後1904（明治37）年には法政大学と明治大学（ただし後述するように明治大学とは別法人）、翌1905（明治38）年には早稲田大学清国留学生部、と学生受け入れの教育機関が急増することで、1つのピークを迎える。この2つの時期を整理してみよう。なお本項の記述は、さねとう、北岡、鹿島などの既存研究に多くをおっている。

プッシュ要因としては清国政府の留学生派遣政策に加え、官吏登用である科挙制度の変更・廃止があげられる。1901年に「実学の講求」のためとして、清朝政府は「4年後に」科挙制度廃止を命ずる論旨を出した。最終的には、1905年に官僚を登用する科挙制度が廃止された[25]。四書五経を暗記して、その知識を一定の定式に基づいて、その時々の政策に活かすことを主眼としていた科挙試験から、西洋の新たな知識を問う試験への転換を図ろうとした。この廃止に伴い導入されたのが、海外留学に伴う、学士、修士、博士などの学位を従来の科挙試験合格資格に当てはめるシステムである[26]。その結果、物理的に近距離であり、経済的にも欧米と比較して安価で、何よりも「漢字」文化圏である日本への留学と、学位取得を目指す留学生が増加した。

他方、プル要因としての日本側の変化は、弘文学院をはじめ、留学生を受け入れる教育機関が設立されたことがあげられる。今回の作業で確認できたものが予備教育機関を含め、表2に示したとおり17機関を数える。この表からきわめて短期間のうちに数多くの教育機関が設立もしくは留学生を受け入れたことがわかる。初期の代表的なものを年代順にあげてみると、陸軍士

表2 初期留学生受

	教育機関名	設立年	教育課程（設立時）
1	成城学校・留学生部	1898 年	修業年限 1 年半
2	東京同文書院	1901 年	修業年限 2 年（後に 3 年）の予備教育。一般予備機関
3	弘文（宏文）学院注	1902 年	普通科：修業年限 3 年、速成科：同 1 年、速成師及び速成警務科：修業年限 1 年、8 ヶ月、6 ヶ月
4	振武学校	1903 年 9 月	速成科（1 年 3 ヶ月、後に 3 年に）
5	法政大学	1904 年 5 月	速成科（修業年限 1 年、後に 1 年半）、1907 年 9 国留学生普通科
6	経緯学堂	1904 年 9 月	普通科（修業年限 2 年）、高等科（同 1 年）、速成業年限数ヶ月から 1 年：師範科、警務科、商業科
7	鉄道予備学校	1904 年（東亜鉄道学校と 1906 年に改称）	予科 1 年、本科 3 年
8	東亜女学校・中国女子留学生速成師範学堂	1905 年 3 月	本科 2 年、音楽専修科半年、遊戯体操専科半年
9	東斌学堂	1905 年 5 月	予科、本科（兵学科）各 1 年半
10	早稲田大学 清国留学生部	1905 年 9 月	師範科、政法理財科、商科（予科 1 年、本科 2 年制）
11	実践女学校	1905 年	清国女子速成科（師範科：修業年限 1 年または 2 工芸速成成果（同 1 年）
12	高等警部学堂	1905 年 9 月	警察普通科（後に予科 1 年、警察本科、憲兵本設、ともに修業年限 1 年）
13	東京警監学校	1906 年 2 月	速成科警察科、監獄科（1 年）本科（2 年）研究科
14	日清高等教育部	1906 年 7 月	速成科（修業年限 8 ヶ月：理科、師範、警務、法
15	成女学校・師範女学生部	1906 年 11 月	師範速成科
16	志成学校	1907 年 4 月	
17	湖北鉄道学校	1906 年 6 月（私立湖北鉄路学堂）	鉄路科（修業年限 1 年）

（注）1906 年より「宏」文学院と改称。
〔出所〕阿部洋、松本などの既存研究に加え、教育課程、所在地については、集文館編輯部編、東京市（明治

官学校の予備校であった成城学校が 1898（明治 31）年に、新たに留学部を開設し、前述した軍人対象ではなく、中国人留学生の教育を行うようになった。また同じ年に高楠順次郎による日華学堂、また犬養毅を校長とする高等大同学校が設立された。翌年には嘉納治五郎の私塾・亦楽書院、さらに 1901 年には東亜同文会の東京同文書院が設立された。他方嘉納は 1902 年亦楽書院を発展・改称させ弘文学院とした。また、軍事教育関係では陸軍が留学生のために設けた陸軍士官学校、陸軍戸山学校の準備学校としての振武学

第3章　中国人留学生と神田神保町「中華街」の形成と特徴——明治末期を中心に——

育機関（設立年順）

運営母体	所在地（★は現在の千代田区内）
	★ 牛込区原町
同文会	★ 神田錦町3丁目18番地（東京電機学校内）には1902年から1904年まで。1905年に落合村に移転
	牛込西五軒町
本部直轄	牛込河田町
大学に敷設	★ 麹町区富士見町6丁目16番地
大学の別法人	★ 神田三崎町
	小石川茗荷谷
女学校	★ 神田雉子町／三崎町3-1
	芝公園
日大学	
女学校	1906年2月清国留学生部を渋谷の本校内に移転
	★ 神田雉子町
	谷中真島町
大学が経営	
学園	牛込区富久町
大学	築地の立教大学敷地内
	★ 神田三崎町から神田猿楽町東京中学校へ移転

『…事史』及び各大学史などを基に筆者作成。

校（1903〔明治36〕年）、同じ年に寺尾亨が私費留学生の軍事教育のために作った東清学堂などがあげられる。[29]

　さらに、留学生を大規模に受け入れることになったのが、私立大学の受け入れであった。1904（明治37）年、05（明治38）年以降、私立大学大手が中国人留学生教育に参入したことがあげられる。特に、現在の千代田区（当時の神田区・麹町区）では、法政大学（1898〔明治31〕年11月に神田柳原から麹町富士見町6丁目16番地に移転）が1904（明治37）年に5月に1年間で修了する

149

速成科（清国留学生法政速成科）を設置して、留学生受け入れに着手した。また明治大学は同じ年の9月には中国及び韓国からの留学生を教育する学校として、他の大学と異なり、別法人として私立経緯学堂を設立した。その理由は実際には「入学者の予想が困難であり、付属機関とした場合の経営上のリスクを考慮したため」とされる。2年間の普通科と1年間の高等科という2本立てで、留学生を受け入れた。しかし、実際には多くの留学生が集まり、師範科、警務科、商業科などの速成科も増設した。

さらに早稲田大学清国留学生部も誕生するなど、私立大学がその受け皿として、受け入れ機能を拡大した。この結果、留学生の数は急増することになった。留学生数に関しては、次節で検討する。

教育機関が増加しただけでは、短期間の急速な留学生の増加にはつながらない。清国留学生にとって大きなプル要因になったのは、速成科の存在であった。速成科とは通訳（中国語）をつけて行われる授業で、日本人教員が獲得した西洋文明を「速成」的に習得することを目的としていた。なかでも法政大学は、梅謙次郎総理（当時）が清国人留学生の懇願を受け入れ、清国公使・楊枢の賛同を得て、1904（明治37）年5月7日に修業年限1年、1年を2学期に分けた速成科（法律部と政治部の2部）を開設した。しかし、その後、1年ではあまりに短いので、半年あまり後の1904（明治37）年11月には1年半に延長された。

法政大学が速成科を開設して、清国留学生を積極的に受け入れたのは梅総理の考えと背景としての財政問題があったとされる。まず、梅総理は修業年限1年ないし、1年半の無理はよく知っているが、かつて日本政府が司法官の不足を補う目的で司法省法学校の正則課程の他に、2年ないし3年の変則的な別科を設けて、司法官の速成を図って成功した例があるように、清国の諸改革の急務に応えるには、法律、政治に関する教育の速成もやむを得ない、と考えていた。他方、法政大学は速成科を創設する以前の段階で、財政問題に直面して、様々な改革を行っていたが、その1つの方策として、速成

第3章　中国人留学生と神田神保町「中華街」の形成と特徴—明治末期を中心に—

表3　教育機関別留学生数とその所在地（1907年）

	教育機関名	留学生数	所在地		教育機関名	留学生数	所在地
神田区	大学			牛込区	高等圭文美術女学校	19	牛込区河田町9
	明治大学	454	神田区南甲賀町11		牛込区小計	1371	
	日本大学	109	神田区三崎町3丁目の1	麹町区	法政大学	1125	麹町区富士見町6の16
	中央大学	104	神田区錦2丁目2		女子学院	3	麹町上二番町33
	各種学校				海城中学校	1	麹町区霞ヶ関2の1
	経緯学堂	542	神田三崎町		麹町区小計	1129	
	研数学館	89	神田区猿楽町	下谷区	東京警監学校	213	谷中真島町
	正則英語学校	24	神田錦町3の2		岩倉鉄道学校	153	下谷区上車坂町57
	国民英学会	22	神田区錦町3-19		東京薬学校	8	下谷区上野桜木町31
	大成学堂	17	神田区三崎町1-11		下谷区小計	374	
	独逸語専修学校	5	西小川町1の2	芝区	慈恵医院医学専門学校	2	芝区愛宕町
	順天求合社	2	神田区中猿楽町4		東斌学堂	321	芝区芝公園
	東京学院	2	神田区中猿楽町		芝区小計	323	
	明治高等予備校	2	明治大学内（神田区駿河台）	小石川区	東京鉄道学校	165	小石川小日向茗荷谷町
	正則予備校	25	神田区錦町3-2		東洋大学	5	小石川区小石川原町27
	東京音楽院	12	神田区今川小路		独逸学協会中学校	1	小石川区小石川關口臺町
	女子音学校	4	神田錦三丁目11		小石川区小計	171	
	東洋女芸学校	4	神田仲猿楽町15	京橋区	工手学校	18	京橋区築地南小田原町4-8
	共立女子職業学校	4	神田一ツ橋通町22	他地域	早稲田大学	820	豊多摩郡戸塚村
	神田区小計	1421			東京同文書院	145	落合村
牛込区	宏文学院	911	牛込区四五軒34町		同仁医薬学校	35	早稲田大学の一角
	振武学校	286	牛込区市ヶ谷河田町33		日本体育会体操学校	80	荏原郡大井町
	成城学校・留学生部	110	牛込区原町		実践女学校	47	豊多摩郡渋谷村
	東京物理学校	45	牛込区神楽坂2丁目		東京高等農学校	7	府下渋谷村
					東京鉄道学堂	64	不明
					総計	6030	

(注1) 教育機関名ならびに学生数に関しては、二見剛史・佐藤尚子「付・中国人日本留学史関係統計」(『国立教育研究所紀要』第94集〔1978年3月〕104頁)。
(注2) 所在地は1907 (明治40) 年に東京市が編纂した『東京案内』の記載に基づく。同書によれば、資料は「多くは、明治29年12月末時点の資料に基づき、事情あるものは、その前後で明治40年3月までの調査」に基づいている。一部、確認できなかったものは『東京遊学案内』ならびに『東京百事便』による。

科による留学生の獲得があった。事実1903（明治36）年まで収支ベースでは損金を出したが、1904（明治37）年を境にして次第に収益が改善されている(34)（同大の財政問題と留学生の受け入れに関しては、後述する）。

さらに、大学以外の様々な教育機関が留学生の受け皿になった。表3は1907年の時点で清国留学生が在籍した東京にあった公立及び私立学校名とその学生数について、その所在地をもとに整理したものである。区別に見ると神田区に3大学14各種学校があり、留学生全体の約4分の1に当たる1421名が在籍していた。これらの教育機関の中には、設立間もないことから適切な施設・校地を求めて移転する場合も見られるが、神田三崎町、雉子町（現在の神田小川町1丁目から須田町1丁目にかかる地域）などに集まっていたことがわかる。ほぼ同じ規模の在籍者数に達しているのが牛込区であった。この2つの区の学生で全体のほぼ半分に達する。また、神田区に隣接する麹町区の教育機関にも1129名在籍しており、神田神保町と隣接している点を考えると、同地区は神田区と麹町区の留学生の中間的な空間に位置したといえるだろう。

こうした急増する留学生のための最初の留学生会館として、1902（明治35）年に清国留学生会館が、駿河台鈴木町（現在の神田駿河台2丁目）に清国公使管理下に設立された。この中には各省の同郷会、各種の学会、書籍、雑誌の発行所などが集まっていた(35)。

3. 低迷期　1907年から1913年

清国からの留学生は、速成科の開設を大きな要因として、このように急速に増加したものの、短期間で急速に減少していった。この「低迷」をもっとも象徴するのは1909年（明治42）年に宏文学院の閉校と、さらに東洋大学清国留学生速成教育機関の一連の動きである。前者は最盛期1905年には1500名を超す学生が在籍したが(36)、徐々に減少し、ついには閉校を余儀なく

された。

　1906（明治39）年のピークから1909（明治42）年の大幅な減少が短期間で生じたことには2つの理由が存在する。1つめの理由は、1905（明治38）年11月の「清国人ヲ入学セシムル公私立学校ニ関スル規程」（以下、「清国留学生取締規則」と記述）の制定公布とそれに対する留学生の抗議運動である。もう1つの理由が1906年に清国政府が日本留学政策を大きく転換したことである。ともに多くの既存研究で触れられているので、ここでは要点のみ整理しておこう。

　第1点目については、留学生の政治的急進化（反清朝）を恐れた清国政府からの強い要求により、日本政府が清国留学生の政治活動を取り締まることを本来の目的とする「清国留学生取締規則」（全15条）を1905年11月2日に制定公布したことがあげられる。[37]

　この「清国留学生取締規則」の制定は、留学生が「救国」のために日本国内での政治活動を活発化させた結果、日本が革命運動の一大根拠地の様相を呈したことを大きな背景にしている。この清国政府の方針導入の直接的な契機は、1903（明治36）年にロシアが義和団鎮圧の名目で「満洲」に出兵したことを受けて、このロシア軍に対して留学生が義勇軍（「拒俄義勇隊」俄はロシアを指す）を組織して、抗議行動を活発化させたことである。これを1つの大きな契機として清国政府が動いたのである。[38]

　「清国留学生取締規則」15条の中で留学生が問題視したのは、入学に際し駐日清国公使館の許可を必要とした第1条、留学生の受け入れ校に対し、寄宿舎や下宿などの校外生活の取り締まりを義務づけた第9条、「性行不良なるか為退校を命せられたる清国人」に対する規程第10条の3箇条であった。

　この規則に対する反対運動として、留学生たちは休校でその意思を示したり、実践女学校の留学生の中にはストライキ（同盟休校）に参加したりしたものもあった。[39] この運動が反対運動から留学生の一斉帰国運動へと転換するきっかけとなったのは、留学生・陳天華の投身自殺であった。この死が留学

生に大きなショックを与え、一斉帰国へとつながった。その後、帰国運動に反対する留学生の一部の動き、宏文学院など受け入れ機関での復学措置、孫文による留学生への指示、さらには日本政府内部での動きなどにより、翌1906年には事態が沈静化した。[40]

　第2点目は、この時期に清国政府がその留学生政策において、いわば「量的政策」から「質的政策」へと転換したことがあげられる。清国政府は留学生に対し、1904（明治37）年に「留学して、卒業した人に対する試験に関する規程」（『考験出洋畢業生章程』）を定め、登用を進めてきた。1906（明治39）年に行われた、第2回登用試験において、日本留学出身者が合格者32名の内、15名と多数を占めたものの、「優等」の2名を除いてはすべて中等の成績（＝「挙人出身」）しか収めることができなかった。最優秀等の比率において、欧米留学、特にアメリカ留学組に著しく劣っていた。[41] このため、清国政府内でも日本への留学、特に速成教育への派遣に対する批判が高まり、留学生の数から質への政策転換が図られた。1906（明治39）年2月には「日本留学への選抜に関する制限弁法」（『選送留日学生制限弁法』）を定め（1）留学資格の制限：高等、専門学校に入学する場合には、必ず中学校卒業以上で、かつ留学先の言語に習熟すること（2）速成留学生の派遣は原則廃止、速成科

表4　1906年以降の主要大学などの留学生受け入れ制度の変更

	設立時の教育課程	1906年以降の課程変更
弘文（宏文）学院	普通科（修業年限3年）、速成科（同1年）、速成師範科及び速成警務科（修業年限1年、8ヶ月、6ヶ月）	1906年：速成科の全面廃止、普通科及び期間を延長
法政大学	速成科（修業年限1年、後に1年半）	1907年9月：速成科廃止、修業年限3年の普通科の設置、ここを経て専門科への進学
経緯学堂	普通科（修業年限2年）、高等科（同1年）、速成科（修業年限数ヶ月から1年：師範科、警務科、商業科）	1907年：速成科の全面廃止、普通科及び師範科（就業年限3年）、警務科（予科1年、本科1～2年）
早稲田大学清国留学生部	師範科、政法理財科、商科（予科1年、本科2年の3年制）	1907年9月：留学生部を改組、普通科3年及び有給師範科3年

〔出所〕各大学の大学史から筆者作成。

に入学する場合には、法政科及び師範科のみとするなどが定められ、さらに1907（明治40）年、08（明治41）年に制限を加えた。

こうした動きに対し、受け入れ機関である日本の教育機関は、1906年から翌年にかけて速成科の全面廃止、修業年限の延長など留学教育の充実整備に着手した。主要な教育機関における、教育課程の変化を整理したものが表4である。いずれも速成科を廃し、普通科、予科などを設置している。

加えて、1907（明治40）年8月には清朝政府と日本政府の間で、いわゆる「五校特約」が結ばれた。この協定では、今後15年間に官立の高等専門学校5校に、清国政府の経費負担によって、毎年165人の留学生を受け入れ、文部省直轄学校における受け入れ態勢の整備拡充が図られた。この制度は、1908（明治41）年にはまず2校、1909（明治42）年には残り3校と拡大していった。(42)

これらの政策転換により、短期間で留学生数が急速に減少した。そこにいわばとどめを刺したのが1911（明治44）年に勃発した辛亥革命である。この革命により、日本国内に残っていたほとんどの留学生が帰国した。(43)主要な私立大学の留学生も大幅に減少するなど、大きな打撃を受けた。

こうした大幅な外部環境の変化に対し、各大学も新たな方針と制度変更を行っている。もっとも留学生の受け入れに積極的であった法政大学は、元々は漢文の月刊雑誌『東洋』の刊行に加え、留学生の生活基盤の整備ともいうべき寄宿舎を設けるなど手厚い受入れ体制を取っていた。しかし、急速な環境変化の結果、表4に示したとおり、速成科を廃止し、普通科を設置したほか、同雑誌は9号のみ刊行しただけで、廃刊され、寄宿舎も1907（明治40）年9月に閉鎖している。(44)他方、政策転換によって、いわば翻弄されるような結果になったのが、東洋大学が設置した日清高等学部である。留学ブーム期に開設、清国の政策転換を受け、ほんのわずかな年限のみに終わった。

東洋大学は、第1次留学生ブーム期末期の1906年（明治39）年7月に日清高等学部を設置して速成教育を始めた。これは哲学館大学（申請時の名称、

155

1906年6月東洋大学と改称）の別科として設置されたもので、最終的に同年7月速成科（師範科、理科博物数学科、法政理財科、警務科）で授業が開始されている。翌年1907（明治40）年2月には283名が卒業するなど、いったんは順調に展開した。また、清国の政策転換を受け、同年9月には高等師範科、高等法政科及び予科の授業が開始されたものの、急速な状況変化を受け、同じ年の12月には「最後」の卒業式が行われ、これをもって「最初でかつ最後の卒業生を出すとともに日清高等学部は閉鎖されたものと考えられる[45]」。

また、一部成城学校、東京同文書院などは、これら特約校の予備教育を施す役割を担うなど、その役割が変化した。

4. 第2次ブーム期と神田神保町

しかし、1914（大正3）年からは、第2次留学生ブームとも位置づけられる事態が生じた。この背景として2つのプッシュ要因が指摘できる。第1は、革命後、中華民国が成立した2年目の1913年（大正2）年、新政府が再び海外の知識や技術を習得・受容するために、学生を日本や欧米諸国に送り出すことにしたことである。松本によれば、「一時ほとんど皆無に帰して居った留学生の数が再び激増の勢いを示してきたのである。一時は600名以上に上った[46]」。もう一つは、袁世凱によって、孫文の第2次革命が鎮圧され、留学生が再び日本に押し出されてきたことがあげられる。

受け入れ態勢として、まず、松下大三郎（宏文学院教授）が創設した日華学院（裏猿楽町八番地数理学館に間借り）が開設され[47]、ついで、第2次革命後日本に亡命した革命勢力を受け入れるために1914（大正3）年2月に政法学校が設立された[48]ことがあげられる。この他にも東京同文書院や成城学校中華学生部が授業を再開するなどの受入れ準備が整う動きもあったが[49]、もっとも中心的な役割を果たしたのは、松本亀次郎が設立者兼校長となった「日華同人共立東亜高等予備学校」と日華学会である[50]。

第3章　中国人留学生と神田神保町「中華街」の形成と特徴―明治末期を中心に―

表5　日華同人共立東亜高等予備学校のあゆみ

1914（大正3）年1月	校舎を神田区中猿楽町5番地に新築。
1914（大正3）年12月25日	東京都より設置認可。
1917（大正6）年10月	周恩来、東亜高等予備学校入学。
1918（大正7）年5月	日華学会発足。
1920（大正9）年3月25日	財団法人設置認可。
1923（大正12）年9月1日	関東大震災により焼失。
1923（大正12）年10月5日	仮校舎にて、授業再開。
1924（大正13）年7月20日	新校舎落成。
1925（大正14）年4月12日	日華学会に事業を譲渡、財団法人は解散。
1925（大正14）年5月25日	財団法人東亜高等予備学校学会設立許可。学校名は「東亜高等予備学校」と改称。

〔出所〕松本をもとに、二見、武田などの資料を参照して筆者作成。

　「日華同人共立東亜高等予備学校」は表5に示したように、1925（大正14）年に日華学会のもとで、「東亜高等予備学校」と改称され、最終的には1945（昭和20）年まで存続した予備教育機関である。この学校が、再び神田神保町に留学生が集まる、いわばプル要因となる。創設の中心人物である松本亀次郎（1866年～1945年）は12年間静岡高等小学校ならびに、静岡、三重県及び佐賀県の師範学校で教員として勤務の後に、留学生教育に深く関与し、大きな功績を残した。37歳（1903〔明治36〕年）の時点で嘉納治五郎の招聘を受け、弘文学院で中国人留学生向けの日本語教師となる。1908（明治41）年には北京の京師法政大学堂に日本語「教習」として招かれ、4年間にわたり教壇に立ち1912（大正元）年に帰国し、いったんは府立一中に勤務したものの、再度留学生教育に着手した。この間に松本が編纂した日本語教科書が有名になり、その松本が中心となった教育機関であったことが、中国人留学生を同校に集める大きな要因ともなった。

　彼を中心とした留学生向け教育の展開と神田神保町の中の動きを追ってみよう。当初は日本大学の教室（神田区三崎町3丁目1番地）の一部を借り、さらに同じ町内にある東洋商業（神田区三崎町1丁目）、付属の大成学園（神田区三崎町1丁目1番地）の教室と現在の水道橋から神保町にかけての地域で展開し、最終的に1914（大正3）年3月に神田区中猿楽町5番地に「日華同人共

立東亜高等予備学校」を開設した（私立学校設置規則に基づく認可は1914〔大正3〕年12月25日）。

他方、日華学会は1918年（大正7）年5月に「留学生同情会」を母体にして、設立された。留学生同情会は辛亥革命勃発に伴い、帰国費用が不足した留学生に対し、日本の実業家の寄付による基金をもとに旅費を貸費することを目的として設立された組織である。中華民国成立後、同国政府からその資金が返還され、その資金をもとに新たに財団法人を設立、法人格を1921年6月に得た。日華学会の事務所は神田区仲猿楽町15番地に置かれ、建物内には集会所や宿泊所も設けられた。このほかに同会の大きな役割は、留学生に大学など進学先の紹介斡旋や、留学中の体育施設や図書の閲覧などの留学生支援活動であった。

この結果、神田神保町に学びの場としての東亜高等予備学校と留学生支援機関としての日華学会という2つの大きな拠点が出来上がり、再び留学生活動の中心地となっていった。

この2つの機関は、さらに日華学会が1925（大正14）年4月に「日華同人共立東亜高等予備学校」の資産負債・事業の全部を「引き継ぐ」形で経営者の申請変更が同年5月に認可された。

三　神田神保町「中華街」

1. 概観

本論に入る前に、日本への中国人留学の代表的な研究書の1つである實藤惠秀の『中国人日本留学史稿』から留学生の状況、特に神田の町での生活や経済活動に関して見ておこう。特に本小論で言う第1次ピーク期の状況は「中國人街」と独立の小見出しを立て、記述されている貴重な部分なので、やや長文であるが、「どこまで明らかになっているのか」を示すために引用

しておきたい。

中國人街
　中國の留東學生は大部分東京に集り而して東京では神田（特に錦町、神保町、猿樂町、小川町、三崎町）が中心であり、これに次ぐのは本鄉と麴町、降つては牛込、赤坂、四谷、などであつた。小石川にも宏文學院等の關係上少くなかつた。
　中國留學生の中心地神田は、まことに中國街の觀があ（引用者補う）つた。その駿河臺鈴木町には留學生の總本部ともいふべき清國留學生會館（別名支那留學生會館、後に中國留學生會館）があつて、その中には各省の同鄉會や、各種の學會、書籍、雜誌、の發行所が集つてゐた。中國人相手の書店には、南神保町の今古圖書局、裏神保町の中國書林、小川町の大華書局、同町の啓文書局、等があつた。（中略）
　それどころではない、神田には中國人專門の當舗（質屋）まで出來てゐた。そのあたりの煙草屋の娘は中國語の片言でも習はないではをれなかつた。神田の街々では清國留學生が列を成して、ぞろぞろと歩きまはつてゐた。(54)

2. 留学生―人数と属性―

　清末の日本への留学生数に関しては、いくつかの資料が散見され、また研究者、研究機関の推論はあるものの、一致するまでには至っていない。
　留学生に関する初期研究の代表的な成果である實藤は、1906（明治39）年には「1万人、あるいは2万と推定しているものもあるが、8600余名というのが実数ではないかと考えている」と述べ、1905（明治38）年から翌年までを最盛期として位置づけている。(55)
　この点について、さらに別資料でみると、明治大学百年史編纂委員会が編

集した『明治大学百年史』の中では、「明治39年に主要7校〈宏文学院、法政大学、早稲田大学、経緯学堂、振武学校、警監学校、東洋大学〉で7430名を数えた」としている。この学生数には主要7校に含まれない成城学校（留学生部が1898〔明治31〕年に創設）や実践女学校などがあり、これらを加えると、ほぼ實藤の推測と同様の水準になる。

その後、国立教育研究所グループが外務省記録文書『在本邦支那留学生関係雑纂第1陸軍軍生・軍外の部』に収められた「支那留学生収容学校数並員数調」の統計に基づき、研究を行っている。表3はその一部であるが、この統計では、明治末から大正末にかけて、1906年に最大人数7283名とされる（表3参照）。

他方、周は研究の中で李喜所の『近代中国的留学生』の研究から表6に示したデータを既存研究の成果の1つとして紹介し、最大時1906年に1万2000人と推定している。

これらの既存研究から、人数にふり幅はあるものの、いずれも1906年を1つの大きなピークとして位置づけていることがわかる。

さて、この「7000人以上〜1万2000人」という人数の意味を少し読み解いてみよう。まず、戦後直後に行われた日本国内の華僑研究である内田直作の研究と照合すると、1905年時点で日本全国に1万388人の留日華僑人口がいたことが統計で確認されるので、留日華僑に匹敵する水準の留学生が滞在していることになる。また、これらの学生がすべて現在の千代田区界隈に居住していたわけではないが、1906年当時麹町区の人口は7万6273人、神田区が15万2843人となっており、神田区の約5％から8％にあたる1割弱の規模の水準になる。本節の冒頭で紹介した「中国人街」の記述が数量的にも裏付けられる。

表6 中国からの留学生数の推移

	人数		人数
1896 年	14	1905 年	8,000
1898 年	61	1906 年	12,000
1901 年	274	1907 年	10,000
1902 年	608	1909 年	3,000
1903 年	1,300	1912 年	1,400
1904 年	2,400		

〔注〕1896 年の人数を出所、原出所では 13 人としてあるが、本論文との整合性で 1 人を加えて 14 人とした。
〔出所〕周一川(2000)43 頁。
〔原出所〕李喜所『近代中国的留学生』(北京、人民出版、1987 年)126-127 頁。

　次に留学生の属性を見ておこう。今日的には、留学生という言葉の響きは「若年層」をすぐに想起させるが、実際には、その年齢構成は多様であった。實藤の記述を引用する。

　　今や留学生は男子のみならず纏足のため歩行困難なる女子もあり、老人もあり、子供もある。彼らは下は小学より大学までの各種教育を受けに来たのであるから、父子、夫婦、手に手をとって東渡し、来るものも相当あった模様である。

　性別から見れば、圧倒的に男性が多かった。他方、数少ない女性留学生についても、男性と同様にきわめて多様であったことがわかる。
　別資料で、この「多様性」について補足しておきたい。神田区に立地していたわけではないが、清国からの女子留学生受け入れに重要な役割を果たした実践女子大学の記録から初期の留学生の年齢の多様性を見ておこう。実践女学校(当時)は、1902(明治35)年に 4 名の留学生が入学を希望してきたことに対応するために、特別に清国女子速成科を設けた。さらに、1904(明治37)年 11 月には湖南省から 20 名の女子師範生の留学生を受け入れることになった。この 20 名を受け入れた舎監の記録を引用してみたい。

まず第1に、私共が吃驚仰天したのは、この20名の新留学生の年齢の
差であった。一番の年少者がまだ14歳の少女だのに、一番の年上は、
53歳のお母さまなのである。

と、その年齢構成の幅に触れている。
　その上で、その年齢幅がいかに受け入れた側にとって苦労の種であったか
を続けて述べている。

　年齢の差は、直ちにその人の経験の差でもあり、思想の差ともなり、身
　体の状態の違ひもあり、また学力の相違ともなる。しかもこの中には、
　実際の母子もあり、姉妹もあり、また叔母姪もいるといふ有様で、これ
　を一様に教育するというのは並大抵のことではない。

　次に、留学生の出身地の状況を見ておこう。第1弾として1896（明治29）
年に日本へ留学してきた学生は14名である。年齢は18歳から31歳の多岐
にわたるだけでなく、出身地も湖北省を中心に、安徽省、江西省、四川省と
多岐にわたる。そのうち、3年の課程を無事に修了して、1900年（明治33年）

表7　宏文学院普通科入学者出身省別人数と比率（1906年）

東北	1	0.8%	華中	51	41.8%
奉天省	1		湖北省	26	
華北	6	4.9%	湖南省	23	
直隷省	6		河南省	2	
華東	67	54.9%	華南	13	10.6%
江蘇省	11		広東省	6	
浙江省	15		広西省	7	
安徽省	7		西南	3	2.5%
江西省	11		四川省	3	
福建省	12		合計	122	100%
山東省	11				

〔出所〕蔭山雅博「宏文学院における中国人留学生教育の展開」154頁。斉藤秋男編『教育のなか
の民族　日本と中国』（明石書店、1988年）所収。

4月17日に行われた卒業式で証書を授けられたのは7名のみであった。[63]

次に、1899年（明治32）年に亦楽書院に新たにやってきた留学生の出身地は、従来の湖北・湖南省以外から、直隷（現在河北省の一部）、広東、南京、雲南、貴州、甘粛などと多様化した。[64]

さらに宏文学院の学生状況を見ると、表7に示したとおりで、現在の区割りで見ると華東地区が過半数を超しているものの、これはこの地区に分類される省が非常に多いことに起因するのであって、湖北省、湖南省出身者が群を抜いていることがわかる。2つの省のみで約4割に達する。しかし、より重要な点は全国に及んでいることである。同じ清国とはいえ、広大な国土から多様な出身者が留学していたことを強調しておこう。

最後に、1907（明治40）年に締結された「五校特約」以降では、165名の留学生を各省に振り分けたことから（9名毎、もしくは6名毎）、中国全土から留学生が送り込まれてきたことを指摘しておく。

3. 神田の町の形成の特徴とチャイナタウンの成立

神田神保町「中華街」形成の最大の成立条件は、前述したとおり、神保町を含む神田区及び隣接する麹町区（両区を合わせると現在の千代田区）に私立大学を中心に各種専門学校が集中していたというものである。そのことが表3に示したように1907（明治40）年の段階で留学生が在籍する教育機関が圧倒的に神田区に存在し、次いで麹町区という結果につながった。いわば、神田神保町「中華街」の前に、「学生の町神田」ありき、というのが成立の初期環境となっていたといえよう。

まずその初期環境である神田区・麹町区への教育機関の集中状況を見ておこう。神田区に官立学校、官立専門学校、そして私立の専門学校が段階的に集中してきた。その背景には、もともとこの地域（特に駿河台を含む小川町低地）の地勢上の特徴がある。この地は冬場に強い風（上州からのいわゆる「空っ

表8 神田区、麹町区における学校種類別学校数の推移

	私立外国語学校数の推移				私立専門学校数の推移				私立各種学校数の推移		
	麹町区	神田区	東京府	全国	麹町区	神田区	東京府	全国	麹町区	神田区	東京府
1874（明治7）年	n.a.	4	n.a.	n.a.	n.a.	n.a.	n.a.	n.a.	n.a.	6	n.a.
1875（明治8）年	6	7	73	87	0	2	3	5	3	7	n.a.
1876（明治9）年	7	10	64	77	0	2	5	6	7	13	n.a.
1877（明治10）年	0	0	0	21	1	2	8	10	11	18	n.a.
1878（明治11）年	0	3	n.a.	n.a.	0	2	5	8	15	22	n.a.
1879（明治12）年	n.a.	n.a.	n.a.	n.a.	4	5	27	57	22	26	n.a.
1880（明治13）年	n.a.	n.a.	n.a.	n.a.	4	3	22	45	42	34	433
1881（明治14）年	n.a.	n.a.	n.a.	n.a.	n.a.	n.a.	n.a.	n.a.	86	43	461
1882（明治15）年	n.a.	n.a.	n.a.	n.a.	4	5	25	40	n.a.	n.a.	334
1883（明治16）年	n.a.	n.a.	n.a.	n.a.	3	7	26	35	n.a.	n.a.	371
1884（明治17）年	n.a.	n.a.	n.a.	n.a.	12	6	39	43	n.a.	n.a.	353

（注）n.a. は不明を意味する。
〔出所〕千代田区教育委員会『千代田区教育百年史』401-407頁の記述より筆者作成。

風」）が吹くために火事に見舞われると大きな被害を被ることから、江戸時代には防火用空き地として利用されていた。明治期になり、その空き地を利用する形で官立の大学が集中して建てられた[65]。具体的には、1872（明治5）年の学制の発布により官立学校（開成学校、東京医学校、明法寮）が、また1873（明治6）年に公布された「学制二編追加」によって、官立の専門学校、

表9 千代田区における分野別専門学校開設数

	法律	医学	商業	数学	測量学	理学	薬剤学	合計
1873（明治6）年	1	1	0	0	0	0	0	2
1874（明治7）年	0	0	0	0	0	0	0	0
1875（明治8）年	0	0	0	0	0	0	0	0
1876（明治9）年	0	2	0	0	0	0	0	2
1877（明治10）年	1	0	0	0	0	0	0	1
1878（明治11）年	0	2	0	0	0	0	0	2
1879（明治12）年	0	3	3	1	0	0	0	7
1880（明治13）年	4	0	0	0	1	0	0	5
1881（明治14）年	0	1	0	0	0	0	0	1
1882（明治15）年	3	1	0	1	0	1	0	6
1883（明治16）年	1	0	0	1	0	0	1	3
	10	10	3	7	1	1	1	33

〔出所〕前掲千代田区教育委員会422-426頁の記述から筆者作成。

そして官立の専門学校に入るために必要な語学養成のための外国語専門学校などが作られていった。[66]

明治政府のもとでの教育制度の整備は、1879（明治12）年公布の「第1次教育令」の第2条で「学校は小学校、中学校、大学校、師範学校、専門学校、その他各種学校とす」とされ、翌年12月に交付の「第2次教育令」第2条では、第1次教育令の分類に加え、農学校、商業学校、職工学校、その他の各種学校とす」と細分化された。表8に示したように、まず外国語学校が、1875（明治8）年から翌年にかけて、他機関に先駆け多数開設された。次いで、法律と医療分野を中心に専門学校が設立された。そして最後に「公教育制度上明確に位置づけられた学校以外の学校」としての各種学校が開設された。千代田区の状況を整理したものが表9である。

なお先に触れた第1次教育令には「外国語学校」に関する規定はなく、1876（明治9）年をピークに私立中学校に組み入れられる形で姿を消していく。専門学校は1879（明治12）年をピークにして増加し、かつ東京に集中していることがわかる。なかでも1880年代に入ると表8に示したように、私立の専門学校が、特に安い学費で西欧の新知識が学ぶことができる教育機関として、多数設立された。

このように私立学校が官立学校を補完するような形で、この地に集中したことに関して、鈴木は、第1に近代化に伴う専門的知識や技術を持つ「人材の需要」が増加したことを背景として、第2に、官庁街というビジネス・センターに「隣接」するという立地に加え、第3の理由として、小川町低地および駿河台は一般の市民が居住するにはいささか不便であった—この地域は主に利根川の水運に頼っており、鉄道が敷設され関東地方・東北地方とつながったのは1890（明治23）年の秋葉原貨物駅の開設まで待たなければいけなかった—ことを指摘している。[67]こうして各種教育機関が現在の千代田区に集中し、第2段階として、これらの教育機関が、留学生の受け入れ機関となっていくことにより、小川町低地、駿河台が留学生の中心地の1つになってい

く素地が出来上がった。

　大学をはじめとする教育機関の集中は、千代田区＝「学生の街」という状況を生み出した。そのことが様々な局面で見えてくる。まず住空間である。東京府15区内における「下宿」の分布を示した表10は火災保険業界に身を置いた人物が、「火災保険業の発展のために基礎資料」として、明治末の東京の状況をまとめた報告書である[68]。

　これによれば、「警察に届け出がされたものに限られるが」、当時本郷区の下宿が東京全体の28％と群を抜いており、次いで神田区に2割弱（18.7％）とこの2区に集中している様子がわかる。神田区について見ると、人口規模、戸数ともに同規模になる深川区、さらにはやや大きい、下谷区、浅草区、本所区と比較すると、これら4区には下宿が最大でも全体の約2％しか存在しておらず、神田区への集中ぶりを明確に読み取ることができる。

　もちろん下宿の分布状況がそのまま、中国人留学生の神田区での居住を意味するものではない。1905年から1912年まで2度にわたり留学していた黄尊三の『三十年日記』を参考に、当時の下宿の状況を一部分再現してみよう。

　黄は1883年に湖南省で生まれ、1905年湖南省から日本に派遣された公費留学生で、弘文学院に入学、いわゆる「清国留学生取締規則」の一斉退学で一時帰国した。翌年再度来日し、早稲田大学の清国留学生部入学、高等予科まで進んだが、卒業することなく、1909（明治42）年9月明治大学法学部に入学、1912年に卒業し、帰国した。

　彼は下宿を再三にわたり移り、また早稲田方面にまで居住している[69]。黄の翻訳日記で判明した移動のなかで、再来日（1906年3月19日）後の動きを見ると、興味深い事実に気が付く。彼は日本に到着後、いったん同郷会に住み、神田にあった正則英語学校に入学・通学した。まず花月館（神保町10番地、1906年5月11日、100頁[70]）に住み、早稲田大学に入学したことから大学近くに移動し、「大学の裏手の光栄館」（豊玉郡戸塚村26番地、1907年8月31日、

134頁）に入居したことを皮切りに、その後、甲陽館（所在地不明、10月22日、138頁）→氷川館（小石川原町3番地、1908年7月5日、149頁）→小泉館（早稲田、1908年8月9日、154頁）→宮前館（鶴巻町5番地、1908年8月30日、162頁）→鶴館（所在地不明、同年9月10日、162頁）と早稲田大学界隈で転居を重ね、再度、小石川区金富町16番地（1909年6月29日、172頁）→牛込区（同年7月31日、179頁）→小石川区水道端町（現在の文京区内、同年8月1日、181頁）と3年と4カ月余りの間に9カ所の下宿を転居している。この間、大学が早稲田大学から明治大学へ変わった、(71)という事情もあるが、留学生が生活空間の確保に苦労していたことがわかる。彼の記述を引用すると、ある時は

（黄が借りた下宿のほかの）客で試験を受けようとしている人があるから、月琴をやめてくれという。そのときは大変に不愉快に思ったので、部屋探しに外出する。しかし、きれいで静かで僕の気に入ったところでは中国人を住まわせず、中国人を住まわせるところは、僕の気に入らない。

表10　1911年当時の麹町区・神田区の状況

	下宿（軒）		料理店	飲食店	小計		人口		世帯	
	軒数	比率	軒数	軒数	軒数	比率	人口	比率	戸数	比率
神田区	**316**	**18.7%**	**41**	**546**	**587**	**7.1%**	**168270**	**8.8%**	**39391**	**8.1%**
麹町区	115	6.8%	20	146	166	2.0%	54034	2.8%	11645	2.4%
日本橋区	39	2.3%	108	420	528	6.4%	128656	6.7%	20940	4.3%
京橋区	57	3.4%	57	501	558	6.7%	132161	6.9%	38373	7.9%
芝区	135	8.0%	73	622	695	8.4%	148325	7.8%	36897	7.6%
麻布区	12	0.7%	21	373	394	4.8%	78083	4.1%	20751	4.3%
赤坂区	33	2.0%	34	229	263	3.2%	51755	2.7%	12820	2.6%
四谷区	4	0.2%	24	136	160	1.9%	50523	2.6%	14066	2.9%
牛込区	255	15.1%	32	395	427	5.2%	117697	6.2%	34712	7.1%
小石川区	138	8.2%	20	548	568	6.9%	123560	6.5%	33896	6.9%
本郷区	477	28.2%	17	457	474	5.7%	111875	5.9%	28196	5.8%
下谷区	37	2.2%	22	658	680	8.2%	189799	10.0%	49045	10.0%
浅草区	12	0.7%	49	1015	1064	12.9%	206454	10.8%	58785	12.0%
本所区	20	1.2%	13	873	886	10.7%	176874	9.3%	47627	9.8%
深川区	39	2.3%	14	816	830	10.0%	168808	8.6%	40881	8.4%
	1689	100%	545	7735	8280	100%	1906874	100%	488025	100%

明治44年末時点。
〔出所〕恩田長蔵・半名亀次『火災保険業より見たる東京市』巌松堂書店、大正2年。

そのために探し当てることができず、がっかりして帰る。[72]

このように、居住空間の確保に苦労し、また日本人社会に対する落胆の様子がうかがえる。これらの記述から留学生は、神田のみならず、本郷や早稲田界隈にも移動して生活空間を確保しているものの、教育機関と下宿の集中は、神田区ならびにその周辺地域への居住を促したものと考えられる。黄は明治大学に入学した、1909年9月以降は同年12月25日には本郷湯島新町花街29番地の小泉屋に転居[73]、さらに1910年2月24日小川町に転居（211頁）、さらに同年11月30日神田甲賀町18番地今井館といわばより大学に近いところに移り住んでいることから、黄1人の事実であるにせよ、この地域に中国人留学生の居住を十分に推測させるものであろう。

留学生を受け入れる教育機関の集中、そして下宿という住環境という条件のみでは、中国人留学生が集まる条件は十分ではない。また、留学生の神田地区の増加のみでは、生活の場としての「中華街」形成には直接はつながらない。中国人が集う中心的な機能を果たしたものとしては、最初の留学生会館として、1902（明治35）年に清国留学生会館が、駿河台鈴木町（現在の神田駿河台2丁目）に清国公使管理下に設立されたことがあげられる[74]。黄の日記を見る限りでは、公費の留学生はこの会館で滞在費用を受け取っていた。また、この会館には前述した機能（本文152頁）の他、1階には売店兼事務室、ラウンジ、会議室があり、2階にいくつかの小部屋では日本語の補習などが行われた[75]。このほかにまた1912（大正1）年には中華留日基督教青年会館が神田神保町2丁目に移転し、専門の会館が建設された[76]。先ほどの黄も、日記の中で「駿河台の中国留学生会館に行き、『満洲最後の処分』を一冊買い」（4月27日）とその利用ぶりをうかがわせている。

さらに街の形成に大きくかかわるのは、住環境以外の生活環境であろう。黄の下宿の移動は必ずしも家主との関係や住環境の問題だけではなかったことが、日記の記載から読み取れる。光栄館から甲陽館へ移るに際し、「光栄

館の下宿人はすべて日本人学生であり、また料理は純粋の日本食で口には合わないので甲陽館に引っ越した」（10月22日）と述べている。

　この時期の中国からの留学生の生活状況に関して、既存研究が多く指摘しているのが食文化の違いである。同じく黄の日記には、来日直後の記述として、「夕食は汁と卵、飯も小さな箱に盛り切り、初めて食べてみると具合が悪い」（5月24日）。また、ある時は日本人の友人が浅草公園に活動写真を見に連れて行ってくれた後で「そのうえ日本料理を食べさせてくれた、断るわけにもいかないので、無理に刺身一切れを食べた」（1909年7月12日）と、留学期間が長くなってもなお、日本食や日本食の生食文化への嫌悪感がにじんでいる。それは、離日近くなっても変わった様子はなく、明治大学を卒業して帰国間際の時点においても、家主の妻に誘われた食事に対して、「僕は断るわけにもいかないのでついていった。細君は魚で白いご飯を包み、団子の形、日本人が大変においしいと言っているもの。僕は生魚を食べないので、魚のところを取って、火にあぶって食べた」（1912年7月12日）。

　この食文化の問題点については、酒井順一郎や厳安生の研究の中でも指摘されている[77]。本小論では、現在利用可能な統計をもとに、当時の東京の飲食店の状況をデータで示し、留学生にとって、当時の東京での食生活がどのような状況であったかについて、間接的に示すことにする。

　表11は東京市が編纂・刊行した『東京案内』は、東京博覧会来場者向けに、文字通り東京の様々な情報を提供することを目的としたものである。この資料の中に、1896（明治29）年に東京市が警察からの聞き取り調査によって作成した当時の料理店の状況が掲載されている。料理店の数が多い、上位5区の料理内容別に整理した。この表からこの時点―中国人留学生来日ブームの前―でも東京にすでに、蒲焼、天麩羅など多様な日本料理のみならず、牛肉料理、西洋料理など新しい文化の料理店が展開していることがわかる。しかし、留学生が必要とする支那料理の看板を掲げる店は1軒（偕楽園）しかない。

169

表11 1896（明治29）年、東京市行政区別・料理別分布状況（上位5区）

	神田区	京橋区	浅草区	日本橋区	下谷区	合計
料理	3	15	27	16	12	73
牛肉	3	8	7	5	4	27
西洋料理	7	8	0	6	1	22
牛肉・鶏肉	13	0	0	3	0	16
蒲焼	3	6	1	3	1	14
天麩羅	4	3	3	3	1	14
蕎麦	3	4	0	2	1	10
鶏肉	1	1	1	1	1	5
汁粉	0	1	0	2	2	5
鮨	0	0	2	1	1	4
茶漬け	1	0	0	1	1	3
小料理	0	0	2	0	0	2
支那料理	0	0	0	1	0	1
	38	46	43	44	25	196

（注1）支那料理店は「偕楽園」を指す。
（注2）資料には詳細な説明がなく、特定の料理に特化していない店を「料理」と分類したと思われる。
（出所）東京市編纂『東京案内』。なお、この表の解説として「各警察署に就きて調査したる明治29年9月現在」と記述されている。pp.262-269

　しかし、第1次留学ブームを挟み、1911年の段階での状況を見ると、東京の料理店・飲食店の状況が大幅に変化したことがわかる。表10・11に示した通り、料理店を見ると日本橋区のみ、44軒から108軒に突出して急増したことを除けば、他の区の状況は1896年の状況と大きな変化が見られない。しかし、他方飲食店を見ると、1896年（表11）の統計には該当データがないため、直接の比較はできないものの、各区とも急速な勢いで店舗数が増加していることがわかる。この間に東京の外食事情が大幅に変化したことがうかがえる。また、その一方で1911年当時の東京において料理店ならびに飲食店が集まっているのは、浅草区、本所区、深川区の3区で、この3区で全体の33％余りを占めており、逆に麹町区、神田区には合わせても10％に満たない軒数しかなく、東京の飲食の中心地とは言えない状況にあった。
　最後に利用可能なデータは1925年の第2回国勢調査に基づく資料である。1925（大正14）年10月1日に実施された同調査を整理したものが表12であ

第 3 章　中国人留学生と神田神保町「中華街」の形成と特徴―明治末期を中心に―

表 12　1925（大正 14）年神田区の料理店・飲食店分布

	神田区	東京市内	神田区の料理店の割合		神田区	東京市内	神田区の料理店の割合
日本料理業	40	758	5.3%	ビヤホール酒場業	1	33	3.0%
支那料理業	66	523	12.6%	酒、肴、飯店	60	785	7.6%
和洋（支那）料理	21	174	12.1%	食堂	6	35	17.1%
西洋料理業	202	2290	8.8%	蒲焼業	15	204	7.4%
牛肉料理業	4	67	6.0%	天麩羅屋業	17	291	5.8%
鶏肉料理業	9	153	5.9%	饂飩蕎麦屋業	84	1311	6.4%
そのほかの料理業	26	518	5.0%	寿司屋業	61	905	6.7%
小計：料理業（①）	368	4483	8.2%	汁粉屋業	43	472	9.1%
				喫茶業	37	238	15.5%
				ミルクホール業	16	77	20.8%
				そのほか飲食店	115	1394	8.2%
				小計：飲食店（②）	455	5745	7.9%
				合計（①＋②）	823	10228	8.0%

〔出所〕『神田区史』214、270 頁
〔原データ〕大正 14 年第 2 回国勢調査

る。これによれば、神田区内における「支那料理業」は 66 軒、「和洋（支那）料理」と分類されたものが 21 軒となり、前者のみでは神田区全体の料理店の約 18％を占め、区内の「料理店」の中では西洋料理に（202 軒）次いで高い比重になっている(78)。また、日本料理と西洋料理の双方を出す店を「和洋（支那）」と分類していることから、当時の料理店の状況が推測される。これも加えるならば、区内の約 4 分の 1 の料理店となる。

　以上、今回一連の統計や資料を見る限りでは、神田神保町界隈に「支那（中華）料理店」を明確に掲げて営業をしているのは、明治末から大正期（＝第 1 次留学生ブーム期）ではなく、1911 年から 1925 年までの間、すなわち本小論で言うところの第 2 次ブーム期以降であることが推測される。

　担い手が誰であったのかはこれらの資料ではわからない。しかし、街の形成との関係において、触れておくべきことは、明治政府の対外政策の制度上の変更であろう。神田神保町「中華街」が形成されるようになる 1 つの大きな制度上の変化を川島真が指摘している(79)。それは 1899（明治 32）年に外国人の「内地雑居」が認められたことである。1854 年に日米和親条約によって

「開国」を定めた江戸幕府は、1859年にアメリカ、オランダ、イギリス、ロシア、フランスの五カ国と修好条約を締結し、開港場での貿易や外国人の居住を取り決めた。その際に、居住に関しては条約締結国の人々の居住と経済活動を認めた一定の区域を「外国人居留地」とした。以降、1899年までは日本との条約締結国の外国人が外国人居留地以外に住むこと（＝「内地雑居」）は認められていなかった。それは条約締結国の外国人に対して治外法権を認めた江戸幕府および後の明治政府が、それとは引き替えに外国人居留地以外の居住を認めていなかったことによる。清国の場合は1871年に締結された日清修好条規によって各開港場において中国人が貿易活動に従事することが公認され、清国人には治外法権が認められていた。一方これと引き替えに「内地雑居」は認められていなかった。しかし、1899年に治外法権が撤廃されたことにより、外国人内地雑居が認められる。商人を含む清国人が「街中」に住むことが認められた。(80)従来の居留地以外においても「居住、移転、営業の自由」が公認された。ただし、家事使用人、料理人、給仕などを除く、労働者については原則として入国が制限された。(81)こうして、神田神保町「中華街」の物理的条件が整ったことになる。

　このような制度上の変化を受けて、戦前の留日華僑の経済活動の特徴につき、「この勅令により、貿易商以外に主として、料理、洋服仕立て、三把刀業者の他、手工業などに従事する雑業者たちが開港都市のみならず、国内の諸都市にも進出しうることになった」と内田はその特徴を論じている。(82)

　「支那料理店」に限定すれば、神保町の歴史を文献資料から分析した鹿島は、当時の留学生の回想録を多数引用し、その実態の一部を明らかにした。その上で、最盛期には十数軒、あるいは数十軒あったのではないかと思われる、と推測している。(83)しかし、本小論でいう第1次ならびに第2次ブーム期について限定して言えば、現時点では、維新號（1899年〔明治32〕年）と漢陽楼（1911年〔明治44〕年）という代表的な中華料理店の開業などが確認できるのみである。

ここで触れておくべき点は、中国からの留学生として、どのような人物が来たか、という点である。鹿島、さねとうの諸研究が引用する留学生たちが書き記した日記の中から浮き彫りにされる留学生たちの食生活の問題点は、(1) 日本食と中国大陸との食事、食文化の違い、特に日本食の貧しさである。しかし、留学生の多様性を考えるのであれば、さらに (2) 出身地が異なることから来る中国留学生間での食文化の違いである。従って、例えば浙江省出身の料理店に浙江省出身の留学生が集い、その食生活を支えた中華食堂の姿を強調しておく必要があろう。

四　比較試論：神田神保町「中華街」の特徴

断片的な情報でしか、現段階では再現され得ない神田神保町「中華街」であるが、その特徴をつかむために、他のチャイナタウンの構成要素と比較作業を行い、現時点での小括を行うこととした。

1. 多様な中華街

日本のみならず、現在、世界各地に China Town を自称、他称する街は存在する。存在するだけではなく、1979 年に改革開放政策が実施されて以降、中国人の活動領域が急速に拡大したことにより、その数は増加している。同時に、その性格も変化している。

「中華街とは何か」という問いに対し、「中国大陸あるいは中華世界を離れた中国人達が世界のどこかを、最初は僑居＝仮住まいとして"集住"することによって生まれた街」、と大きくは括ることができる。その際に、最初は「三把刀」という言葉に象徴される理髪店、テーラー、そして料理店など生活の場としての機能を元々は持っていた。

しかし、第 2 次世界大戦後、日本を始め東南アジアの華僑の多くは移住先

を僑居＝仮住まいの場所ではなく、国籍もしくは市民権を獲得し、華僑＝仮住まいの人から、華人＝現地での国籍を取得した人と基本的性格を変えたことから、移民の子孫が集住した街へと変貌を遂げた。さらには、今日では「華人」というエスニシティの要素を観光資源として位置づけ、その文化や自らの社会の特性を前面に打ち出して、生活の場ではなくなってきた。代表的な例を挙げれば、日本の３大チャイナタウンと呼ばれる横浜、長崎、神戸、東南アジアでは、マレーシア・クアラルンプルやシンガポールのチャイナタウンなどが、その具体例である。チャイナタウン＝観光地、という構図である。その一方で、タイのバンコクでは、観光地化は見られず、生活の場としての中国人街が脈々と息づいている。こうした違いは、そもそも「華人性」というエスニックアイデンティティを表現できる社会と、タイのように長らくタイ人への同化を政策的に求められてきた国とも大きく関わり合いがあると考えられる。

さらに、山下清海の研究が示しているように、中華人民共和国の改革開放政策以降、「新たに」中国大陸を離れた「新華僑」による新しいチャイナタウンが日本のみならず、北米各地などにも出現し、なおいっそうチャイナタウンの多様性が際立ってきているのも事実である[84]。このように考えてくると、一元的な中華街、というものは成立しないのかもしれない。

2．中華街を構成する要素：横浜の中華街

しかしながら、中華街と呼ぶにはどのような構成要素が必要なのかについて、横浜中華街を１つのケースとして考えてみよう。中国出身者による「集住の場」、「生活の場」という基本性格を基礎にして、４つの構成要素を指摘することができる。

第１が会館であり、第２が関帝廟、第３が媽祖廟、そして最後に牌楼である。

第3章　中国人留学生と神田神保町「中華街」の形成と特徴—明治末期を中心に—

　会館は出身地を同一にする同郷の人々の集まり「幇（パン）」あるいは「郷幇」が集い、「出身地を同じくし（言語が同一）、仕事を紹介し、新参者に対し情報や知識の他に、職や資金などの経済的な支援世話をするなど地縁による相互扶助組織」である。例えば、福建幇、広東幇による会館がそれに当たる。横浜では、1867年に中華会館が設立され、その下に、医療機関（同済医院）、墓地及びその管理機関（中華義荘）、教育機関（子女を対象として大同学校）などが経営された。[85]

　第2が、関帝廟である。三国時代の1つの国・蜀の関羽を神として祀り、商売や子孫の繁栄などを祈る廟である。民間における崇拝は唐時代にさかのぼるとされ、歴代の王朝は関羽様の信義・忠勇の精神を世人の手本とすると同時に、理財に明るかったとされることから、商売の神様と位置づけられる。現在第4代目を数える横浜の関帝廟は、1871年に初代が建設された。[86]

　第3が媽祖廟である。「媽祖」は北宋時代（960年〜1127年）の福建省の林氏の娘である。護国救民の神様として祀られるようになった。その影響力は国中に広まり、歴代の皇帝も「天妃」、「天后」、「天上聖母」などの称号を贈った。「媽祖」は航海の安全を護る海の神としてのみならず、自然災害や疫病、戦争、盗賊から人々を護る女神として信仰された。横浜の媽祖廟は2006年に完成している。

　第4の牌楼は風水思想に基づき、街の「守護」の門として建設された。皇帝が城を築くとき、城内に入ってくる邪（邪気）を見張る門衛を置いたことに由来する。「東西南北」と「朝昼暮夜」という陰陽五行に基づく色である「青赤白黒」が当てられている。すなわち、朝：東＝青竜神、昼：南＝朱雀神、暮れ：西＝白虎神、夜：北＝玄武神を意味する。横浜中華街では、1955年に「前麟門」が建設されたのが始まりである。[87]最終的に1995年までに、6基の牌楼が建設された。

　このように考えてくると、会館を除き、神田神保町には中華街と呼ぶだけの構成要素は確認されていない。そこで、本小論では、一貫して「中華街」

175

とカギ括弧を用いて、メッセージとした。

3. 経済活動面から見た神保町と留学生

　では、中国からの留学生の第1次ブームの時期に、神田区、並びに神田神保町界隈はどのような経済活動が展開されていたのであろう。経済活動と留学生の関係を見てみよう。

　清国からの留学生が初めて来日してから、関東大震災に至る間—本小論で言うところの黎明期から第2次ブーム期—までの間、現在の神田神保町は大きな変化を経験している。それが1892（明治25）年4月10日に発生した大火である。『千代田区史』によれば、

> この日の午前零時半頃、猿楽町付近から出火し、激しい西北風にあおられた火は、一つは小川町通り、一つは表神保町通り、一つは錦町通りを経て鎌倉河岸、鍛冶町、今川町方面と三方に別れ、この火災で神田区内の焼失家屋は4170戸、死者24人を出し、神田区役所、小川町警察署、小川町勧工場も被災した。区内としては、関東大震災以前の最大の大火であった。[88]

　この神田の大火によりそれ以前は「（現在の）すずらん通り」が中心であったが、1888（明治21）年の市区改正条例により、幹線道路の拡張が進み、明治30年代後半からその幹線道路に敷設された市電により現在の靖国通り、現在の神保町1、2丁目が目抜き通りになった。その後約8年かけて（1921年まで）靖国通りの南側まで整備され、現在の形になる。

　では、実際に明治30年代の神保町界隈の町並みがどのようになっていたのか。現在、この時期の神田神保町の経済活動に関する資料としては、『神田区史』、『千代田区史』といった行政機関が編集したもののほかは、当時の

地図、東京市が東京博覧会に向けて編集した『東京案内』(明治40年刊行)などがその断片的な情報を伝えるに過ぎない。

『千代田区史』は明治34年の神田区を含む千代田区の経済活動の様子を営業税の納付人員と税額から推測している。神田区の物品販売業の納税額が日本橋区に次いで高く、神田区が東京市の中で商業活動の中心地のひとつになっている。これに対し、製造業の比率が低く、神田区は隣の麹町区とともに「区内には見るべき工業がないことがわかる」。この製造業に関しては、後でもう一度触れたい。

さらに、神田神保町地域の経済活動に限定すると、これらの資料に加え、博報堂の『東京営業便覧』を参照することができる。これは博報堂が1900(明治33)年に出版したものである。同便覧の「趣意書」に依れば、「むかしより東京案内記なるもの続出し、(中略)多くは、地方より上京したる人の為に、東西南北の方角と二、三著名の商家を記するにとどまり」、十分ではないので、「今ここに、全都中大通りの目ぼしき所、選択して、其通路をえがき、町名はいふまでもなく、<u>其両側に並列せる各商店を、一戸も洩らすことなく</u>記入し、特に<u>其営業</u>とするところを明細にしるした」資料である。(下線引用者)

表13は神田の大火の結果、神田神保町の中心地になった「裏神保町」(現在の靖国通りの南側)、「表神保町」(現在の靖国通りの北側)並びに「今川路一丁目」の業種別内容を整理したものである。資料からは、取扱高や詳しい取り扱いの品物の記載はないので、あくまでも「一戸も洩らすことなく」店名から分類したものである。

もちろん、この表からはすでに知られているように、この時点でも書籍店や古本屋が多かったことが確認される。しかし何よりも大きな特徴は、この界隈がきわめて日常的な、様々な日用品が並ぶ商店街であったことがよくわかる。食料品から、衣類などの生活関連(袋物、小物など)、日常生活を支える日常生活用品を扱う店が通りの両側にぎっしりと、立ち並んでいた様子が

わかる。食品に関しては米、漬け物、乾物など実に様々なものが購入できた。加えて、衣類に関してみれば、呉服、足袋、下駄など和装ものから、帽子、靴など洋装に必要なものまで、明治の文化移行期の姿を読み取ることが出来る。また、黄の日記にしばしば出てくる、「肉屋」や「写真店」の存在も確認された。意外にも、この表からは料理店、あるいは飲食店はごく限られた数しか確認できず、先ほど「神田に留学生が通う中華料理店が明治40年以降、大正初期に増加したこと」という推測の傍証となろう。

神田の経済活動と留学生の関係で触れておくのが出版業界と革命運動の関係であろう。前述したとおり、神田区には「工業は見るべきものはない」ものの、1つの大きな特徴があった。それは区内の工場のほとんどが、印刷工

表13　1900年頃の神保町の経済活動

	裏神保町	表神保町	今川小路1丁目（南側）	今川小路1丁目（北側）		裏神保町	表神保町	今川小路1丁目（南側）	今川小路1丁目（北側）
書籍関係	11	7	7	3	時計	0	4	0	0
書籍店	7	6	4	0	洋裁	0	1	0	0
古本商	4	1	3	3	紙	2	0	1	0
食生活関係	10	15	13	14	筆	0	1	0	1
食品	10	14	8	11	瀬戸物	1	1	1	0
酒屋	0	0	3	2	小物	1	7	2	4
料理店	0	1	2	1	たばこ	1	0	1	3
衣類など生活関連	18	26	12	12	畳	2	0	0	0
					絨毯	0	1	0	0
袋物	4	1	0	0	**その他**	5	7	6	5
呉服	2	3	0	0	おもちゃ	2	0	0	0
足袋	0	2	1	1	鼈甲	0	0	0	1
靴	1	2	1	2	写真	2	1	0	1
下駄	0	2	1	0	歯科医	0	0	0	1
帽子	2	1	0	0	薬	1	3	2	0
傘	0	0	1	0	印刷	0	2	2	2
洋品	1	0	1	1	理髪店	0	1	1	0
かばん	0	0	1	0	旅人宿	0	0	1	0
めがね	1	0	1	0					

（出所）西川純二郎編『東京営業便覧』博報堂85-98頁

第3章 中国人留学生と神田神保町「中華街」の形成と特徴—明治末期を中心に—

場であったことである。明治40年に出版された東京市編纂の『東京案内』によれば、明治38年時点で神田区内の11社のうち、7社までが印刷、製本である（ちなみに麹町区も14社のうち12社が印刷、製本である[91]）。東京で留学生を中心に、革命運動が盛んになった際に、日本国内で様々な印刷物が作成され中国へ持ち込まれたことが既存研究からわかっている。両区の印刷関連産業が、中国革命の印刷物を支える役割を果たしたことになる。

　最後に経済活動の特徴と留学生の関係で見ておく必要があるのが、東京路面電車の導入と拡大であろう。東京市の交通は1870（明治3）年には市内で人力車が見られ、1872（明治5）年には乗合馬車が運行されるようになっていた[92]。他方、人口は時代とともに増加し、旧市内15区が成立した1878（明治11）年には81万人であったものが、1881（明治14）年には新市域を加えて、114万人にまで達した[93]。その結果、1889（明治22）年には電気鉄道敷設の出願が相次ぎ始めた。東京の路面電車の申請は、東京電気鉄道株式会社（1895〔明治28〕年敷設申請）、東京馬車鉄道会社（1893〔明治26〕年、馬車から電力への変更申請）、東京電車鉄道（1895〔明治28〕年6月、敷設申請）、東京自動車鉄道株式会社（1896〔明治29〕年3月、敷設申請）4社が熾烈な競争を展開した。最終的には、内務省は東京自動車鉄道を除く3社に対し、敷設許可を与えた。その後、景気後退や政府内での方針変更を受け、図1のように、東京馬車鉄道を除く3社が、新たに「東京市街鉄道株式会社」となり、東京電車鉄道株式会社（旧東京馬車鉄道）、東京電気鉄道株式会社の3社により、1906（明治39）年まで民間の手により路面電車が敷設、運営されていった。神田区における路面電車は、東京市街鉄道によって1903（明治36）年9月には数寄屋橋―日比谷―大手町―神田橋間、同年11月には日比谷―半蔵門間、12月には神田橋―両国間と順次路線が開通した。一方、東京電気鉄道も、1904（明治37）年12月8日には土橋―お茶の水間を開通させるなど、神田区内の路面の路線の整備・充実が進んだ。この結果、図2に示した通り「須田町」を乗り換えの核にして、品川上野線（今川橋―鍛冶町、須田町、万世橋

179

図1　東京市・鉄道会社変遷

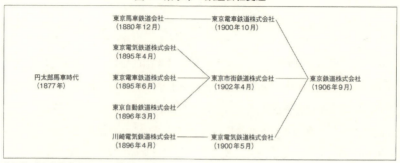

〔出典〕『東京都交通局100年史』48頁。

一旅籠町）が現在の品川から上野方面を、三田両国線（神田橋、錦町、小川町、須田町、万世橋、和泉橋）が現在の芝公園から神田方面を、九段本郷線（俎板橋、南神保町、駿河台下、小川町、須田町、松住町、宮本町）が現在の靖国通りを、そして外濠線（鎌倉河岸、神田橋、錦町河岸、小川町〔駿河台下〕甲賀町）と東西、南北に広がっていった(94)。この結果、須田町は「市内交通最も頻繁なるところ」となった(95)。

　問題は、運賃であろう。運賃は市街鉄道が3銭均一化を採用したために、他の2社もこれに従わざるを得なかった(96)。再び黄の日記に「月々学費を33円受け取る」（1908年8月27日）とある。またその学費の水準に関し、同じく黄はその当時の新聞を引用し、「日本人の医者某は、日本の中流家庭で、妻と母と三人で月わずか24円とある、僕の生活はその数倍贅沢だ」と記述している。そのうえで、計画的に使うために、ということで「電車賃30銭を当てる」としており、留学生にとっても日常的な交通手段であったことがうかがえる(97)。

まとめに替えて

　日中交流史や留学研究などの既存研究を活用して、いわばそれらの研究を

図2　東京市における路面電車網

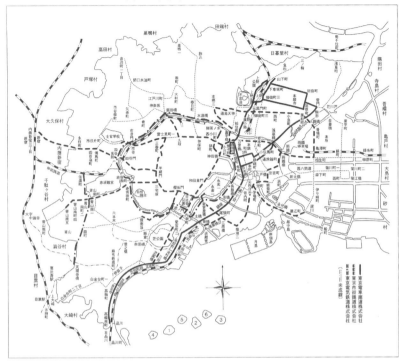

〔出典〕『東京都交通局100年史』50頁。

縦軸にして、そこに「神田区」あるいは「神田神保町」の町の形成という横軸を入れ込むことで、神田神保町「中華街」の特徴をあぶりだす試みであった。本小論で整理されたことは、日清戦争での敗戦に起因する清朝の留学政策や辛亥革命などをプッシュ要因として、速成科という教育プログラムがプル要因となり、神田神保町に短期間に「中国人街」が形成されていったことである。短期間に町が変貌した大きな理由は、留学生がくる以前にこの地域が「学生街」として、あるいは「教育機関の集中地域」としての基盤を整えていたことであり、受け入れ機関としての教育機関、下宿などの生活基盤が加わり、かつ大正期に入ると、神田区にも中華料理店を含む、飲食店が多彩

に展開され、それを支えた。さらに東京市の交通の要衝であった須田町に隣接し、当時の東京市の商業活動の中心地であったことが、その変化を促進させたことになる。

　その一方で、横浜中華街に見られる現在、中華街と呼ばれる構成要素とは大きく異なることを確認した。華僑・華人の移住のあり方を類型化したワンガンウ（王賡武）は4つに分類した。すなわち、経済的動機、ビジネスを行うことを目的とした移住者として「華商」、肉体労働など労働者として移住した「華工」、仮住まいを目的として短期的に移住する「華僑」、そして移住・永住を目的として移住した「華裔」である。彼の議論をもう少し広げるのであれば、留学生は留学という短期間の移住を目的とした「華僑」の1つの大きな累計として位置づけることができるのではないだろうか。また、それが故に東南アジアの華工や華僑が、まずは居住環境の悪い、例えば、水捌けの悪い河口などを拠点として、徐々に川の中流や内陸部へと移り住んだように、東京においては神保町という内陸部に、これまでにない1つの新しいタイプの「中華街」を歴史の一断面に記した、ということができる。そして、そこに地場産業としての印刷業、製本業などが中国の革命運動と間接的に結びつき、「留学生」「教育機関」「商業地域」「印刷・製本業」という大きな特徴を持つ神田神保町「中華街」が出現したことになる。

【注】
(1)　明治大学創立130周年事業。神田・中華街プロジェクト。https://www.meiji.ac.jp/koho/meidaikouhou/20111101/p02_01.html
(2)　松本亀次郎述『中華留學生教育小史』（日本図書センター、2005年、佐藤尚子ほか編集『中国近現代教育文献資料集』Ⅰ日中両国間の教育文化交流所収）。
(3)　さねとうけいしゅう『中国留学生史談』（第一書房、1981年）、實藤惠秀『中国日本留學史稿』（財團法人日華学会）（日本図書センター、2005年、佐藤尚子ほか編集『中国近現代教育文献資料集』Ⅰ日中両国間の教育文化交流所収）。
(4)　阿部洋『中国の近代教育と明治日本』（異文化接触と日本の教育第6巻）（福村出版、1990年）など。

(5) 大里浩秋・孫安石編著『中国人日本留学史研究の現段階』（御茶の水書房、2002年）、同編『留学生派遣から見た近代日中関係史』（御茶の水書房、2009年）。神奈川大学人文学研究所編、大里浩秋・孫安石著『近現代中国人日本留学生の諸相―「管理」と「交流」を中心に―』（御茶の水書房、2015年）。
(6) 例えば、小島淑男『留日学生の辛亥革命』（青木書店、1989年）。
(7) 石井洋子「中国女子留学生名簿――一九〇一年から一九一九年―」（辛亥革命研究会『辛亥革命研究』2、1983年）、同「辛亥革命期の留日女子学生」（東京女子大学史学研究室『史論』36号、1983年）。
(8) 周一川『中国人女性日本留学史研究』（国書刊行会、2000年）。
(9) 南京国民政府による日本留学については、前掲大里・孫（2002年）所収の周一川「南京国民政府時期の日本留学について―1928年から1937年―」を参照されたい。
(10) 阿部兼也『魯迅の仙台時代―魯迅の日本留学の研究』（東北大学出版会、1999年）198-200頁、横山健堂（財団法人講道館監修）『嘉納治五郎伝』（『嘉納治五郎体系』第11巻）（本の友社、1988年）158-159頁。
(11) 本文中の「13名の留学生」という記述は、前掲さねとうの記述（2頁）に基づく。しかし、酒井順一郎は「さねとう研究は基本的な事実を確認していない」と厳しく批判した上で、1896年に「補欠留学生2名の追加受け入れの要請を日本側が受け入れ、そのうち1名が病気で来日できず、同年12月に補欠合格者が来日した」と事実関係を紹介し、「本研究では組織的留学生派遣の起点は13名の留学生と補欠留学生1名とする」としている（酒井順一郎『清国人日本留学生の言語文化接触―相互誤解の日中教育文化交流―』ひつじ書房、2010年）29-35頁。
(12) 前掲阿部洋35-38頁及び前掲酒井46-48頁。
(13) 北岡正子『魯迅　日本という異文化の中で―弘文学院入学から「退学」事件まで―』（関西大学出版会、2001年）2頁、坂元ひろ子『中国近代の思想文化』（岩波新書1607）（岩波書店、2016年）55-56頁。
(14) 厳安生『日本留学精神史―近代中国知識人の軌跡―』（岩波書店、1991年）6頁。
(15) さねとうによれば、日本留学生に先立ち、1872年から1875年まで4回にわたり、アメリカに留学生を送ったものの、「彼らが中国人ではなくなり、役に立たなかったため、失敗」している（前掲さねとう、5-7頁）。
(16) 鳥居高「世界でも異質なチャイナタウン」（『東京人』No. 302〔2011年11月〕）75頁。
(17) 前掲阿部兼也136-144頁。
(18) 前掲阿部兼也7頁。
(19) 嘉納治五郎先生伝記編纂委員会『嘉納治五郎』（再版）（講道館、1977年）165頁。

(20) 与那原恵「柔道の父であり、留学生教育の先駆者嘉納治五郎」(『東京人』No. 302〔2011年11月〕)60-62頁。
(21) 前掲嘉納治五郎先生伝記編纂委員会、165-166頁。
(22) 始点の私塾から弘文学院のあいだに、明治32年10月に設立された「亦楽(えきらく)書院」が存在する(鹿島茂『神田神保町書肆街考』〔筑摩書房、2017年〕)273-274頁。
(23) 前掲北岡109-112頁。
(24) 前掲北岡69-92頁。
(25) 科挙制度は1905年9月の完全廃止に至るまでに、第1段階として1901年の試験内容の改革が行われ、次いで1904年1月に科挙試験合格者定員の段階的な削減、最終的に3段階を踏んでいる(前掲阿部洋39-40頁)。
(26) 川島真「神保町界隈から見る日中関係―1899年から1919年―」(『東京人』No. 302〔2011年11月〕)30頁。
(27) 東京本郷に開設、修業年限1年の普通科及び2年の高等予備科を置き、専門学校や帝国大学への進学予備教育を行った(東洋大学創立百年史編纂委員会『東洋大学百年通史編I』〔東洋大学、1993年〕)735頁。
(28) 1898(明治31)年に牛込東五軒町に開設、後に精華学校と改称し小石川に移転、さらに明治34年には東亜商業学校と改称。
(29) 法政大学『法政大学80年史』(法政大学、1961年)226-227頁。
(30) 明治大学史資料センター編集『明治大学小史〈個〉を強くする大学130周年』(学文社、2010年)71-73頁。
(31) 明治大学、法政大学同様に法律専門学校を基礎とする中央大学は、1901(明治34)年に3人の留学生が進学したものの、明治大学・法政大学と大きく異なり、1904(明治37)年から1922(大正11)年までで受け入れ留学生数がおよそ300人にしか達していない(中央大学『タイムトラベル中大125―1885→2010―』(第2版)〔中央大学、2011年〕)228-229頁。
(32) 前掲法政大学227-229頁。
(33) 前掲法政大学228-229頁。
(34) 前掲法政大学217-221頁。
(35) 前掲横山162頁。
(36) 前掲鹿島277頁。
(37) 日本国内で高まりゆく学生の政治活動に関し、まず清国政府は1902年、駐日清国公使館を通じてシナ亡国記念会を中止させ、私費留学生が陸軍学校に入学することを禁止させ、「拒俄義勇隊」を弾圧し(1903年)(上垣外憲一『日本留学と革命運動』〔東京大学出版会、1982年〕126-127頁)、徐々にその弾圧傾向を深めた。さらに1904年には『約束遊学生章程』を制定し、留学生の帰国後の官吏への特別任用を規程し、その代わりに、『規則』による留学生の政治活動の取り

第 3 章　中国人留学生と神田神保町「中華街」の形成と特徴―明治末期を中心に―

締まりを展開した（前掲阿部洋 123 頁）。
(38) 前掲上垣外 77-126 頁。
(39) 1905（明治 38）年に実践女学校に入学した秋瑾は、清国政府の対応に反発し、留学生の会合で過激な発言を行ったために、下田歌子に同盟休校をするのであれば、学校を出るように言い渡された。秋瑾は、17 人の女子留学生とともに一時校内を去った（実践女子学園 100 年史編纂委員会編『實踐女子學園一〇〇年史』）127-130 頁。
(40) 前掲阿部洋 114-116 頁。
(41) 前掲阿部洋 122-123 頁。
(42) 前掲阿部洋 126-133 頁。
(43) 前掲鹿島 281 頁。
(44) 『法政大学八十年史』によれば、「結局、いわゆる留学生ブームは法政大学にとって、他の面では別として、財政上では借入金を増す結果になった」と位置づけている（前掲法政大学 235 頁）。
(45) 前掲東洋大学創立百年史編纂委員会 45 頁。
(46) 前掲松本 33 頁。
(47) 松下大三郎は、静岡県磐田郡豊岡村（現在の磐田市）生まれ（明治 11 年～昭和 15 年）、国語国文法研究者。代表的な編著書に『国歌大観』、『標準日本文法』がある（平野日出雄『松本亀次郎伝―日中教育のかけ橋―』〔静岡県出版、2016 年〕208 頁）。彼は、宏文学院が閉鎖された後に、日華学院を創設し、裏猿楽町 8 番地数理学館の教室を借り、日本語教育を開始（武田勝彦『松本亀次郎の生涯―周恩来・魯迅の師―』〔早稲田大学出版部、1995 年〕198 頁）。
(48) 住所は神田区錦 3 丁目 10 番地。大正 9 年に閉校（前掲松本 36 頁）（二見剛史『日中の道天命なり―松本亀次郎研究―』〔学文社、2016 年〕198 頁）。
(49) 前掲二見 189 頁。
(50) 松本亀次郎は 1866 年 2 月 18 日、静岡県大東町（現在、掛川市）生まれ、宏文学院では魯迅を、留学生会館で秋瑾らに日本語をおしえる。1945 年 9 月 12 日死去。
(51) 前掲平野 294-296 頁。
(52) 前掲武田 199-208 頁。
(53) 前掲二見 190-193 頁。
(54) 前掲實藤 97 頁。
(55) 前掲實藤 193 頁。
(56) 明治大学百年史編纂委員会編『明治大学百年史第三巻　通史編Ⅰ』（明治大学 1992 年）645 頁。
(57) 内田直作・塩脇幸四郎共編『留日華僑經濟分析』（河出書房、1950 年）6 頁。
(58) 千代田区教育委員会編『千代田区教育百年史　上巻』（千代田区、1980 年）542-

543 頁。
(59) 前掲　實藤 97 頁。
(60) 1905（明治 38）年 7 月に渋谷の本校校地とは別に、赤坂区桧町 10 番地（今の港区赤坂 9 丁目）に留学生部の分教場を開設した（実践女子学園 80 年史編集委員会『実践女子学園八十年史』〔1981 年〕102 頁）。
(61) 前掲実践女子学園 80 年史編集委員会 102-104 頁。
(62) 前掲嘉納治五郎先生伝記編纂委員会 166 頁。
(63) 前掲嘉納治五郎先生伝記編纂委員会 167-168 頁。
(64) 前掲二見 183-184 頁。
(65) 鈴木理生『明治生まれの町　神田三崎町』（青蛙房、1978 年）196-197 頁。及び鈴木理生『千代田区の歴史』（名著出版会、1978 年）204-206 頁。
(66) 例えば、現在の東京外国語大学が東京開成学校より分離、司法省管轄の東京法律学校が 1871 年に、東京工業大学の前身である東京職工学校が 1881 年に設立された（前掲千代田区教育委員会、315-330 頁）。
(67) 前掲鈴木『千代田区の歴史』204-208 頁。
(68) 同報告書は「損害保険業発展のため」という目的で執筆、刊行されているものの、統計の「出所」が残念ながら記載されていない。ただし、人口や戸数の統計は同時期の「東京府統計」と一致していることから、何らかの公的な統計を整理したものと考えられる。
(69) 黄尊三『三十年日記』の第 1 冊『留学日記』。全文ではないがさねとうけいしゅうと佐藤三郎による翻訳がある。（『清国人日本留学記』東方書店、1986 年）。1933 年には民国大学の教務長（日本の副学長）を務めた。
(70) 以下、黄尊三の日記からの引用は、「下宿名（住所、日記記載日、記載頁）」の順である。
(71) 黄は早稲田大学の清国留学生部の高等予科まで進んだが、卒業試験に合格せず、留学生仲間に勧められ明治大学法学部に進学した。
(72) 前掲黄尊三 160 頁。
(73) 小川町から神田甲賀町の間にも別の下宿に移り住んだ記述がある。前掲黄 201 頁。
(74) 前掲松本 20 頁。
(75) 譚璐美『帝都東京を中国革命で歩く』（白水社、2016 年）199-200 頁。
(76) 前掲鹿島 287-288 頁。前掲譚 208 頁。
(77) 例えば厳は、日本到着後の文化摩擦につき 1 章をあて、食生活の違いのみならず、畳という形式、入浴の習慣についても、そのとまどいに触れている（前掲厳安生 243-262 頁）。
(78) 同調査では、「料理店」と「飲食店」がそれぞれ別項目になっている（中村薫編『神田区史』〔神田公論社、1927 年〕214 頁）。なお表題は『神田区史』とあるが、

神田区が編纂したものではなく、神田公論社という民間企業が創業20周年記念事業として、編纂した旨、序文で区長がしたためている。その理由は、区事業として準備していたものの、関東大震災で「事業が壊滅したため」とあり、今回公的資料として扱った。
(79) 川島真「神保町界隈から見る日中関係—1899年から1919年—」（『東京人』No. 302〔2011年11月〕）。
(80) 開港場の1つである横浜にも、これらの条約締結以降、条約締結国の商人が「清国人」を伴って居住していたが、1871年の日清修好条規以前は厳密には「違法」に居住したことになる。
(81) 前掲内田・塩脇6頁及び横浜開港資料館『横浜中華街150年』2009年38頁。
(82) 前掲内田・塩脇6-8頁。
(83) 前掲鹿島298頁。
(84) 例えば山下清海『新・中華街』（講談社選書メチエ632）（講談社、2016年）、及び山下清海「第2次世界大戦後における東京在留中国人の人口変化」99-101頁。
(85) 通常は、同郷団体、同職団体など、特に地縁・同郷による団体ができたあとに、複数の地縁・同郷団体の上部組織として中華会館が作られる。しかし、横浜の場合その逆の動きを示した（（財）中華会館・横浜開港資料館編『横浜華僑の記憶』〔横浜開港資料館、2010年〕31-33頁）。及び西川武臣・伊藤泉美『開国日本と横浜中華街』大修館書店、2002年 178-185頁。
(86) 「関帝廟と横浜華僑」編集委員会『関帝廟と横浜華僑』（自在株式会社、2014年）64頁。
(87) 前掲（財）中華会館・横浜開港資料館編 14頁。
(88) 千代田区編『千代田区史 中巻』、（千代田区、1960年）563頁。
(89) 前掲『千代田区史 中巻』531-533頁。
(90) 『博報堂120年史』によれば、出版業に事業拡大して間もない時期に「一種の地域別職業ディレクトリーだった」とされ、その背景としては、1895（明治28）年に出版広告業として創業した博報堂は、一般広告から出版業へと事業を1897年に拡大した。創業時には神田区鍋町からスタートし、いったん日本橋本銀町2丁目9番地（現在の中央区日本橋室町）に移転、出版業を拡大する過程で、1897（明治30）年6月に神田区末広町1番地（現在の神田千代田区外神田）に店舗を移し「新聞雑誌広告取次博報堂」となった。当時の神田は後述するように出版業が盛んで、また映画や芝居の中心地でもあったことにある。このことから、神田並びに千代田区界隈のビジネスと極めて近い関係にある博報堂が『東京営業便覧』を作成したものと推測される。（博報堂『博報堂120年史』〔博報堂、2015年〕20-22頁）。
(91) 東京市編『東京案内』（裳華房、明治40年）262-269頁。
(92) 東京都交通局『東京都交通局100年史』（東京都交通局、2012年）43頁。

(93) 前掲東京都交通局、43 頁。
(94) 前掲東京市 517 頁。
(95) 東京都交通局『東京都交通局 60 年史』(東京都交通局、1972 年) 99 頁。
(96) 伊波泰山編『東京遊覧案内』(東京遊覧館、大正 3 年) 8 頁。
(97) 因みに、黄尊三によれば、彼が学費として予定していたのは 3 円 30 銭で、賄い付きの部屋代が支出の中で最も大きく、11 円と記述している。(前掲黄 180 頁)。このことから、市電を利用というのは経済的にも十分に可能であろう。

【参考文献】
《単行本》
阿部兼也『魯迅の仙台時代―魯迅の日本留学の研究―』東北大学出版会、1999 年
阿部洋『中国の近代教育と明治日本』(異文化接触と日本の教育第 6 巻) 福村出版、1990 年
伊波泰山編『東京遊覧案内』東京遊覧館、大正 3 年
上垣外憲一『日本留学と革命運動』東京大学出版会、1982 年
内田直作・塩脇幸四郎共編『留日華僑經濟分析』河出書房、1950 年
大里浩秋・孫安石編著『中国人日本留学史研究の現段階』御茶の水書房、2002 年
恩田長蔵・半名亀次『火災保険業より見たる東京市』巌松堂書店、大正 2 年
鹿島茂『神田神保町書肆街考』筑摩書房、2017 年
嘉納治五郎先生伝記編纂委員会『嘉納治五郎』(再版) 講道館、1977 年
北岡正子『魯迅 日本という異文化の中で―弘文学院入学から「退学」事件まで―』関西大学出版会、2001 年
厳安生『日本留学精神史―近代中国知識人の軌跡―』岩波書店、1991 年
黄尊三(さねとうけいしゅう、佐藤三郎訳)『清国人日本留学記』東方書店、1986 年
小島淑男『留日学生の辛亥革命』青木書店、1989 年
坂元ひろ子『中国近代の思想文化』(岩波新書 1607) 岩波書店、2016 年
集文館編輯部編『大正 5 年版 新撰東京遊學案内』東京集文館(龍渓書舎編集部『近代日本地誌叢書 東京編 第 13 巻』所収)、1992 年
酒井順一郎『清国人日本留学生の言語文化接触―相互誤解の日中教育文化交流―』ひつじ書房、2010 年
さねとうけいしゅう『中国留学生史談』第一書房、1981 年
實藤惠秀『中国日本留学史稿』(財團法人日華学会、1929 年) (佐藤尚子ほか編集『中国近現代教育文献資料集』I 日中両国間の教育文化交流所収) 日本図書センター、2005 年
鈴木理生(東京にふる里をつくる会編)『千代田区の歴史』名著出版会、1978 年
鈴木理生『明治生まれの町 神田三崎町』青蛙房、1978 年

周一川『中国人女性日本留学史研究』国書刊行会、2000 年
武田勝彦『松本亀次郎の生涯―周恩来・魯迅の師―』早稲田大学出版部、1995 年
譚璐美『帝都東京を中国革命で歩く』白水社、2016 年
手塚豊『明治法学教育史の研究』(手塚豊著作集、第 9 巻)慶應通信、1988 年
永井良知編『東京百年便』三三文房、1890 年
西川純二郎編『東京営業便覧』博報堂、1900 年
西川武臣・伊藤泉美共著『開国日本と横浜中華街』大修館書店、2002 年
平野日出雄『松本亀次郎伝―日中教育のかけ橋―』静岡県出版、2016 年
二見剛史『日中の道天命なり―松本亀次郎研究―』学文社、2016 年
山下清海『新・中華街』(講談社選書メチエ 632)講談社、2016 年
横山健堂(財団法人講道館監修)『嘉納治五郎伝』(『嘉納治五郎大系』第 11 巻)本の友社、1988 年
松本亀次郎述『中華留學生教育小史』(佐藤尚子ほか編集『中国近現代教育文献資料集』Ⅰ　日中両国間の教育文化交流所収)日本図書センター、2005 年

《論文》
石井洋子「中国女子留学生名簿――一九〇一年から一九一九年―」(辛亥革命研究会『辛亥革命研究』2)、1983 年
石井洋子「辛亥革命期の留日女子学生」(東京女子大学史学研究室『史論』36 号)、1983 年
蔭山雅博「宏文学院における中国人留学生教育の展開―清末期留日教育の一端―(二)」(斉藤秋男・土井正興・本田公榮編集『教育のなかの民族』明石書店)pp.139-157、1988 年
川島真「神保町界隈から見る日中関係―1899 年から 1919 年―」(『東京人』No. 302〔2011 年 11 月〕)、2011 年
鳥居高「世界でも異質なチャイナタウン」(『東京人』No. 302〔2011 年 11 月〕)、2011 年
二見剛史・佐藤尚子「付・中国人日本留学史関係統計」(『国立教育研究所紀要』第 94 集)、1978 年
山下清海「第 2 次世界大戦後における東京在留中国人の人口変化」(『人文地理学研究』第 31 号)pp.97-113、2007 年
与那原恵「柔道の父であり、留学生教育の先駆者嘉納治五郎」(『東京人』No. 302〔2011 年 11 月〕)、2011 年

《大学史・区史など》
「関帝廟と横浜華僑」編集委員会『関帝廟と横浜華僑』自在株式会社、2014 年

警視庁史編さん委員会編『警視庁史―大正編―』警視庁史編さん委員会、1959 年
滬友会編『東亞同文書院大学史』滬友会、1955 年
(財) 中華会館・横浜開港資料館編『横浜華僑の記憶』横浜開港資料館、2010 年
実践女子学園 80 年史編集委員会編『実践女子学園八十年史』実践女子学園、1981 年
実践女子学園 100 年史編纂委員会編『實踐女子學園一〇〇年史』実践女子学園、2001 年
大学史編纂委員会編『東亜同文書院大学史―創立 80 周年記念誌―』滬友会、1982 年
中央大学入学センター事務部大学史編纂課編『タイムトラベル中大 125―1885→2010―』（第 2 版）中央大学、2011 年
中央大学百年史編集委員会専門委員会『中央大学百年史　通史編　上巻』中央大学、2001 年
千代田区編『千代田区史　中巻』千代田区、1960 年
千代田区教育委員会編『千代田区教育百年史　上巻』千代田区、1980 年
東京市編『東京案内』裳華房、明治 40 年
東京電機大学『東京電機大学 50 年史』東京電機大学、1958 年
東京都交通局『東京都交通局 60 年史』東京都交通局、1972 年
東京都交通局『東京都交通局 100 年史』東京都交通局、2012 年
東京農業大学編『東京農業大学七十年史』東京農業大学創立七十周年記念事業委員会、1961 年
東洋大学創立百年史編纂委員会、東洋大学井上円了記念学術センター『東洋大学百年　通史編 I』東洋大学、1993 年
中村薫編『神田区史』神田公論社、1927 年
博報堂『広告六十年』博報堂、1955 年
博報堂『博報堂 120 年史』博報堂、2015 年
法政大学編『法政大学八十年史』1961 年
法政大学百年史編纂委員会編集『法政大学の 100 年』法政大学、1980 年
明治大学百年史編纂委員会編『明治大学百年史　第三巻　通史編 I』、1992 年
明治大学史資料センター編『明治大学小史〈個〉を強くする大学 130 年』学文社、2010 年
横浜開港資料館編『横浜中華街 150 年―落地生根の 150 年―』横浜開港資料館、2009 年

第 4 章　胡風の日本留学体験

鈴木　将久

はじめに

　中国現代文学史において「日本留学」が大きな意味を持ったことは疑いない。たとえば魯迅、周作人、郭沫若、郁達夫など、現代文学史上の重要な作家の多くが、日本留学を体験している。正式な留学ではないものの日本滞在経験のある作家を含めれば、茅盾や巴金なども加わる。日本を一度も訪れたことのない作家を探す方が難しいと思われるほど、中国現代文学史において日本は重い位置を占めている。

　もちろん日本留学体験といっても、作家によって内実は大きく異なる。良く語られることだが、魯迅はもともと医学による救国を志して清末の時代に来日した。仙台医学専門学校で学んでいたとき、象徴的な出来事として「幻灯事件」と呼ばれる経験をして、救国のためには医学よりも中国人の精神を改造する必要があると認識し、文学を志すにいたった。魯迅が文学を志した理由は、本人の説明によると「幻灯事件」が契機となるが、実のところさほど単純ではない。当時の清の政治状況、社会の様相、国際情勢なども関係している。なかでも無視できないのは、当時の日本の状況であった。当時の日本では、中国人への蔑視が生まれ始めていた。「幻灯事件」の背景となった日露戦争のころ、日本国内で中国人を劣った人種とする考えが広がっていた。また 20 世紀初頭の日本では、近代文学がいちおうの制度化を果たし、文学の領域が生み出されていた。他方で日本に来た清国留学生は、救国を目

指して革命運動など政治活動に参与していた。こういった大状況のもと、日本で留学生活を送った魯迅は、日本人の中国蔑視を体験しつつ、他方で同胞留学生の政治活動に半ば参与しながら微妙な距離を保ち、中国人のための文学の領域を切り開こうとしたと考えられる。魯迅が文学を志した背景の一つとして、彼が日本の、しかも仙台という地方都市にいたことは、大きな意味を持ったと言うべきである。

　魯迅の下の世代になると、日本体験の意味も異なった。代表例として、1920年代に文学結社「創造社」を結成し、魯迅たちの世代を攻撃した郭沫若があげられる。郭沫若は1914年に来日した。すでに辛亥革命のあと、日本は大正年間に入っている。彼は日本で大正教養主義と言われる時代を過ごし、旧制六高、九州帝大とエリートコースを歩んだ。国際情勢や中国国内の政治状況の変化もさることながら、日本でエリート教育を受けることで、善かれ悪しかれ、日本式の近代的教養を身につけたと考えられる。郭沫若の世代の中国人留学生の特徴について、厳安生はこう述べている。

　　彼らの日本生活は、「最も楽しい」高校時代に思い切り知識欲を満足させつつ、「少年時代に特有な自負と驕矜」、「春の朝の歓喜と生の陶酔」をほしいままにエンジョイするといったケースから、日本に来るや否やたちまち俗界の百花繚乱の中へ「馬が手綱を弛められ凧が糸を断たれたごとくに」彷徨い出すというケースまで、まさにピンからキリまであった。だが、後になるほど一様に、「終わりのない馬車馬式の生活」に「果てしない倦怠」を募らせるにいたる。そして遂には「消耗しきったわが青春よ！」と叫びはじめるのだった。〔中略〕事実、創造社の人たちは、はじめは同じく大正文学青年の教養主義や文化主義あるいは芸術家気取りといったものから出発したにしても、まもなく第四階級やらプロレタリアートを呼号して革命文学へと進んだ者もいれば、ロマンチシズムやモダニズムに耽る者あり、帰国後に文壇に愛想を尽かしてもとの

専攻に戻った者あり、純文学云々を放棄して日本で染まった「エロ・グロ・ナンセンス」に後退し身を持ち崩した者ありと、文字どおり十人十色であった(1)。

魯迅の世代の留学生が、救国に向けて悲壮感漂う意識を濃厚に持っていたとするならば、郭沫若の世代は、日本の近代的高等教育を受けながら、日本の生活の幅の広さに見合った多様な道を進んだと言えるだろう。ここで大正時代の日本のいわゆる近代性を検討することも重要だが、さしあたって確認しておきたいのは、日本の近代のあり方が、留学生の体験を通じて、中国近代の歩みにも大きな影響を及ぼしたことである。

郭沫若の世代の留学生は、もちろんすべてがエリートコースを歩んだわけではない。むしろ、魯迅の世代よりもはるかに多くの留学生が来日し、その中で日本の最高学府まで進んだ学生も現れたと考えた方が正確である。多くの学生が日本に来た背景の一つとして軽視できないのは、日本の教育制度である。中国人留学生などアジアからの留学生を主たる対象として、速習クラスが多くの大学に設けられた。明治大学の例を出すと、早くも1904年から留学生向けの速成機関である「経緯学堂」が設立された。その後も3年で学修できる専門部などに多くの留学生が集まることになった(2)。また、上海から長崎への船は中国政府の発行するパスポートなしで乗船できたため、中国の政治状況を逃れて日本に来るものもいた。茅盾は、国共合作崩壊のあと、国民党に手配されたことを知り、1928年から30年まで、本人の言によれば日本で「亡命生活」を送ったという(3)。茅盾は日本で日本語を学んだ形跡がなく、留学とはほど遠い。しかしそれでも生活できる条件があったことがうかがえる。

かくして中国人留学生は、最高学府から速成クラスまで、それぞれの場所で日本の近代生活を体験し、中国に持ち帰った。1920年代から30年代にかけては、中国で近代国家の建設が進んだ時期であり、日本留学で身につけた

近代的な知識が中国でも有用であったと思われる。留学生が学んだ近代知は多方面にわたるが、中国文学史の観点から考えたとき、極めて大きな意味を持ったものとして、プロレタリア文芸の受容があげられる。

　中国で本格的にプロレタリア文芸が唱えられたのは、1920年代末の革命文学論争が嚆矢とされる。国共合作の崩壊を受けて、その後の文学運動の行方が模索されたとき、若い左翼青年たちがプロレタリア文芸を唱えた。そのとき革命文学派として論陣を張ったのは、李初梨、馮乃超など、日本帰りの若い文学理論家であった。彼らは当時日本で共産党を指導していた福本和夫の影響を受けたとされる。李初梨たちは、郭沫若を慕うように創造社に入り、魯迅などを旧世代として攻撃した。ここで論争に詳しく立ち入ることは避けるが、注目したいのは、論争の両陣営とも日本の知識を背景にしていたことである。李初梨など創造社の若手理論家が福本イズムに代表される当時の日本共産党の理論をもとにして魯迅を攻撃したのに対して、魯迅は青年たちの皮相な革命文学理解を批判し、ロシアの文学理論を読むことをかかげて、ロシア文学理論を日本語訳から中国語に翻訳する作業を行った。双方とも、当時の日本の左翼文壇をそれぞれに受け入れ、中国で論争を展開したのである。

　中国のプロレタリア文芸を考える際に日本体験が重要な意味を持ったことを踏まえた上で、本稿で中心的に論じたいのは、胡風の事例である。胡風は李初梨よりも更に後の時代、1929年に日本に留学した。革命文学論争がほとんど終息に向かい、中国の左翼文化界が本格的にプロレタリア文芸理論を研究しようとしていた時代である。また留学生の生活を見ると、郭沫若の時代より深く日本社会に入ることが可能になっていた。後述するように、胡風は日本でプロレタリア文学運動に実際に参加した。そして、その経験を持ち帰って、1930年代の上海で左翼文芸理論家として活躍した。胡風の左翼文芸理論は、理論的水準から考えるならば、近代中国を代表するものの一つである。彼が日本でどのような体験をして、そこから中国を代表する左翼文芸

理論を生み出したかが、本稿の中心的テーマとなる。

　しかしながら、胡風を論じる際に、1930年代の文芸理論だけを論じることはできない。中国文学史および中国近代史において、胡風の名前は、1950年代に毛沢東によって批判された存在として知られる。胡風は「反革命」、「スパイ」と認定され、本人が監獄に入れられたのみならず、彼と書信のやりとりをしていた多数の人が取り調べを受けた。公式発表によると、取り調べを受けたものは2100人にのぼり、逮捕されたもの92人、監禁処分となったもの62人、停職処分になったもの73人、その後、正式に「胡風反革命集団分子」と判定されたもの78人であったという(4)。現在では、この事件は完全な冤罪であり、毛沢東が自ら発動した批判運動であることが知られている(5)。この衝撃的な事件の結果、冤罪が明らかになった後の胡風研究では、1950年代の事件によって隠された事実関係の発掘が盛んになされるようになった。彼の文芸理論については、毛沢東との対立ばかりが注目された。毛沢東の硬直化した文芸理論に対して、胡風は「個人」の自立を重視したという。その考えを日本留学時代に当てはめるならば、胡風は留学中に日本のプロレタリア文学に触れて海外の「進んだ」文学理論を理解したが、毛沢東は中国の土着文化に基づいて文芸政策を定め、胡風の理論を否定したとなるであろう。こうした対比に一定の道理はある。胡風が1930年代の上海で活躍したことは事実であり、そこでは日本で学んだプロレタリア文学理論が一定程度有効であったと言えるだろう。それが1950年代の中国で否定されたことから、1930年代上海と1950年代中国の文化的対比を行うことも不可能ではない。ただし注意すべきは、胡風が学んだ1930年代初頭の日本プロレタリア文学運動は、日本の歴史から考えると、強い弾圧を受けて退潮に向かいつつあった時期であったことである。現在では、その理論にも硬直的なところがあったとされている。さらに注意すべきは、胡風は日本で文学理論を学びつつも、中国に持ち帰って、中国の文脈に即して発展させようと試みたことである。したがって問題を、日本で学んだプロレタリア文学理論と中国固

有の理論との対立に帰納させるのは、単純化のそしりを免れない。両者は、単純な対立関係ではなく、むしろ輻輳的な関係にあったと言うべきである。

　本稿で胡風の日本体験を再検討するのは、胡風の日本留学の具体的なコンテクストを明らかにすることで、彼にとって日本留学がどのような意味を持っていたかを位置づけ、彼が日本体験を中国の現実と結びつけて文芸理論を生み出したプロセスをたどり直すためである。繰り返すように、本稿では胡風と毛沢東の対立をことさらに強調するつもりはない。胡風の文芸理論がやがて毛沢東と齟齬を来すことは念頭におくとしても、むしろ問題としたいのは、胡風の理論が生み出されるにいたる一連の過程であり、とくに彼にとっての日本体験の意味を、日本のコンテクストと中国の現実の輻輳的関係として読み直すことである。すなわち、胡風の事例を通じて、日本留学の体験が中国近代史において持った意味を、本質化を避けつつ動態において考え直すことが、本稿の目指すところである。

一　胡風の日本での活動

　胡風の回想によると、日本に留学したのは1929年9月だという。彼はすぐに神田の東亜高等予備学校で日本語の学習をはじめた。[6]実藤恵秀の研究によると、東亜高等予備学校は、いわば速習クラスというべき教育機関の一つで、「学年制度とせず、講座制となし、1分科ごとに1日の授業2時間、いずれも2か月乃至3〜4か月に　くぎり、学科兼修を　ゆるし（学費割引：原著者による注、以下（　）は原著者の説明）たし、また留学生の来るにしたがって組を増加した。それに地の利をも　えていたので、留学生は多く　ここに　あつまり、全留学生の3分の2を　あつめることに　なった」という。[7]また胡風夫人の梅志が書いた伝記によると、胡風は学校近くの中華基督教青年会館でいつも食事をしていたという。[8]中華基督教青年会館もまた神田にあった。来日直後の胡風は、神田近辺で生活をしていたことが見て取れ

る。

　じつは 1930 年前後、神田界隈は中国人留学生の活動の中心地であった。とくに中華基督教青年会館は中国人留学生の文化活動の場としてさまざまな催しが開かれた。胡風の留学時代より少し後になるが、中華基督教青年会館で開かれた「芸術聚餐会」について、小谷一郎が詳細な研究をしている。小谷は魏猛克の文章を引用してこう説明する。

　　近年日本の中国人留学生は非常に増え、五六千とも言われている。その中には、芸術を学んでいる人々もたくさんいる。昨年の大晦日（原文、除夕）、ある人が東京神田の青年会で芸術界同人の年越しの集いを開いた。五〇人あまりが出席し、文学、美術、音楽、彫刻、演劇を学ぶものが集まった」、「その後、毎月月末に招集され、例会化するようになり、これまでに三回開かれた。この会は、聚餐というものの、いまや学会的性格を帯びてきており、問題を議論したり、作品を互いに批評し合ったりしている。前回の討論の中心議題は浪漫主義だった。(9)

　「聚餐」とは集まって共に食事をとるという意味で、名称だけを見ると会食の集いに見える。梅志の回想にあるように、中華基督教青年会館は食堂を併設していたことを考えると、実際に食事もとっていたと思われる。しかし重点はもちろん会食ではない。芸術をテーマにした懇談会といった方が正確であろう。さらに小谷の研究によると、「芸術聚餐会」は単なる芸術愛好家の集いではなく、東京に住む中国人左翼留学生の団体である東京左連の活動の一環であったという。日本の左翼運動が弾圧を受け、留学生の活動も制約を受ける中で、「彼らが直接的に表に出て、それを主導的に導くのではなく、広範な中国人日本留学生の支持の元に、「後衛」に退くかたちで活動」したものが「芸術聚餐会」であったとされる。(10) つまり、当時の中華基督教青年会館は、中国人留学生が集い幅広い文化活動が行われる場であったと同時に、

だからこそ、左翼留学生の政治活動の場でもあった。「芸術聚餐会」自体は胡風が帰国したあとの1935年の活動であり、胡風の時代の青年会館でどのような活動があったのかは不明だが、後にそのような活動が行われる場に、胡風も出入りしていたことが確認できる。

さて「芸術聚餐会」の中心となった東京左連は、上海で作られた中国左翼作家連盟の東京支部という位置づけで、日本の中国人留学生を組織したものであった。東京左連の初期の活動についても、小谷一郎が詳しい研究をしている。それによると、おそらく1931年、東京で別々に活動していた中国人留学生の任鈞、葉以群が結びつき、上海の左連と組織的連絡をとって、左連の東京支部を作ったという。主たる目的は、中国の文壇と情報を交換し、また日本のプロレタリア文学運動と連携を取ることだった。初期の活動としては、日本のプロレタリア文学作家の動向を中国に紹介したことなどがあげられる。1931年の「九一八事変」にあたっては、いち早く事変を批判する特集記事を組み、日本国内の反戦の動きを伝えたという(11)。

東京左連の初期とされる1931年は、まさに胡風が日本に留学していた時期である。実際に胡風も東京左連の活動に参加した。ところが記録を見る限り、胡風は少なくとも中心人物ではなく、熱心に活動に参加した形跡もない。実は胡風はこの時期、日本のプロレタリア文学運動に直接参加していたことが明らかになっている。

胡風はまさに1931年、官費留学生の資格を得て、慶應義塾大学英文科に正式に入学した。友人や先生のつてをたどって慶應義塾大学英文科の畑功教授の面接を受け、合格したという。当時慶應義塾大学英文科には著名な詩人・文学評論家である西脇順三郎もいたが、接点はあまり明らかになっていない。胡風は慶應義塾大学入学後すぐ、泉充と知り合い、意気投合した。1931年暮れには泉と同じ下宿に引っ越している。それ以来、胡風が中国に強制帰国させられる1933年まで、泉充と同じ下宿に住んでいたと思われる(12)。胡風は泉に誘われて、日本のプロレタリア文学運動に参加した。胡風はこう

回想する。

　彼〔泉充：鈴木注、以下〔　〕は鈴木の注〕の紹介で私はプロレタリア文化連盟の下のプロレタリア科学研究所の芸術学研究会に参加した。私は中川の仮名を用いた。毎週一回、神田のビルに借りた部屋で会議を開き、文芸理論の問題を議論したり、各国の革命文学運動の状況を研究したりした。一、名前を覚えているものに、英国文学を研究していた槙、フランス文学を研究していた淀野隆三がいた。二、哲学部門の永田広志を招いて唯物弁証法についてのレポートをしてもらった。当時、ソ連で唯物弁証法の創作方法の誤りを清算しはじめていて、日本も影響を受けていた。そこで弁証法の研究を重視して、清算を進めようとした。永田広志はおそらく日本共産党の哲学面における重要な理論家であった。のちに『弁証唯物論』を出版した。芸術学研究会は『芸術学研究（季刊）』を発行した。第一期か第二期の国際反戦文学の報道の中で、私は中国反戦文学の状況を書いた。たしか孫席珍の小説と、国民党による江西中央ソビエト区への爆撃を暴露した誰だかの小説を紹介した記憶がある。署名は中村護とした。またプロレタリア科学研究所だったかプロレタリア作家同盟だったか忘れたが、プロレタリア文学講座を出版したとき、私は中国左翼文学運動の状況を書いた。署名は谷非とした。内容はまったく覚えていない。[13]

　胡風の回想は冤罪で獄中生活を送ったあとの晩年に書かれたもので、細部に曖昧な点がある。以下、いくつか補足しよう。
　胡風が参加した団体の上部にあたるプロレタリア文化連盟〔通称コップ〕は、1931 年、前身のナップの運動をさらに推し進め、プロレタリア文化運動の諸組織を一つの政治的目的に向けて全面的に統一することを方針として結成された。中心となったのは蔵原惟人であった。蔵原惟人は 1930 年、ソ

連に渡航し、帰国後ソ連での見聞を生かして「プロレタリア芸術運動の組織問題」を発表した。ナップからコップへの組織変革は、蔵原のこの論文が基礎となったと言われている。蔵原惟人は運動の指導者である以上に、大きな影響力を発揮した文学評論家でもあった。たとえば彼の代表的論文である「プロレタリア・リアリズムへの道」は、「作家に強い衝撃を与え、その後のプロレタリア文学の創作方法上の基調をつくるようになった」と言われている。彼の特徴は、日本近代文学の流れをプロレタリア文学の理論に照らして解釈し、さらに実際に生み出されつつある作品をプロレタリア文学の角度から批評したことにあった。ソ連で学んだプロレタリア文学理論を、日本文学の具体的作品を通じて検討し、そのことを通じて、日本に根ざしたプロレタリア・リアリズムを指導しようとしたと言えるだろう。重要なのは、蔵原がプロレタリア文学運動の理論化と組織化を同時に推し進めたことである。理論と運動の組織化を一体化させたことにより、彼は「政治の優位性」を過度に強調して日本のプロレタリア文学を貧弱にした元凶の一つと、後世にしばしば批判された。胡風が蔵原理論の大きな影響を受けたことは後述する。さしあたって確認しておきたいのは、胡風が蔵原指導下の日本のプロレタリア文学運動に参加したことである。

　では胡風が参加したプロレタリア科学研究所の活動とは、具体的にはどのようなものだったのか。胡風の回想には詳細なことは書かれていない。この点については、胡風自身が回想する前に日本側の資料を用いて事実を明らかにした近藤龍哉の先駆的な研究が参考になる。近藤の紹介に従い、まず本多秋五の回想を見てみよう。

> そのころ、「プロ科〔プロレタリア科学研究所のこと〕」の芸術部には、芸術理論研究会以下、日本文学、英米文学、フランス文学、ドイツ文学など、各国別の文学研究会があった。映画や美術や音楽の研究会もあって、芸術理論研究会は、それらすべてをひっくるめた意味のものであっ

たと思うが、文学の方からみた場合には、そういう風に分かれていた。私は芸術理論研究会と、日本文学研究会に出ていた。高島君〔泉充の仮名〕や張さん〔胡風のこと〕や山室静は、芸術理論研究会と英米文学研究会に出ていた。だから、張さんに初めて紹介されたのは、各国別の文学研究会のメンバーが合流する芸術理論研究会のときであったろうと思う。(16)

　胡風の述べる「芸術研究会」とは、おそらくは本多の言う「芸術理論研究会」であったと思われる。各国別の研究会があり、それを統合する形で「芸術理論研究会」があったことが分かる。胡風は英米科の学生として、英米文学研究会に参加していた。このかぎりでは、彼は中国問題の専門家としてではなく、泉充の友人として、つまり慶應義塾大学英米科の学生として、日本のプロレタリア文学運動に参加したことが見て取れる。

　続いて見たいのは江口渙の証言である。江口は、胡風が中国の作家として日本のプロレタリア作家同盟に参加したことを明らかにした。

そのころの作家同盟には朝鮮人作家は理論家の金斗興、詩人の金竜済をはじめそうとういた。だが、中国人作家は張光人〔胡風の本名〕ただひとりである。張光人は作家というよりも理論家である。日本語がとてもうまかったし、上海に拠点をもっていた中国左翼作家連盟（略称、左連）にもはいっていたので、日本の作家同盟と中国の左連との連絡をいつもひそかに、そしてたくみにとってくれていた。〔中略〕作家同盟には中国文学研究部（？）というものがあって中心的な働き手は藤枝丈夫と張光人と私立の東洋外語学校（？）で中国語をおしえている若い先生との三人である。(17)

当時のプロレタリア作家同盟に「中国研究部」があったかどうかは不明で

ある。江口の記憶も曖昧なところがある。まして、江口の回想は、胡風がスパイとされていた時期に書かれたもので、胡風の悪行を思い出す形になっている。信憑性については留保が必要かもしれない。ただここには、胡風が中国の左連との連絡係をつとめていたという重要な証言がある。前述のとおり、胡風は東京左連の中心人物ではなく、むしろ慶應義塾大学英米科の学生として日本のプロレタリア文学運動に参加していた。それがいかにして上海の左連と連絡をとるようになったのだろうか。この問題については次節で検討しよう。

　最後に補足しておきたいのは胡風が書いたという2篇の文章である。最初のものは、芸術学研究会編『マルクス・レーニン主義芸術学研究』第二輯に「国際プロレタリア文学運動の諸成果」と題されて書かれたものの「中国」部分であった(18)。ほかに「英米」(青山五郎)、「スペイン」(小林良雄)、「フランス」(淀野隆三)、「ドイツ」(新島繁)、「ソヴェート同盟」(上田進)があった。署名は内村護となっている。この文章は、中国で書かれた作品を紹介し、プロレタリア文学理論の観点から批評する形式になっている。後の胡風の文芸評論にもつながるスタイルが見て取れて興味深い。やや細かく批評された作品だけでも、張天翼「二十一人」、蒲牢「大沢郷」、張天翼「麺包線」、黒炎「戦線」、耶林「村中」、白薇「北寧路のある停車場」、李輝英「最後一課」、史鉄児「東洋人出兵」、葛琴「総退却」、文君「豆腐阿姐」と数多い。胡風が回想で触れている孫席珍は名前があがっているだけで、論じられてはいない。国民党の爆撃を扱ったものは耶林の小説だと思われる。

　もう一つの『プロレタリア文学講座』についてはやはり近藤の研究がある。胡風は1933年発行の日本プロレタリア作家同盟編『プロレタリア文学講座』第三編に、「中国プロレタリア文学運動の発展」を書いている。近藤によれば、「この文章は、「民主主義的啓蒙運動」として位置づける「五・四」運動から説きおこし、「左連」の今後の方針についてまで取り扱った二〇頁余の論文である」という。近藤が述べているように、「個人的な資料

整理では到底書くことのできないものであり、組織の内部深く精通していたということは明らか」な文章であった。少なくともこの段階において、胡風は上海の左連とつながりを持っていたことがうかがわれる。

二 日本反帝同盟への参加と中国渡航

　前節において示したように、胡風は日本のプロレタリア文学運動に参加する中で、中国の左連とつながりを持った。その契機となったのは、日本反帝同盟であったと思われる。

　日本反帝同盟に最初に接触したのは、このころ共に活動をしていた仲間の方翰であったらしい。方翰の回想によると、「私は日本の左翼刊行物から日本反帝同盟の連絡先を突き止め、危険を冒して手紙のやりとりをした。時間を決めて街角で連絡をとり、任務を受け取り、出版資金を寄付した」という。方翰に誘われて、胡風も日本反帝同盟に参加した。胡風は、「このころ、方翰が日本反戦同盟と関係を結び、私と王承志を誘って参加させ、中国人班を作った。同時に日共『赤旗』の読者班にもなった。後に日共指導部の通知を受け、この班は日共党員組織として認められた」と述べている。胡風が「日本反戦同盟」としているのは日本反帝同盟の誤りであろう。仲間の一人が加わったことを契機として、友人が集まり小さな班を形成し、それが日本共産党に正式に認められた経路が見て取れる。このとき、胡風は日本共産党の党員として認められた。

　日本反帝同盟の関わりで、胡風は日共を代表して中国に行き、中国の左連と交渉をすることになった。胡風の回想によると、以下のようであった。

　　このころ、日本反戦同盟が極東反戦会議を発起し、「国際」の許可を得て、会議の期日を決めた。私たちに、一人を上海に派遣して、中国から代表に参加してもらうよう指示が出た。同時期、韓起から手紙が来て、

私に帰国して組織部の仕事をするよう言ってきた。そこで私が上海に帰ることにした。〔中略〕組織は楼適夷を東京に派遣して極東反戦会議に参加させることに決めた。私と適夷は同じ船に乗った。調べられてお互いに累を及ぼすことを避けるため、船上と車中では知らないふりをして、私が密かに彼の面倒を見た。〔中略〕ところが、会議に参加した代表は中国の一人だけだった。反戦同盟は計画を変更せざるを得なくなり、会議を予備会議にした。会議は郊外の井の頭公園で開かれた。(22)

じつはこの間の事情については、関係者の回想は一致していない。たとえば先の方翰は、「同年〔1932年〕末、私たちが日共に入党してまもなく、連絡係から私に伝達があった。日共が東京反帝大同盟を指導して太平洋地区の日帝侵略戦争に反対する重要な会議を開くので、中国の革命組織に通知して代表を派遣させるよう指示を受けた。そこで胡風が上海に手紙で知らせた。まもなく、楼適夷が約束通りに派遣されて東京に来た」と書く(23)。これによれば胡風は手紙を書いたことになっていて、上海に行っていない。また楼適夷も「胡風の記憶では、私たち二人は同行したものの、規定によって道中では公開の接触をしないことにしたとなっているが、私の記憶では、私は一人で行き、東京駅で方翰、王達夫の出迎えをうけ、そのあと張光人〔胡風のこと〕に会いに行った」と述べている(24)。楼適夷は、胡風が上海に来たことは否定しないが、上海で会った記憶はないと述べ、一人で日本に来たという。楼適夷は1929年から31年まで日本に滞在した経験を持っていて、東京左連の活動にも参加したことを考えると、一人で来ること自体はおかしくない。

また井の頭公園の予備会議についても、曖昧さが残っている。方翰は「ほかに東北、北平の代表も私たちが接待した。当時日共は東京郊外に部屋を借りていて、朝から夜中まで秘密会議を開いた。〔中略〕報告は私と胡風が通訳をした。聞くだけで記録は許されなかった。胡風が午前中の通訳をして、午後から夜までは私が通訳をした。会議が終わり、解散して、家に帰った。

覚えているが、私は疲労困憊して、家に帰ると12時間以上眠った」と述べる(25)。場所については郊外としか書かれていないが、中国代表は一人ではないという。また楼適夷は、「日共の指導者との接触も、私が覚えているのは、笹塚の池田寿夫の家だが、胡風が覚えているのは、吉祥寺の井の頭公園の喫茶店である。共通しているのは、江口渙の家で日本の作家と会ったことだ」と述べている(26)。江口渙の家は吉祥寺にあったというので、どこかで記憶が混同しているのかもしれない(27)。また楼適夷は別の文章で、「私は張光人に付き添われて日共中央委員の池田寿夫の家で朝鮮および東北の代表とともに日共との会議に数回出席した。私は中国革命の情勢を報告した」とも述べ(28)、中国からの代表が複数いたことを証言している。

　ここで日本側の資料を見てみよう。井上學の研究によると、日本反帝同盟の前身は、1927年の中国の国民革命に対する日本軍の介入を批判した「対支非干渉同盟」であったという(29)。やがて「戦争反対同盟」になり、それが発展解消されて、1929年に「反帝同盟日本支部（日本反帝同盟）」になった。もともと中国との関わりがあり、しかも胡風の回想にある「反戦同盟」もまったくの記憶間違いではなかったことが分かる。創立直後から、「班組織」を工場や農村にも結成して、大衆運動を広げる方針が定められた。胡風や方翰の活動が「班」として認められたのも、その延長線上だと思われる。この団体は、日本共産党から独立したものであったが、コミンテルンの指導下にあり、共産主義者の団体であった。「日本政府によって共産主義者に支配される「破壊的」団体としてリストにのせられ、従ってそのメンバーは処罰された」という(30)。

　1932年7月、日本反帝同盟の中央執行委員会は、東京にて汎太平洋民族代表者会議を開催せんと「汎太平洋の反帝国主義的組織および反帝国主義者諸君」に向けて提唱することを決定した(31)。そこから大会の準備が始まり、各国の組織に招待状を発送した。招待状によると、会議は広東暴動記念日の11月12日・13日に東京で予定され、主たる議題としては「汎太平洋に於け

る反帝国主義民族独立斗争の共同戦線確立強化についての報告―討論―決議」があげられた。具体的にどの組織に向けて招待状が発行されたのかは不明であるが、少なくとも朝鮮半島、中国東北地区、上海には発送されたと推測できる。

　ところがほぼ同時期、アムステルダムで世界反戦大会が開催された。発起人はロマン・ロランとアンリ・バルビュスで、世界的に戦争の危機が高まっていることを指摘し、「一九三二年八月二七日から二九日までの三日間開催され、二九か国から二二〇〇名の「代表」が参加」する大きな会議となった。アムステルダム会議のあと、日本反帝同盟は反帝同盟国際事務局から手紙を受け取り、「汎太平洋民族代表者会議」について、「民族代表」の会議とすることへの疑問、上海で開催する可能性の示唆など、具体的なアドバイスを受けた。それを受けて日本反帝同盟は、会議の延期を決定した。民族代表の会議から、より広範な汎太平洋の反帝国主義戦争の会議にすることを模索したと言われる。結局、東京での会議はそのまま開催されず、1933年、上海で世界から代表が集まった反戦大会が開催された。

　会議は延期されたものの、知られているかぎりでは、中国から代表が到来し、朝鮮からも代表が派遣されたという。井上學は、谷川巌の回想をもとに、この時中国代表に会ったのは、日本反帝同盟の津金常知書記長だと思われると述べている。「谷川巌氏は津金書記長から聞いた話を伝えている。「延期を知らないで、決死の覚悟を冒して中国反帝大同盟から二人の代表が来日した。中国代表と直接会談した津金書記長が、『イヤ参ったよ、日本で農民はどのようなパルチザン闘争をやっているかときくんだから……』と話していたことがいまも私の記憶にのこっている。代表は二人とも北京と上海の大学生らしかったが、のちに逮捕され国外追放になったということである」と」。ただし注釈によると、津金は1932年10月に逮捕されており、中国代表に会ったのが本当に津金であったかどうかは不明だという。またのちに逮捕されて国外追放になった学生というのは、通訳をつとめた胡風と方翰のこ

とだと思われ、派遣された代表ではない。いずれにせよ、回想にかなりの曖昧さが残っている。

　以上のように、日本反帝同盟の「極東反戦会議」については、不明な点が多く残る。ただ胡風の人生にとって重要なのは、この時、いわば日本の組織の代表として上海に渡航し、上海にいた中国の左連の幹部と会見したことである。再び胡風の回想を見よう。

　　東京にいたとき、韓起を通じて私は馮雪峰と手紙のやりとりをはじめていた。このときはじめて会ったが、まるでしばらくぶりに会った古い友人のようであった。彼の話しぶりはとても親しみ深く、指導者の役人らしさがまるでなく、私は信頼した。
　　東京で会ったことのあった華蒂（以群）が左連（丁玲が書記）の日常の会議に連れて行ってくれた。丁玲とも古い友人のように意気投合した。私は丁玲、馮雪峰らと何度も食事をした。チャンスさえあれば丁玲にまとわりついていた馮達とも会った。
　　周起応（周揚）も会いにきた。やはり古なじみのように感じた。彼は『文学月報』を編集していた。当時第三種人に対する論争をしていた。馮雪峰と周揚は意見が異なっていて、何度も私に説明をして、自分の立場を弁護した。私は、政治原則としては馮雪峰が正しいと思ったが、文芸の観点では周揚の左傾した傾向に近かった。(35)

　ここで中国左翼作家連盟について確認しておこう。1930年に上海にて左翼系の文学者を結集して創立した組織で、いわば日本のプロレタリア作家同盟に似た意味を持っていた。指導部としては、党団（中国共産党の指導機関）が政治思想および党に関わる業務を行い、執行機関として常務委員会（執行委員会）を置き、その下に秘書処、組織部、宣伝部を設置していた。党団書記、常務委員会の行政書記（執行書記）などの重要職務を誰がいつの時期に

担当したか、明確でないところもあるが、党団書記を経験した人物には、馮乃超、陽翰笙、銭杏邨、馮雪峰、耶林、丁玲、周揚がいたとされる。⁽³⁶⁾

　胡風が回想であげた馮雪峰、丁玲、周揚は、時期こそ前後するものの、いずれも党団書記を経験した左連の中心的人物であった。くり返すように胡風の回想は晩年のものであり、後から重要だと考えた名前を強調した可能性も否定できない。ただ胡風が左連の中心人物に会ったことはほぼ事実だと思われる。しかもかなり打ち解けた雰囲気であったことも見て取れる。その会合の一つに参加したと思われる汪俞は、「1932年中秋前後、谷非（胡風）が日本の東京から帰国して報告をした。張天翼も南京からかけつけた。左連の指導者がその機会に研究会を開いた。〔中略〕多くの友人と集まれるように、秘密裏に北四川路の月宮飯店に大きなスイートルームをとり、シャワーをあびたり、酒を飲んだり、おしゃべりしたりできるようにした」と回想している。⁽³⁷⁾彼の記憶では、この会議には、馮雪峰、丁玲、周揚の他、穆木天、葉以群、韓起、張天翼などが集まったという。胡風の古くからの友人と上海の左連の中心人物が一堂に会したことが見て取れる。

　前述のように、胡風は東京でも東京左連に参加していた。しかし葉以群のように東京左連の中心人物として組織的な運動をしたわけではなく、彼の活動の中心は、むしろ日本のプロレタリア文学団体にあったと思われた。この時、日本反帝同盟からの招待状を伝達する役割を担い、以前からの知り合いの葉以群〔華蒂は彼の筆名〕などの手を借りつつ、中国の左翼運動の中心に入り、上海の中心人物たちと親しい友人になったと言えないだろうか。日本反帝同盟の会議自体は延期に終わったが、その準備に参加したこと、なかんずく上海に招待状を届けたことは、胡風の人生を大きく変える契機になった。というのも、この上海渡航を契機にして、胡風は中国での評論活動を本格化させていったのである。

三　左連における胡風

　胡風が上海に渡航し、左連の中心人物と会ったとき、左連の内外では第三種人論争が行われていた。第三種人論争は、自覚的にはマルクス主義者であった胡秋原が、政治的要素を過剰に要求すると文芸を破壊することになると批判したことに始まる。さらに蘇汶が作家の創作の自由を求める主張をした。この二人がそもそも批判したのは、国民党の民族文学論であったという。しかし彼らの批判のロジックは、左連および中国共産党の周辺の文学者にも抵触したため、左連側が激しく応酬することになった。そこから、政治的に左右両派に属さない「第三種人」があるか否かをめぐって、理論的な論争が行われた。現在の文学史では、「こうした〔左連の〕批判は、政治的に見れば歴史的な原因があったのだが、本来は理論的な探究だったものを政治論争にしたてたため、結果として、創作における政治性と世界観の重要性を強化し、さらに「唯物弁証法創作方法」の消極的影響を強化することになった」[38]と評価されている。

　ここで注目すべきは、「唯物弁証法創作方法」である。現在の文学史では否定的にとらえられているものの、当時にあっては、ソ連で唱えられた最新の理論であった。プロレタリア作家は唯物弁証法にのっとり、前衛的世界観をもって創作を行うべきであり、また批評家は唯物弁証法の立場から作家を指導すべきだというもので、日本でそれをいち早く唱えたのは、ほかならぬ蔵原惟人であった。少し整理するとこうなる。中国の第三種人論争は、もともとは胡秋原と蘇汶の主張に対する左連文学者の反論であったが、文学の政治性が論じられた結果、左連において唯物弁証法創作方法が前景化されることになった。その論争の最中に、日本で蔵原惟人率いるプロレタリア文学運動に参加し、理論の研究を続けてきた胡風が、日本の組織の代表として上海に到来した。

胡風の回想にも、馮雪峰と周揚がそれぞれ第三種人論争における自己の立場を説明にきたとある。そこで唯物弁証法創作方法が議論されたことは疑いない。おそらくはそうした背景のもと、胡風は第三種人論争に介入する文章を書き、周揚が編集していた『文学月報』に発表した。
　胡風が発表した「粉飾・歪曲・鉄のごとき事実」は、現在の視点から見ると、論争に適合した議論とは言いがたい。蘇汶が関連していた雑誌『現代』を第三種人の雑誌とみなし、その第一巻（合計六期）に掲載された小説をプロレタリア文学理論に基づいて批判したものである。しかし『現代』は第三種人の雑誌とは言いがたいものであったし、胡風が批判した小説の中には、巴金のような明らかに第三種人陣営ではない作家も含まれていた。梅志の胡風伝によると、「彼は日本に帰った後、冷静になって再度この文章を分析したところ、他人の作った罠にはまって、お先棒を担がされて攻撃を受けたような気がしてきた。もちろん自分自身の誤りである。どうして各方面の文章を詳細に読まずに、軽率に結論を下してしまったのだろうか」と反省したという。後に評論をまとめて書籍にしたときも、胡風はこれを収録しなかった。たしかに、短期間の上海滞在中に伝聞した情報をもとに、雑誌『現代』を題材として書いた文章のように見える。
　しかしそうした明白な問題があったにも関わらず、胡風の文章は周揚の編集していた雑誌に掲載された。その理由は、おそらく文章の冒頭に読み取ることができる。胡風はこう書いた。「最近発生したいわゆる「第三種人」に関する論争で、反対者の出した理論的根拠は、完全に混乱している。なぜならば彼らは歴史発展の合法性の上に立てられた客観的立場を少しも把握していないからである」。胡風のいう「歴史発展の合法性の上に立てられた客観的立場」とは、すなわち唯物弁証法に基づく前衛的世界観のことである。作家の世界観の問題を前面に打ち出し、その観点から第三種人論争への介入をしたと読み取れる。
　胡風が唯物弁証法創作方法を蔵原惟人から学んだことは、ほとんど疑いな

い。「粉飾・歪曲・鉄のごとき事実」における蔵原理論の影響については、近藤龍哉の先駆的研究に指摘がある。また梅志も、蔵原惟人の「芸術的方法についての感想」が、「彼の長年解決できなかった理論的問題を解決し、その後の批評文章の執筆を推進する最初のはたらきを担った。具体的作品の創作過程への批評方法と分析を読み、プロレタリア・リアリズムの基本理論を獲得したと感じた」と書いている。じつは、「芸術的方法についての感想」こそまさに「政治の優位性」を強化した文章として後世の日本では悪名高いものであるが、胡風はそれを最新の理論として学習した。

　なによりも重要なのは、胡風は蔵原から「具体的作品の創作過程への批評方法と分析」を学び、一つ一つの作品に対して、作家の世界観を問い直す観点から具体的に批評しようとしたことである。彼が「粉飾・歪曲・鉄のごとき事実」において、誤りを含みつつも、『現代』に掲載された個々の作品に対して批評を試みたのは、その姿勢の表れであったと思われる。個別の作品への詳細な批評は、第三種人論争の中でも、胡風以前にはほとんど見られなかったものであった。すなわち胡風は、唯物弁証法創作方法を中国の論争にもたらしたのみならず、より重要なこととして、唯物論に基づいて作家の世界観を問いただし具体的な作品を批評するスタイルをもたらした。それこそを、周揚をはじめとする左連の中心人物たちは高く評価したのではないだろうか。そしてだからこそ、胡風自身は後に不満を感じたとしても、「粉飾・歪曲・鉄のごとき事実」を契機として、胡風は中国文学界に確固たる地位を得たのではないだろうか。

　さて胡風は、日本反帝同盟からの招待状を伝達すると日本に戻った。胡風の回想によると、馮雪峰から左連宣伝部長を打診されたが、受けなかったという。ところが1933年、胡風は日本の警察に逮捕された。小林多喜二虐殺の直後で、日本共産党が弾圧されていた時期であった。「日本プロレタリア科学同盟華僑班」の検挙を名目とした中国人留学生の大規模検挙事件で、共に『赤旗』読書班を作っていた方翰や王承志も逮捕されたという。胡風は黙

秘を貫いたというが、最終的に強制送還の処分を受け、1933年6月、船で上海へと送りかえされた。

帰国した胡風は左連宣伝部長に就任した。胡風の回想によると、当時の左連では、周揚が組織部長と党団書記をつとめ、茅盾が常務委員会の行政書記をつとめていた。左連の活動について、胡風はこう感じたという。

> 日本のプロレタリア作家同盟と比べると、左連のやり方は単純すぎると思った。仕事もその場しのぎでやり過ごしているのと同じだった。書記は会議のときに来るだけで、組織部もメンバーの中の数名の党員と連絡をとるだけだった。左連は思想団体であるため、仕事は当然宣伝部に集中した。しかし内部の状況を理解すると、メンバーはバラバラであることが分かった。私は第一に学力がなく、第二に声望もなかった。手に何も持たず、何ができようか。(44)

胡風が日本のプロレタリア文学団体のやり方を中国の左連に持ち込みたいと望みながら、それが簡単にできないと嘆いたことがうかがえる。ここで胡風は、理論のみならず、組織のあり方も、日本で学んだことを中国に導入しようと試みている。

実際に胡風は、活動活性化のための施策を講じた。第一に、当時上海に四つあった「区」の班活動を実質化すべく、「区委員会に思想工作を行い、研究会などを作って、区委員たちを苦悶の状態から追求の状態へと変化させ、彼らが班活動に何かをもたらし、同時に班活動から何かを吸収できるようにさせようとした」(45)。第二に三つの研究会を作った。韓起、聶紺弩らによる理論研究会、穆木天、任鈞らによる詩歌研究会、周文、欧陽山、草明、沙汀らによる小説研究会である。小さい規模で活動をする班や、個別テーマに即した研究会をいくつか作り、それぞれ定期的に研究をするやり方は、まさに胡風が芸術学研究会や日本反帝同盟で身につけたことである。胡風自身は、そ

のような班および研究会の研究活動において、蔵原理論を深く理解した。左連の理論的水準を向上させ、同時に組織力を高めるために、班と研究会の活発な活動が重要だと胡風は考え、そのための方策を採ったと思われる。

　そうした活動が評価されたのか、胡風は1933年10月、茅盾の後を受けて常務委員会の行政書記に就任した。しかし胡風の回想では、行政書記就任は、むしろ左連の組織的混乱を示すものとされている。「実際には宣伝部の仕事はまったく変わらず、すべて私が担当した。盧森堡〔任鈞のこと、このとき組織部に配置された〕の行った組織活動とは、区委員会と連絡をとることだった。そこで区の研究会にも、私が出なくてはならなくなった。私は書記の身分が一つ増えて、しかも自分の家を会議の場所として提供した」とい
(46)
う。胡風が感じた不満をそのまま事実として受け取ることはできないとしても、少なくとも胡風から見ると、中国の左連は、日本のプロレタリア文学団体のような有機的な組織活動ができておらず、孤軍奮闘せざるをえないと感じていたことがうかがえる。

　しかし胡風が左連の中心で活躍した時期は長くはなかった。胡風が左連の仕事を辞めた事情は、やや複雑であるが、まとめると以下のようになる。胡風は左連の仕事と並行して、国民党系の中山文化教育館で日本語翻訳の仕事をしていた。生活費を稼ぐためのことで、左連にも報告していたという。1934年、穆木天が逮捕される事件があった。釈放されたあと、胡風は国民党の資金をもらっているスパイであり、穆木天を密告したのは胡風だという噂が流れた。さらに韓侍桁がある日、胡風に対して、面と向かって穆木天の話を持ち出し、二重スパイではないかと疑いを述べてきた。それを聞いた胡風は周揚に相談にいった。胡風の回想によると、「私は韓侍桁のところで聞いた話を報告し、左連の職務を辞職すると言った。彼は穆木天の言い分を否定せず、何の決定もせず、ただ私に、仕事の関係で彼は引っ越すとだけいっ
(47)
た。つまり、私と連絡をしなくするということだった」。こうして胡風は左連の仕事から離れた。彼が左連に深く入ったのは、帰国後の1933年8月の

ことであり、辞職した1934年10月まで、わずか1年あまりの活動であった。

　胡風が「誣告」されたことの真相は、いまだに明らかではない。中国共産党が地下活動を余儀なくされ、党員は常に逮捕される危険性と隣り合わせの緊張状態の中で、もともとは些末であった感情の行き違いが、決定的な意味を持ったのかもしれない。胡風の人生を考えたとき、重要だったのは、このとき周揚と決裂したことであった。この頃の左連は、丁玲が秘密裏に逮捕されて「失踪」状態にあり、馮雪峰は中央ソビエト区に異動していた。上海に残る指導部では、周揚が中心人物であった。したがって、周揚との決裂は、すなわち左連からの離脱とほぼ同義であった。

　周揚は、胡風の未熟な論文を掲載したことに現れているように、もともと胡風と親しい関係を維持していた。左連の組織を整備しようとした胡風の試みも、周揚との共同作業で進められたというべきである。なぜ1934年に胡風と決裂するにいたったのか、その事情も明らかではない。ただ、このとき生じた人間関係の亀裂は、胡風の人生に長く暗い影を投げかけることになった。周揚はやがて毛沢東の信頼を獲得し、文化政策の中心人物になる。他方で胡風は、周揚との仲を修復できないまま、毛沢東によって「反革命」、「スパイ」と認定されることになった。1950年代の胡風事件の背景に、胡風と周揚の対立を見る論者も少なくない。

　周揚と胡風の決裂を明らかにすることは、中国文学史においてきわめて重要な問題ではあるが、本稿の課題に即して注目したいのは、周揚も日本経験を持っていたことである。周揚は胡風とほぼ同時期に来日し、短い期間、日本に滞在したことがあった。もちろん、両者の日本体験の差異が人間関係の決裂の原因になったと主張することはできない。しかし両者の日本体験を比べてみると、気質の違いが明確に見えてくることも事実である。本稿の課題は、胡風が日本のコンテクストを踏まえて中国で文学運動を展開したプロセスを検討することであった。胡風の特徴をより明確にするために、次節で周

揚の日本体験をみてみよう。

四　周揚の日本体験

　周揚が日本にきたのは1929年のことであった。くしくも胡風と同時期である。しかし日本での体験は大きく異なった。周揚がインタビューに答えたところによると、「日本に行っても、何の学校にも通わなかった。あれは1929年のことで、ちょうど日本の左翼文化が最も流行していた時期だった。マルクス主義の著作がたくさんあった。それは上海では禁止されていたが、日本で流行していた。マルクスとソ連の本について、日本の翻訳はとても早かった。外国文化の紹介は日本の大きな長所だ。少なからぬ中国人がそれに益を受けた。なぜなら、中国人でロシア語ができる人は少なく、日本語のわかる人が多かったからだ。魯迅であれ、郭沫若であれ、日本語がわかることで利益を享受した。あの頃、私の日本語は大したことなかった。日本語書籍のほか、英語書籍も読んだ」という生活であったらしい。[48] 周揚と同時期に日本にいた譚林通の回想によると、周揚が住んだのは、東京の小石川にある「国師館」という名の下宿屋であった。下宿の住人の多数は中国人留学生だったという。[49] 胡風と違って日本の学校に入ることなく、留学生の住む下宿屋を中心として、中国人社会を基盤として生活をしたことがうかがえる。

　もっとも周揚も、日本のプロレタリア文学運動には接近を試みている。周揚の別の回想によると、「東京にいたとき、私は懸命に左翼文芸書籍を読み、懸命に日本の左翼文化人との関係を求めた。私は日本の左翼文化人が主催する夏季外国語大学に入り、中国青年芸術連盟（左傾した中国人留学生が組織したもの。葉沈（沈西嶺のこと）、許幸之などがいた）に参加した。そのために私は日本の警察に目を付けられ、日本で大検挙があったときに逮捕された。左傾した日本人の友人とともに、拘置所に一ヶ月入れられた。しかし犯罪の証拠がなかったため釈放された。釈放後、東京でさらに二～三ヶ月過ごしてか

ら、上海に戻った」という。周揚が接触した日本の左翼文化人については、小谷一郎の研究がある。

　周揚は、二九年七月一五日から八月一五日まで神田駿河台の文化会館で開かれた国際文化研究所主催の外国語夏期大学英語部に参加している。松本正雄は、その時、国際文化研究所の所員で、外国語夏期大学の英語部の講師を務めた。その松本正雄は回想『過去と記憶』(光和堂、七四年一〇月) の中で、二九年一一月、周揚が突然訪ねてきた。「上海へ帰るのでお別れに来たという」。周揚は、「もっと早く来るつもりだったが」、「夏期大学が終わってすぐ私のところへこようとして、彼は戦旗社へ私の住所と道順をききに行ったところ、私服刑事につかまり、豚箱にほうりこまれ、日本語がよく通じないため、ひどい拷問をうけ、二九日の拘留を三回も蒸し返され、昨日ようやく釈放されたばかりだ、とのことだった」と書いている。

　『戦旗』は、胡風が参加した日本プロレタリア文化連盟の前身にあたる全日本無産者芸術連盟〔ナップ〕の機関誌である。周揚が松本正雄を訪ねて戦旗社に行ったということは、日本のプロレタリア文学運動の中心に接触していたことを示している。なお周揚が逮捕された大検挙は、「中国共産党日本特別支部の検挙」といわれるもので、東京、札幌、仙台、名古屋および京都で、中国留学生を一斉検挙した事件である。周揚はこのとき「中国共産党日本特別支部」の党員と認定されたわけではなく、それゆえ起訴はされなかったが、影響を受けざるをえなかった。小谷一郎によると、一斉検挙によって多くの左翼学生が強制退去となり、中国人留学生の左翼文化運動はいったん下火になったという。周揚は日本における中国人留学生の左翼文化運動が弾圧される瞬間に遭遇したことになる。結果的には、この大検挙に巻き込まれたため、周揚は日本に長く滞在することなく、中国に帰国する道を選んだ。

周揚と胡風の日本体験を比べると、共通点もあるが、いくつか重大な違いが見て取れる。共通点としてはともに強力な弾圧を受けたことがあげられる。周揚も胡風も拘留された経験を持っている。そもそも日本のプロレタリア運動が強い弾圧を受けた時期であり、また留学生に対する取り締まりも厳しさを増していた。その体験は、二人の左翼文芸家としての覚悟を高めたと思われる。しかし目立つのは、二人の相違点である。周揚が参加したのは外国語夏季大学で、しかもその講師を訪ねようとして、検挙に巻き込まれてかなわなかったのに対して、胡風は慶應義塾大学に入学し、同級生に誘われて日本のプロレタリア文学運動に参加した。また周揚が近づいたのはコップの前身のナップであったのに対して、胡風が参加したのは、蔵原惟人によって広範な組織が作られた日本プロレタリア文化連盟であった。つまり、周揚が日本のプロレタリア運動の周辺に留まり、大検挙に巻き込まれて帰国することになったのに対して、胡風は弾圧の中でより強固さを増した組織の中に、正式メンバーとして参加した。

　もちろん、周揚と胡風の日本体験に優劣をつけることはできない。胡風が日本のプロレタリア文学運動に深く入ったからより優れていると考えることはできない。二人とも、目指したのは、中国において有効な左翼文芸運動を展開することであった。胡風が日本で深く学んだ理論と組織方法をもとに評論活動と左連の組織化を試みたことは前節で述べた。つまり胡風が試みたのは、蔵原から学んだ理論を応用して中国の作品を批評することであり、対象はあくまでも中国であった。また彼が組織化しようとしたのは、中国における文芸運動であった。それに対して周揚は、日本体験を胡風とは別の形で消化し、中国の左翼文芸運動を導こうとした。

　周揚のスタイルが良く現れているものとして、1933年末に発表した社会主義リアリズムを紹介する文章をあげることができる。社会主義リアリズムは、唯物弁証法創作方法が硬直化したことを是正すべく、1932年暮れの全ソ作家同盟組織委員会の会議で唱えられた文学理論であった。1934年に全

ソ作家同盟が正式に発足したとき公式に採用された。陳順馨の研究によると、中国で最初に社会主義リアリズムを紹介したのは、1933年2月の『芸術新聞』に掲載されたニュースで、日本の記事を翻訳したものだったという。本格的に社会主義リアリズムのスローガンを紹介したのは、1933年7月発行の雑誌『文学』創刊号「ソビエトロシア文壇組織についてのニュース」と題する通信欄で、続いて8月31日『国際毎日文選』が日本の上田進の「ソ連文学の近況」を翻訳してグロンスキーとキルポーチンの発言を紹介した。[53]

周揚の文章「「社会主義リアリズムと革命ロマン主義」について」は、主としてキルポーチンの発言を紹介しつつ、唯物弁証法創作方法がいかに硬直化に向かったかを分析し、新しいスローガンとしての社会主義リアリズムの内容を説明したものである。ここで注目したいのは、周揚が紹介する際に付け加えた部分である。

　　この問題が提起されて以来、ソ連でも、社会主義リアリズムというスローガンの本当の意味が正確に理解できているとは言い切れない。まして日本の左翼文学陣営では、この問題に対して、数々の皮相的理解（たとえば上田進）や機会主義的・解消主義的歪曲（たとえば徳永直）が示されている。新しいスローガンは、ことに中国で容易に誤解され、歪曲されうる。とくに、このスローガンは「唯物弁証法創作方法」の否定として提起された。もし我々がこのソ連文学の新しい発展を全体から見ずに、単に「唯物弁証法創作方法は誤りであった」という命題から出発したならば、これまで一貫して明言はしないものの唯物弁証法に反対してきた文学者たちに、公然と唯物弁証法に反対する根拠を与えてしまう。それのみならず、「今日はリアリズムを唱え、明日はまた否定する」と我々を嘲笑している自由主義者たちに、また嘲笑するチャンスを与えてしまう。しかも問題の中心が歪曲されてどこに連れて行かれるか分から

ず、自覚しないまま文学におけるブルジョア階級の影響にとらわれてしまう。(54)

　ここで周揚は、中国の先行する紹介が依拠した上田進を名指しで批判している。上田進を批判した具体的な根拠は不明だが、批判の重点はおそらく、日本プロレタリア文学の社会主義リアリズムに対する受容状況にあるのではなく、上田の記事を安易に翻訳するばかりで、ソ連において新しいスローガンが生み出されたコンテクストと歴史的な位置づけを明らかにしなかった中国の紹介のあり方に向けられていると思われる。周揚は、社会主義リアリズムのスローガンを正確に紹介しなければ、中国国内で潜在的あるいは顕在的に左連に反対している陣営を勢いづかせると危惧した。中国において左翼文芸に対して根強い批判があることを前提とした上で、攻撃に負けない強靱な理論を中国の左翼文芸界が手に入れることを明確に意識して、ソ連の新しい理論を受け入れたと考えられる。

　胡風が武器にしたのが唯物弁証法創作方法であったことを想起すれば、周揚が胡風の信奉する理論の弱点を是正する新しいスローガンを積極的に提起したと考えることも可能ではある。しかし胡風と周揚の対立をことさらに拡大する見方は正しくない。実際には胡風も社会主義リアリズムを受け入れ、自身の文芸理論を常に修正し続ける姿勢を示した。常に新しい理論を受け入れ、自己革新をはかり続けたことは、プロレタリア文学者たる二人の共通点というべきである。二人の相違点は、新しい理論を受け入れたかどうかではなく、いかにして受け入れたかにある。

　やや図式的にまとめるとこうなるだろう。周揚は日本のプロレタリア文学運動を外在的に受けとめた。彼は日本のプロレタリア運動の優れた点を認めたと同時に、強い弾圧にさらされたときの脆弱さも体験した。他方で中国の運動には左連の初期から関わり、数々の論争の現場をくぐり抜けてきた。中国において左翼文芸運動が直面する具体的問題を深く理解し、実践活動を試

みてきた。周揚の社会主義リアリズム紹介の文章は、そうした彼の姿勢を示したと考えられる。それに対して胡風は、日本のプロレタリア文学運動に内在的に参与した。もちろん弾圧を受けたときの脆弱さも理解はしたが、それ以上に日本の理論と組織が生まれてきたコンテクストを体感してきた。他方で中国の運動に対しては、深く参与したい欲求はあったが、人間関係のもつれなどもあり、中国に深く根を下ろす方策を充分にとれないまま、左連の組織から離脱することになった。

くり返すように、周揚と胡風の対立を過度に強調すべきではないし、二人の相違点の根源を日本留学だけに帰すべきでもない。周揚と胡風の相違点は、個人的な気質の違い、歴史的要因など、さまざまな原因が複合的に絡み合って生み出されたと考えられる。そのような多様な原因の中の一つであることを認識した上で、二人の日本体験の質を考えるならば、そこにも二人の運命の分かれ道が象徴的に示されているように思えてならない。

おわりに

周揚と胡風の対立が公開のものになるのは、1935年から36年にかけてであった。理論的な問題としては、典型論をめぐる論争があった。[55]典型論は、いうまでもなくプロレタリア文学批評において核心をなす概念装置の一つである。胡風の理解によると、典型とは、まず社会集団のそれぞれの個人の共同の特徴を抽出し、次に唯物弁証法の世界観によって特徴の中の偶然の要素と必然の要素を見極め、さらに必然の要素を一つの人物形象に溶かし込むことによって、集団にとって普遍的な意味を獲得させる形象のことであった。そのため、その形象は、現れとしては個人の形象であるが、社会的集団を示し、社会の関係性を反映するとされた。[56]この理論の枠組み、および議論で使われた用語は、蔵原惟人の「芸術的方法についての感想」ないし唯物弁証法創作方法の枠内にあると思われる。

周揚は胡風の論考に対して、典型についてやや異なる理解を提起した。周揚によれば、「典型の創造とは、ある社会グループの中から最も性格を表す特徴、習慣、趣味、欲望、行動、言語などを抽出し、その抽出したものを一人の人物に体現させて、その人物に特有の性格を失わせないようにすることである。したがって、典型はある特定の時代のある特定の社会グループの共有の特徴を備えるが、同時に、彼が代表する社会グループとは異なる個別の風貌も持つ」(57)という。具体的には魯迅の小説の人物である阿Ｑが議論の対象となった。胡風は、社会の関係性を表すという意味で、中国小説史上最も優れた典型は、阿Ｑであると考えた。それに対して周揚は、阿Ｑは唯一無二の独自な存在であり、だからこそ多くの人に深い印象を残したと述べた。

　周揚の文章の題名は「リアリズム試論」であった。典型について論じる前の部分では、リアリズムの歴史をたどり、社会主義リアリズムについて「新しいリアリズム」として紹介している。周揚も正しい世界観を持つことは重視しているが、同時に運動と発展の中で現実を反映することが重要だと述べている。そこに、作者の世界観を絶対的に重視する唯物弁証法創作方法の硬直を是正し、社会主義リアリズムを中国に導入しようとする周揚の意志を読み取ることも可能であろう。

　しかし二人の対立は、理論の次元だけに存在したのではない。むしろ理論と現実が結びついた地点でこそ、周揚と胡風は妥協できない対立をしたと言うべきである。周揚は典型論に関する論争の中で、「ここで、中国社会の急激かつ猛烈な発展、および文学の一般的な落後と技術の低下といった具体的な状況を考えるならば、我々は典型を創造する希望を、近くに置きすぎたり高く置きすぎたりすることは不可能である（世界の最も先進的な国家も芸術概括力の貧困を嘆いているではないか）。目下重要なのは、文学が現実に落後していて、作家と実践が乖離している悲しむべき状態を克服することである。文学を民族解放の武器の一つにしなければならない」(58)と述べた。周揚はあくまでも中国の文学運動の組織者の立場に立ち、現実に直面している問題を強調

して、実践活動を強化することを求めた。周揚のこの発言に対して、胡風は「どうして「文学が現実に落後している状態を克服する」ために典型を創造する努力を放棄しなければならず、典型の創造は「文学の武器の効果を失わせる危険がある」」のか。典型の創造は、まさに文学の落後を「克服」するではないか」と反論している。(59)

　典型論をめぐる論争は、中国文学史上では、二つのスローガン論争とほぼ同時であった。二つのスローガン論争は、日中戦争前夜、左連が解散した際に、その後のスローガンをどうするべきかをめぐって交わされた。周揚をはじめとする左連の指導グループは、左連を発展的に解消してより広範な文学者の連合を作るべきだという考えにたち、「国防文学」のスローガンを提起した。1935年12月にはあたかも北京で学生運動が発生し、「国防」「抗日」の旗の下に多くの人が結集しつつあった。周揚はそのモメンタムを取り入れて、実践活動を展開することをねらった。ところがそれに対して胡風や魯迅などは、左連という組織を解散するならば、なおさら戦闘的な文学理念を保持すべきだという考えにたち、「民族革命戦争の大衆文学」のスローガンを提起した。(60)

　周揚は典型を論じるときにも「国防文学」のスローガンを提起する立場から発言し、胡風はそれを受け入れず戦闘的な文学理念を追求する立場から主張したと言えるだろう。すなわち彼らの理論的な対立は、そのまま実践に向けた姿勢の違いを表している。

　1936年に明らかになった周揚と胡風の決裂は、その後修復されることなく、むしろ距離を拡大していった。すぐに始まった日中戦争後、周揚は延安にいき、毛沢東の信頼を得て、やがて毛沢東の文芸政策の祖述者と見なされるようになった。他方で胡風は、戦争中、国民党統治地区に留まり、雑誌『七月』を発行しながら、同人たちと共に、中国の戦争状況にふさわしいリアリズム小説を追求する努力を続けた。二人とも戦争の過程で新たな課題に取り組み、また中国国内の文学論争と関わりながら、自らのリアリズム理論

を深めていった。しかし両者の道が重なることは、二度となかった。そして、周揚と胡風のあいだの、おそらく当初は微細であった亀裂は、その後毛沢東が二人のあいだに入ったことで、取り返しのつかない劇的な分裂に発展した。

　本稿で論じてきたように、胡風は日本留学中に蔵原惟人率いる日本のプロレタリア文学運動に参加し、そして日本の代表という身分で中国の左連の中心人物と知り合い、信頼を獲得した。その後中国に帰った胡風は、日本で学んだ理論を応用して、中国の具体的な小説への批評活動を展開し、また日本のやり方を参照しつつ、中国の左翼作家の団体である中国左翼作家連盟の組織を整備しようとした。しかし人間関係のもつれから、左連を離脱することになった。他方で、当時の左連の中心人物であった周揚も、かつて日本に滞在した経験を持っていた。しかし胡風と異なり、周揚の日本体験は、いわば外在的に日本のプロレタリア文学運動を受けとめるものであった。両者の日本体験は、中国現代文学における日本体験の意味の両極を示しているように思われる。

　胡風の文芸理論の全体像とその達成点を捉えるためには、日中戦争中の彼の文学活動を検討する必要がある。それは簡単なテーマではないが、中国文学史を考える上で、極めて重要な課題である。ただ、それを踏まえた上で、本稿において確認しておきたいのは、胡風という文芸評論家がいかにして理論と実践の形を身につけ、それを中国で展開しようとしたかを考えるとき、彼の日本体験が重要な意味を持ったことである。しかも同時に注意すべきなのは、胡風の事例は一人の特異な文学批評家の経歴であると同時に、中国現代文学における日本体験の一つの極北をなす経験でもあったことである。

　胡風のあと、彼ほど中国現代文学に影響を与え、そして同時に彼ほど日本の文学界の影響を受けた人物は、二度と生まれていないように思われる。

【注】

(1) 厳安生「はじめに」『陶晶孫　その数奇な生涯：もう一つの中国人留学精神史』岩波書店、2009 年、10 頁。
(2) 明治大学史資料センター編『明治大学小史：〈個〉を強くする大学 130 年』学文社、2011 年、70-80 頁参照。
(3) 茅盾『我走過的道路』（中）、人民文学出版社、1984 年。
(4) 胡風事件については、李輝『胡風集団冤案始末』人民日報出版社、1989 年参照。日本語訳は、『囚われた文学者たち：毛沢東と胡風事件』上・下、千野拓政・平井博訳、岩波書店、1996 年。
(5) 前掲李輝著書のほか、丸山昇『文化大革命に到る道：思想政策と知識人群像』岩波書店、2001 年参照。
(6) 胡風『胡風回憶録』人民文学出版社、1993 年、1 頁。
(7) さねとう・けいしゅう『増補版　中国人日本留学史』くろしお出版、1970 年、113-114 頁。
(8) 梅志『胡風伝』北京十月文芸出版社、1998 年、208 頁。
(9) 小谷一郎『一九三〇年代後期中国人日本留学生文学・芸術活動史』汲古書院、2011 年、59-60 頁。
(10) 小谷一郎『一九三〇年代後期中国人日本留学生文学・芸術活動史』、64 頁。
(11) 小谷一郎『一九三〇年代中国人日本留学生文学・芸術活動史』汲古書院、2010 年、参照。
(12) 近藤龍哉「胡風研究ノート（一）—その理論形成期についての伝記的考察—」（『東洋文化研究所紀要』第 75 冊、1978 年）が『外事警察報』をもとに、帰国時の住所が泉充と同じであったことを確認している。
(13) 胡風『胡風回憶録』、8 頁。
(14) 小林茂夫「解説」『蔵原惟人集』新日本出版社、1990 年、458 頁。
(15) たとえば、栗原幸夫『増補新版　プロレタリア文学とその時代』インパクト出版会、2004 年。
(16) 本多秋五「胡風のこと」『有効性の上にあるもの』未来社、1963 年、92 頁。近藤龍哉「胡風研究ノート（一）—その理論形成期についての伝記的考察—」、参照。
(17) 江口渙『たたかいの作家同盟記：わが文学半生記・後編』（下）、新日本出版社、1968 年、70 頁。近藤龍哉「胡風研究ノート（一）—その理論形成期についての伝記的考察—」、参照。
(18) 内村護「中国」『マルクス・レーニン主義芸術学研究』第二輯、1932 年 11 月、262-270 頁。
(19) 近藤龍哉「胡風研究ノート（一）—その理論形成期についての伝記的考察—」、374 頁、376 頁。

(20) 何定華「胡風的青少年時期（摘刊）」『魯迅研究月刊』1992 年第 2 期、41 頁。
(21) 胡風『胡風回憶録』、9 頁。
(22) 胡風『胡風回憶録』、10-12 頁。
(23) 何定華「胡風的青少年時期（摘刊）」、42 頁。
(24) 楼適夷「記胡風」、曉風編『増補版　我与胡風』（上）、寧夏人民出版社、2003 年、5 頁。
(25) 何定華「胡風的青少年時期（摘刊）」、42 頁。
(26) 楼適夷「記胡風」、5 頁。
(27) 江口渙『たたかいの作家同盟記：わが文学半生記・後編』、参照。
(28) 楼適夷「我談我自己」、『新文学史料』1994 年第 1 期、55 頁。
(29) 以下の記述は、井上學『日本反帝同盟史研究：戦前期反戦・反帝運動の軌跡』不二出版、2008 年、参照。
(30) ランガー、スウェアリンゲン『日本の赤い旗：日本共産党三十年史』吉田東祐訳、コスモポリタン社、1953 年、80 頁。
(31) 井上學『日本反帝同盟史研究：戦前期反戦・反帝運動の軌跡』、194 頁。
(32) 井上學『日本反帝同盟史研究：戦前期反戦・反帝運動の軌跡』、201 頁。
(33) 井上學『日本反帝同盟史研究：戦前期反戦・反帝運動の軌跡』、203 頁。
(34) 井上學『日本反帝同盟史研究：戦前期反戦・反帝運動の軌跡』、212 頁。
(35) 胡風『胡風回憶録』、11 頁。
(36) 姚辛『左聯史』光明日報出版社、2006 年、7 頁。
(37) 汪侖「"左聯"生活回憶雜記」『左聯紀念集　1930-1990』百家出版社、1990 年、120 頁。
(38) 錢理群・温儒敏・呉福輝『中国現代文学三十年（修訂本）』北京大学出版社、1989 年、200 頁。
(39) 巴金はすぐに「我的自辯」（『現代』第 2 巻第 5 期、1933 年 3 月）を書いて反論をした。
(40) 梅志『胡風伝』、232 頁。
(41) 谷非〔胡風〕「粉飾・歪曲・鉄一般的事実」『文学月報』第 1 巻第 5・6 期、1932 年 12 月。
(42) 梅志『胡風伝』、226-227 頁。
(43) 小谷一郎『一九三〇年代中国人日本留学生文学・芸術活動史』、189 頁、参照。
(44) 胡風『胡風回憶録』、21 頁。
(45) 梅志『胡風伝』、254 頁。
(46) 胡風『胡風回憶録』、29 頁。
(47) 胡風『胡風回憶録』、31 頁。
(48) 趙浩生「周揚笑談歴史功過」『新文学史料』第 2 輯、1979 年 2 月、230 頁。
(49) 譚林通「難忘相識在東京」『憶周揚』内蒙古人民出版社、1998 年、22 頁。

(50) 徐慶全『周揚与馮雪峰』湖北人民出版社、2005 年、10 頁。
(51) 小谷一郎『一九三〇年代中国人日本留学生文学・芸術活動史』、79 頁。
(52) 小谷一郎『一九三〇年代中国人日本留学生文学・芸術活動史』、70-80 頁、参照。
(53) 陳順馨『社会主義現実主義理論在中国的接受与転化』安徽教育出版社、2000 年、76-77 頁。
(54) 周起応〔周揚〕「関於「社会主義的現実主義与革命的浪漫主義」」『現代』第 4 巻第 1 期、1933 年 11 月、22 頁。
(55) 典型論をめぐる胡風と周揚の論争については、拙稿「胡風文芸思想と『七月』の実践」(『野草』第 87 号、2011 年 2 月) で初歩的に論じたことがある。
(56) 胡風「什麼是"典型"和"類型"」『胡風全集』第 2 巻、湖北人民出版社、1999 年、参照。初出は 1935 年。
(57) 周揚「現実主義試論」『周揚文集』第 1 巻、人民文学出版社、1984 年、160 頁。初出は 1936 年。
(58) 周揚「典型与個性」『周揚文集』第 1 巻、168 頁。初出は 1936 年。
(59) 胡風「典型論的混乱」『胡風全集』第 2 巻、391 頁。初出は 1936 年。
(60) 二つのスローガン論争については、拙稿「「公論」の可能性―抗戦前夜上海における〈文学〉の位相―」(『上海――重層するネットワーク』汲古書院、2000 年) で論じたことがある。
(61) 戦争中の胡風の模索については、拙稿「民族与啓蒙：在民族形式討論中的胡風」(石井剛主編『"心"与 Nation：反思東亜地区的現代経験』UTCP、2015 年) でも部分的に論じた。

第5章　日治期台湾における台湾人弁護士の誕生

村上　一博

はじめに

　周知のように、日本による台湾統治は、日清戦争後の下関条約調印によって台湾が中国清朝から日本に割譲された1895（明治28）年4月に始まり、第二次世界大戦後のポツダム宣言によって日本から中華民国に編入された1945（昭和20）年10月までの50年余りに及ぶ。この日本統治時代に、多くの台湾人学生が、明治大学を含む内地の大学に学び、弁護士資格を取得したことが知られており[1]、また近年では、蔡錦堂氏らの研究によって、その総数や、その内の特定の人物（陳増福・葉清耀）について、その家族環境や弁護士活動の実態などが解明されつつある[2]。

　本稿では、もっぱら、台北律師公會會史委員会監修、王泰升・曾文亮編『二十世紀台北律師公會會史（台北律師公會叢書七）』（台北律師公會、2005年）の第一章「訴訟代人制度と台北訴訟代人会」・第二章「弁護士制度と台北弁護士会」・第三章「台北弁護士会の成員分析」・第四章「台北弁護士会活動と社会参与」（1-104頁）を要約することにより―加えて、陳鋕雄著『日治時期的台湾法曹―以国家為中心之歴史考察―』（台湾大学碩士論文、1996年）なども参照しながら―、日治期台湾における弁護士制度について概観し、今後の展望を示すことにしたい。

一　訴訟代人制度と台北訴訟代人会

1. 訴訟代人制度の出現

　台湾においては、日治期に入って以後、近代西欧法体制が導入され、今日の「律師」の前身にあたる「訴訟代人」が出現した。

　1895年5月8日の下関（馬関）条約発効によって、台湾は法律上、日本領土の一部となったが、台湾人民の武力反抗が起こったため、日本は同年8月6日「台湾総督府条例」を公布し、台湾総督の下に軍事官衙を組織して軍事統治を行った。同年11月には、日軍が台南に侵入して全台平定を宣告したが、まだ軍事統治は完成しておらず、完成に至るのは、翌1896年3月の「六三法」（「台湾ニ施行スヘキ法令ニ関スル法律」［法律第63号］）制定公布によってである。

　軍政時期の司法事務についてみると、陸軍局法官部が軍事権によって裁判を行った。台湾総督府は、民政局の下に民刑課を設置し、民刑事の法律命令および裁判・検察などの事務を掌理した。1895年11月17日の日令第二一号之二「台湾住民治罪令」では、刑事訴訟手続における弁護人の規定は見出されない。また、民事訴訟手続きを定める同号之三「台湾住民民事訴訟令」によれば、原告および被告は自ら訴訟を行うことを原則とし、審判官の許可を経て、親族あるいは雇用人を訴訟代理人あるいは輔佐人とすることができたが（第三条）、ここでも、法律専業者を訴訟代理人に任じることは認められていない。

　1896年4月1日の六三法施行により、対台日本統治が民政時期に入ると、日令の旧規定は効力を失った。同年5月1日、総督府は、律令第一号「台湾総督府法院条例」を発して、三級三審制を採用した。高等法院は判官5人、覆審法院は判官3人、いずれも合議制が採用され、また地方法院は判官1人

の独任制であり、法院ごとに検察官が置かれた。新しい法院制度が設けられたとはいえ、訴訟手続きに関する明文規定はまだ存在しなかった。しかし、1896年8月6日付の『台湾新報』には、すでに日本人弁護士が漢文で広告を掲載して「従事訴訟鑑定及訴訟代辨」を謳い、また台湾人が名前を具して、無罪を獲得してくれた弁護士に謝意を表している。その後、『台法月報』は、小林勝民（公正館法律事務所［台北城内西門］主幹、1896年1月渡台）と長嶺茂（領台の際に渡台して法律事務に従事、1898年訴訟代人資格を取得）という2人の弁護士の経歴を紹介している。こうした事から、訴訟代人制度が施行される以前に、何人かの日本人が台湾に来て訴訟代理業務に従事していたことが知られるのであり、民政時期の法院において、すでに、法律専業者が、刑事訴訟上の弁護士として、また民事訴訟手続上の訴訟代理人として、認められていたのである。日治期以前の清朝統治時期に認められていた訴訟代理は「抱告」、すなわち紛争当時者の親族であり（管事あるいは家丁が自己の名義で、官府に状を呈した）、くわえて、「代書」すなわち原被告に代わって呈状を撰写して一定の費用を取る者がいた。この他に、官府の考選を経ず、私的に当事者に代わって書状を撰写する者、一般に「訟師」といわれる者もいた。この3種類の中で、現在の「律師」に最も近いのは、「訟師」であり、「代書」が同一案件において同時に双方の当事者の事務に服することができたのに対して、「訟師」はもっぱら一方の当事者の側に就いたが、「訟師」は、たえず教唆あるいは包攬訴訟の原因となったため、法の厳禁するところであった。「訟師」は、官府が承認する合法的職業ではなかったから、この類の業者は確かに存在していたとはいえ、その職業的地位は低かった。このように、「訟師」が地下行業とみられていたのとは違って、このとき台湾社会に出現したのは、官府が承認した法律専業者の一群だったのである。

　1897年、総督府は、地方官制を進め、全台各地に辨務署を設置して、民事調停事件を処理させた（「民事争訟調停規程」）。総督府は、若干の不心得な日本人が台湾人間の争訟に介入して、報酬を貪り取らないように、辨務署が

処理する民事調停事件において、法律専業者を代理人として使用することを禁止し、僅かに例外として、親族あるいは近隣者が代理人となることを認めた。このように、行政機関の民事調停手続から法律専業者の参与を排除しつつ、他方において、総督府は、法院の裁判手続において訴訟代理人あるいは弁護人となる者について、濫訴の弊害を防止し、裁判のスムーズな進行を図るべく、日本内地の訴訟代人の沿革や弁護士法を参酌して、1898年に「訴訟代人規則」を制定した。この規則には、訴訟代人資格に関する規定がすでに含まれており、「訴訟代理」業務は専門化に向かって動き始めた。要するに、人民の紛争を処理する制度設計のうえで、辨務署の民事調停手続は清治時期の県庁衙門の処理方式を引き継ぎながら、他方では、総督府体制の下で、新たな法院体系および訴訟代人制度が設けられたのである。

1898年1月14日、総督府が、府令第二号で公布した「訴訟代人規則」の内容は次の通りである。

第一条　訴訟代人ハ当事者ノ委任ヲ受ケ台湾総督府法院ニ於テ民事訴訟ノ代理人ト為リ又ハ刑事訴訟ノ弁護人ト為ルモノトス
第二条　訴訟代人ハ左ノ資格ノ一ヲ具備スルヲ要ス
　　第一　弁護士法ニ依リ弁護士タル資格ヲ有スル者
　　第二　法院判官及検察官タリシ者
　　第三　訴訟代人ノ免許状ヲ有スル者
第三条　左ニ掲クル者ハ訴訟代人タルコトヲ得ス
　　第一　重罪ヲ犯シタル者但国事犯ニシテ復権シタルトキハ此限ニアラス
　　第二　不敬罪、偽造罪、偽証罪、賄賂罪、誣告罪、窃盗罪、詐欺罪、費消罪、贓物ニ関スル罪、遺失物埋蔵物ニ関スル罪、家資分散ニ関スル罪、及刑法第百七十五条同第二百六十条同第二百八十二条同第二百八十六条同第二百八十七条同第三百六十

条ニ記載シタル定役ニ服スヘキ軽罪ヲ犯シタル者
　　第三　公権停止中ノ者
　　第四　破産若ハ家資分散ノ宣告ヲ受ケ復権セサル者又ハ身代限ノ処分
　　　　　ヲ受ケ債務ノ弁償ヲ終ヘサル者
第四条　訴訟代人ノ免許状ヲ得ント欲スル者ハ其願書ニ左ノ書類ヲ添ヘ登
　　　　録ヲ受クヘキ法院ノ検察官ヲ経由シテ之ヲ台湾総督ニ差出スヘシ
　　第一　履歴書
　　第二　第三条ニ該ル者ハ其復権又ハ債務ノ弁償ヲ終ヘタル証明書
第五条　訴訟代人ノ免許状ハ訴訟代人検定委員ノ検定ニ依リ台湾総督之ヲ
　　　　付与ス
第六条　訴訟代人ハ訴訟代人名簿ノ登録ヲ受クルニアラサレハ其業務ヲ行
　　　　フコトヲ得ス
第七条　各地方法院ニ訴訟代人名簿ヲ備フ
　　　　訴訟代人ハ其氏名ヲ登録シタル地方法院ノ所属トス
第八条　訴訟代人名簿ニ登録ヲ請フ者ハ其所属地方法院検察官ヲ経由シテ
　　　　台湾総督ニ請求書ヲ差出スヘシ
　　　　登録請求書ニハ第二条第四条第五条ノ事項ニ関スル証明書及書類
　　　　ヲ添フヘシ
第九条　訴訟代人名簿ニ登録ヲ請フ者ハ左ノ区別ニ従ヒ登録手数料ヲ納ム
　　　　ヘシ
　　第一　新規登録　　　　二十円
　　第二　登録換　　　　　十　円
　　第三　取消ノ請求　　　一　円
第十条　訴訟代人名簿ノ登録及登録ノ取消ハ台湾総督ノ命令ニ依リ地方法
　　　　院検察官ニ於テ之ヲ為ス
第十一条　訴訟代人名簿ニ登録ヲ為シ又ハ登録ヲ取消シタルトキハ府報ヲ
　　　　以テ之ヲ公告ス

第十二条　訴訟代人ハ所属地方法院検察官ノ監督ヲ受ク

第十三条　訴訟代人其業務ニ関シ犯罪若ハ信用ヲ失フヘキ不正ノ行為アルトキハ台湾総督ハ其業務ヲ停止シ若ハ登録ヲ取消スコトアルヘシ

第十四条　地方法院検察官ハ台湾総督ノ認可ヲ得テ訴訟代人取締細則ヲ設クルコトヲ得

　　附　則

第十五条　訴訟代人ニアラサレハ民事訴訟ノ代理人タルコトヲ得ス訴訟代人ノ在ラサル場合ニ於テハ法院ノ認可ヲ受ケタル親族若ハ雇人ヲ以テ訴訟代理人ト為スコトヲ得

第十六条　此規則施行前ニ当事者ノ委任ヲ受ケ既ニ法院ニ於テ訴訟代理人タル認可ヲ得タル者ハ其事件ノ判決ニ至ルマテ之カ訴訟代理人タルコトヲ得

第十七条　此規則ハ明治三十一年二月一日ヨリ施行ス

訴訟代人の資格に関する規定（第二条）をみると、総督府は、法律専業者制度を導入しながらも、まだ日本の弁護士法を直接に準用してはいない。その理由は、主として、当時台湾に来た弁護士の人数が多くなかったため、もし訴訟代理従事者を弁護士資格者に限定すれば、社会の需用を満たせなかったからである。

2. 訴訟代人の分析

(一) 訴訟代人の検定

　この訴訟代人規則によれば、1898年2月1日以降、訴訟代人を除いて、民事訴訟代理人となりえず（第一五条）、訴訟代人は、必ず一定の資格を有しなければならない（第二条）。この両条は、台湾の訴訟代理制度が、専業化の新時代に入ったことを示している。原則として、「法律専業者（律師）強制

主義」が採用されたのである。

　訴訟代人の資格に関する第二条は、弁護士あるいは判検事資格を有する者で当然に訴訟代人たりうる者のほか、両方の資格を持たない者でも、訴訟代人の「執照」（免許状）の取得により、訴訟代人となることができると定めた。訴訟代人執照の取得は、検定方式で行われる。訴訟代人になろうとする者は、一定の資料を具して、総督府に申請し、訴訟代人検定委員の検定を経た後、訴訟代人執照が、台湾総督府から発給されたのである。

　訴訟代人規則が実施された当初は、随時申請・随時検定の方式がとられたが、訴訟代人数の増加にともない、総督府は、1898年、府令第三二号「訴訟代人の検定は毎年二回行うこととし、期日は公告するが、本年は一回行い、既に申請を提出した者の検定には、本令を適用しない」によって、定期検定方式に改めた。この府令が公布されたのち、総督府は、同年6月、当該年度の訴訟代人検定期日を11月とし、執照を申請しようとする者は、9月15日以前に申請を提出することとした。これが定期検定後の最初の申請であった。しかし、1899年6月、総督府が台湾弁護士規則の草案作業に着手したため、訴訟代人は斜陽の職業となった。総督府は訴訟代人の定期検定業務を二度と行わなかったので、この検定方式は、もはやその意義を失い、1899年府令第一三六号によって廃止された。

（二）訴訟代人の登録と管理

　訴訟代人規則第六条によれば、訴訟代人名簿に登録されていない訴訟代人は、その事務を執業しえない。各地方法院に、その登録名簿が備えられた。総督府は、訓令第一九号により「訴訟代人免許及名簿登録処理辦法」を発布した。

　訴訟代人規則は、登録取消規定のほか、訴訟代人はすべて、所属する地方法院検察官の監督に服し、その管理細則は、地方法院が制定して、総督府の認可の後に実施すると定めている（第一二・一四条）。このため、訴訟代人規

則実施後、各地方法院は、管理細則を起草して、総督府に認可を求めた。

　総督府が訴訟代人制度を実施した目的は、主に訴訟代理人の行為を管理監督して、濫訴など弊害を防止することにあったから、訴訟代人制度の実施後、監督が行き届かない所が発見されれば、総督府は速やかに補足処理した。例えば、1898年10月、総督府は各法院に通達を発して、訴訟代人会が定期あるいは臨時総会を開会し、あるいは常議員会を開会するときは、会議結果をその度に所属する地方法院検察官長に報告し、検察官長はこれを迅速に総督に報告することとしたのである。

　訴訟代人規則実施後、執照を取得しながら、まだ登録を請求していない、多くの訴訟代人が存在した。総督府は、登録しないのは、この規則に違反し、管理上妥当でないことから、1898年4月府令第一九号により、第五条に「免許状を有する訴訟代人で左の事項の一の事由あるものは、無効とする。第一　免許状発給日から三か月以内に、訴訟代人名簿への登録を請求しない者。第二　登録を取消した者。無効の免許状は、速やかに所属する地方法院検察官が回収する。」という二項を追加した。

(三)　訴訟代人の分析

　訴訟代人規則によると、訴訟代人名簿に登録を請求し、あるいは登録を取消す者は、総督府府報によって公告する。したがって、総督府府報によって訴訟代人の名簿を調べることが可能であり、また訴訟代人の申請文は、総督府公文類纂（国史館台湾文献館所蔵）中に見出される。

　訴訟代人制度が存在したのは、1898年2月1日から1901年5月11日まで、3年3ヶ月ほどである。この期間における台北の訴訟代人の推移は、三期に分けることができる。

　①第一期（1898年2月～1898年12月、台北訴訟代人の形成期）

　この時期は台北と全台の訴訟代人の人数が上昇傾向にあり、1898年末の台北訴訟代人総数は48人であり、全台の約7割であった。

②第二期（1899 年 1 月～ 1900 年 2 月、弁護士制度の草創期）

全台の訴訟代人人数は 75 人前後を維持したが、台北の訴訟代人に他の地方に転住する者が現れ始めたため、台北の人数はやや減少した。1900 年 2 月台湾弁護士規則実施の前夜には、台北の訴訟代人人数は 41 人にまで減り、全台 75 人中の 6 割以下であった。

③第三期（1900 年 2 月～ 1901 年 5 月、弁護士制度の発展期）

1900 年 2 月、総督府が弁護士制度を実施したことにより、台北の訴訟代人中、弁護士資格を有する者の大多数は弁護士に転任し、台北の訴訟代人人数は一気に減少した。この後、弁護士と訴訟代人という二つの制度が併存することとなったが、訴訟代人で弁護士資格を有しない者は、その地位という点で見劣りし、台北でも他の地方でも同様に、訴訟代人の人数は漸次減少した。1901 年 4 月、全台では 40 人前後の訴訟代人がおり、台北地区には約 23 人がいた。4 月 11 日、総督府は訴訟代人が弁護士に転任できる旨の律令を発布したので、この後 1 ケ月間、台湾に残っていた訴訟代人は、そのほとんどが、期限内に弁護士登録を行った。

訴訟代人はすべて日本人（「内地人」）であり、女性はこの業務に従事できなかった。事実上、訴訟代人制度は、3 年に満たない短い歴史であったとはいえ、その影響は極めて大きい。

訴訟代人規則によれば、訴訟代人の資格を取得できるのは 3 種類、すなわち、①弁護士法により弁護士資格を取得した者、②かつて法院判事あるいは検事であった者、③訴訟代人検定を経て資格を取得した者、であった。台北の訴訟代人（50 人）中、30％（15 人）が弁護士あるいは判検事資格を有する者であり、その他 70％（35 人）は、日本内地では訴訟代人検定がなかったので、台湾において、訴訟代理の業務を執行する資格を取得した。このことは、台湾の訴訟代人が、日本内地の弁護士と比べて、法律専業者という点で格差があったことを示しているといえるが、個別的にみると、法学博士の増島六一郎が来台して、1898 年 5 月 27 日から 1900 年 7 月 19 日までの 2 年 1

ケ月余り、台北地方法院訴訟代人名簿に登録しているから、台湾のすべての訴訟代人のレベルが低かったわけではない。

台北の訴訟代人（50人）の卒業学校をみると、帝大4人、私立法学校36人、その他5人、不詳5人である。帝大出身者は極めて少数で、私立法学校出身者が絶対多数を占めていた。卒業学校と資格を相関的に分析すると、4人の帝大出身者中、2人が判事資格者、2人が弁護士資格者であり、36人の私立法学校出身者中、判事資格者の1人を除き、5人が弁護士資格者であり、その他の30人は、訴訟代人検定を経て資格を取得した者であった。当時、帝大卒業生は必ずしも国家試験を受けなくても司法官となることができ、かつ内地で司法官の職に任じられる機会が比較的多かったが、私立学校出身者は、必ず国家試験を経て司法官資格を得なければならなかった。そのため、私立学校出身者の大多数は、当時司法官と比べて地位の低かった弁護士になったのであり、また自ら志願して来台し、比較的簡単な訴訟代人検定試験によって、台湾で弁護士職務を執行しようとする者も出てきたのである。

【表1】明治法律学校出身の台北訴訟代人

姓名	登録	退出	期間	退出原因	生年	出身地	明治法律学校卒業年	資格
吉田孝基	1898/2/9	1900/2/9	2年	転弁護士	1860	熊本県	1881	代言人1882 弁護士1891
山根梅太郎	1898/3/28	1901/3/14	2年11月	【不明】	1865	佐賀県	1891	無
長嶺 茂	1898/4/25	1901/4/24	2年11月	【不明】	1869	長崎県	1890	無
小野五郎	1898/4/29	1898/9/27	4月	業務不正	1867	山梨県	1890	無
山口義章	1898/7/20	1901/4/26	2年 9月	転弁護士	1868	三重県	1892	無
加藤寛信	1898/7/20	1901/3/14	2年 7月	業務不正	1868	三重県	1892	無
長野 保	1898/7/20	1901/4/26	2年 9月	転弁護士	1874	熊本県	1892	無
富永策治	1898/7/20	1901/3/14	2年 7月	転台南	1873	熊本県	1892	無
佐藤徳治	1898/7/20	1901/4/24	2年 9月	転弁護士	1876	宮城県	1896	無
森 直吉	1898/7/20	1899/4/17	9月	転台南	1871	千葉県	1891	無
藤竹信昌	1898/8/20	1899/8/4	11月	【不明】	1871	熊本県	1893	無
山本峰松	1898/10/10	1901/3/14	2年 5月	業務不正	1862	三重県	1890	無
阿部 貞	1898/12/15	1899/4/26	5月	転台南	1857	新潟県	1887	無

注：『二十世紀台北律師公会会史』367-369頁より作成

3. 台北訴訟代人会

(一) 訴訟代人会の組織と運営

　台北地方法院が制定した管理細則によれば、訴訟代人は訴訟代人会を設立し（第九条）、会長・副会長を置き、常議員を設置できた（第一〇条）。訴訟代人会は、毎年定期総会と臨時会を開く（第一一条）が、僅かな特定事項についてしか意見を持つことができず、かつその組織運営は地方法院検察官の監督を受けた。

　1898 年、現在の台北律師公会の前身である「台北訴訟代人会」が正式に発足した。訴訟代人制度が 1898 年 2 月 1 日に施行されてから、続々と総督府に申請がなされて訴訟代人が生まれたが、4 月末までに、すでに 24 人を数えた。4 月 30 日、訴訟代人会の会長、副会長の選挙が行われた。訴訟代人たちは、艋舺（マンカ）の翁亭に集まり、小畑精が会長に当選、中村啓次郎が副会長に、生沼永保・吉田孝基・福島安三郎・長嶺茂・服部甲子造・花田元直・富田庄蔵が常議員となった。訴訟代人会の成立後、1901 年 5 月に同会が終わるまで、3 年程の間に、訴訟代人会は 3 回の会議を開催した。

(二) 台北訴訟代人会の活動

　1898 年 9 月 27 日の臨時総会、1899 年 2 月 10 日の臨時総会、1899 年 3 月 15 日の定期総会において審議された主要な議題から、台北の訴訟代人たちの関心が、その職務に集中していたことが分かる。

　1899 年 1 月、総督府は律令第一号を公布し、同年 4 月 1 日以降、清治時期に訴権が発生した民事案件を受理しないと定めた。総督府がこのような措置をとった理由は、一面では、この類の案件が法院の業務の 4 分の 1 を占めていたため、受理しないことで法院の案件処理を軽減し、また政府の財政難を緩和しようとしたからであるが、他面では、この類の案件は、10 年ないし 100 年以上前の紛争にかかわる可能性があるため、証拠の採取が困難であ

るだけでなく、司法官吏が清治時期の法律内容に精通していないこともあり、さらに、財産権の安定性を確保するためにも紛争を再燃させるのは好ましくないと考えたからである。

　この律令が公布された後、訴訟代人会は2月10日臨時総会を開き、この律令の対応措置について協議した。その結果、この律令は在台の日本人全体に適用される恐れがあると認められること、かつ4月1日の実施まで緩衝期間が短すぎること、島内人民に周知する必要があるのに実際的に不可能であることから、総督府に実施期日の延期を請願することを決議し、花田元直・生沼永保・広瀬充蔵・川瀬周次・松村鶴吉郎の五名を交渉委員に指名した。1週間後、台北当地の交渉委員と、台南（片山昂）・台中（山移定政）・新竹（服部明）の代表一同は、総督に何度も面会して、決議の内容を示した。これにより、総督府は、再検討を行い、同年10月1日からの実施に改めたのである。

　1898年7月17日台湾総督府は律令第八号により、民事刑事に関する事項の処理について、「一、本島人と清国人に渉らない以外の民事商事事項　二、本島人と清国人に関する刑事事項」を除き、均しく民法・商法・刑法・民事訴訟法・刑事訴訟法の規定を適用すると定めた。この規定を根拠にして、内地法が依用されることになったため、当時全台人口のうち在台日本人（内地人）は僅かであったにもかかわらず、弁護士が必要となった。しかし、当時在台湾において、弁護士法による弁護士有資格者の人数は非常に少なく、このため総督府は同年律令第九号「民事商事および刑事に関する律令施行規則」第六条により、「民事訴訟法・刑事訴訟法・人事訴訟手続および非訟事件手続中、弁護士職務に属する部分は、訴訟代人が行使する」と定めた。1899年6月、総督府が弁護士法を制定するとの噂が巷に溢れたため、大部分が弁護士資格を持っていなかった訴訟代人たちの間でパニックが起こった。日本内地で弁護士法が実施されたとき、代言人が弁護士となった前例にしたがって、台湾でも、訴訟代人が弁護士に転任することを認めるよう、訴

訟代人会は総督・民政長官等を歴訪し、全島の訴訟代人が連携して、台北の運動委員にこの危機的状況の全権処理を委ねた。

しかしながら、結局、訴訟代人会は、訴訟代人制度の廃止を阻止しえなかった。1900年1月25日、総督府は、律令第五号「台湾弁護士規則」を公布し、訴訟代理制度の双軌制、すなわち弁護士と訴訟代人の並行を打ち出したものの、訴訟代人が弁護士の資格を取得することは認めなかった。総督府のこうした措置は、各地の訴訟代人の不満を引き起こしたが、最終的には、1901年4月、律令第二号により、「現在の訴訟代人は三〇日以内に弁護士名簿に登録請求して弁護士となりうる」と定められ、また同時に、府令第二四号により、同年5月1日限りで、訴訟代人規則が廃止された。

訴訟代人会が党派に関わりなく、臨時総会において協議した主要な議題は、「訴訟代人は弁護士と称しうるや否や」という自分たち自身の問題以外では、主に、司法制度あるいは法律の施行問題であり、社会参与は語られることがなかった。訴訟代人は、主に日本の明治時代の私立法学校の出身者であり、これらの学校の主要な設立目的の一つは、西欧的法律制度の導入にあったから、所謂法律家は、法律の定める所を忠実に履行することを自らの任務とする人であった。事実、1900年前後の日本内地では、弁護士の仕事として認められていたのは、法廷における業務、あるいは司法制度に直接関係する事務にすぎなかった。所謂「自由法曹団」が起こったのは、1920年以後のことである。これに対して、当時西洋的な法律制度に直接触れてから時間が経っておらず、かつ行政機関の調解制度が存在していた台湾社会では、訴訟代人に対する理解と期待は、おそらく訴訟紛争時に限られており、代わりに出頭してもらうことだけであった。このような背景のもとで、日本内地から台湾にやってきた訴訟代人たちが、自分たちの業務（訴訟）利害に関わる表面的な問題だけに関心を持っていたのは自然の成り行きであった。

4. 訴訟代人実施の成功

　訴訟代人は、全員が日本人であった。清治期の台湾社会は、近代西欧式の法学教育を受けた者はなかったので、近代型の専業律師は存在せず、伝統中国の「訟師」しかいなかった。訴訟代人は日治後の新制度下の産物であり、その規則の立法理由は、司法機関の健全化と濫訴弊害の防止であった。この観点からみると、訴訟代人はこの制度の理想に到達していなかった。この点について、1898年高等法院検察官が台湾総督府に提出した請訓書は「所属外の地方法院所在地に出張事務所を開設している訴訟代人は、執照のない書生に管理させ、訴訟代人は往々にして暗中で案件を接受し、健訟の弊害を醸成した。本年一月一四日府令第二号「訴訟代人規則」第一二条は、訴訟代人は所属する地方法院検察官の監督を受けることを要すると定めるが、前述した他の地方法院所属の訴訟代人が来て出張事務所を設置するのは、所謂非所属の訴訟代人であり、当該地方法院検察官の監督を受けず、取締上実に不便である。出張所を所属地方管轄外に開くのは、所在地の法院検察官の監督に応属するが、明文規定がないから、疑義が生じる。如何に処理するか、迅速な釈示を願い、業務の進行に利したい」と述べている。

　この請訓書にみられる重要な事柄は、訴訟代人が登録外の地方に出張事務所を設置して業務を引き受けていることである。1899年総督府は各地方法院検察官長に密に密訓を送ったが、その内容は「近来、訴訟代人は往々にしてその業務に不正当な行為があり、今後厳密に監督を加え、訴訟代人の品位を損なう行為者は、情節の軽重を論ぜず、すぐに総督に通報すべし」というものであった。1901年3月、総督府は監督の目的を有効にするため、再び府令第六号で訴訟代人規則を改正し、第一三条中に、「訴訟代人取締細則、訴訟代人会会則に違背する行為、あるいは訴訟代人の品行能力を損なう行為は、総会の決議を経て地方法院検察官長に申告し、地方法院検察官長の稟請あるとき、又同じ」との一項を追加した。このほか、請訓書中の出張所内の

「免許状のない書生」は、台湾漢人社会中に以前から存在していた「訟師」と関係があるから、今後の検討が必要である。

5. 小括

　訴訟代人制度は、1898年から実施され、1901年5月に正式に廃止されるまで、3年半に満たない期間であった。1898年にこの制度が実施されたとき、総督府は、随時申請・随時検定の方式を採用し、4月末の時点で、台北には、既に24人の訴訟代人が存在した（全台では最多80余人に達した）が、台湾での訴訟案件の数量が足りず、多くの訴訟代人に供給できなかった。1898年下半期以降、検定申請者が大幅に減少したため、総督府は検定方法を変え、毎年二度に改めた。ただし、事実上、総督府当局はすでに弁護士法実施の可能性を検討し始めたため、1899年以後、訴訟代人検定は実施されなかった。したがって、全台における訴訟代人数は、最高で80余人、1901年には40人前後にまで落ち込んだ。そのうち、台北の訴訟代人は23名前後であった。こうした競争を経て生き残った訴訟代人は、最後に総督府がその品位、技能を弁護士と比べて遜色ないという理由で、1901年律令第二号により、訴訟代人は30日以内に弁護士免許を申請して弁護士となることができると定められた。そして最後に、同年5月11日の府令によって、訴訟代人規則は廃止された。

　訴訟代人制度が台湾で実施された期間はかなり短かったが、一定の影響を残した。この訴訟代人は、1901年に転換して弁護士の身分となったが、法院における訴訟事務を継続し、台湾の元老級弁護士となり、訴訟代人時代の遣り方をその後の弁護士生涯においても継続した。1901年律令第二号の発布によって、訴訟代人とその制度は過去のものとなったが、弁護士という別の身分に形を変えて、台湾社会で引き続き活動したのである。

二　弁護士制度と台北弁護士会

1. 台湾弁護士規則時期（1900 年～ 1936 年）

（一）台湾弁護士制度

　1898 年 7 月の民事商事及び刑事事項に関する律令第八号が、台湾における弁護士制度実施の契機となった。

　1899 年から、総督府は、台湾における弁護士規則について検討を始め、1900 年 1 月 25 日、律令第五号「台湾弁護士規則」を公布した。この後、1901 年 5 月 11 日に訴訟代人の制度が消滅するまで、台湾には、「弁護士」と「訴訟代人」という、2 種類の訴訟代理に従事する法律専業人が存在したことになる。

　1900 年「台湾弁護士規則」は、簡単な数条にすぎない。

　　第一条　弁護士ハ当事者ノ委任ヲ受ケ又ハ台湾総督府法院ノ命令ニ従ヒ台
　　　　　　湾総督府法院ニ於テ法律命令ニ定メタル職務ヲ行フモノトス
　　第二条　弁護士ニハ明治二十六年法律第七号弁護士法ノ規定ヲ準用ス
　　第三条　現在ノ訴訟代人ハ当分ノ内其職務ヲ行フコトヲ得
　　　附則
　　第四条　此規則ハ明治三十三年二月一日ヨリ之ヲ施行ス

　この台湾弁護士規則によれば、弁護士の主要な任務は、法廷における民事訴訟代理および刑事訴訟弁護であり（第一条）、詳細については日本内地の弁護士法が準用された（第二条）。日本内地の弁護士法は、1889 年の大日本帝国憲法の制定と 1890 年の裁判所構成法の公布を契機として、1893 年 3 月 3 日に、法律第七号として公布された（5 月 1 日施行）。1900 年の第一次修正で

は、第一二条が削除されて弁護士の階級制が排除され、1914年の第二次修正（ただし、施行は1923年）では、司法試験制度の改編により、第二条と第四条が改正され、第三条が削除された。さらに、1924年の第三次修正では、第一八条が改正されたが、これは東京弁護士会で分裂問題が生じたためである。

　台湾弁護士規則は、この弁護士法を準用するのだから、弁護士法の修正内容は、台湾においても規範的効力を生じる。しかし、実際には、第一次修正は、台湾に影響はなかった。台湾と日本内地の司法体系が異なり、台湾の司法事件は大審院に上訴されえないため、大審院での弁護士業務の資格問題は存在しなかったからである。第三次修正は、東京弁護士会の分裂に起因するものだが、台湾にはこのような規模の弁護士会は存在しないから、この修正の影響もなかった。第二次修正は、主に弁護士資格の取得に関わるものであり、台湾における弁護士資格は、訴訟代人制度の消滅後は、内地と同様になったから、この修正は台湾の弁護士制度にも確実に一定の影響を及ぼした。

　台湾日治時期の弁護士制度は、以上のように、日本内地とほぼ同じである。ただし、当時、台湾には、訴訟代人制度が存在し、加えて総督府は、台湾と日本内地の状況の違いから、特別統治主義を採ったから、以下に詳述するように、台湾の弁護士制度と日本内地の弁護士制度とは、多少の差異がある。

　台湾弁護士規則の第一条は、弁護士の職務について、当事者の委任を受け、あるいは台湾総督府法院の命令により、台湾総督府法院内において法律命令の定めるところの職務を行うと定めている。この規定は、日本の弁護士法第一条と完全に一致する。言い換えれば、台湾における弁護士の地位は、法廷における訴訟代理にあり、訴訟外の法律事務、例えば鑑定・仲裁・法廷外の和解・契約書の作成、あるいは交渉などは、台湾弁護士規則も弁護士法も言及していないのである。

台湾弁護士規則は、弁護士資格の取得について、特に定めていない。そのため、弁護士法の規定を準用することになる。弁護士法の規定によれば、判検事資格者・法学博士・帝国大学法律科卒業生・旧東京大学法学部卒業生・司法省旧法学校正則科卒業生および司法官試補を除いて、弁護士試験規則による試験に及第した者でなければならない（第二条二項）。弁護士試験に関する規則は、司法大臣が定める（第三条）。試験によって資格を取得する方法は、弁護士の法律専業性を強化する助けとなる。1901年、総督府が、弁護士資格を取得していない元訴訟代人について、1ケ月以内に弁護士となることを認めたため、弁護士となった訴訟代人が、その後長期にわたって台湾における主要な弁護士の源の一つとなった。

　弁護士資格の取得については内地と若干の差異があり、相当長い期間にわたるが、これは法学教育機関がなかったことと関わりがある。弁護士の養成については、完全に内地の法学教育に頼らざるを得なかったのである（この状況は、1928年、台北帝大文政学部に「政学科」が設置されたのち、やや変化が生じることになる）。訴訟代人は、内地では弁護士資格を持たなかったとはいえ、彼らは弁護士資格者と同様に法学教育の訓練を受けていた。台湾の弁護士と日本内地の弁護士が受けた教育的背景は全く同じなのである。

　台湾弁護士規則は弁護士の登録管理についても明文がないから、弁護士法の規定が準用される。弁護士法によれば、弁護士は弁護士名簿に登録され（第七条）、弁護士名簿は各地方裁判所に設置され（第八条）、弁護士名簿への登録を申請するものは所属する地方裁判所検事局を経由して司法大臣にこれを提出する（第九条）。台湾総督府の法院制度と日本内地のそれは同じではないから、弁護士登録を適切に処理するため、総督府は、台湾弁護士規則を発布した同日、1900年1月25日府令第五号「弁護士名簿登録規則」を公布した。

　第一条　弁護士名簿ニ新規登録ヲ請フ者ハ登録請求書ニ登録税法第七条ノ

　　　　　登録税ニ相当スル印紙ヲ貼付シ所属地方法院検察局ヲ経由シテ之
　　　　　ヲ台湾総督ニ差出スヘシ
　　　　　登録換又ハ取消ノ請求ヲ為ストキ亦同シ
第二条　地方法院検察局ニ於テ登録請求書ヲ受理シタルトキハ検察官長ハ
　　　　　弁護士法第二条乃至第六条ノ要件ヲ調査シ意見ヲ付シ之ヲ台湾総
　　　　　督ニ差出スヘシ
第三条　弁護士名簿ノ新規登録換並取消ハ台湾総督ノ命令ニ依リ地方法院
　　　　　検察官長之ヲ為ス
　　　　　弁護士死去シ又ハ弁護士法第五条ニ該当シ又ハ懲戒裁判ニ依リ除
　　　　　名セラレタルトキハ地方法院検察官長ハ弁護士会長ノ申告ニ依リ
　　　　　又ハ職権ヲ以テ直ニ登録ノ取消ヲ為スヘシ
第四条　弁護士名簿ニハ左ノ条件ヲ記入スヘシ
　一　弁護士ノ族籍氏名年齢
　二　登録ノ番号及ヒ年月日
　三　弁護士会加入ノ年月日
　四　事務所
　五　懲戒
第五条　地方法院検察官長ハ弁護士名簿ニ新規登録又ハ登録換ヲ為シタル
　　　　　トキハ其登録ノ番号及ヒ年月日ヲ台湾総督ニ報告シ且之ヲ本人ニ
　　　　　通知スヘシ
　　　　　登録ヲ取消シタルトキ亦同シ
第六条　弁護士名簿ニ新規登録又ハ登録換ヲ為シタルトキ又ハ登録ヲ取消
　　　　　シタルトキハ台湾総督ハ府報ヲ以テ之ヲ公告ス
第七条　弁護士会長ハ弁護士会ニ加入シタル者ノ氏名及ヒ加入ノ年月日ヲ
　　　　　所属地方法院検察局ニ届出ツヘシ
第八条　弁護士名簿ハ別記雛形ノ通調製スヘシ
　附則

第九条　此規則ハ明治三十三年二月一日ヨリ施行ス

　　別記雛形（用紙美濃紙）
　　　原籍
　　　身分　　　　　　　　　氏
　　　生年月日　　　　　　　名
　　　資格
　　　登　録　番　号
　　　登　録　年　月　日
　　　弁護士会加入年月日
　　　事　　務　　所
　　　出　　張　　所
　　　登録取消年月日
　　　　懲　　　戒
　　　　備　　　考

　この規則によると、弁護士名簿への登録を申請しようとする者は所属地方法院検察局を経て台湾総督に提出する（規則第一条）。地方法院検察局が登録請求を受理するときは、弁護士法第二条から第六条に定める要件を調査し、意見を付して、検察官長から総督に提出するものとされた（規則第二条）。
　このほか、弁護士は必ず弁護士会に加入しなければならない（弁護士法第一八・二四条）。弁護士会は地方裁判所検察官長の監督を受ける（台湾弁護士規則第二条、弁護士法第一九条を準用）。例えば、弁護士会は、幹部選挙の結果や各種会議の時間と場所を、事前に検察官長に通知し、検察官長は弁護士会の会議に出席することができ、会議の結果や弁護士会が議決した事項を報告するよう求めることができる。ただし、法令あるいは会則に定める事項、総督あるいは法院の諮問事項、司法上、弁護士と利害関係があり総督あるいは法

院に建議する事項については別である。法令あるいは会則の規定に違反がある場合、総督はその決議の無効を宣言、あるいは議事を停止することができる（以上、台湾弁護士規則第二条、弁護士法第二七〜三〇条を準用）。

　弁護士会に弁護士を強制加入させることは、弁護士団体の形成に助けになるが、共同理念を形成する要因にはならず、弁護士会の活動力にも繋がらない。このほか、弁護士法は検察当局に広範な監督権を与えたから、弁護士会をして、行政機関が弁護士を管理する間接的道具ならしめ、その付属機関としての性格を濃厚にし、弁護士の社会的評価を、常に法官・検察官ら在朝法曹より低い評価へと導いたのである。

　1900年に台湾弁護士規則が施行されたとき、弁護士の懲戒についてもまた、弁護士法の規定が準用された。弁護士法によれば、弁護士が法律あるいは弁護士会の会則に違反したときは、会長は、常議員会あるいは総会の決議により、検事正に懲戒を申請する（第三一条）。弁護士の懲戒事件については管轄する控訴法院で懲戒法廷が開かれる（第三二条）。懲戒には、譴責、100円以下の罰金（過料）、1年以下の停職、除名の4種がある（第三三条）。懲戒処分については、判事懲戒法の規定が準用される（第三四条）。

　1910年、総督府は、弁護士懲戒について準用上困難なところがあるため、同年12月14日律令第二三号により、弁護士規則第三条を改正し、「弁護士ノ懲戒処分ニ付テハ明治三十一年律令第十八号台湾総督府法院判官懲戒令ノ規定ヲ準用ス。但懲戒委員会ハ覆審法院検察官長ノ申立ニ依リ之ヲ開始ス」とした（「台湾総督府法院判官懲戒令」第八条は、判官懲戒委員会は総督の申請により開かれると規定する）。その結果、弁護士懲戒委員会は覆審法院検察官長の申請によって開かれ、委員会は覆審法院院長が委員長となり、別に総督が、総督府法院判官から委員4名（予備委員3人）を任命するのである。

　また、台湾弁護士法とともに台湾総督府令第七号により、訴訟代人名簿に登録された者が弁護士名簿に登録された場合、弁護士会に加入した時点で訴訟代人名簿の登録を無効とすると定め、次いで、1901年4月11日律令第二

号で「訴訟代人規則ニ依リ現ニ訴訟代人タル者ハ此規則施行ノ日ヨリ三十日以内ニ弁護士名簿ニ登録ヲ請フトキハ弁護士タルコトヲ得　此規則ハ発布ノ日ヨリ之ヲ施行ス」、台湾総督令第二四条により、同年5月21日限りで訴訟代人規則を廃止する旨を定めた。この結果、台湾で執務する弁護士には、内地で弁護士試験に及第した者と、台湾で訴訟代人から転じた者の2種類が存在することとなった。以後、新たに弁護士資格を得ようとする者は、すべて内地の弁護士試験に及第しなければならない。

(二) 台北弁護士会

　台湾弁護士規則は弁護士法を準用したため、各地方法院管轄区域の弁護士は、弁護士会を設立した。台湾弁護士規則が1900年2月1日に施行されて以後、訴訟代人で弁護士身分を具備した者は台北地方法院に弁護士としての登録を求め、台北弁護士会が成立した。同月27日、台北弁護士会会長の服部甲子造は、台北地方法院検察局に弁護士会会則を提出した。戦前日本の弁護士法制では、弁護士会は基本的に司法官僚の監督に服し、行政機関を補助して弁護士機構を監督管理したため、日本内地の弁護士会は、1893年の設立から1930年に至るまで、弁護士会の自治独立を獲得するよう努力したのだが、日治時期における台湾の弁護士制度も例外ではなかった。新たに設立された台北弁護士会も、その性質上、司法官僚を補助する機構という宿命から逃れられなかったのである。

　台北弁護士会の組織は、幹部と会議の二つの部分からなる。幹部については、会長・副会長・常議員を設け、総会において投票により選出される。任期は1年。会長は弁護士会を総理し、会則および総会と常議員会の決議を執行する。副会長は、会長が欠席あるいは何らかの理由で職務を執行できないとき、会長の職務を代行する（台北弁護士会会則第六・九・一〇・一二条）。

　会議については、総会と常議員会に分けられる。総会には、定期総会と臨時総会がある。定期総会は毎年定まった時期に挙行され、会員の3分の1以

上の出席がなければ開会しえない。ただし、同一議事について再度会を招集してもなお法廷の出席人数に達しないときは、出席の人員で開会することができる。臨時総会は、会長の職権によって、あるいは、常議員会ないし弁護士3人以上の請求により、会長がこれを開く。総会で審議する事項は、①台湾総督あるいは法院からの諮問事項、②台湾総督あるいは法院に対する建議事項、③常議員会の決議に対する異議、④訴追あるいは論告に関する事項、⑤経費予算、⑥会計計算報告の認否、⑦常議員会の権限に属さない事項である。議事進行については、総会の議長は会長が担当する。一般議案は出席会員の過半数の同意で通過し、賛成と反対が同票のときは議長の決定による（会則第一四・一七・二六・二九条）。定期総会の基本議事は、前年度決算と来年度予算および幹部選挙である。会長・副会長・常議員は均しく会員の直接投票による。常議員会の議長は常議員による互選による。会長・副会長・常議員に欠員が発生したときは臨時総会を招集してこれを補選する。

　常議員会は常議員によって構成され、議長が常議員会を総理する。常議員会は、会長・常議員あるいは弁護士3名以上の請求によって開かれる。常議員会の審議事項は、①会長に対する建議事項、②会長から常議員会への諮問事項、③会長の行為に対する異議に関する事項、④弁護士事務所事務員に関する事項、⑤訴訟紹介業者に関する事項、⑥総会の決議条項とその施行順序と方法の決定に関する事項である（第八・一八・二〇条）。

　台湾弁護士会の制度はその後何度も改正された。例えば、発足時、常議員は5名、定期総会は5月であったが、訴訟代人が弁護士に転じて登録した後は、常議員は7名、定期総会は4月となった。そのほか、1904年、台中地方法院が台北地方法院出張所として改設されたため、台北弁護士会は総会を開き、会則を改正し、弁護士会の会員増加による問題に対処した。

　1919年5月3日には、台北弁護士会総会で会員会費の値上げが決定された。1ケ月あたり1円値上げされて4円となり、増収は年度予備費に組み入れられた。1922年、日本内地における1923年制度改変にともなって、弁護

士の登録額が大幅に増加した。台北弁護士会は内地弁護士の増加を認め、内地弁護士が台湾に来て登録する人数の増大を誘致した。1923年3月27日の臨時総会で、新加入者に対して入会金50円を徴収することを決議した。台北弁護士会のこうした遣り方は顕然たる効果をみせた。1923年には7名の新規入会者があり、日本内地弁護士が台北地院に登録する人数は増加し続けた（第三章）。こうした状況は、1935年の新弁護士法の実施後に変化をみせることになる。

台北弁護士会の基本的地位は、前述のように、司法機関を補助し、弁護士会の活動を管理監督することであった。会則第一条は明文で、本会は台湾弁護士規則に依拠すると定め、台北地方法院管轄区域内に居住する弁護士によって組織される。弁護士会は法人たる地位を具有しなかったので、会に必要な費用は、区域内で執業する弁護士の共同負担による（第五条）、会員の増減に応じて、会長は予算を根拠に会費を徴収する（第三六条）。

台北弁護士会は制度設計上、強制入会の方式を採っていたから、自発的団体を組成するものではなかった。検察官長の監督を受け、弁護士会総会を招集するときは必ず検察官長に願いを提出し、検察官が弁護士会に臨席して演説あるいは訓令を発した。したがって、台北弁護士会の実際の運用にあたり、検察官長は、弁護士会の人事問題と会議での討議結果など具体的な議題について確実に介入した。

1900年2月に初めて成立した台北弁護士会で、内部人事をめぐる紛争が生じた。台湾弁護士会規則の実施にあたって、当初、弁護士資格を持たない訴訟代人が弁護士に転任することを認めなかった。訴訟代人規則の時期、台北の訴訟代人の大多数は判検事あるいは弁護士資格を持っていなかったが、台湾弁護士規則施行後、僅かな者が弁護士資格を得て弁護士に身分転換した。多数の訴訟代人はなお訴訟代理業務に従事することができたが、形式上は「次等」（二次的な劣位の）訴訟代理人に属した。その結果、訴訟代人の反発を招き、総督府は翌年4月、再び律令でもって、訴訟代人は30日以内に

弁護士に転登録しうると規定した。当時、台北地方法院に所属していた訴訟代人はほぼ全員が弁護士に転登録し、台北弁護士会の構成は一変した。

　台北弁護士会の会員人数は 10 名前後であったが、訴訟代人が大挙して弁護士に転任したのち、1901 年 4 月の会員人数は約 30 人となり、そのうち元訴訟代人（新派）が過半数を占めた。弁護士会の構成の変化により、4 月 27 日に開催された台北弁護士会臨時総会で、会則等の改正のほか会長ら幹部の改選が行われた。会則の改正では、常議員の人数 5 名を 7 名に増加し、定期総会の時期を 5 月から 4 月としたが、争いはなかった。ただ、会長選挙については、元訴訟代人が団結して、中村啓次郎が会長に当選した。この会長選挙では、台北弁護士会の新旧両派の対立が生じ、この対立状況は同年 10 月最高潮に達した。最初劣勢であった元弁護士の旧派勢力が人数的に優勢となり、10 月 26 日台北弁護士会臨時総会で中村会長を弾劾した。最後には台北弁護士会の監督機関、すなわち台北地方法院検察官長の尾立維孝が調停に介入して会長を指名して決着したのである。

　日本内地の弁護士法の目的は主に弁護士の地位の向上であり、そのためには弁護士自身の倫理が求められた。代言人時代と比較して、この要求はさらに重視され、台湾においても同様に重視されるようになった。訴訟代人時代の問題は、報酬と風紀の問題であり、台湾弁護士規則の施行後は、広く議論された。弁護士会は、両者を議題として協議したが、弁護士会の構成員の間では、自己の利益が重視され、弁護士の体裁の向上の方に関心が強かったのである。

三　台北弁護士会の成員分析

　本章では、台北における法律専業者団体、すなわち、台北弁護士会の会員の人数・学歴経歴・族群的背景がどのようなものであり、それが会の組成に、どのような実質的影響を与えたかについてみてみよう。

1. 台北弁護士会の会員

(一) 会員人数

　台北弁護士会は、1900年2月から1945年10月まで存続した。日治期の弁護士法によれば、台湾で執行する弁護士は、先ず地方法院検察局（台湾弁護士登録規則）あるいは台湾総督府（1936年4月1日の台湾弁護士令）に登録する必要がある。かつ弁護士の登録・取消・変更は、必ず台湾総督府府報でこれを公示しなければならなかった。以下では、台湾総督府府報に依拠して、台北地方法院における職業弁護士の登録状況を観察することにしたい。

　第一期（1900年の弁護士制度の実施から1918年まで）における台北弁護士の登録人数が増加した制度的要因には二つあり、訴訟代人制度と地方法院制度の改正である。台湾弁護士規則が実施された時期、弁護士は10人前後（この10人は台北弁護士会の会員）であった。2年後、総督府の律令によって、訴訟代人が1ケ月以内に弁護士に転じることが認められたが、このとき、台北では約20人程度いた訴訟代人のほぼ全員が弁護士に転じた。その結果、台北で登録していた弁護士人数は33人に増加し、台北地方法院の弁護士人数はこの人数を維持した。1904年に地方法院制度が改正されて、台中地方法院が廃止され、台北地方法院支部と改められたため、もともと台中で登録していた弁護士は台北に登録を変更した。そのため、台北弁護士会の人数は再び増加し47人に達した。この後数年は、50人を超える登録人数を維持した。1909年に台中地方法院が復活したのにともない、台北弁護士の登録人数は再び47人に減少した。この後、1918年に至るまで、44～47人の間という安定した状態を保った。

　第二期（1919年から1936年まで）には、台北の弁護士登録人数が徐々に増加し、長期的に大幅な増加があった。1919年に50人を突破した後、1934年に100人に増加したが、1935・6年になると、台北の弁護士人数は77人、56人と大幅に減少した。この時期、全台の弁護士人数は177人から138人

に減少している。この時期に、台北の弁護士人数に影響を及ぼした原因は、日本内地における国家試験制度の変革と、植民地統治政策での内地延長主義の採用と弁護士法の改正であった（ほかに、経済的要因も影響した可能性がある）。1918年に、日本の高等試験制度が改正されて、弁護士の合格人数が緩和され始め、帝大生の無試験特権が廃止され（1923年実施）、日本内地の弁護士市場が1920年代に飽和状態となり、加えて、1919年以後、台湾に内地延長政策がとられて、民商法事項（身分法を除く）が1923年には、内地と同一となった。こうしたことにより、内地の弁護士が来台し、登録する人数が増加したのである。この時期の最後の２年に人数が減少したのは、1923年に公布され、1936年に施行された新弁護士法によって、弁護士が２カ所以上の地方で登録することが禁止され、その影響により、以前に台湾で登録していた内地弁護士が新法施行前後に台湾での登録を取消したり、また1936年６月30日の総督府の職権宣告によりその登録が失効したことによる。もっとも、全台の弁護士人数と台北の弁護士人数の減少状況をみると、台湾に登録した内地弁護士の絶対多数が台北地方法院検察局で登録しており、新法施行後、その他各地の弁護士人数は元に戻っているのに、台北の弁護士人数は半分近くにまで減少している。この時期の特別な現象として、台湾人弁護士の出現と増加がある。これについては、台北弁護士会の族群背景を説明するときに述べることにしたい。

　第三期（1936年の新弁護士法実施から1945年まで）において、台北の弁護士登録人数は56人から44人へと下降していった。この原因は二つある。一つは、1938年に新竹地方法院が設立されたことにより新竹弁護士会が誕生し、台北地方法院検察局に登録していた弁護士８人が新竹に移った。台北弁護士への新人登録の状況は、54人から49人に減少、その後、台北弁護士登録人数は一度回復し、1940年に52人に増加した、ただし、戦争の影響で、台北弁護士の人数は1940年の後毎年減少して、1945年には44人にまで減少した。この傾向は、全台の弁護士人数の減少と符合する。戦争（特に太平洋戦

争の後）が弁護士人数に一定の影響をもたらしたのは確かである。

このほか、全台の弁護士人数に占める台北の弁護士人数の割合にも注意する必要がある。第一期においては、平均60％以上である。1919年から1934年の間、登録人数の増加過程にあってもこの比率は維持された。しかし、1934年から1936年の間は、新弁護士法が施行されたため、内地の弁護士が大挙して台湾から退出し、とくに台北の弁護士人数が減少したため、1935年には50％を切り、1936年にはさらに40％前後になった。新竹法院の設立と戦争の影響で、最後の5年、台北弁護士の割合は、さらに35％前後にまで降下した。

台湾総督府府報と官報資料による数字は、台北地方法院検察局とその他の地方法院検察局の「登録」弁護士の人数である。ただし、地方法院検察局での登録は、台北弁護士会への加入と等しくない。これは、弁護士法の規定中、弁護士登録と弁護士会入会という二つの事情による。弁護士試験に及第した者は、弁護士の資格は取得したけれども、弁護士登録の手順を経過していないから、まだ弁護士に算えられない。弁護士登録が完成しても、入会しなければ、弁護士職務の不法執行である。弁護士登録の過程中、弁護士会を通る必要がない（1936年以後は必要である）。つまり、台北地方法院検察局に登録した者は、台湾において弁護士を担任する資格を取得するが、台北地方法院で業務を執行するには台北弁護士会に加入する必要があるのである。台北地方法院検察局に登録を完了した弁護士人数と、実際に台北弁護士会に加入した人数の間には、違いが生じうるのである。

この問題をより明確に説明するため、台北弁護士会員人数の資料と総督府府報中の資料を比べてみよう。前者の一つは『台湾年鑑』に記載されている弁護士名録（1924年～1941年）、もう一つは『台湾日日新報』と『台法月報』に記載されている台北弁護士会開会時の会員人数（年不詳）である。

この三つの資料の人数は、多少の齟齬がある。そのうち、台湾総督府府報の人数が最も多く、『台湾日日新報』あるいは『台法月報』の台北弁護士会

会員人数の数字が最も少ない。『台湾年鑑』所載の弁護士名録の人数は、だいたいその中間である。人数が違うのは、当該一年度の人数を計算する時点が同じでないこともあるが、主要な原因は、総督府府報は弁護士登録の資料に、多くの内地弁護士を含んでいることにある。この内地弁護士は、台北地方法院検察局に登録はしているが、業務がある時にだけ台湾にやってくる。『台湾日日新報』あるいは『台法月報』の弁護士会開会時の会員人数の資料は、台北弁護士会が実際に掌握した会員人数であるが、台北弁護士会に登録をやめた弁護士も含んでおり、広告のために『台湾年鑑』に資料を載せている者もいる。このため、数量上、若干の差異がある。

　台湾総督府府報の人数は、『台湾年鑑』あるいは『台湾日日新報』・『台法月報』の人数より非常に多い。これは、台湾弁護士規則の時期に、内地弁護士が任意に台北で登録することが出来たからである。1919 年と 1934 年では、台湾総督府府報の人数は他の資料の人数の倍である。この数字の違いは、内地弁護士が台北地院で登録したという事情をおおよそ反映したものである。1936 年の新弁護士法が実施されると、弁護士登録は、弁護士会から総督府に提出するよう改められ、また弁護士は一箇所の地方にしか登録できなくなった。そのため、かつて台北地方法院検察局に登録しながら台北弁護士会に加入していなかった多くの内地弁護士は違法となり、1933 年に新弁護士法が公布されると、登録が減少し、1936 年に新法が正式に施行されると、府報の数と『台湾年鑑』の数はかなり接近した。

　台北弁護士会会員の分析には、まず、登録人数と実際会員人数を明らかにする必要があるが、以下の三つの台北弁護士会の事情を考慮しなければならない。第一に、登録者名に関する多くの資料が欠けているが、欠けている大部分は内地弁護士であり、これを除外すると府報の登録人数と『台湾年鑑』の人数の差は大幅に小さくなる。第二に、台北での弁護士登録はときどき台湾に来て活動するためだが、台北地方法院の管轄内で執業するには、必ず弁護士会に加入しなければならない。こうしたことから推測されるのは、内地

弁護士が一時的に台北弁護士会に加入し、案件を処理した後、退会あるいは登録取消の手続きをしないため、形式上、台北弁護士会の会員資格を保有しているということである。第三に、早い時期の資料をみると、台北地方法院に登録した弁護士中、内地弁護士は少ない。このため、台湾の弁護士の問題を討論するにあたって、内地弁護士は往々にして考慮に入れられない。登録人数と実際に台北で業務を執っている人数の落差を正確に把握する助けになる。

（二）会員資格の取得

　台湾弁護士規則は日本内地の弁護士法の規定を準用するが、弁護士資格の部分は、総督府が、訴訟代人が弁護士に転任する律令規定を特別に定めたため、台北弁護士会会員の資格取得については、内地弁護士と若干の違いがある。

　弁護士法によれば、弁護士には、二つの基本的要件がある。第一に、日本臣民であり、かつ民法上の能力を有する成年以上の男子であること。第二に、弁護士試験規則によって挙行される試験の及第者であること、である。第一の資格では弁護士は成年男子に限られており、この時期、女子は弁護士となりえなかった。第二の資格は、弁護士の専業能力を確保するためのものであるが、弁護士試験通過以外に、弁護士法第四条は、特別規定で、以下に列挙する要件に符合する者は、試験を経ず、弁護資格を取得できると定めた。その一、判検事資格を具有する者、あるいは弁護士であったが自己の請求によって弁護士資格を取消した者。その二、法学専業者、すなわち法学博士、帝大卒業生、司法官試補を含む。このほか、台湾総督府は、1901年律令第二号で、訴訟代人の弁護士転任を定め、弁護士法下において弁護士資格をもたない訴訟代人が、台湾で弁護士資格を取得することを認めた。こうして、台北弁護士会の会員がその資格を取得する方式は、一　弁護士試験及第者、二　判検事転任者、三　帝大卒業生、四　訴訟代人転任者の4種類とな

る。

　このうち特に説明が必要なのは、第三類の帝大卒業生である。日本政府は、帝大卒業生に多くの特権を与えた。弁護士試験免除のほか、判検事試験について第一次試験を免除した。第二次試験は主な試験官の多くが帝大教師であったから、帝大卒業生は判検事資格を取得するのは難しくなかった。このような状況の下で、日本内地の判検事は帝大出身者が主となった。台湾の状況についていえば、内地の判検事転任者のほか、総督府の判官・検察官が弁護士に転任した。このため、判検事転任と帝大卒業の間は区別できなくはないのであって、帝大を卒業して判検事となった者がその後弁護士に転任した場合は第二類に属し、帝大を卒業して判検事にならなかった者がその後弁護士になった場合は第三類となる。

　1900年から1945年に台北地方法院に登録した202人中、60人が弁護士試験を経て資格を取得した者である。次に、判検事転任者が40人、訴訟代人転任者が26人、帝大卒業者が16人である。このほか、60人の資格取得（主に内地弁護士である）については不明である。台北弁護士の資格取得の分布状況をより明瞭にするため、5年毎に纏めてみると、時期的な違いがみられる。

　1900年、台北弁護士会設立時の状況を反映して、弁護士は10人であった。この後、同年暮れに1人登録者が増えたが、この11人の弁護士中、10人が訴訟代人であり、そのうちの5名の前職は台湾総督府の判官（日本内地の状況と異なり、この5名の総督府判官中、2名が帝大卒業生であった）、その他の5名は弁護士試験及第者であった。1905年では、第四類資格者が全体の50％を占めている。これは1901年の訴訟代人の弁護士転任を定めた律令により、第四類の資格人数が大幅に増加したためである。ただし、増加した人数は固定しているため、時間の経過に従って第四類資格の弁護士は年を経て減っていき、1945年には、4人にまで減り、同年の登録人数の10分の1以下となった。

　訴訟代人と若干異なるのは、第三類の帝大生資格である。帝大卒業生は

1923年以後、試験を受けなければならなくなったため、この身分で弁護士資格を取得できたのは、1922年以前に卒業した帝大生である。台北弁護士会会員中、卒業生の資格で弁護士資格を取得した者の数は多くないが、前半期はゆっくりと増加し、1925年に頂点に達し、この後、1945年まで次第に減少する。これは当然に、1923年以後、弁護士に転任した帝大生が、死亡あるいは転任願いにより、時間の経過に従って減少していったことによる。

これに対して第一類資格の弁護士は、1920年代以前、弁護士試験の合格人数に限りがあり、また日本内地の弁護士市場に余裕があったため、弁護士試験を通過して資格を取得した者の数は、終始一定していた。1923年、弁護士試験と判検事試験が合併され、さらに法律第五二号の弁護士試験により、合格人数が大幅に増加したことで、弁護士試験を通過して資格を取得した者の数が大幅に増加し始めた。1920年の第一類資格の弁護士は、全体の30％以下であったが、1925年には35％前後にまで増加し、1935年には50％を超え、1945年に至って60％近くにまで達した。

判検事転任については、台北弁護士会成立時を除いて、終始安定した状態を保ち、顕著な時代的変化はみられない。確認しうる弁護士中、その人数は終始、10〜13名の間であり、25％内外を維持している。

最後に、不詳部分は、主に内地弁護士が台湾に来て登録するケースである。内地弁護士が台湾に来て登録する人数が増加するのは、1920年代以後、すなわち、台湾の民商法事項への日本内地法の適用が始まって以後のことである。

(三) 会員の学歴分析

戦前日本では、判検事の多数は帝大出身であり、私立学校出身者の多くは弁護士試験を経て在野法曹となった。台北弁護士会には、こうした状況が反映されていないだろうか。台北地方法院検察局に登録した弁護士の学歴背景を、①帝大出身者、②私立学校出身者、③その他の学校（外国学校・自学）、

④不詳、の4類に区分して分析を進めよう。

　私立学校出身者が大多数であることは事実だが、帝大出身者の数も少なくない。資格取得を考慮して比較すると、台湾に特有な訴訟代人出身者（大多数は私立学校卒業者で弁護士資格を持たない者）を除くと、帝大出身者と私立学校出身者の人数の差は大きくない。

　5年毎でみると、後期に、台北弁護士会会員中の帝大出身者の人数比が増加している。1920年以前、帝大生の比率は20％以下であったが、1925年から、30％を超え始め、1940年には、さらに40％を超えるようになる。1920年と比べると、その比率は2倍となる。

　私立学校出身者の弁護士人数は、人数上は基本的に一定数を維持しているが、弁護士の人数が増加しているので、私立学校出身者の比率は下降傾向にある。正確にいえば、1920年以前、私立学校出身者の弁護士人数は約80％前後であったが、1925年になると、私立学校出身者の人数は増加したものの、帝大出身者の増加人数がさらに多かったので、私立学校卒業生の比率が下降し、約60％となり、1940年になると50％前後となる。

【表2】 台北地方法院検察局登録の明大出身日本人弁護士

姓名	内地	生年	出身地	卒業年	弁護士資格	登録年	取消原因
吉田孝基		1860	熊本県	1881	代言人 1882 弁護士 1891	1900-1902	
山口義章		1868	三重県	1892		1901-1911	
長野　保		1874	熊本県	1892		1901-1911	
佐藤徳治		1876	宮城県	1896		1901-[不明]	
長嶺　茂		1869	長崎県	1890		1901-1922	転台中
丸亀徳十		1869	広島県	1892	弁護士 1894	1901-1933	死去
河原元之助		1866	長崎県	1888		1903-[不明]	
小畑駒三		1857	東京府	1892		1904-1909	転台中
山移定政		1866	熊本県	1890		1904-1909	転台中
三和国則		1865	愛知県	1890		1904-1907	死去
磯部馬太郎		1870	新潟県	1899	弁護士 1901	1904-1930	死去
小宮元之助		1866	長崎県	1888		1905-1941	死去
山本条吉		[不明]	愛知県	[不明]	弁護士 1919	1920-1936	
早川弥三郎	内地	1869	三重県	1903	弁護士 1903 判検事 1904	1922-1935	
吉田三市郎	内地	1878	岐阜県	1903	弁護士 1904	1925-1936	
布施辰治	内地	1880	宮城県	1902	判検事 1902	1927-1936	
古屋貞雄	内地	1889	山梨県	1919	弁護士 1920	1929-[不明]	

注：『二十世紀台北律師公会会史』371-381 頁より作成（一部加筆修正）

（四）会員の族群背景

　台北弁護士会が1900年に設立された後、20年近く、会員はみな内地人であったが、1910年頃から、台湾人（法律上の所謂「本島人」）が弁護士試験に参加し始め、1918年に最初の台湾人葉清耀が弁護士試験に合格して弁護士資格を取得、1919年に台北弁護士会に加入した（同年5月12日弁護士名簿に登録）。もっとも、この葉清耀は、翌年台中地方法院に転登録した。1920年代以降になっても状況は大きく変わっていない。葉清耀が台中に転登録した3年後の1923年、陳増福と蔡式穀が台北地方法院検察局に登録した。台北の弁護士登録人数は、1920年に51人、1929年には90人に増加したが、台湾人弁護士はずっと右の2人だけであり、台北弁護士中の比率は2％前後であった。
　1930年代になると、台湾人弁護士は明らかに増加し始める。1930年に施

炳訓・陳有輝が入会、1931年に李瑞漢・呉鴻麒の2人、1932年から1934年に蕭祥安・黄運金・陳逸松・周延寿・黄士誉が相前後して入会した。この年、台北で登録していた弁護士の人数は100人に達したが、そのうち台湾人弁護士は11人、11%であった。1935年以後、内地弁護士は新法の実施により登録取消が始まったため、台北で登録する弁護士人数は下降傾向を示し、1936年末に57人となった。1935・6年、台湾人弁護士は減少せず増加し、黄炎生・黄際沐が加入した。このため、台湾人弁護士は一気に25%前後にまで増加した。この後、1945年まで、台湾人弁護士の人数は、少し減少したものの、ずっと25%前後を維持した。

【表3】台北地方法院検察局登録台湾人弁護士

姓名	生年	出身地	学歴	弁護士資格	登録年	取消原因
葉　清耀	1882	台中州	明治大学1916	高等試験司法科1918	1919-1920	転台中 1942死去
陳　増福 [穎川増福]	1893	台北州	明治大学1923	高等試験司法科1922	1923-1945	
蔡　式穀 [桂　式穀]	1884	新竹州	明治大学1913	高等試験司法科1922	1923-1945	
施　炳訓	1894	台北州	立命館大学1930	高等試験司法科1929	1930-1945	
陳　有輝 [東　輝彦]	1904	台北州	日本大学1931	高等試験司法科1930	1930-1945	
李　瑞漢	1906	新竹州	中央大学1929	高等試験司法科1930	1931-1945	
呉　鴻麒	1902	新竹州	日本大学1928	高等試験司法科1930	1931-1945	
蕭　祥安 [並河安重]	1891	新竹州	独学	法52号試験1931	1932-1945	1945取消
黄　運金	1898	新竹州	日本大学1929	高等試験司法科1932	1933-1938	転新竹
陳　逸松	1907	台北州	東京帝大1931	高等試験司法科1931	1933-1945	
周　延壽 [竹村延寿]	1900	台北州	京都帝大1933	高等試験司法科1933	1934-1945	
黄　士誉	1906	台中州	明治大学1931	高等試験司法科1933	1934-1938	転新竹
黄　炎生 [島津忠光 島津光行]	1903	台北州	京都帝大1929	高等試験司法科1928	1935-1945	1930任判事
黄　際沐	1910	台北州	早稲田大学1935	高等試験司法科1935	1936-1939	1939任検事
朱　盛淇	1905	新竹州	日本大学1934	高等試験司法科1934	1937-1938	転新竹
蔡　伯汾	1895	台中州	東京帝大1922		1939-1945	任判事
黄　啓瑞	1910	台北州	京都帝大	高等試験司法科1937	1940-1945	

注：『二十世紀台北律師公会会史』73-74頁および371-381頁より作成（一部加筆修正）

【表4】台北以外（新竹・台中・嘉義・台南・高雄）台湾人弁護士

姓名	出身地	学歴	弁護士資格	登録年	備考
鄭 松筠 [雪嶺]	豊原	明治大学1919	1922	台中1923　台南1929	台中・台南で初の弁護士
頼 雨若	嘉義	中央大学	1923	台南	
王 清佐 [恒川清佐]	東港郡	中央大学1928	1928	高雄1935	
蔡 先於	台中州	明治大学1921	1928	台中1929	
周 淵源	台北州	台湾総督府国語学校	1928	【台中？】	
沈 榮	新営郡	日本大学1929	1929	台南	
白 福順	埔里	中央大学1929	1929	台中1931	
張 風謨	豊原	中央大学1929	1929	台中1930	
陳 金能	東港郡	中央大学1930	1930	高雄1931	
王 清風	新化郡	中央大学1932	1930	台南	
歐 清石	台南市	早稲田大学1930	1930	台南1933	
林 連宗	彰化市	中央大学	1930	台中1931	
顔 春和	台南市	明治大学1928	1931	台南1933	
陳 牛港	斗六郡	中央大学1940	1932	嘉義1933	
戴 炎輝 [田井輝雄]	屏東市	東京帝大1933	1933	高雄1940	
林 桂端	台中州	早稲田大学1932	1933	【不明】	
黄 百禄	台南市	中央大学	1934	台南1935	
孔 德興 [穂積正義]	東港	東京帝大1933	1934	高雄1936	
童 炳輝	埔里	中央大学1933	1935	台中1936	
黄 祺祓 [広川修平]	大甲	九州帝大1932	1935	嘉義（台南）1937	
鐘 德鈞 [中屋信輝]	潮州	台北帝大1931	1937	高雄1939	
許 乃邦	彰化市	京都帝大	1938	台中1940	
柯 南獻	台南市	明治大学1935	1939	台南	
湯 德章 [阪井德章]	玉井	高文予備考試	1943	台南	
李 子賢	新竹市	京都帝大1936	【不明】	新竹	

注：陳鋕雄著『日治時期的台湾法曹—以国家為中心之歴史考察—』）205-207頁より作成（一部加筆修正）

　以上のような台北弁護士会の状況と全台の状況を比較すると、台北弁護士会における台湾人弁護士の比率は、全台での比率より低い。これは、1936年以前において、多くの内地弁護士がみな台北で登録したこと、また1938年に新竹弁護士会が設立された時に主要な会員となったのが、元台北弁護士

会の台湾人弁護士であったからである。

1919年から1945年まで、台北地方法院検察局に登録した台湾人弁護士は全17人である。

この17人中、15人は弁護士試験（1923年以後は高等試験司法科）を経て弁護士資格を取得した者であり、2人は判事から弁護士に転任した者である。出身学校でみると、5人が帝大法科卒業、11人が私立学校卒業、その他1人が自修（五二号試験）である。

こうした台北弁護士会の台湾人弁護士のうち、6人は前後して転会・登録取消によって退会している。転会では、1919年登録第1号の葉清耀が、台北での執業の1年後、その出身地の台中に事務所を移し、台中弁護士会に加入した。1938年に新竹弁護士会が設立されると（この年、元台北地方法院新竹支部は新竹地方法院に昇格した）、もともと新竹で執業していた黄運金・黄士誉・朱盛淇の3人が、台北弁護士会会員から新竹弁護士会の会員に転じた。そのうち、黄運金と朱盛淇は新竹人、黄士誉は台中人である。登録取消は、1939年の黄際沐と1945年の蕭祥安の2人である。

1945年には、台北弁護士会にはなお11人の台湾人弁護士がおり、台北出身が絶対多数で7名、新竹出身が3名、1名が台中出身である。台北弁護士会の台湾人弁護士は、在家郷の近くで執業する強い傾向があるといえる。

2. 台北弁護士会の幹部構成

日治時期の弁護士制度は、前後の二つの時期に分けられ、弁護士会の地位は同じではない（1936年以後は法人資格を持つ）が、組織上はつねに会長制をとり、会長が弁護士会を総理し、あるいは弁護士会を代表する。

台湾弁護士規則の時期にあっては、台北弁護士会の幹部の人数は、弁護士会の人数規模に従って変動する。弁護士会設立の始め、会長・副会長を除くと、常議員会は5人で構成された。1901年に訴訟代人が弁護士に転じた後、

弁護士会の人数が増加し、常議員の人数も増加して7人となった。1928年、常議員の人数が再び増加して11人となった。1936年、台湾弁護士制度が根本的に改変されたことで、台北弁護士会の組織にも影響があった。会則改訂により、台北弁護士会は、会長のほか、副会長の人数が増えて2人となり、常議員11人、このほか「事務員考査員会」と「法律扶助委員会」が増え、幹部の人数が大幅に増えて24人となった。

(一) 台湾弁護士規則時期

　1900年の台北弁護士会創設後まもなく、総督府は翌年の律令第二号で訴訟代人の弁護士転任を認めた。この出来事は、台北弁護士会の初期の人事に僅かならざる紛争を齎し、弁護士会の組織構成（特に会長と副会長）に影響を与えた。弁護士会中に二つの陣営が形成されたのである。第二代会長の中村啓次郎は訴訟代人派が勝利して任じられたが、ほどなく台北地方法院検察官長が介入し新たに弁護士派の服部明が会長の座を取り戻した。会長の出身背景からみると、人事の軋轢があった後の台北弁護士会は、すべて、弁護士あるいは判検事資格を持った者が会長に当選した。何人かは、かつて総督府の判官であった者である。副会長は、三つの時期に分けられる。第一期は創立初期の人事の軋轢があった時期、すなわち1900年から1901年。第二期は1902年から1917年。この時期の副会長は、何人かは訴訟代人から任じられた。1918年から1936年が第三期で、この時期の副会長は、みな弁護士資格者であったが、すべてが総督府判官の経歴を持っていたわけではない。

　次に、卒業学校から台北弁護士会の幹部構成を観察してみよう。会長の人選の多くはかつて総督府判官であった者だが、その中には判検事資格を持っていない者もいる。かなりの比率が帝大出身者で、そのうち2人は長期にわたって会長を担当したが、いずれも帝大出身であった（花田元直：1904年～1910年：司法省法学校、安保忠毅：1926年～1936年：東京帝大独法科）。副会長では、1918年以前は押し並べて私立学校を卒業した者で、1919年以後に初め

て帝大出身の副会長が生まれている。要するに、副会長は、主に私立学校出身者が多いのである。

　前述のように、台北弁護士会の常議員人数は、弁護士会会員の増加にしたがって逐次増加し、最初の5人から、1901年に7人、1928年に至って11人に増加した。常議員会の人数は多く、その重要性は会長・副会長に及ばない。学校・資格の背景が常議員選挙に与えた影響については、明らかなものはみられない。族群については、台湾人弁護士は、1920年代以前には人数が非常に限られていたので（1929年でわずか2人）、台湾人弁護士が常議員になることはなかった。1930年以後、台湾人弁護士の数が増加し始め、1932年に7名となり、同年の常議員選挙で、最初の台湾人常議員が選ばれた。この後、1936年まで、毎年、弁護士会常議員選挙で、1人の台湾人弁護士が当選している。

（二）台湾弁護士令時期

　1936年4月1日の台湾弁護士令施行により、台北弁護士会は新たな段階に入った。この時期の台北弁護士会は、副会長の枠が2人となったほか、常議員会以外に2箇の委員会が増設された。台湾弁護士会時期の台北弁護士会の幹部構成は、前の時期と同じではない。訴訟代人の漸次凋落および1923年以後の司法試験一元化の影響によって、訴訟代人派と弁護士派の対立は過去のものとなった。1923年以後、帝大無試験特権の全面的廃止および台湾人弁護士の漸次増加によって、卒業学校と族群が台北弁護士会の幹部組成の主要な要因となった。

　卒業学校についてみると、台北弁護士会の会長は、3人とも帝国大学の卒業生であり、そのうちの2人は、総督府判官あるいは検察官を経ている。族群についてみると、台湾人弁護士で台北弁護士会の会長になった者はいない。副会長では、6人中2人が帝大卒である。学校の要素と比べ、族群の要素の方は注目に値する。台湾弁護士規則の時期には、台湾人出身の弁護士で

副会長を担任したのは1人だけであった（当時この台湾人は「内地人」に転籍していた）。1936年以後、副会長枠が2名に増え、毎回副会長には日本人1人と台湾人1人が選ばれた。台湾弁護士規則の時期と比べると、台湾人弁護士の実力が確実にかなり上昇している。

　1936年以後の台北弁護士会は、会長・副会長を除き、3箇の常設機関、常議員会・事務員考査委員会および法律扶助委員会に分けられ、この3箇の機関はともに、21人の幹部を選んだ。常議員会幹部の族群分布についてみてみると、台湾人弁護士は1938年には2人だったが、1940年には4人に増加した。事務考査委員会の5枠のうち、日／台弁護士の比率は始終3対2であった。法律扶助委員会については、1938年は4人中1人が台湾人弁護士、1939年～40年は5人の枠中2人が台湾人弁護士であった。常議員の議長および他の二つの委員会の委員長は、議員と委員の相互選挙によった結果、すべて日本人弁護士が当選した。

　全体的傾向としては、台湾人弁護士は3箇の常設機関での勢力を漸次強め、1938年5人、1940年には8名が当選した。副会長枠が1名増加し、また、1940年台北弁護士会12人の台湾人弁護士中、9人が弁護士会会務に参与した。それに対して、台北弁護士会40人の日本人弁護士についてみれば、15人が弁護士会会務に参与していた。

3. 小括

　台北弁護士会の構成員を分析するとき、まず会員人数と登録人数の差異に注意する必要がある。台湾弁護士規則の時期（1900年～1936年）は、弁護士が地方法院検察局へ登録する際、弁護士会の弁理を経る必要がなかったので、弁護士会員の人数と登録人数は必ずしも一致しなかった。台湾弁護士令の時期（1936年～1945年）は、弁護士弁理の登録は必ず弁護士会を通して為されたため、弁護士会会員人数と登録人数は一致する。こうした前提で台北

弁護士会の構成員を分析すると、いくつかの時期に分けて説明できる。まず1900年から1901年、この時期は訴訟代人が弁護士に転任するのを認めた律令の関係で、台北弁護士会の人数が大きく増加した（10人増えて30余人となった）。このときの訴訟代人はすべて私立学校出身者で、弁護士資格を持っていなかった。この後、1920年に至って（第二時期）、一方で訴訟代人は漸次凋落し、また一方で弁護士あるいは判検事転任者が漸次増加し、資格の面で、三者鼎立の状況となった。出身学校については、なお私立学校出身者が絶対多数であった。このほか注目すべきは、台湾人弁護士の出現である。1920年から1935年が第三期であり、このとき、台北弁護士会の人数と台北地方法院検察局の登録弁護士人数の差が漸次拡大し、1934・5年、ついに、1対2に達した。掌握可能な弁護士資料でみると、弁護士試験を経て資格を取得した者が漸次大勢となり、判検事転任は終始一定数を維持した。帝大卒業生は、無試験特権が取消された1923年頃に一度増加したが、1930年代に下降傾向となった。訴訟代人出身者は持続的に減少した。出身学校については、前の時期と同じではない。帝大出身者が明らかに増加した。族群については、台湾人弁護士は1930年代前期に明らかに増え始め、1935年には12人となり、当時の台北弁護士会員の4分の1程度となった。1935年以後が最後の時期にあたり、この時の台北弁護士会の人数は、少し上昇したのち、再び下降した。減少した原因は、新竹弁護士会が1938年に設立されたことと、1940年代の太平洋戦争である。弁護士会員の構成をみると、1940年代に減少した弁護士は、資格取得からみると、帝大卒業生と訴訟代人の減少が主であり、出身学校からみると、私立学校卒業生の人数が下降している。族群からみると、台湾人と日本人弁護士の比率は変わらない。

　以上のような弁護士会員構成は、台北弁護士会幹部の構成にも影響を及ぼした。台湾弁護士規則の時期、台北弁護士会の幹部構成は、主に、判検事・弁護士・訴訟代人の折衝対抗であった。1920年以前には、台北弁護士会の会長はすべて帝大出身（判検事あるいは弁護士資格者）であり、副会長は訴訟

代人出身者であった。1920年以後、訴訟代人出身者の人数が不断に減少し、台北弁護士会の会長はなお帝大出身者で、判検事資格者が主であった。副会長は、弁護士資格者が主となった。1936年台湾弁護士令の施行後は、台北弁護士会の幹部構成が変化し、そのうち最も重要なのは台湾人弁護士の影響力である。毎回2人の副会長のうち、1人は台湾人弁護士であり、比率からみると、台湾人弁護士の弁護士会への参与は、日本人弁護士と比べて積極的であるといえる。

四 台北弁護士会活動と社会参与

1. 弁護士業務活動の統制について

（一）弁護士業務の執行方式

　初期の台北弁護士会は日本人弁護士だけであったから、台湾現地の当事者と、共通の言語で直接に意思の疎通をはかることができず、そのため、通訳に頼らざるを得なかった。また、弁護士が在住する主たる事務所以外に業務を開拓するため、他の地方に「出張所」を設け、弁護士本人は当地に長く滞在できないことから、事務員を通して現地の人々と交渉した。ここに所謂「弁護士出張所」問題が発生したのであり、弁護士と出張所の事務員および通訳との複雑な関係がキーポイントとなる。

　出張所がもたらす弊害は、訴訟代人時代からすでに存在していたようである。もっとも、言語と文化の隔たりのある弁護士と当事者にとって、出張所における事務員による両者の斡旋は、双方にとって、訴訟あるいは弁護について話し合う確かな助けとなる。そのため、出張所の数は、台北弁護士会の成立後、増加こそすれ減少することはなかった。ある統計によると、1907年当時、台北弁護士会の23人の会員中、全台各地に31ケ所の出張所があった。別の資料によると、1909年、全台48人の弁護士は、合計で45ケ所の

出張所を設け、そのうち台北弁護士会の 30 人の弁護士が 32 ケ所の出張所を占めていた。

　出張所の増加にともなって、出張所事務員を管理する必要性が一層高くなった。出張所事務員の選定がまったく杜撰だったため、事務員の玉石混淆を生み、そのうえ、弁護士は日頃、出張所の巡視を行わないので、多くの弊害を引き起こした。例えば、当時、弁護士は通常、事務員の給与を、成功報酬で支払う方式（訴訟事件とするのに成功した件数に基づいて支払う方式）だったから、事務員の収入の多寡は訴訟事件数によって決められた。事務員は、往々、他人の紹介案件により、あるいは当事者に訴訟を教唆することで、利益を得たのであり、甚だしきに至っては、主人の名義を騙り、復代理選任権を濫用して、当時の弁護士に復代理人担当を嘱託し、その中から利益を貪り取る者もいた。

　出張所事務員がもたらす種々の弊害に対して、台北弁護士会は、何度も改善策を模索している。1909 年、台北弁護士会は、事務員の弊害を防ぐため、臨時総会を開催して、弁護士事務員と通訳の品位問題だけを議題に、二つの項目を決議した。①およそ過去に刑の処分を受けた者は、弁護士事務員あるいは通訳になれないこと、②過去の事務員の「六四分帳」の方式を改めて「俸給主義」を採ること、である。1919 年になると、出張所の廃止問題が、全員の関心をもつ議題となった。この議題が起こったのは、一方で、その年度の司法官会議が「弁護士風紀の刷新」を二大請求の一つとしたからであり、さらに最も主要な要因は、当時の出張所があまりに腐敗して種々の弊害を生み出し、弁護士本人も廃止の必要性を認めるに至っていたからである。その結果、台北弁護士会は、1911 年 5 月の総会において、6 ケ月内に、所有する出張所の閉鎖することを決議し、10 項目の手続きを定めて事務員と通訳の弊害を断ち切ろうとした。引き続いて、6 月にはさらに、「訴訟紹介人名簿」制度について具体的に協議され、訴訟紹介業者の歪んだ風習と決別した。この決議項目が作成された後、何人かの弁護士は、確かに、その事務所

以外の出張所を廃止し始めている。

　しかし、台北弁護士会は、この出張所弊害撲滅方針を、8月で転換したようである。8月の臨時総会中に、新たに「合同事務所」制度という例外を生み出して、会員は合同設置の方式で、他の法院所在地に合同出張事務所を設置することができると定め、12月には、さらに臨時総会において、「地方出張所閉鎖延期」を決議したのである。こうした台北弁護士会の遣り方は、その監督長官である、当時の台北地方検察官長小野得一郎の注意を喚起し、その結果、翌1912年の弁護士総会では、台北弁護士会に対して、一日も早く出張所全面廃止の決議を行うことを希望する旨の訓示がなされた。1913年3月30日、台北弁護士会は、臨時総会を開き、「紹介料支払禁止」と「出張事務所新設禁止」の二案について、現状に合わないことを理由に、改訂を提案した。しかし、この決議はまたもや小野検察官長の注意を喚起することとなり、台北弁護士会は、当該案について委員会に処理を委ねる決定だけをなしえたにすぎなかった。その結果、この二つの禁令は、依然として維持されたが、実際にはいずれも守られないままであった。

　1919年の『台法月報』に、弁護士出張所問題についての討論意見をみることができるが、その後の関心の重点は、どのようにして出張所事務員を取り締るかということであった。もっとも、弁護士数が大きく増加した1920年代末の1929年に、台北弁護士会は再び、決議によって、一定の会員の出張所を同年10月1日以前に必ずすべて撤廃すべき旨を決定したが、この決議が貫徹・執行されたかどうかは疑問である。

　台北弁護士会は、出張所の廃止と訴訟紹介人の取締を決議したのち、単に出張所の設置にとどまらず、さらに一歩踏み込んで、弁護士業務の経営方式という根本問題についても協議した。弁護士の所謂、業務経営とは、一方では、弁護士と当事者を媒介する訴訟紹介人（あるいは事務所事務員）・通訳との報酬問題であり、他方では、弁護士と当事者との報酬問題、主に訴訟謝金の問題である。弁護士業務の初期の経営形態は、通常、訴訟紹介人と通訳を

通して、事案を獲得し、その後、支払われた報酬を、一定の比率で、紹介者あるいは通訳と分けるというものである。この方式の弊害を是正するため、弁護士会は、1911年の決議で、出張所制度の廃止のほか、事務所の正式の事務員、通訳と訴訟紹介人の取締手続があわせて定められた。

　もっとも、この問題は容易に解決しなかったらしく、1919年8月29日の台北弁護士会臨時総会でも、依然として、紹介人と通訳の報酬問題が議論されている。そこでは、紹介人については、過去になされた決議、すなわち1904年1月23日の臨時総会決議「弁護士は如何なる名義であれ、訴訟紹介人に報酬を支払うことはできない」を励行することであったが、通訳報酬の支払いに至っては、1911年時に可決された10項目の一つである「通訳事務員は俸給を除くほか、如何なる割合の報酬も得ることはできない」を覆して、「通訳あるいは事務員は、俸給を除くほか、事件報酬の二割以内の支給を得る」と決議された。日本人弁護士が、訴訟業務の交渉をするうえで、台湾人事務員および通訳による相当な協力を望んでいたことは明白である。

　1922年2月2日、台北弁護士会は臨時総会を開き、訴訟紹介人と事務員および通訳に関して行った過去の決議を見直すかどうかについて協議した。弁護士会が廃止と決めた理由は、①ある人物が訴訟紹介業者に当たるかどうかを認定するのは非常に困難であり、弁護士が訴訟業務を引き受ける際、もし、まず、当事者と一緒に来ている人物が訴訟紹介人かどうかを確定してから、その事件を引き受けるかどうかを初めて決定できるというなら、とりわけ不便を感じるであろうし、また、②弁護士がある事件の委任を引き受けた後、仲介者あるいはその他世話になった人に対して謝礼を贈るのは、何ら不正ではなく、かつその金額・物品の多寡は、世話になった程度、付き合いの厚薄によって同じでないから、弁護士の自由裁量に委ねるのがむしろ自然である、という事であった。

　この台北弁護士会の決議は、長い間、弁護士イメージの地位向上が曖昧であったことの反映であり、また、日本人弁護士が台湾に来て業務を行うこと

について言語文化の上で困難に直面する中での最終決定であった。日本人弁護士が台湾において弁護士業務に従事するとき、「体制外」の一群の、清治期の「訟師」擬きの台湾人に、依頼者との間で斡旋してもらう必要があり、これは避けがたいことであった。台北弁護士会は、弁護士イメージの向上を望み、それは監督機関の希望と一致したが、それは、訴訟紹介人の経済的利益を抑えると同時にまた、弁護士事件の減少を招き、営業収益を損なう可能性もあった。弁護士会は、理想の追求と現状の受け入れという究極の板挟みの下で、結局は、現実的な妥協を余儀なくされたのである。

　台北弁護士会が関心を示したもう一つのテーマは、弁護士の報酬、すなわち「謝金契約」問題であった。1911 年、台北弁護士会は、第一審・第二審とで分けて謝金契約を結ぶことを決議し、6 月 9 日の臨時総会において、謝金契約の金額について、弁護士会会則の改定を行った。会則第四〇条の元規定は「職務の謝金については、各受任事件の対象物価格の 100 分の 10 以上、100 分の 50 以下とする。ただし、価格が 1 万元以上のものは、100 分の 10 より低くすることができる。また、第一審で既に、定率の謝金を受領した者は、上級審でその定率以下に引き下げることができる」となっていたが、改訂後の規定では「職務の謝金については、各受任事件の対象物価格の 100 分の 10 以上、ならびに第一審・第二審の謝金に比例して適当な改定をすることができる。ただし、価格が 5000 元以上の場合は、100 分の 10 以下に引き下げることができるが、対象物が 500 元以下の場合は、さらに引き下げることはできない」とされた。1919 年 8 月 29 日の台北弁護士会臨時総会では、弁護士謝金契約は、一審ごとに分けて契約を締結するとの、謝金契約作成の指針が決議されたが、9 月 25 日の臨時総会では、常議員会による「謝金契約は、第一・二審を同時に合わせて結ぶことはできない」旨の議案が否決された。

　1923 年 3 月、依然として標準料金に依らない料金を取る弁護士がいるとの風評から、台北弁護士会は、弁護士費用と手続費用の問題について臨時総

会を開き、次のように決議した。民事事件費用については、単独事件は20円以上、合議事件は30円以上、訴訟物価格が1万元以上のものは50円以上、二審事件は30円以上、上告事件は50円以上とし、刑事弁護費用については、単独事件は30円以上、合議事件は50円以上、二審事件は40円以上、上告事件は50円以上とし、謝金部分については、会則第五〇条第二項（内容不明）によって定める。

1929年、台北弁護士会は、料金基準を引き上げる決議をしたが、当時、弁護士数が非常に増加していたため、同業による競争が激化するという状況の下で、すべての会員がこの決議を遵守できたかどうかは、甚だ疑問である。

台北弁護士規則第三条によれば、弁護士の懲戒問題については、法院判官懲戒の規定が準用される。弁護士会則に、弁護士風紀問題について懲戒基準が定められていないからである。弁護士懲戒に法院判官懲戒の規定を準用することは、総督府が問題のある者を排斥する手段となりえた。例えば、1910年12月、伊藤政重は、林本源製糖会社事件により、覆審法院検察官長から、懲戒委員会に懲戒処分申請を提出される憂き目に遭った。当該案件における伊藤の弁護士倫理違反は、当時の内地での懲戒先例からみると、およそ停職処分に過ぎないものであったが、最終的に除名処分となり、また総督府によって治安妨害の名目で離台を迫られた。

まだ弁護士風紀問題の懲戒基準が定められていなかったため、基本的に、会長によって処分が行われた。例えば、事務員・通訳および紹介人の行為に関する指針について、1919年9月25日の臨時総会決議は、「もし弁護士会に登録していない事務員あるいは通訳がいれば、その処分は当然、会長によって処理されるのであり、別に決議を経る必要はない」とする。また、1924年7月10日、永山章次郎弁護士の懲戒に関する台北弁護士会臨時会での協議および決議は、「弁護士永山章次郎会則違反事件は、錯誤によって提起されたため、懲戒に付さない」とする。一旦、弁護士が懲戒に付される

と、法院法官懲戒規定が準用されるので、弁護士会が関与する余地がまったく無くなるからである。

　1930年代初め、台湾の弁護士会が、一時期、内部の職業倫理について反省を拡げ、台北弁護士会もこれに加わったことは、注目に値する。① 1931年、台北を含む全台の弁護士の過半数が、個人的資格で組織した「台湾弁護士協会」の設立総会で、議案「綱紀粛清の件」が提起されたこと、② 1934年、台湾弁護士協会理事長かつ台北弁護士会会長であった安保忠毅は、「弁護士道における辯」という一文を発表し、弁護士道と武士道は同じであり、弁護士は、その信任関係に基づいて法律事務を処理し、民衆のために正義の大道のうえに権利を伸張し、詭弁あるいは権謀術数ではなく智仁勇をもって正義を実現するべきであり、弁護士が、術士に墜落し、法術に溺れてはならないと戒めたこと、③ 1935年、同協会の機関誌において、ある人が、台湾の弁護士は、法廷で当事者の権益を勝ち取ることにしばしば臆病であり、これと反対に、当事者に和解を迫り、あるいは探し出してきた極めて思いがけない新証人を使って、相手の不意を突くといった「非武士道」的な手段を用いて、営業利益を貪り取ることがあり、これらはすべて反省に値すると指摘したこと、などである。

2. 台北弁護士会の政治参加

(一) 限定された政治活動

　台湾弁護士制度が設計された当初、明治期の日本内地の弁護士制度に倣って、弁護士の活動範囲は法廷での訴訟代理に限定され、さらに、弁護士会の主な役割は、司法当局と協力して弁護士の業務活動を取り締ることにあるとされた。日本内地の弁護士は、明治後期に、政治参加の遣り方で自身の地位をしだいに引き上げていった。台北弁護士会のメンバーが政治活動を行うようになったとき、日本は、台湾において、特別統治体制をとり、行政部門の

権力を拡充しており、台湾に来た在野の内地人と総督府の間に対立を引き起こしたが、その代表的人物が、小林勝民である。その後も、台北弁護士会のメンバーで、内地の政治活動に参加し、全国的な政治的人物になった例がある。ただし、みな同様に、個人的活動にとどまっていた。台湾島内の政治活動について、台北弁護士会メンバーは、直接的にほとんど参加していない。その原因の一つは、台湾植民地には地方議会がなく、また帝国議会の衆議院議員選挙も実施されておらず、政治に参加する方法がなかったためである。

　1920年代、若干の台湾人知識人が、台湾人（すなわち「本島人」で、「蕃人」を含まない）と在台日本人（内地人）の選出した代議士が議決して、律令の内容と予算に協賛すべきことを求め、「台湾議会」設置請願運動を推し進めた。台湾弁護士会メンバーの比較的多数は政治参加を始めたが、その参加の仕方は、法廷で、政治的異議を持つ者を弁護するのが主であった。例えば、1923年に起った台湾議会事件（俗称「治警事件」）、1925年の二林事件などである。1927年、労働者と農民の活動を支持するという目的を明確に示して、日本の自由法曹団メンバーである古屋貞雄が台北弁護士会に入会したが、当時の台北弁護士会メンバーとしては、これが政治活動の限界であった。台北弁護士会メンバーのこうした政治参加は、間接的なものではあったが、別の観点からみると、人権擁護の色合いを有するものであった。1935年11月から、総督府は台湾の地方選挙を開放し、台北弁護士会メンバーは、地方の政治活動に直接参加するようになったが、それは通常、総督府の協力者という役割に偏しており、人権擁護とは関係がない。

（二）立法や司法テーマへの関心

　台北弁護士会は、法律制度に関連する重要な事柄、例えば、審級制度・法院管轄区域といった台湾と内地に共通した問題に非常に大きな関心を示した。例えば、総督府は、1898年に財政緊縮のため高等法院を廃止し、それまで三審制であった台湾法院を二審制に改めたが、1900年3月、設立後間

もない台湾弁護士会は、直ちに総督に対して、改めて第三審の高等法院を設置するよう建議した。この建議案は結局成功しなかったが、1908年に至り、日本の新刑法典が台湾刑事令によって台湾で依用されることになったとき、三審制の問題が再び俎上に上り、衆目を集めた。当時、訴訟代人から転任した弁護士は、台湾でしか業務ができず、日本内地では案件を引き受けられなかった。さらにまた、その経験年数も日本の裁判所構成法第六七・七〇条の規定に照らして算入されず、判事あるいは検事へ転任したときの計算年限となるので、このため、一部の訴訟代人出身の弁護士は、「日本弁護士協会台湾支部」を通して、日本の裁判所構成法を台湾に施行するよう運動を推し進めた。1911年10月31日、台北弁護士会は、台中弁護士会が台中地方法院の管轄区域の拡張を総督府に建議する意向のあることを伝え聞き、臨時総会を招集して、法院管轄区域建議案の提出に反対する意見陳述を準備するため、七人の委員を選ぶこととし、花田元直・中村啓次郎・小林勝民・川瀬周次・安田勝次郎・蓑輪籐次郎・片山昻が選ばれた。また、1925年5月4日にも、台北弁護士会総会は、法院管轄変更などを議題として協議した。

　台北弁護士会は、総督府の立法活動にも相当な注意を払った。総督府が「旧慣立法」を行う際、台北弁護士会常議員は、直ちに、1912年7月1日に会議を開き、「法典起草については弁護士会に諮詢すべき」との一案を決議し、これを総会に提出して協議した。1913年5月30日の臨時総会では、「およそ弁護士及びその職業に関係する法律案は、均しく弁護士会の意見を諮詢すべき」との建議案を議決した。総督府が、1914年に旧慣立法草案の各項を完成させたのち、9月25日、台北弁護士会はすぐさま臨時総会を招集開催し、総督府の諸法令に関する諮問について協議したうえで、最後に民事令・親族令・相続令草案の建議事項について決議し、9人におよぶ多数の選ばれた調査委員が調査を進めて臨時総会に再び提出し、協議・決議した。このほか、1919年8月の臨時総会で、刑の執行猶予事項の律令廃止の可否の案件について決議し、その実行については、正副会長の全権委任により常議

員の処理に委ねられた。1922年2月2日の臨時総会では、法令取調委員会に弁護士が参加すべきこと、かつ弁護士会長に一定の席次が割り振られるべきこと、また5人の委員が総督府側と交渉する役目を負うことが決議された。1924年2月12日、台北弁護士会は、臨時総会を招集・開催して、9人の会員が提出した議案「公証制度及び執達制度を内地と同様にする件」を協議した。1926年7月14日、いくつかの法律制度について協議し、総督に対して、①信託法及び信託業法・公証人法・執達吏規則を台湾において施行すべし、②司法官会議に弁護士会会長の参加を認めるべし、との決議を行ったが、民事紛争調停を法院管轄から移すべきではないという件に関しては、委員でまず、その可能性を調査するとした。

以上述べたような議案の検討あるいは推進は、台北弁護士会会員自身の利益と密接に関連している。すなわち、台北弁護士会は、その業務と密接に関連する司法制度問題については非常な関心を示すが、この類の立法と関連する活動以外の台湾島内の政治活動は、総督府の抑圧の下で、まったく行われなかったのである。

3. 台北弁護士会の人権擁護活動

（一）弁護士族群の背景

弁護士は、刑事訴訟手続の上でも、国家を代表する検察官と相対立する立場に立ち、弁護士が本来持っている法律専門知識を振るって、国家政府部門による人民の権利の違法侵害を防止するという「人権擁護」の任務を帯びている。

日本内地の人権擁護活動において、弁護士は通常、有産階級から抑圧を受ける中下階級あるいは、政府当局から抑圧を受ける反政府団体の人権を擁護する。日本統治下の台湾においても、弁護士の演じる役割は同様であるが、植民民族と被植民民族の違いは、弁護士の人権擁護活動への取り組みに多か

れ少なかれ影響を及ぼす。

　前述した1920年代の台湾議会設置請願運動は、台湾住民の参政権を勝ち取るという点では、人権擁護活動ともいえるが、台北弁護士会メンバーは、少数の台湾人弁護士を除くと、まったく関心を示さなかった。台湾議会の設置が要求通り実現されれば、当時の台湾の人口では本島人が絶対多数を占め、台湾在住の内地人はほんの少数にすぎなかったから、議員選挙の結果及びその後の政策の方向は、おそらく台湾人に有利なものとなる。これは当然、台北弁護士会内で多数を占める台湾在住の日本人弁護士が歓迎するところではないから、その採択には不支持の態度を取った。この運動は、台北地方法院の刑事事件に係属したのちに、前述した台北弁護士会会員の法廷弁護への参加をもたらしたが、台湾に在住していない、台湾人に同情的な日本内地弁護士が中心となった。例えば、帝国議会議員を擁する自由法曹団に属した花井卓蔵・青木徹二らが、法廷弁護に加わった。このことはまた、何人かの台湾人知識エリートが、弁護士の人権擁護の役割を理解していたが故に、進んで礼を尽して来台を促したこととも関係する。

（二）個人から弁護士会へ

　台北弁護士会は、前述した植民地自治の政治運動について不支持であるだけでなく、農民あるいは労働運動で抑圧を受ける社会階級についても沈黙した。ただし、農民あるいは労働者が、抗争によって刑事事件に関わる場合には、有能な個々の弁護士が、身を挺して事に当たった。台北弁護士会会員の中で、1920年代に勃発した農民あるいは労働運動において比較的長期間にわたって法廷救援を継続した弁護士は、台湾人ではなく、社会主義を信奉する、内地から来台した古屋貞雄であった。

　1920年代末になると、遂に、台北弁護士会が人権問題について声を挙げ始めた。1928年、台北弁護士会の総会決議において、提出された7項中の3項目、すなわち第三項「刑事被告事件において、検察官拘留期間に、もし犯

罪の証明が不十分であることが判明すれば、公訴提起をしてから犯罪捜査を継続し、拘留を続けるようなことが、今後発生しないよう希望する」、第四項「司法警察官は、犯罪のとき、往々にして、違警罪即決令を濫用して拘留を濫用行使する嫌いがあるので、この取締りを希望する」、第五項「司法警察官による拘留の即決処分については、正式な裁判者が申請し、身柄を即時釈放することに変更し、また法院へ記録を移送することを希望する」は、まさに民衆が被る最も多い人権侵害事項である。台北弁護士会は、決議のうえ、正式に岩松検察官長と交渉を行った。1928年7月、台北弁護士会は、法令改廃事項・司法制度及び司法機関の改廃事項・人権蹂躙調査事項・重要時事問題調査事項および弁護士事務員通訳風紀及びその他会員相互間の品位向上問題事項を、個別に処理する5箇の常設機関を設けた。このように、1928年半ば以降、人権蹂躙問題が台北弁護士会の関心を持つ主要議題の一つになっていたのである。

　初期の台北弁護士会が人権擁護活動に積極的でなかったことは、弁護士養成の観点から理解できる。日本の天皇制国家の下での法学教育の主な目的は、法制官僚の養成であり、また、帝大卒業生は、長期にわたって、試験を経ることなく直ちに司法官になることができ、司法官官僚システムに入る者は、通常、国家利益の擁護者となるからである。初期の台北弁護士会では、司法官経歴を有する者と帝大出身の弁護士が多数を占め、かつ台北弁護士会長の職には、かつて総督府判官であった弁護士が就いた。かつて官職にあった者が会長職に就くことは、当時蔓延していた著しい「官尊民卑」の社会風潮の下では、確かに弁護士会の地位の向上に役立ち、弁護士会と監督官庁との意思疎通に有利であったが、しかし、別の面では、台北弁護士会が、在野法曹機関として、官権に対抗すべき性格を弱めたことは否定できない。メンバーのもう一つの主要な供給源である旧訴訟代人は、元来、社会的評価が比較的定まっていない一群（私立学校卒業、弁護士無資格者）に属し、その中には少数ながら後に国会議員に当選した者もいるが、こうした出身の背景、あ

るいは所属政党の色合いを反映している。

　もっとも、司法官経験者の弁護士は、官権擁護という点は別にして、比較的、個人の自由を擁護する傾向がある。台北弁護士会は、1920年代、二派が同僚同士で会長争奪戦をした背景から、かつて判官であり、相対的に人権を擁護する安保忠毅が、長期にわたって会長を務め（1926年～1936年）、前述した1928年の人権の議題について積極的に行動した。また、先に言及した、1931年設立の台湾弁護士協会は、台北弁護士会会長の安保忠毅自身が理事長に就任し、台中・台南弁護士会会長を幹部に含めていたが、1934年機関誌『法政公論』創刊号において、「本島住民の権益擁護は、法治立国の基礎の強化を期するべき」との宣言を発表した。また、1935年台湾総督に提出した建議案では、「人権尊重が基礎」と考えられるとして、内地の刑事訴訟手続と違い、当時台湾では、例えば、検察官は容疑者を10日間拘留する権限をもつといった規定を削除すべきこと、また警察官が犯罪を即決する範囲を決定できるのを、内地と同様に、違警罪に限定して一部の軽犯罪に及ばないようにすべきだとした。こうした状況下で、1934年、台北の警察派出所内で、バス運転手を殴打する「人権蹂躙事件」が発生した。台湾弁護士協会は、直ちに台北の弁護士を表に立て、警察側と協調して、警察側に、該事件を引き起こした警察官を処罰することに同意させ、また以後、内部監督を強化することを承諾させた。つまり、台北弁護士会は、直接的にではないが、間接的に、全台の弁護士団体を通して、その人権擁護の機能を発揮したのである。1920年代中期から1930年中期までは、台北弁護士会が、人権の分野で、最も発言した10年ということができる。

　1935年の「久諾于商船」事件は、台北弁護士会の人権擁護の勇姿がみられるのだが、逆に政府の威圧に遭う例となった。1935年4月、貨物船「久諾于商船」が、台風のため、不法に澎湖馬公港に入った。軍はこれを「スパイ」に係る重罪と考えたが、これに対して、法院は、僅かに船長に罰金を科しただけであった。軍は、被告人を弁護した5人の弁護士、台北弁護士会の

現任会長の安保忠毅、現任副会長の金子保次郎、前任会長（1925年）の蓑輪籐次郎、その後に任じられた会長（1938年～1941年）の長尾景徳に対して、甚だ不満であった。最終的には、高等法院長および検察官長が介入して、台湾弁護士協会は解散を余儀なくされ、安保忠毅もまた、1936年に台北弁護士会会長職を離れた。一般人の人権擁護以前に、弁護士自身がその身を守るのも難しかったのである。

　1937年以降、戦争の勃発につれて、台北弁護士会が人権擁護について活動できる空間はますます狭くなった。数多の弁護士は、日本人あるいは台湾人を問わず、次々に「皇民奉公会」に加入した。1942年、全台の5つの弁護士会は、「台湾弁護士連合会」を結成したが、その会則に「大東亜戦争を遂行するため、司法の一翼を担う」ことを宗旨として明示した。同年にはまた、台北弁護士会の会長が、かつて「久諾于商船」事件に関与した長尾景徳から、検察官出身の吉江潤国に代った。戦時ファッショの息吹と関係があると考えられる。

4. 小括

　要するに、台北弁護士会は、社会参加の面でみると、大凡、司法制度の枠内に留まっていた。人権擁護活動の面でみると、前期は、まだ個人参加の段階であり、弁護士会の立場で取り組んだ擁護活動には乏しかった。これは、日治前期の台北弁護士会が、依然として、日本の明治期以来の法学教育の目的の影響、つまり全体的性格として、法律実用の学に偏し、民衆の社会生活を顧みることが比較的少ないということ、から脱却していないことの反映である。しかし、1920年代以降、台北弁護士会の会員は、次第に人権擁護活動に参加する者が増え、最後には、台北弁護士会あるいはその他の弁護士団体の関心を集めるテーマの一つとさえなったが、残念なことに、戦争の到来がその継続的発展の可能性を扼殺してしまった。この他、新弁護士法施行

後、台北弁護士会は法律扶助の問題を検討し始めている。台北弁護士会のそれぞれの活動は、基本的には、日本内地の思想的潮流の内にあり、全体の活動も、日本帝国という大きな環境の枠内で進んだことが知られるのである。

若干の展望

　以上、もっぱら、王泰升・曾文亮編『二十世紀台北律師公會會史』(第一章～第四章)に依拠しつつ、日治期台湾における弁護士制度を概観してみた。訴訟代人制度および、その弁護士制度への移行や台湾人事務員・通訳などの問題は、台湾の弁護士史に特有な事柄であるが、検察官による弁護士会監視や、弁護士出張事務所・謝金・風紀などは、日本内地と共通の問題であったことが知られる。

　ともあれ、日治期に、弁護士資格を取得し、台湾で弁護士活動を行っていた台湾人として、少なくとも42名を確認することができた(蔡錦堂氏によれば、帝国大学出身者を加えて、全54名であり、この他に台湾でなく内地でのみ活動した者が8名いたという[3])。出身大学でみると、明治大学と中央大学、ついで日本大学の出身者が多かったことが分かる。

　筆者は、1925(大正14)年10月に、台中州北斗郡二林庄で勃発した蔗農組合騒擾事件の裁判経過を検討する中で、被告農民の弁護に当った2名の台湾人弁護士、蔡式穀と鄭松筠について言及した[4]。蔡式穀は、1884(明治17)年4月4日、台湾新竹市に生まれ、1903(明治36)年7月に台湾総督府国語学校師範部乙科卒業後、新竹公学校訓導・桃園公学校訓導を経て、1913(大正2)年9月明治大学法科専門部に入学。翌1914(大正3)年9月に卒業したが、その後苦学を重ね、1923(大正12)年2月、弁護士試験に合格、同年4月、台北地方法院弁護士名簿に登録し、台北市太平町で開業した。以後、文化協会理事、同台北支部主任、台湾議会期成同盟会理事、台湾民衆党顧問、自治連盟常務理事、同台北支部常務理事、台湾弁護士協会理事、台北弁護士

会常議委員、台湾新民報社相談役などを歴任した。1936（昭和11）年11月には、台北市会議員にも当選している(5)。

　もう一人の鄭松筠は、1891（明治24）年12月22日、台中市豊原街翁子に生まれた。台湾総督府国語学校卒業後、1917（大正6）年9月明治大学法科専門部（第2学年）に入学した。1919（大正8）年7月に卒業、9月から明治大学高等研究科に進学した。1922（大正11）年、弁護士試験に合格、1923（大正12）年台中で開業、1929（昭和4）年には、台南でも開業した。1923（大正12）年に台湾民報社が設立したとき、鄭は監査役となるとともに、台湾民報の法律欄を担当し、民衆の法律問題に答えた。台湾農民組合設立後は、共同顧問となった(6)。

　草創期の明治大学出身の台湾人弁護士たち、葉清耀・蔡式穀・陳増福・鄭松筠などについておおよその経歴は明らかとなってきているが、今後は、彼らが、より具体的に、どのような事案に関与し、どのような弁護士活動（人権擁護）を行っていたのかについて、検討を進めていきたいと考えている。

【注】
(1) 日治期における在京台湾人「留学」生については、紀旭峰『大正期台湾人の「日本留学」研究』（龍渓書舎、2012年）が近年における最も注目すべき研究の一つである。紀氏は「大正期在京台湾人留学生、とりわけ『明治大学の法科』と『早稲田大学の政治経済科』出身の台湾人」が「近代台湾の諸啓蒙運動の先駆的存在」（361頁）であったと評価されている。
(2) 劉恒妏「日治与国治政権交替前後台籍法律人之研究―以取得終戦前之日本法曹資格者為中心―」（『戦鬥的法律人（林山田教授退休祝賀論文集）』元照出版、2004年）、曽文亮・王泰升「被併吞的滋味―戦後初期台湾在地法律人才的処境与遭遇―」（『台湾史研究』第14巻第2期、2007年）、蔡錦堂「陳増福家族菁英群与台北高等学校初探」（『台湾学研究』第12期、2011年）・「弁護士陳（穎川）増福家族的日本内地・台湾人身分変換與改姓名問題探討―」（李玉瑾編『近代東亜中的台湾国際学術研討会論文集』2013年）・「戦前に日本留学した台湾人学生が社会に及ぼした影響―弁護士資格取得者を対象に―」（『大学史紀要（明治大学大学史資料センター）』第20号、2015年）など、参照。
　台湾人弁護士の内でも、台湾人として初めて弁護士資格を取得して台湾で弁護

士となり、さらに 1932 年に、『刑法同意論』を明治大学に提出して、台湾人初の法学博士となった葉清耀は良く知られており（吉田荘人「日本統治下の法曹界―台湾初の法学博士、葉清耀―」同『人物で見る台湾百年史』東方書店、1993 年、高田幸男「葉清耀（一八八〇―一九二四）」明治大学史資料センター編『明治大学小史　人物編』学文社、2011 年、など参照）、最近では、謝政德氏による研究報告「弁護士葉清耀と近代台湾の地域社会」（第 21 回現代台湾研究学術討論会・第 10 回日台国際学術研究討論会、関西大学、2018 年 8 月 31 日）がある。
(3) 明治大学史資料センター「アジア留学生研究会」と、アジア教育史学会との共催により、2014 年 8 月 9 日に行われた国際シンポジウム「近代アジアと『留学経験』―第二次世界大戦前の留学を中心に―」における、蔡錦堂氏の報告「戦前に日本留学した台湾人学生が社会に及ぼした影響―弁護士資格取得者を対象に―」による。
(4) 村上一博（李鴻禧訳）「二林蔗農組合騒擾事件與布施辰治律師」（台湾二林蔗農事件九〇週年紀念国際学術研討会暨系列活動『研討会論文集』2015 年）参照。
(5) 台湾新民報社編『改訂台湾人士鑑』（台湾新民報社、1937 年）など。
(6) 柯萬栄『台南州名士録』（台南州名士録編纂局、1931 年）、前掲・台湾新民報社編『改訂台湾人士鑑』など。

第6章　1930、40年代朝鮮人・台湾人の明治大学「留学経験」

髙田　幸男

はじめに

　第Ⅰ部でも述べたように、植民地朝鮮・台湾からの留学生は広義の留学生と位置づけられ、明治大学でも外国人留学生と同じ扱いをしてきた。彼らは、明治末期以来第二次大戦の終結まで、宗主国日本側と植民地側の情況によって増減はあったものの、常に明治大学のアジア留学生の一角を占めてきた。そこで本章では、2014年韓国および2015年台湾の調査において収集した伝記資料および実施したインタビュー記録にもとづいて、1930、40年代に明治大学で学んだ植民地朝鮮・台湾留学生の「留学経験」と、それが彼らのその後の生涯に与えた影響や意味について考察する。

　なお、これも第Ⅰ部で述べたが、日本が戦時体制に入ると、朝鮮では創氏改名、台湾では改姓名がおこなわれ、日本内地の各大学では植民地人も日本人と同様に扱われるようになり、さらに志願出征や学徒動員が求められていった。

　しかし、インタビュイーの一人、任甲寅氏（イムガビン）（以下、敬称略）は「任本吉雄」（かねもと）としてこの時期に明大に入学したが、インタビューでは、戦時下に明大を卒業して日本を引き揚げることを「帰国」と表現していた。もちろん、韓国の独立を経た現在における表現ではあるが、当時から異国へ学びに行く、国に帰る、という意識があったであろうことは否定しがたい。

また「留学経験」は、本書「まえがき」でも述べたように「技術知」と「実践知」に分けられる。朝鮮・台湾の青年たちは、1930・40年代の明治大学への「留学経験」から、いかなる「技術知」と「実践知」を習得し、それはその後の人生にどのような影響をもたらしたのだろうか。

　以下、取り上げるのは朝鮮人・台湾人各2名である。時代背景を考慮し、留学年代順に取り上げることにする。

　まず、1人目の辛文炳（しんぶんぺい）は、1912年台湾台南生まれで、1930年に明治大学予科に入学、33年法学部へ進学し、36年に卒業している。日中戦争直前に留学し、台湾に戻ったのち、まもなく台湾にも戦時体制が敷かれることになる。

　2人目の任甲寅は、1922年朝鮮順天生まれで、1942年明治大学専門部法科を卒業している。専門部を繰り上げ卒業となり、司法試験を受けて最年少合格を果たしたのち「帰国」している。

　3人目の張斗建（チャンドゴン）は、1918年朝鮮浦項（ポハン）生まれで、非常に興味深い動機で留学し、1943年に明治大学専門部法科を卒業している。

　4人目の曹伯輝（そうはくき）は、1918年台湾彰化生まれで、紆余曲折を経て1942年明治大学専門部政経科に留学するも中退し、上海へ渡ることになる。

　4人のうち、曹を除く3人が法科に留学し、辛を除く3人は留学期間も重なっている。だが、それぞれの留学動機も、「留学経験」も、その後の活動もさまざまである。以下、4つの事例をみたのち、全体として何がみえてくるのか考察することにしたい。

　なお、章末に任甲寅、張斗建、曹伯輝のインタビュー記録全文を掲載した。

一　台湾、辛文炳（1912-1999）の事例

　最初に取り上げるのは辛文炳である。辛は日本統治下の台湾台南府に生ま

れ、明治大学に学んで台南へ帰ったのち、実業・政治・教育・社会公益事業を手がけた典型的な地域社会・政治の指導者である。

今回の調査で、文炳の長男である辛忠道氏から謝国興『府城紳士：辛文炳和他的志業（1912-1999）(1)』を提供された。同書は、単なる辛文炳の伝記ではない。著者謝国興は、中央研究院（Academia Sinica）近代史研究所研究員で中華民国史、台湾近代史の著作も多い。とくに中国各地や台湾の近代史や社会経済史の研究から、地域社会における個人やその人的ネットワークの展開を描き出してきた(2)。同書では、辛文炳を日本統治期台湾社会の指導層の代表例としてとらえ、「内地化」と「本土化」のあいだで揺れ動く姿を、辛文炳自身へのインタビューや台南等の地域史料をもとに描き出している。

「内地化」とは、中国の辺境移民社会として、内地である中国へ同化することであり、日本の植民地となってからは、宗主国たる日本へ同化することである。漢民族の台湾への流入は、明代以降次第に活発になり、清代には科挙の最終試験である殿試に及第し、進士となる者も出てきた。紳士、郷紳といわれるこうした階層の出現は、中国社会への一定の同化を示すものであり、彼らは地域社会における文化指導者として、中国伝統文化の普及を進めた。だが、日本の植民地になると、新たな「内地」としての日本への「内地化」が進められる。さらに、日本の植民地支配からの解放は、国民党政権による新たな「内地化」を招くことになる。とくに1947年の「二・二八事件」(3)を経て、1949年、中国共産党との内戦に敗れた国民党政権自身が台北へ移転すると、それは強権的に進められた。

一方、「本土化」とは、台湾を内地の下位に位置づけるのではなく、台湾自体を本土・故郷と認識することで、内地化と並行して進展し、国民党政権の戒厳令下では潜在していたが、1987年の戒厳令解除以降、顕在化し、社会文化の主流となったとする(4)。

ちなみに、書名の「紳士」とは、明清時代の紳士、郷紳で、地域社会の指導者として郷里の秩序を守るため、地方官と折り合いをつけ、地域の利害を

調整し、教育・社会事業を手がける人物を指す。辛文炳は、日本統治下の台湾に生まれ、台南の「紳士」として、日本への内地化と本土意識のあいだで揺れ動き、第二次世界大戦後は国民党独裁の下、台南市議会議長や台南市長を歴任するも、晩年には公に「台湾主権独立」を主張するに至る。辛文炳にとって、明治大学への「留学経験」はいかなる意味を持つものだったのだろうか。

1. 明治大学留学に至る背景

　辛文炳の祖籍は福建省泉州府同安県である。祖父、辛聯陞が1870年ごろに台湾へ渡り、父、西淮（1879－1951）は当時台湾の中心都市だった台南府で生まれた。ただ、当時は、辛家はまだ台南に定着したとはいえなかった。聯陞が1882年に早世したため生計が不安定となり、日清戦争による日本軍の台湾接収を前に、一家は戦乱を避けて同安へ帰っている。だが、すでに同安にも生計の拠り所はなく、日本軍が抵抗運動を鎮圧し、治安が安定すると台湾へ戻る。

　辛西淮は幼少時に伝統的な漢文教育を受けていたが、日本人の台湾支配に対応して日本語を学び、憲兵隊の通訳となる。西淮はこれをふりだしに、台南庁警務課（1904年）、台南庁外武定区区長（1910年）、台南州北門郡西港庄長（1920年）という地方行政職を歴任する。庄長を1年で辞職したのち、1922年に台南州知事より台南市の第2期協議会会員に任命され、以後、同会員を第5期まで6年間、次いで1928年より1936年まで台南州協議会会員を4期8年、さらに1936年から日本の敗戦まで台南州州会官派議員を務めるとともに、1945年には最高の名誉とされた台湾総督府評議会会員に任命されている。

　その一方で辛西淮は、1912年、台南の士紳と台湾軽鉄株式会社を設立し、次第に事業を拡張し、軸足を企業活動や社会公益事業へ移していく。

288

謝国興は、辛西淮を日本語に精通していることを活かして事業を興し、上流社会層の一員となった代表的人物の一人とする。だが、西淮が当時台湾人エリートが就ける最高職だった庄長をわずか1年で辞めたことを、「準地方自治」の権限の小ささに失望したからではないかと推測している。日本の敗戦まで務めた各種「議員」職も民意を一定程度示す立場ではあったが、多分に名誉職的なものだった。謝は、西淮が台湾に定住したのは、中国に背いたわけでも、心が日本へ向いていたわけでもなく、安住の地を求めただけだったが、50年間の台湾生活により「台湾本土の気骨」が生まれたとする。

さて、辛文炳は1912年2月1日、台湾台南で生まれた。当時、台湾は日本の支配下に入って15年あまりであり、その3年後の1915年8月、日本統治下における最後の漢民族武装抗日闘争である「西来庵事件」が台南で発生している。この事件は2,000名の検挙者と903名の処刑者を出して終わり、以後、台湾の民族運動は、大正デモクラシーの影響を受けて文化啓蒙運動と民族自治運動の方向へと向かい、「台湾は台湾人の台湾である」とする認識が芽生えていくことになる。辛文炳は、こうした転換期の台湾社会の空気を吸って育っていく。

西淮自身はこのような民族運動に関わることなく、前述のように、文炳が生まれてまもなく台湾軽鉄を設立し、企業経営の第一歩を踏み出している。西淮にとって文炳は、30歳を過ぎて生まれた長男であり、社会的地位が上昇するなか、待望の跡継ぎであった。

辛聯陞が居を構えた馬公廟街は、清代から孔子廟や書院が立ち並ぶ文教地域で、文炳はこの書籍の香り漂う環境で生まれ育った。そして、1919年4月、文炳は台南第三公学校に入学する。公学校とは、台湾総督府が1898年に「台湾公学校令」で制定した初等教育の学校で、1919年には「台湾教育令」による学校体系の整備で、主として台湾人が学ぶ学校と位置づけられた。1922年には「台湾教育令」の改正により、「内台人共学」、すなわち学校における内地人（日本人）と台湾人の区別が撤廃されたが、実際には、「国

語」(日本語)を常用する者としない者のあいだに差別があった。第三公学校は、元の海東書院を公学校に改めたもので、1919年4月に開校した。文炳は第1期生として第三公学校に入学し、1925年3月に卒業し、台南州立第二中学校に学んだ。台南には、台南州立第一中学はもともと日本人子弟だけが入れる台湾総督府台南中学校と、長老派教会の中学の2校しかなかったが、1922年の「台湾教育令」公布後、主として台湾人学生向けの台南州立第二中学校が設立され、台南中学は州立第一中学校と改称した。

西淮の社会的地位であれば子どもたちを日本人と同じ小学校、中学校へ通わせることは難しくはなかった。だが、西淮は積極的に「同化」しようとはしなかった。謝国興は、ここに辛西淮の「台湾本土風骨」(台湾本土の気骨、台湾人魂)を見いだす。

台南子弟の進学熱のため、第二中学の入学倍率は高かった。辛文炳は、公学校5年から担任の日本人教師渡邊貫吾の指導のもと放課後の受験勉強を始め、第二中学に合格した。そのため文炳は、生涯渡邊の学恩を忘れず、戦後、訪日するたびに渡邊を訪ねたという。文炳は学業に励むほか、剣道社や柔道社に参加して弱い体を鍛えたという。

2. 明治大学での「留学経験」

このように、辛文炳は日本人教師の学恩も受けたが、基本的に台湾人社会のなかで育ってきた。ところが、1930年に中学を卒業すると、父に後押しされて日本へ留学する。当時、すでに台北帝国大学が創立されていたが(1928年)、多くの台湾青年は日本へ留学した。辛文炳は、1930年明治大学予科に合格し、3年間学んだのち、33年入試に合格して法学部に入学した。主として民法を学び、1936年に卒業した。

ただ謝国興は、辛西淮、文炳親子が、なぜ日本留学を決め、さらに明治大学を選んだのか述べていない。台北帝大へ入るためには、台湾総督府台北高

等学校に入る必要があり、台北高校を卒業すれば無試験で台北帝大に入ることができ、「内地」の帝大へ進学する道も開けた。そのため、台北高校は台湾人にとって狭き門で、中学校に相当する尋常科の台湾人合格者は平均4人未満、高等科も平均30人未満で、「台湾一の難関」といわれた。[26]

あくまで推測であるが、辛親子は、台南の「紳士」として、狭き門である台北高校入学をめざすより、直接日本「内地」へ留学するという道を選択したのではないか。そして、留学先として明治大学を選び、さらに法学部へ進学したのは、本書第5章村上一博「日治期台湾における台湾人弁護士の誕生」にみるように、明治大学出身の日本人・台湾人の弁護士が台湾で多数活動していたことと無関係ではないであろう。

辛文炳は日本留学によって、視野を大いに広げ、知識の吸収と人格の陶冶を促されたという。さらに文炳は、法学の勉強以外に、文学や思想方面の書籍も大量に読んでいた。そして、この読書の習慣は終生変わらず、台湾に帰ったのちも日本の書籍や新聞雑誌を購読していたという。[27]

『府城紳士』では、その大学生活について詳細に述べられてはいない。だが、在学中の5枚の写真から学生生活の一端はうかがえる。たとえば1928年落成の記念館の前で撮った台湾同学会の記念写真（1933年）には台湾学友とともに会長を兼任する横田秀雄総長が写っており、学内で台湾同学会が一定の地位を占めていたことを示している。また、「明治大学時代の学友の宴会」というキャプションがついた写真では辛を含む15人が、思い思いに肩を組んだり、酒徳利を手にして笑っている。「台湾同学」とは書かれていないので、15人の多くは日本人と思われる。いずれにせよ、辛が学生生活を謳歌していたことがわかる。[28]

ちなみに、2015年2月に本研究の調査のため、辛文炳が創立した台南の南台科技大学を訪問した際、辛文炳記念室を見学した。そこには、辛文炳が残した明治大学留学中の教科書・ノート、写真のアルバムや制服・制帽、羽織袴まで保存されており、それらの所蔵品が単に留学生史研究のみならず明

治大学史全般に関わる貴重な史料群であることがわかった。それはとりもなおさず、辛にとって大学時代のさまざまな「留学経験」がいかに大きな意味を持っていたのかを示している。今後、同記念室の所蔵資料を詳細に調査して、辛の留学生活や当時の明治大学の教務や学生生活について明らかにする必要がある。

　だが、辛文炳は青春を謳歌していただけではなかった。

　辛が予科に入学した翌年の1931年9月、関東軍が満洲事変を起こし、日本国内でも軍国主義・国粋主義が台頭し、それを批判した日本共産党や日本労働組合全国協議会はやがて弾圧され、思想統制が強まっていく。当時、大学内では、いまだマルクス主義をはじめとする左翼書籍が広く読まれており、辛文炳もそれらの書籍に触れる機会が少なくなかった。辛は、共産党が弾圧されたのちもなお、こうした「進歩的」書籍を多く読み、検挙されないように読み終えると捨てていたという。(29) そして、辛文炳は1936年3月、二・二六事件の余燼がくすぶるなかで卒業試験を受け、卒業すると早々に東京をあとにしている。(30) だが、『府城紳士』には、当時、辛文炳が日本の状況をどのようにみていたのかについて、言及はない。

　法学部の学生は、多くが司法試験を受けて法曹になるか、文官試験を受けて行政官になることをめざす。第Ⅰ部でみたように、行政官の道がほぼ閉ざされていた植民地出身者は、司法試験を受けて弁護士になろうとした。だが辛文炳は、家業を手伝うためこれらの試験を受けずに台湾へ帰った。(31)

　卒業してまもなく、1936年の春から夏にかけて台湾へ帰ったようで、9月には台南州農会の雇員となり、ついで父西淮が始めた運輸業に従事し、平社員として鍛えられたのち、経営にも参加していった。(32) その一方で、台南の「紳士」、知識人として、辛は戦時体制下、「皇民奉公会」の各種運動にリーダーとして動員され、終戦直前には、台湾総督府が組織した「台湾陶瓷器製造統制組合」の理事にも任命されている。(33)

　そして、台湾の「光復」（植民地からの解放）後も運輸業の経営を中心に事

業を拡大し、1969年に南台工業技芸専科学校を創立するなど、教育・社会事業にも参入している。同校は1999年に南台科技大学へ昇格している。その一方、辛は1950年に台南市の最初の市議選で市議となり、同時に中国国民党に入党し、1960年に台南市長に当選するなど、地方政治にも参加する。1972年には中華民国増額立法委員（立法委員は日本の国会議員に相当。「増額立法委員」は定員増加枠に当選した議員）に当選し、以後、81年まで2期務めている。最晩年の1996年には李登輝中華民国総統に乞われて総統府国策顧問となるが、1998年に国策顧問を辞任し、翌99年に死去している。[34]

3.「留学経験」が辛文炳に与えた影響

さて、辛文炳にとって明治大学での「留学経験」はどのような意味を持ったのだろうか。以下、「技術知」と「実践知」に分けて、検討することにしたい。

まず、上述のように辛文炳が明治大学の「留学経験」から得た「技術知」は、法学の知識のほか、文学や哲学、とくにマルクス主義をはじめとする左翼思想が挙げられる。辛は、法曹界に入らず、経営者の道を歩んだ。そのため、法律に関する「技術知」は、弁護士のように全面的に活用されるのではなく、経営者として、のちには議員や市長としての活動の基礎を支える意味を持ったであろう。文学、哲学、左翼思想の影響は想像するしかないのだが、マルクス主義に心酔しなくても、少なくとも政治や社会を構造的にとらえ、自分の処し方を考えようとする視座を養ったであろう。それは、「光復」後に受け入れることになる「外来」の国民党独裁下でも活かされたはずである。

それでは、「実践知」はどうであろうか。辛は、6年間の日本留学で国家・民族のために犠牲となる武士道精神や、まじめに責任を持って仕事をし、法治社会を構築し、社会に感謝し奉仕するなどの意識を深く身につけたとい

う。すなわち、「実践知」として体得したのは、武士道精神や勤労精神、奉仕の精神ということになる。

　これらの「実践知」は、文学・哲学への志向とも相まって、地域社会の指導者としての自覚を促し、企業活動のほか、地方政治や教育・社会事業へも積極的に関与する姿勢を生み出したといえる。ただ一方で、植民地台湾出身の大学生として、自分にとって犠牲となってまで奉仕すべき「国家・民族」とは何かを考えざるを得なかったであろう。これも辛にとっての貴重な「実践知」である。

　それに加えて、日中全面戦争の前夜、法学の知識として学んだ民主主義や人権が、天皇制ファシズムの急速な台頭によって抑圧されていく状況から得た「実践知」もあるのではないか。こうした情勢下でも左翼文献を秘かに読み続けたことは、強権的体制といかに折り合いをつけつつ自分の信念を保つかを実践的に学んだといえる。

　辛文炳も多くの台湾知識人同様、台湾「光復」を歓喜で迎えた。だが、それから半年ほどで、国民政府当局の姿勢に疑問を抱くようになる。戦時体制下で対日協力を強いられた父西淮が、「漢奸」（対日協力者）容疑で国民政府当局に半年間身柄を拘束されている。しかも、二・二八事件に際しては、ともに運輸会社の理事をつとめた台南の名士黄媽典が「暴乱分子」として拘束され、軍の賄賂要求に応えられず銃殺されている。謝国興はこれらの体験から、辛が国民政府に抱いた祖国のイメージを「外来政権」へと転換させたが、将来を想いつつそこに生きざるを得なかったとする。

　辛は以後、国民党独裁下の台湾で台南の名士として、地方議会から立法委員にまでなり、その過程で国民党に求められて入党している。だが1998年に国策顧問を辞すると、「台湾本土意識」を公言し、台湾の国連承認を主張するようになる。謝国興はこれを、李登輝に代表される台湾エリートの一世代「大正男」の共通の傾向とする。

　しかし、李より10年以上早く日本に留学したことの意味は大きい。すな

わち、大学に残る大正デモクラシーの遺風に感化されつつ、中国東北部に戦火が拡大するなか、大正デモクラシーの遺風が急速にファシズムに取って代わられていくのを目の当たりにしたという経験、「実践知」は重要ではないだろうか。

父の事業を支え、継承する一方で、地域社会の発展のために国民党に加入して独裁政権と折り合いをつけつつ、教育・社会事業も展開し、しだいに台南そして台湾本位の「本土化」を公言するに至ったのも、こうした「技術知」と「実践知」の獲得によるといえる。

さらに指摘すべきことは、青春のひとときを過ごした日本、明治大学とのその後の関係である。1996年4月に明治大学が創立120周年記念事業募金を始めると、辛文炳は翌年10月、これに応えて日本円で421万円を寄付するなど、母校明治大学との関係を重視している。母校や恩師へ報いることは、儒教的徳目として「紳士」がなすべきことである。さらにいえば、辛が学校経営に乗り出し、最終的に大学へ昇格させたのも、「紳士」として地域社会への貢献であると同時に、母校への報恩ともいえるであろう。

興味深いことに、辛文炳は1958年に台南市体育会橄欖球（ラグビー）協会の第3代理事長になり、初代理事長の林全録、2代目の翁海堂とともに台南にラグビーを普及させた「三仙」とされていることである。林と辛は明大、翁は早稲田大学というラグビー名門校の出身だった。辛自身は留学中射撃部に所属し、ラグビーの選手ではなかったが、3代の理事長は日本で大正期から盛んになった大学スポーツの伝播者でもあった。

その一方で、辛は死の直前、巨費を投じて台南の版画家林智信の大作「迎媽祖」を購入し、1999年明治大学へ寄贈している。この版画は、航海の女神媽祖を祭で迎える民衆を描いたもので、台湾の独立を主張していた辛が、世界の人々に台湾の文化を知ってもらうことを希望して寄贈したのだった。

このように、辛文炳の「留学経験」は、辛に日本と台湾の相互理解と共存共栄のための架け橋たらんとする意識も培ったのである。

二　朝鮮、任甲寅（1922-2015）の事例

　次に取り上げるのは任甲寅である。任は、日本統治下の朝鮮全羅南道の農家に生まれ、明治大学専門部法科に学んで法曹となった人物である。史上最年少で司法試験に合格し、敗色が濃くなった日本から「帰国」し、大韓民国が独立すると、1960年に大田(テジョン)地方検事長になるが、1961年朴正熙(パクチョンヒ)の軍事クーデタで辞職し、以後、76年ソウル市弁護士会の会長、86年韓日弁護士協議会の韓国側会長(47)、90年に大韓公証人協会会長等を歴任している。
　任にとって「留学経験」はいかなる意味を持っていたのだろうか。

1. 明治大学入学の背景

　任は、1922（大正11）年、朝鮮全羅南道の順天(スンチョン)で生まれた。農家の出身で、6歳で普通学校(48)に入った。普通学校卒業後、道都光州の高等学校を受験し合格したものの、家から遠く金がかかるという理由で入学を断念し、地元の順天農業学校に入学した。だが、小柄な任にとって、農業学校の生活は仕事が多く、光州へ行くことなども多く、辛いものだった。しかも、農業学校は制度上、上級の学校へ進学する道はなく、任は4年生の時に後悔したと回想している。
　もともと向学心が強かったが家計上の理由から不本意ながら農業学校に進んだ任甲寅にとって、閉塞状況の突破口が明治大学への留学だった。明治大学を選んだのは、郷里に明大法学部に行った先輩がいたためだった。

2. 明治大学専門部法科における「留学経験」

　1940（昭和15）年、任は明治大学専門部法科に入学する。1、2年生のころ

は、論理学や哲学の本をよく読んでいて、また「民族的な自覚が少しはあった」ため、中野正剛や永井柳太郎などの政治家の講演をよく聴きに行ったという。とくに印象に残っているのは中野のルーズベルトとチャーチルの会談に対して、日本国民に訴えるという内容の講演だった。

ここでいう「民族的自覚」は当然、朝鮮民族としての自覚であるが、中野の講演が印象に残ったというのは、国際情勢を見たとき、朝鮮の命運を日本のそれに重ね合わせていたということだろうか。インタビューでは詳細を聞き出すことはできなかったが、いずれにせよ、1、2年生のころは、法学を学ぶより、こうした講演会で国際情勢やそのなかでの日本と朝鮮の行く末に思いを巡らせていたのである。

明治大学へ入学したとき、日中戦争はすでに3年目となっていたが、インタビューでは日中戦争に関する発言は得られなかった。だが1941年12月の真珠湾攻撃、アジア太平洋戦争の開始に対しては、日本人の熱狂に、関東大震災の時に朝鮮人を大量虐殺した異常心理を想起し、「これは困ったことになった」と、たまたま冬休みになったのを機に3か月間帰省し、しばらく様子を見て、日本の優勢が続いたので日本へ戻っている。ここには、やはり植民地人として冷徹に日本を見る眼がある。

だが、このあと任の人生は急展開を始める。任は本来1943年3月に卒業するはずであったが、修業年限の6か月短縮により、1942年9月に卒業することになり、同年7月、明治大学法科特別研究室（特研）研究生を受験する。

特研は、高等文官司法科・行政科試験（現在の司法試験・国家公務員総合職試験に相当）の合格者を増やすために、当時の志田鉀太郎総長の支持を得て、野田孝明法学部教授が1940年10月に開設した。そして、早くも1941年度に1名、42年度に3名の司法試験合格者を出していた。[49] 任は農業学校出身のうえ、前述のように1、2年時に法学の勉学にさほど熱心ではなかったため、1944年度司法試験受験予定者である特研第二部を志願して受験した。

ところが、結果は1943年度受験予定者である第一部の合格者となっていた。後日、野田が任に語ったところによると「任君は熱心にやれば翌年応試可能性があったので一部に入れた」とのことだった。

　この野田の「配慮」により、任は同年8月特研第3期生に入り、翌年3月の司法試験を受験することになった。そして戸惑いつつも、9月1日から図書館に通って受験勉強を始める。任は当初、先輩の住む杉並区和泉に住んでいたが、その後、本郷の帝大前、さらに江戸川区小岩へと転居していた。毎朝、小岩から駿河台の大学図書館へ通い、8時から夜10時まで勉強した。研究室には、当時一、二部合計約20名の研究生がいたが、任は同期の宮原（当時は中村姓）三男、菅井俊子とグループを組んで、図書館で勉強した。研究室では、教員の野田孝明や服部一雄、2期生の宮川仁、李炳夏らが答案作成の指導をし、9月から2か月間かけて毎週日曜日に、順次、民法、刑法、民事訴訟法、刑事訴訟法等の模擬試験をおこない、それを3巡計6か月おこなって本試験を受験させた。

　任は、「制限された時間、制限された答案にどれだけ要領よく書くか」が重要だと考え、司法試験の試験委員の本を集中的に勉強し、論理的に簡潔に答案を書く訓練を重ねた。模擬試験の点が平均58点以上取れるようになると、統計上合格が有望になるとされており、任は平均60点を取って特研で表彰された。43年の司法試験では、宮原は60点以上、任は60点弱、菅井は58点で合格した。任は当時20歳で、史上最年少の合格者となり、司法大臣等から表彰された。とはいえ、任の回想によると「一九四三年の初め頃には神経衰弱の症状が起きて、一週間くらい勉強の時間を半減して休ん」でおり、精神的身体的重圧に耐えての合格であった。

　特研について、のちに野田孝明は「司法試験だけが唯一の目的ではなく、司法試験に合格しない人も、大学を卒業し研究室を去った後、研究室で学んだことを生かして立派な社会人として活躍されることが研究室の真の目的である」と述べており、特研第7期生の宮田勝吉も「勉学の指導と法学の研究

を通して人格の陶冶並びに研究室生の先輩後輩、同僚の懇親、協力互助の機会を作るため」としている。任も、宮原や菅井と図書館で一緒に座って勉強し、終わってから菅井の父にごちそうになったと回想している。研究室の師弟が協力して受験に取り組むなかで、お互いの絆を強めていったのであろう。

　司法試験合格後、任は東京弁護士会に弁護士試補の登録をし、近藤民雄の事務所に所属する一方、明治大学法学部に進学し文官高等試験行政科受験の準備を進めていた。だが、1943（昭和18）年11月に翌年、翌々年の高等試験の停止が決まり、相前後して、同年10月には大学等高等教育機関の文系学生に対する徴兵猶予が撤廃されると、任は学籍があると徴兵されるので、早速退学して朝鮮へ帰る。任は、「惜しまれましたが、郷里のために出征できないと帰りました」と語っている。すでに弁護士補になっており、学籍に未練はなかったのである。インタビューでは、続いて物資不足でヒジキを混ぜた飯や朝鮮から持ち込んだ米粉を砂糖水と食べた話をしており、明言はしなかったが、単に徴兵を忌避しただけでなく、日本の敗戦を予期していたのかもしれない。任は、大日本帝国に殉じる道をきっぱりと断り、苦労して闇で関釜連絡船の切符を買い、1944年5月に「帰国」している。

3. 任甲寅における「留学経験」の影響

　「帰国」から日本の敗戦・「光復」（植民地支配からの解放）までの1年あまりについて、任は何も語っていない。

　大韓民国の独立後、弁護士として活動していた任は、1960年の学生革命により李承晩政権が倒れ、民主党政権が誕生すると、大田地方検事長になる。だが翌年、朴正熙が軍事クーデタを起こすと検事長を辞職し、以後、弁護士として活動を続ける。そして、1976年にソウル市弁護士会会長に、86年に日韓弁護士協議会韓国側会長に、90年には大韓公証人協会会長に就任

したほか、ソウル特別市公事審判委員、顧問などを歴任している。

任が検事をやめて弁護士に戻ったのは、軍事政権の下で検事として働くより、人権の擁護や社会正義の実現という弁護士の使命に従事すべきだと思ったからだと語っており、明治大学出身者に流れる人権派弁護士の伝統を意識していたことがわかる。

任の使命感は、同窓会活動への積極的な関与にも現れている。明治大学韓国同窓会は、法曹界を中心に韓国各界で活躍する校友が結集し、趙素昂を初代会長として、1948年1月17日に結成された。2000年に同窓会は会員の寄付を募って事務所を設立したが、それまで30年以上にわたって、任がソウル市内の自身の弁護士事務所を同窓会の連絡拠点として提供してきた。1974年明大OBである三木武夫が総理大臣に就任した際、韓国同窓会を代表して総理官邸を訪問し、韓国の東洋画を贈呈するなど、母校や校友との交流を続けてきた。そして、1986年、朝鮮海峡をはさんだ九州福岡で開催された明治大学校友会全国大会に、任を団長とする韓国同窓会訪問団6名が出席し、正式に明治大学校友会に参加することとなった。校友会福岡支部は、翌87年答礼のため韓国を訪問し、以来、双方の支部に代表を派遣するなど交流を続けている。2003年、明治大学校友会は組織改革をおこない、韓国同窓会は台湾の同窓会とともに、それぞれ大韓民国支部、台湾支部となった。

任の愛校心や同窓意識は明治大学へのみ向けられているわけではない。任は、不本意ながら入学した順天農業学校に対しても同窓会に積極的に関与し、同校が国立順天大学に昇格する際も尽力しており、そのため順天大学の創立70周年記念館の前には創立者、初代学長と並んで任の胸像が建っている。弁護士の使命感と同様、自分を育てた母校や恩師と後輩への校友としての使命感が感じられる。

だが、任が司法試験史上最年少合格を果たし弁護士になれたのは、明治大学で野田孝明や特研の学友との出会いがあったからであり、野田や特研への想いはひときわ強かった。任は、司法試験の合格発表の時の喜びを語るとと

もに、

> わたしは野田先生のご配慮は忘れられません。戦後3回ほど韓国へお招きし、日本へ行ったときも金沢でお話をしました。あの先生のおかげでわたしの運命が変わりました。二部に入っていたら、試験が中止されたので、学部を出ていたらどうなっていたかわかりません。人生は「塞翁が馬」といいますが、本当に先生が精密に観察されていたことに感謝します。普通だったら本人の志願どおりにして、一部へ変更することはないですよ。野田先生は、〔学生が〕闘争で神田警察署に引っ張られたりすると、すぐ来て面倒みてくれました。先生が留学したハイデルベルク大学へも2度も訪れました。学生によい素質があっても、先生と先輩がそれをよく見て行動させることがなければ、能力を発揮できません。

と語っている。野田は朝鮮人留学生の尊敬を受けており、彼ら留学生が1940年代に「明治大学朝鮮同窓会」を結成すると、会長になっている。

ちなみに、任の前後の特研研究生には、第2期に李炳夏、第3期に宋千文、第4期に呉鐸根がいた。当時は創氏改名で「任本吉雄（かねもとよしお）」を名乗っていたとはいえ、特研のなかに、エスニシティーやジェンダーを超えた連帯意識があった。野田の学生に接する姿勢、特研にみられるエスニシティーやジェンダーにとらわれない連帯意識は、任のその後の活動に多大な影響を与えたといえる。こうした「実践知」が、明治大学の人権派弁護士の伝統と相まって、その後の任の活動に影響を与えたといえる。

さらに、日韓弁護士協議会の活動は、判例の研究や法令の相互紹介、日韓法曹界が直面する問題をともに検討する場として積極的に関与しており、インタビューにおいても、近年、その活動が活発でなくなってきたことを危惧していた。積極的に関与したのには、元日本留学生で日本語ができるというだけでなく、日本側からも明大後輩の荻野弘明、大澤文三郎、山本清子らが

最初から参加していたという、明治大学のネットワークの存在が大きいであろう。こうしたことから、日韓双方の弁護士が協力することの実利面もさることながら、日韓相互の意思の疎通、感情面での交流を深めることを重視していたと思われる。

　強い愛校心、恩師への想いがあっても、それは大日本帝国に対する忠誠心にはならず、人権や社会正義の追求へと向かい、その一環として、日韓交流につながる。その原点には、特研における「実践知」の習得を含む「留学経験」があったのである。

三　朝鮮、張斗建（1918-2015）の事例

　3人目の張斗建（Chang, Doo Kun）は韓国の著名な西洋画家である。日本統治下の朝鮮慶尚北道の地主の家に生まれ、1943年に明治大学専門部法科を卒業したのち、画家となり、大学で教鞭も執った。任甲寅とほぼ同時期に専門部法科に学んだにもかかわらず、全く別の道を歩むことになったのはなぜだろうか。明治大学における「留学経験」は、彼の人生にどのように関わっているのだろうか。

1．明治大学入学の背景

　張斗建は、1918年日本統治下朝鮮の東南部、慶尚北道浦項から2里ほど離れた山村に生まれた。この村は張姓が昔から住む村で、当時65人ほど住んでいたという。父は小地主で、所有する田畑は山に囲まれ、家から離れたところにも土地を持っていた。斗建は長男だったので跡取り息子として育てられた。

　出生年について張は明確に1918年と述べている。だが、『現代韓国人名辞典　1971年版』は、「1920年1月3日。慶尚南道迎日生まれ」とする。同辞

典が記載する生年月日は戸籍上のもので実際と異なる可能性がある。現時点で確証はないが、就学時期を遅らせるために、出生日を遅く申告することは、山村ではありがちなことである。

張は地元の普通学校では優等生だった。当時、この普通学校にいた日本人教師は校長1人だけで、日本人教師は日本語で、朝鮮人教師は朝鮮語で授業をしていた。戸籍上1920年生まれならば、普通学校へ入学したのは1926年、卒業は1932年ということになる。

張はこのころから絵が好きで、4年生のころ、彼の書いた風景画が朝鮮人教師に選ばれて京城(現ソウル)の「全国普通学校展覧会」に出品され、高く評価されたという。同展覧会の詳細は不明だが、普通学校の展覧会であれば、「全国」は全朝鮮であろう。

次いで張は、郷里に高級普通学校(中学校に相当)がなかったので、大邱の大邱公立商業学校に入学する。当時、同商業学校の定員は日本人60名、朝鮮人60名で、朝鮮人の受験は日本人より難関だったという。親元を離れた寄宿舎での生活だったが、ここで、ミレーの「晩鐘」を見る機会があり、感動した張は画家を志す。地主だった家には絵はなく、画家になることも父に反対された。

芸術とは縁の遠い山村に生まれた張が、普通学校で絵を描くことの楽しさを知り、さらに都会の商業学校で名作(の模写か写真)と出会い、芸術家を志すことになったのである。

商業学校を卒業して2〜3年後、張は絵の勉強のために東京へ留学しようと考えた。ただ、父が反対するため、絵を勉強することを隠して明治大学へ留学したという。家から2里ほど離れたところに明大出身の有名な弁護士がいたので、父は、明大は「一番いいところだから」と、留学を許してくれたという。明大出身の弁護士が各地で活躍することにより、明治大学の名前が広く知られていたことを窺わせる話である。張の父は、地主経営においても法律を学んでおくことは悪くないと判断して、張の留学を認めたのかもしれ

ない。

2. 張斗建の日本留学

　さて、大邱公立商業学校は5年制だったので、卒業は1937年ごろ、日本留学は1939、40年ごろということになる。インタビューで張は、明治大学専門部法科に通う「かたわら美術学校にも通い、二つの学校を行ったり来たりして」いたと語っている。ダブルスクールである。

　だが、後述する東京個展の画集の略歴には「1937～39　東京太平洋美術学校西洋画研究」、「1943　東京明治大学法科卒業」となっており（表1）、また『現代韓国人名辞典』には「1938年東京太平洋美術学校本科3年を修了、41年明治大学法科卒業」とあり、前後関係が不明確である。この間の経緯について、インタビューでは仔細に聴くことができなかった。張の記憶に間違いがなければ、彼は明治大学専門部法科と太平洋美術学校に同時に通っていた。もし太平洋美術学校の入学が明大入学に先行していたとすると、受験準備などと称して父を欺いていた可能性があるが、逆に、画集の略歴や『現代韓国人名辞典』が編纂された当時、何らかの理由でダブルスクールを隠す必要があり、太平洋美術学校を修了したのちに明大に入学したと説明していたことも考えられる。

　張は官立の東京美術学校に入学すべく、上野にあったいくつもの絵画の研究所に通ったものの、東京美術学校の入試には失敗して、太平洋美術学校に入学し、2年間通ったが卒業はしなかったという。絵を学ぶことが目的だったため、明治大学にはあまり熱心に通わず、そのため友人も多くはなかった。それでも日本人の友人から、いろいろ教えてもらい、授業にも出て、試験を受けて卒業している。一方、美術学校でも日本人の画学生との交流があったが、その時の学友と戦後再会することはなかったという。

　実家からの送金で下宿を借りて暮らし、食事は食堂で済ませていた。送金

【表1】張斗建略歴

	慶北生　*1920年1月3日戸籍上の出生日、実際は1918年生まれ
1937～39年	東京太平洋美術学校西洋画研究
1943年	東京明治大学法科卒業
1956年	渡仏個人展　Seoul
1957～60年	Grande Cheaumiere研究院およびパリ国立美術大学にて研究
	La Salon 油画特選、銅賞受賞
	渡仏韓国人美術家作品展創立委員（フランス韓国大使館主催）
	Deauxville 国際絵画大賞招待展（フランス）出品
	Galerie de Montparnasse 招待展（フランス）
	帰国個人展（ソウル）
	大韓民国美術展（国展）招待作家
1962～74年	大韓民国美術展審査委員
1962年	国際自由美術展招待出品（東京）
	Manila、Saigon 国際展出品
1962～70年	木友会、創作美術協会員
1962年	韓国現代作家招待展出品（朝鮮日報社主催）
1963～66年	韓仏文化協会理事、理事長
～63年	国際美術会議韓国代表選定委員
1963～65年	帰仏美術作家会創立委員同展出品
1965年	韓国文芸賞美術本賞受賞（大韓民国政府）
1970年	韓国新美術会創立委員
1971年	韓国美術大賞展審査委員（韓国日報社主催　ソウル）
1972年	民族記録画制作（文公部　ソウル）
1973年	韓国現役作家100人招待展（文公部　ソウル）
1974～75年	韓・日作家招待展出品（現代画廊　ソウル）
	亜細亜現代美術展韓国作家代表（日本東京）
1961～66年	首都女子師範大学教授（美術科科長）
1964～71年	淑明女子大学文理科大学同大学大学院講師
1975年当時	美術協会理事
	韓国新美術会会員
	誠信女子師範大学同大学院教授（美術科科長）
＊1975年	第1回東京個展（銀座画廊春秋）
＊1978年	第2回東京個展（銀座 Galerie 狩野）
＊1974～82年	東京亜細亜現代美術展出品（東京都美術館）
＊1990年	東京亜細亜現代美術展でアジア賞を受賞
＊1993年	韓国芸術総連合会1993年度美術大賞受賞
＊1997年	大韓民国文化勲章宝冠章受章

出典：『張斗建　油絵　東京展』〔明治大学校友会、〕1975年。一部、地名表記などを改めた。
　　　＊は、I AUCTION のサイトの張斗建の略歴より補った（http://www.insaauction.com/service/author_view.html?idx=1092　2018年3月3日閲覧）。

額は生活できる程度で多くはなかったという。太平洋美術学校は上野公園の近くにあり、路面電車で通ったという。インタビューでは、卒業後も留まって計8年間日本にいて、日本の敗戦時には「帰国」していたと言っているが、ならば1937年以前に来日していなければならず判然としない。

　いずれにせよ、画家を目指した張にとって、明治大学留学で得られた「技術知」は限られたものであり、張自身、率直に「学んだことはその後あまり役に立ちませんでした」と語っている。

　それでは、「実践知」はどうだったのだろうか。そして明治大学への「留学経験」は単なる絵画留学の方便だったのだろうか。

3. 画家人生と明治大学「留学経験」

　張斗建は、戦後、念願のパリへの留学を果たす。

　『現代韓国人名辞典』によると、「1957年パリで洋画研究、1959年パリ美術大学で壁画研究、60年フランス国展特選」とある。

　帰国後30代でソウルの女性を紹介されて結婚したが、結婚後まもなく、絵の勉強がしたくて妻を郷里に残してパリに渡った。渡仏に関しては、父は無関心だったという。張によると、パリでは受験に失敗して、あまり有名ではない美術学校へ3年間通い、さらに1年滞在して勉強した。この1年の滞在延長が、パリ国立美術大学に何らかの身分を得てのものと思われる。そして、フランスの国展に相当する展覧会に出展している。その際、パリ在住の日本人画家と出会って、つきあいがあったという。

　張は渡仏前はフランス語がほとんどできず、パリに着いてから非正規の学校でフランス語を2年間学び、生活に不自由することはなくなったとのことで、少なくとも言語面で苦労したことがうかがわれる。インタビューでは、パリに着いてすぐ、あこがれていたミレーの家に行ってみて感激したことをはっきり述べており、その印象の深さがわかる。

『現代韓国人名辞典』には、1960年に「首都女子師範大学美術科長、61年国展西洋画部審査委員、65年韓国文芸賞美術部門本賞受賞、67年誠信女子師範大学美術教育課長（現）」とあり[93]、帰国後は西洋画家として韓国画壇に確固たる地位を築いていき、誠信女子大学校芸術大学長（芸術学部長に相当）、東亜大学校芸術大学長を務めている[94]。故郷の浦項市では、浦項市立美術館が「草軒張斗建館」を建設し2009年に張画伯が寄贈した作品を展示するほか、張の芸術精神を称えるため、毎年美術全ジャンルを対象とする張斗建美術賞を授与している[95]。

さて、張の日本での初の個展は1975年11月4日から8日まで東京銀座で開催されており、その後援をしたのは明治大学校友会だった。個展にあわせて出版された画集『張斗建 油絵 東京展』が、明治大学図書館に所蔵されている。画集には、張斗建の顔写真が掲載され、ついで明治大学校友会会長吉川久衛と明治大学総長中川富弥の「推薦辞」、ソウル大学校美術大学美学教授林英寿の祝辞が続き、そのあとに張自身の「東京個展に際して 出品作‥‥油絵」と題するあいさつ文、弘益大学校教授・美術評論家李慶成の祝辞、そして張の作品28点が掲載されている。「東京個展に際して 出品作‥‥油絵」には、「この度明治大学校友会の御盛援と周囲の親しい方々の盡力により、東京で個展を開らくことが出来ます」とある[96]。

インタビューで張は、銀座で個展を開いた経緯について思い出すことができなかった。だが、張が何らかの形で校友との関係を維持していたか、関係が途絶えていたとしても、東京で個展を開く拠り所を校友会に求めたということができる。

また、第1回個展と相前後して、張は「亜細亜現代美術展」にも出品を始める。

亜細亜現代美術展は、当時、亜細亜美術交友会が開催していた。亜細亜美術交友会は、1965年日華美術交友会として発足し、台北で「第一回亜細亜現代美術展」を開催し、1981年に社団法人亜細亜美術交友会となった（2013

年に公益社団法人美術団体として亜細亜美術協会と変更登記している⁽⁹⁷⁾）。TechnoGallery International のサイトの「美術団体」によると、亜細亜美術交友会は「油彩、水彩、水墨、版画、彫刻、工芸等の美術活動を通じて、アジア諸国と研究や知識を交換し、精神的な結びつきのかけ橋となり、文化の向上に寄与することを目的とする。2001 年国際公募第 37 回亜細亜現代美術展は、アジア諸国の作品も招待展示し、作家も迎えて和をつくり、文化のオリンピックを目標とする」とある⁽⁹⁸⁾。

　張は、東京での個展が契機となって画家のグループから招請され亜細亜現代美術展に出品するようになったと述べている。以後、同展に出品するだけでなく、亜細亜美術交友会の理事にもなっている⁽⁹⁹⁾。

　インタビューで、張は「日本の画家との交流はそれほど多くはありませんでしたが、年に 1 回展覧会を開催していました。日韓交流の種子になるという気持ちがあったので、東京とソウルで展覧会を開催でき、人間的な交流ができてよかったと思っています」と語っている⁽¹⁰⁰⁾。

　このように、張斗建にとって、明治大学への留学は西洋画を学ぶための方便であり、直接「技術知」を得る場でも、「実践知」を習得する場でもなかった。だが、この方便によって念願の絵画留学が実現し、画家としての人生を切り開くことができた。また、日本での個展開催の後援者を得ることができ、これを機に、韓国の画壇から日本・アジアへと活躍の場を広げることができた。そして、このような経緯が、「日韓交流の種子になる」という使命感を生み、亜細亜美術交友会の運営にも関わるようになった。こうした人的ネットワークの獲得とそれによる活動ステージの拡大も、広い意味で「留学経験」による成果といえる。

四　台湾、曹伯輝（1918 – 2015）の事例

　最後に取り上げる曹伯輝は、1943 年本学政治経済学部中退である。いま

までの3人とは異なり、曹は留学前から波乱の人生が続き、明治大学への留学もわずか1年ほどで頓挫した。では、明治大学における「留学経験」は曹の人生に何をもたらしたのだろうか。

1. 明治大学入学の背景

　曹伯輝は1918年1月25日に、台湾彰化県の圓林（現在の員林市）に生まれた。圓林は台湾の交通の大動脈である縦貫線が通る。生家は圓林の名門の家柄で、父曹清権は圓林駅で鉄道荷物の集荷・運送会社を経営し、大もうけをして地元の有力者となった。[101]

　だが、それで得意になった清権は、台北へ行って一番有名な芸者を妾にもらい、家族を捨てて妾と暮らし始める。当時、清権には妻（伯輝の母）と7人の子どもがいたが、怒った妻は自室に1週間籠もってしまう。結局、妻子を捨てて妾と暮らしたことにより清権は圓林にいられなくなり、「沖縄」へ渡る。妾とその家族4人、そして清権が気に入っていた伯輝と弟を連れての新規まき直しだった。[102]

　「沖縄」へ渡ったのは、当地の製糖会社が発展すると聞いてのことだったが、実際に行ってみると、「沖縄」の製糖は、まだ土地が開発されていないため肥料を大量に投入する必要があり、その結果、肥料の成分で砂糖に辛みが出てしまい成功しなかった。そこで今度はパイナップルの栽培を始め、栽培自体は成功したものの、イノシシの被害が深刻化したため、稲作に切り替える。だが、稲作も平地ばかりの土地で水の確保が難しく失敗したという。[103]

　インタビューにおいて曹伯輝は「琉球」、「沖縄」としか言っていなかったが、曹親子が行ったのは石垣島だったようである。『沖縄パイン産業史』には、1929年、石垣島の嵩田耕地組合が茶栽培の農民を台湾から誘致し、それに呼応した曹清権、陳阿員、萬有玶が1933年に沖台公司を設立して嵩田耕地組合と提携して嵩田農地の開発をしようとしたが、資金不足で事業を中

止したとある。パイン栽培の経験があった清権は、石垣島でのパイン栽培が有望であると考え、圓林のパイン業界へ呼びかけ、1934年、その求めに応じて視察に来た林発らとともに大同拓殖を設立した。大同拓殖は当初、茶や黒糖の生産もおこなったが、はかばかしくなく、台湾から大量の農民を移住させてパインを栽培させ、工場で缶詰を生産した。パイン栽培は拡大していったが、アジア太平洋戦争が始まると缶の入手が困難になって、ドライパインしか作れなくなり、最後は物価統制のため廃業せざるを得なくなった。曹伯輝はインタビューで触れなかったが、父清権が稲作へ転じた原因はイノシシだけでなかったかもしれない。

　いずれにせよ、石垣島での生活は楽なものではなく、ある日、伯輝は父に「もしあんたが妾をもらわなかったら、今日こんな目に遭わなかった」と言い放ち、家を飛び出す。そして、一旦台湾へ帰ったのち、長兄と次兄が留学している日本へ渡る。二人の兄はともに中央大学の夜間部にいて昼間は働く苦学生なので、伯輝も苦学を覚悟して日本本土へ渡った。伯輝によると、それは20歳以前のことであり、1938年以前ということになる。

2. 曹伯輝の日本留学

　曹が明治大学へ留学したのは、神田三崎町の中華料理屋で働いていたため、比較的近くにあった明治大学を選んだということだった。本書第Ⅱ部第3章にもあるように、当時、神田一帯には中華料理屋（当時の呼称としては「支那料理屋」）が比較的多く、苦学生が働きやすかったのであろう。

　三崎町には日本大学もあったが、明治大学は評判がよく、教授たちと学生たちの関係が比較的よかったので選択したとのことだった。この評判は、中華料理店で働くなかで得られた情報であろう。

　ただ明大からは学生証が発行されず、毎学期月謝を払い領収書は受け取るだけだった。その領収書などの書類も、その後上海へ渡り、さらに台湾へ逃

げ帰る際に捨ててしまったという。そのため確認のすべがないが、曹の身分が聴講生的なものだった可能性もある。それでも、曹が所蔵する『台北市留日明治大学校友会会員通訊録』には、曹伯輝の「畢業科系」(卒業学科) 欄に「政経科」、「畢業年度」(卒業年度) 欄に「民国31年」(1942年) と記載されている。第Ⅰ部で述べたように戦前の明治大学では中退は珍しくなく、台湾の校友たちも中退した曹を卒業生と同等に扱っていたということであろう。

在学期間が短かったため、インタビューでも曹は在学中のことを多く語らなかったが、好きな科目は政治で、教授の名前は忘れたが印象に残っていると語っていた。

3. 明大中退後

「入学」から1年後、曹伯輝の留学生活は意外な形で終わる。すなわち、「興亜学院」(あるいは亜東学院) なる日本人と中国人の組織が、日米戦争のための物資調達をする人員を集めており、「日本にいたくない人、上海へ行きたい人」は興亜学院を通じて上海へ行けるというので、曹はこれに応募したのである。

曹は、上海で古木という日本人から、上海で勢力のある台湾人、三輪車公会 (人力車組合) 理事長の張庭を紹介される。古木は上海に来る前は〔こくちょう？聞き取れず〕の警察局の特高 (特別高等警察) で、上海に地盤を築くために、張庭に三輪車公会を組織させたのだという。人力車夫は、張庭に金を納めないと商売ができなくなった。張庭は父清権の友人で、曹伯輝が張庭を訪ねると、「中華民国軍事物資配給組合」(軍配組合) の仕事を紹介したという。

軍配組合の正式名称は中華民国軍事物資配給組合ではなく、「中支那軍票交換用物資配給組合」である。軍配組合は「円域より送致せらるる物資の凡てが中支に於いて放出せらるる軍票の価値維持及安定の為の支柱として遺憾

なき機能を発揮し得る如く（物資輸入配給数量並時期の規制選沢、代金決済時期及方法の決定）運営する」ことを使命とするれっきとした日本の支那派遣軍経理部が管轄する組織だった。[114]

曹は配給課長となり、上海や蘇州、南通、揚州といった管轄地へ日本からの輸入物資を配給した。そのため、連日、各地の県長、市長、区長が物資の受給申請に来たが、「良民」と「不良民」とに分けて、後者には物資を配給しなかった。[115]

興味深いのは、曹の前任者の金澤という日本人が、中国人の申請はみなウソだ、水増しがあると、申請額からきびしく減額して配給していたので、中国人が金澤を憎んでいたのに対し、曹は、金澤と反対に配給量を増額したと語ったことである。そのため、申請者たちは、査定が甘い曹へ必ず「おみやげ」を持参して申請したという。そしてある時、受け取った「おみやげ」の菓子の下に赤い包みに入った1000万ドルを見つけ、ひそかに横浜正金銀行の米ドル口座へ入れたという。[116]

これらのエピソード、特に米ドル贈賄の真偽は確かめようがない。「中山輝彦」と名乗り、流暢な日本語を操る曹は、現地の中国人には日本人にしか見えなかったかもしれない。[117]だが曹は、「わたしは台湾人、『中山輝彦』と名乗っていましたがそれはウソで、本当は台湾人です。台湾人は昔中国から台湾へ行った、祖先は中国人です。そこで金澤の逆をやりました」と語った。[118]近年、中国大陸とは一線を画した台湾人アイデンティティが高まってきているなか、しかも収賄も絡んでくるこのようなエピソードをわざわざ発言をする必要はなく、回想の通り「日本人とは違う」という同胞意識、あるいは同祖意識があったのは確かではないだろうか（ただし、緩い査定をしていて問題はなかったのか、それがとがめられることはなかったのかという疑問は残る）。

一方で、当時多くの台湾人が大陸へ渡って日本軍の占領地政策等に関与したことは、戦後、国民党政権に台湾人の日本への「同化」を過剰に意識させることとなり、台湾の接収にあたって台湾人との間に摩擦を引き起こす一因

となる。曹の発言は、こうした事実を踏まえたのかもしれない。

　その後、曹は古木の紹介で台湾新竹出身の女性と上海で結婚する。長女は1944年生まれなので、結婚は1943年の後半から44年の初めであろうか。妻の実家は東京の田園調布にあり、曹は妻の実家へ毎月100～300円仕送りをしていた。東京は上海に比べ物価が安く、さほど負担ではなかったという。だが、東京への空襲が激しくなり、家が焼かれたため、妻の実家は全員、台湾新竹のもともとの実家へ引き上げる。曹は、東京へ送った小切手が新竹から上海へ返送されて、そのことを知り、日本が降伏すると台湾へ引き上げる。その際、「日本へ行くか台湾へ行くか迷い、逃げるようなかたちで荷物や証明書類を持たずに台湾へ帰っ」たと曹は語っているが、あるいは漢奸（対日協力者）として処罰されることを恐れてかもしれない。曹夫妻と娘は、1946年の末か47年の初めに、以前曹が助けたことのある紡績会社社長の紡績物資輸送船に乗せてもらい、台湾へ帰った。[119]

　当時は二・二八事件の前夜で、上海から基隆港に上陸し、汽車に乗って台北駅に着くと、大陸から来た兵士にどこから来たのか問われたという。曹は、「わたしは台湾人だよ、ここは台湾だよ、おかしいと思いました」と感情を込めて語った。ただ、二・二八事件そのものの体験については語らなかった。[120]

　台北では、中大を卒業した曹の長兄が台湾総督府の職員として住んでいた日本の宿舎の一部を間借りして住んだが、その宿舎はのちにアメリカ大使の宿舎となった。上海で儲けた金で株に投資したが大損し、自殺しようとして知人に止められ、それが契機となってプロテスタント教会に入信している。[121]

　その後は、「奇特百科公司常務董事兼経理」（奇特デパートの常務取締役兼社長）になっている。[122]

　なおインタビューでは、曹や妻の親族についても語っているが、付録を参照されたい。

4. 曹伯輝の「留学経験」

　以上のように、曹伯輝の日本留学は、明確な目的を持ったものではなかった。少なくとも留学の積極的な目的を語らなかった。だが、事業に失敗した父から逃れ新天地を求めるという意味で、人生の一大転機であった。そして、脱出路として留学を選択したのは、二人の兄が中央大学に留学していたので、金がなくても苦学生としてやっていけるという見通しがあったからである。

　政治の授業が好きだったというが、1年ほどの夜間部留学で得られた「技術知」はさほど多くはなかったであろう。それでも、苦学を通じて得られた「実践知」は大きかったと思われる。まず、大学生になったということ自体が、視野を広げ、誇りを抱かせるものであろう。曹が大切に保存してきた写真には、学生帽をかぶりコートを着て明大記念館の前を颯爽と歩く曹が写っている。そして、結果として中退につながったとはいえ、「興亜学院」の人員募集の情報も、大学にいたから得られた情報だろうし、軍配組合への就職も、父清権の知人が仲介したとはいえ、日中二カ国語に通じ大学でも学んだ経験があることが評価を高め、就職を容易にしたことは想像に難くない。

　さらに、インタビューでは戦後の人生についてほとんど訊くことはできなかったが、たとえ1年ほどであっても明大に留学して、明治大学校友として認知されたことが、明大の知名度が高い台湾社会において大きな意味を持ったと思われる。そもそも、曹へのインタビューが実現したのは、明大校友会台湾支部を通じてインタビュイーを募った結果、校友の顔光甫氏が手配してくれたものであり、曹が台湾校友とそこから広がる人的ネットワークの中で戦後を歩んできたことがわかる。いわば、これらすべてが「留学経験」から派生したものである。

　そう考えると、曹の最晩年にわれわれ日本の校友・後輩がインタビューのため曹を訪問したことは、ご遺族のいう通り人生の最後を慰めることだった

といえる。衰えた体を押して、辞去するわれわれをいつまでも見送っていた曹の姿が思い出される。

おわりに

　以上、1930、40年代に明治大学に留学した朝鮮人・台湾人にとって「留学経験」がどのようなものであったのか、4人の事例をみてきた。
　彼らはそれぞれ日本留学に人生の「突破口」を見いだして、日本へ渡り、明治大学へ入学した。向学心の強い任甲寅は進学のできない農業学校から転じて、画家を目指す張斗建は美術学校で学ぶための方便として、ともに明治大学専門部法科へ入った。それぞれ明大に入学した先輩や地元で活躍する明大出身の弁護士の存在が明大を選ぶ要因となった。辛文炳は台南の「紳士」として高等教育を受けるため明治大学の予科から法学部へ、曹伯輝は事業に失敗した父から離れて自立するために明治大学専門部政経科へ入った。辛や曹が明治大学に何を求めたのか明確ではないが、辛は弁護士の活躍で知名度が高い明大法学部を選んだと思われ、曹は兄たちを頼って神田へ移り住み、評価が高い明大を選んだ。
　動機や背景はまさに四者四様であり、「留学経験」から得たものも多様である。「技術知」でいえば、辛文炳、任甲寅、張斗建はいずれも卒業しているので、法学を中心に社会科学全般を学んでおり、とくに任は、猛勉強により司法試験の最年少合格を勝ち取るほどであった。
　ただ任の場合、司法試験の合格は野田教授や先輩、学友の協力によって勝ち得たものでもあり、指導や議論を通じて得た「実践知」があっての合格だった。「実践知」といえば、任にとって、「民族意識」を刺激する演説会を傍聴したり、真珠湾攻撃成功による日本人の熱狂を目の当たりにしたことから得たものも大きかった。任は、司法試験に史上最年少で合格したことに誇りを持ち、支えてくれた恩師や先輩・学友への恩義を終生にわたって持ち続

けた。だがその一方、戦争へ突き進む日本を冷静に見ており、学徒動員が始まると、すぐ中退して「帰国」するのである。

　辛文炳も、大正デモクラシーの余韻が残る1930年に来日し、大学文化を謳歌し、社会主義思想を含むさまざまな思想に触れる一方、満洲事変に始まる侵略戦争の拡大と軍部・ファシズムの台頭を体験し、二・二六事件の直後に卒業し台湾へ帰る。この大正デモクラシーとファシズムの台頭のなかで得た「実践知」は、国民党独裁下の戦後台湾における辛の生き方に、多大な影響を与えたであろう。

　さらに、張斗建にとって明治大学で得られた「技術知」はその後の人生にさほど役立つことはなく、専門部政経科を1年で中退した曹伯輝も大学で得た「技術知」がどの程度役だったか不明である。二人にとっては、明治大学に在籍したこと自体、およびそこで校友とネットワークができたことが重要であった。

　張斗建は在学中、学友は多くなかったが、授業や卒業試験で助けられたと語っていた。卒業後も学友との関係が途切れることなく続いたのか、ある時点で校友会との連絡が復活したのか不明だが、日本での初の個展は明大校友会によって実現した。少なくとも韓国各界に広がる韓国同窓会（のちの校友会大韓民国支部）のネットワークの存在が大きかったであろう。日本での知名度を上げた張斗建は、このころより美術界における日韓やアジアの交流に積極的に参加していく。

　同様に曹伯輝は、苦学の中で「実践知」を獲得し、明大を中退して「中支那軍票交換用物資配給組合」（軍配組合）に入る。軍配組合への就職は父清権の友人の斡旋によるものだったが、上海へ渡るきっかけとなった「興亜学院」の募集は大学生を対象としたものと思われ、明大へ留学したことが重要な意味を持った。そして、曹もまた中退ながら明大台湾同窓会のメンバーとして認められ、戦後台湾を生きていくことになる。

　以上のように、1930・40年代、朝鮮・台湾の青年たちは、それぞれ植民

地における生活の「突破口」を求め、知名度の高い明治大学に留学した。当時の日本は軍国主義ファシズムが台頭し、日中開戦で戦時体制が布かれ、ついには対英米開戦で敗戦へと向かう激動の時代であり、そのどの時点で留学したのかにより習得した「実践知」も違っている。だが程度の差こそあれ、4人はいずれも、指導した教員や学友との関係を大切にし、戦後、校友会やその他のネットワークを使い、日本との交流にも関わることとなった。日本とアジアの関係が最悪であったこの時代に留学したからこそ、国家の意図と離れて個人的信頼関係を築き、それを基盤に交流を深めることの重要さを体得したといえるのではないだろうか。留学生に「技術知」を授けるのは受け入れ大学として当然のことであるが、豊かな「実践知」を習得させ、相互の信頼関係をいかに築いていくか、参考とすべき点は多い。

　もちろん、この調査自体が明治大学校友会のネットワークにもとづくものなので、師弟関係や同窓・交友関係が熱く語られるのは当然であるかもしれない。このネットワークから外れた留学生のことも考える必要がある。これは今後の課題としたい。

【注】
(1) 南天書局、2000 年。以下、『府城紳士』と略す。
(2) 主な著書は、『黄郛与華北危局』台湾師範大学歴史研究所、1984 年、『中国現代化区域研究：安徽省、1860-1937』中央研究院近代史研究所、1991 年、『官逼民反：清代台湾三大民変』自立晩報社、1993 年、企業発展与台湾経験：台南幇的個案研究』中央研究院近代史研究所、1994 年、『台南幇：一個台湾本土企業集団的興起』遠流出版公司、1999 年。
(3) 1947 年 2 月 28 日に起きた台湾民衆による暴動とその後の国民党政権・軍による民衆弾圧。
(4) 『府城紳士』2 頁。
(5) 『府城紳士』5 頁、257 頁。
(6) 『府城紳士』6 頁。
(7) 『府城紳士』13 〜 24 頁。
(8) 『府城紳士』25 〜 37 頁。
(9) 『府城紳士』15 頁。

(10) 『府城紳士』22 頁。
(11) 『府城紳士』40 頁。
(12) 『府城紳士』258 頁。
(13) 趙景達「世界戦争と改造―1910 年代」和田春樹ほか『東アジア近現代通史―19 世紀から現在まで』上、岩波書店、2014 年、123 頁。
(14) 『府城紳士』58 ～ 63 頁。清末には、府学文廟（孔子廟）、県学文廟、海東書院、引心書院のほか、寺廟も多かった。
(15) 藤井康子「第二次台湾教育令期における中学校設置問題―中学校の支持基盤に着目して―」『京都大学大学院教育学研究科紀要』第 57 号、2011 年、365 ～ 367 頁。
(16) 『府城紳士』63 頁。
(17) 『府城紳士』40 頁。
(18) イギリスのプロテスタントの一派である長老派教会は、1865 年に台南で医術を使って布教を始め、一時打狗（現在の高雄）へ追われたものの、2 年後に台南に教区を設置し、1876 年には神学院を、85 年には中学を設立していた（李国祁『現代化区域研究―閩浙臺地区、1860 - 1916』台北：中央研究院近代史研究所、1982 年、1985 年再版、132 頁）。
(19) 『府城紳士』73 ～ 74 頁。ちなみに台南州の統計によると、台南第一中学は生徒 490 人中、日本人 438 人（約 89％）、台湾人 52 人（約 11％）に対し、台南第二中学の生徒は 469 人中、日本人 69 人（約 15％）、台湾人 400 人（約 85％）だった（同上 76 頁。出典は『台南州要覧』1924 年、15 頁）。
(20) 『府城紳士』40 頁。
(21) 第 1 期生の入試は受験者が 8,900 人で倍率は 10 倍に達したという（『竹園岡』第 142 期、1993 年、142 頁。『府城紳士』74 頁による）。
(22) 『府城紳士』74 頁。
(23) 『府城紳士』76 ～ 78 頁。
(24) 『府城紳士』78 頁。
(25) 『府城紳士』78 ～ 79 頁。
(26) 台北高等学校の後身である台湾師範大学のサイト「台北高等学校の誕生」http://archives.lib.ntnu.edu.tw/exhibitions/Taihoku/jp/origin.jsp（2018 年 3 月 6 日最終閲覧）。
(27) 『府城紳士』79 頁。
(28) 『府城紳士』82 ～ 85 頁。
(29) 『府城紳士』79 ～ 80 頁。謝国興の辛文炳へのインタビューによる。
(30) 『府城紳士』81 頁。
(31) 『府城紳士』81 頁、85 頁。
(32) 『府城紳士』87 ～ 89 頁。

(33)『府城紳士』97 〜 100 頁。
(34)『府城紳士』105 〜 268 頁。
(35)『府城紳士』81 頁。
(36)『府城紳士』113 〜 114 頁。
(37)『府城紳士』37 〜 39 頁。
(38)『府城紳士』114 〜 115 頁。
(39)『府城紳士』116 頁。
(40)『府城紳士』241 〜 248 頁。
(41)『府城紳士』249 〜 251 頁。「大正男」とは、旧制高等学校や大学で大正デモクラシーの影響を強く受けた世代を指す。
(42)『明治大学広報』第 428 号、1997 年。『府城紳士』85 頁。
(43) 辛文炳は、苦難の末に 1969 年私立南台工業技芸専科学校を設立し、幾度かの改変を経て、1999 年 8 月南台科技大学への昇格を果たす。だが、辛は同年 3 月に死去し、大学の誕生を目にすることはできなかった（『府城紳士』210 〜 216 頁）。
(44)『府城紳士』220 頁。
(45) 南台科技大学辛文炳記念館には、明治大学体育会射撃部の品々が展示されている。また早稲田大学ラグビー蹴球部は 1918（大正 7）年に、明治大学ラグビー部は 1923（大正 12）年に創部された（早稲田大学ラグビー蹴球部サイトの「部紹介　PROFILE」https://www.wasedarugby.com/team_resolution/　および明治大学ラグビー部サイトの「部紹介　チームプロフィール」http://www.meijirugby.jp/meiji/　いずれも 2018 年 4 月 7 日最終閲覧）。
(46)『府城紳士』249 〜 250 頁。贈呈式は辛の没後、1999 年 10 月 24 日におこなわれ、父に代わって長男忠道と作者の林智信が出席した。
(47) 韓日弁護士協議会（日本側の呼称は日韓弁護士協議会）は、在日韓国人の差別撤廃と韓日友好増進のため 1980 年に創立された。任甲寅氏は 1986 年韓国側副会長から第 2 代会長に就任し、91 年に退任して名誉会長となった（「藤井郁也法律事務所」のサイトの「日韓弁護士協議会」http://www.keelson.jp/jp/jk/jk2.htm　2018 年 2 月 28 日最終閲覧）。
(48) インタビューで任は「国民学校」と言っているが（文末附録任インタビュー参照）、当時朝鮮では、1922 年の「第二次朝鮮教育令」により、日本語を常用しない初等教育の学校は「普通学校」とよばれており、1941 年に国民学校と改められる。ここでは、当時の呼称に従い普通学校に改めた（李成市ら編『世界歴史大系　朝鮮史 2―近現代―』山川出版社、2017 年、95、119 頁）。
(49) 荻野弘明「特研・誠和会の目的と特研の地位」明治大学法科特別研究室創立 50 周年誠和会創立 40 周年記念誌編纂委員会編『記念誌：明治大学法科特別研究室創立 50 周年誠和会創立 40 周年』同委員会、1990 年、23 〜 24、26 〜 27 頁。
(50) 任甲寅「わたしの特研時代」前掲『記念誌：明治大学法科特別研究室創立 50 周

年誠和会創立 40 周年』150 頁。
(51) 任、前掲文、152 頁。
(52) 任、前掲文、151 頁。
(53) 任、前掲文、151 頁。
(54) 任インタビュー参照。
(55) 任、前掲文、151 頁。
(56) 荻野、前掲文、26 頁。
(57) 宮田勝吉「発刊の辞」前掲『記念誌：明治大学法科特別研究室創立 50 周年誠和会創立 40 周年』5 頁。宮田が特研第 7 期生であることは同上書所収「寄付者一覧」による（70 頁）。
(58) 任インタビュー参照。
(59) 任、前掲文、151 頁。
(60) 「高等試験ノ停止ニ関スル件ヲ定ム」閣甲第三〇三号 起案 1944（昭和 19）年 12 月 7 日 閣議決定 1944（昭和 19）年 12 月 8 日、アジア歴史資料センター、A14101211100、国立公文書館蔵、公文類聚・第六十八編・昭和十九年・第四十巻・官職四十・分限・休職・服務懲戒・試験。
(61) 「教育ニ関スル戦時非常措置方策ヲ定ム」文甲第八七号 起案 1943（昭和 18）年 10 月 12 日 閣議決定 同日公布、アジア歴史資料センター、A14101146600、国立公文書館蔵、公文類聚・第六十七編・昭和十八年・第百一巻・学事一・学制・教育費。
(62) 任インタビュー参照。
(63) 任インタビュー参照。
(64) 布施辰治ら日本人の人権派弁護士に加え、韓国三大人権弁護士李仁、金炳魯、許憲、あるいは台湾の葉清耀をはじめとする植民地出身の人権派弁護士がいる。
(65) 朴元錫「明治大学韓国同窓会の足跡」（未定稿）。本稿は、2014 年に当時の明治大学韓国同窓会会長（明治大学校友会大韓民国支部長）朴元錫（現同会顧問）から提供を受けたものである。監修して、近々『大学史紀要』に掲載したいと考えている。ちなみに、趙素昂（1887-1958）は 1912 年に明治大学法学部を卒業したのち、上海で大韓民国臨時政府樹立に参加し、朝鮮の「光復」後は南北統一政府樹立に尽力したが、朝鮮戦争で北朝鮮へ拉致されて、その地で死去した（李英美「趙素昂（趙鏞殷）」明治大学史資料センター編『明治大学小史人物編』学文社、2011 年、224-225 頁）。
(66) 任インタビュー参照。
(67) 「第 19 回韓国同窓会」『明治大学校友会福岡支部だより』18 号、2006 年、8 頁。なお、朴元錫は福岡大会に出席した韓国同窓の数を「20 数名」とする（朴、前掲文）。
(68) 前掲「第 19 回韓国同窓会」8 頁。

(69) 明治大学史資料センター編『明治大学の歴史』DTP出版、2017年、205頁、および朴前掲文。
(70) 任インタビュー参照。
(71) 任インタビュー参照。
(72) 朴、前掲文。
(73) 「寄付者一覧」前掲『記念誌』70頁。
(74) 任インタビュー参照。
(75) 任インタビュー参照。任、前掲文、152頁。
(76) ソウル美術館(SeMA)には、張の1999年の作品「バラ」が所蔵され、同館のサイトでも閲覧できる(http://sema.seoul.go.kr/global/collection/artMainView2014.jsp?iPage=1&sLangCode=04&iListCont=10&sSrchType=x&sSrchValu=&iPage=1&sArtSeq=2538&sLangCode=04 2018年3月1日最終閲覧)。
(77) 卒業年は朴元錫著、高田幸男校注「明治大学韓国同窓会(校友会大韓民国支部)人物誌」(『大学史紀要』第20号 「明治大学 アジア留学生研究Ⅱ」、2015年、70頁)による。
(78) 張インタビュー参照。
(79) 外務省アジア局監修、霞関会編『現代韓国人名辞典 1971年版』霞ヶ関出版、1971年、324頁。当時、浦項は迎日郡に属したが、迎日は慶尚北道の郡で、出生地に関しては明らかに誤りがある。生年月日については、韓国のネットオークション会社 I AUCTIONが張斗建の略歴を「戸籍上は1920年1月3日生まれだが、実際は1918年生まれ」と記しており(http://www.insaauction.com/service/author_view.html?idx=1092 2018年3月3日最終閲覧)、同辞典の記載は戸籍上のものと思われる。
(80) インタビューで張は「国民学校」と言っているが、注48と同様、普通学校の誤りと思われる。全国国民学校展覧会も全国普通学校展覧会に改めた。
(81) 張インタビュー参照。
(82) 張インタビュー参照。
(83) 張インタビュー参照。
(84) 1923年に(大邱公立商業学校の後身、大邱上院高校のサイト http://www.daesang.hs.kr/user/schoolHistory.do?year=1920&menuCd=MCD_000000000000032102 2018年3月2日最終閲覧)。
(85) 張インタビュー参照。
(86) 前掲『現代韓国人名辞典』324頁。前述のとおり、朴、前掲「人物誌」は明大の卒業年を1943年としており、朴のほうが正しいと思われる。
(87) 張インタビュー参照。
(88) 太平洋美術学校は、日本最初の西洋画団体である明治美術会を前身とする太平

洋画会が1904年に開設した洋画研究所が起源で、1929年には太平洋美術学校と改称し、当時在野の唯一の学校として官立の東京美術学校に対抗していたという。張が通った当時は谷中真島町にあった（太平洋美術会のサイトの「沿革略史」http://www.taiheiyobijutu.or.jp/history　2018年3月2日最終閲覧）。

(89)　張インタビュー参照。
(90)　前掲『現代韓国人名辞典』324頁。
(91)　張インタビュー参照。
(92)　張インタビュー参照。
(93)　前掲『現代韓国人名辞典』324頁。
(94)　朴、前掲「人物誌」70頁。ただし、「誠心女子大学校」とあるのは誠信女子大学校の誤りである。
(95)　浦項市立美術館のサイト　http://poma.pohang.go.kr/poma/　2018年2月22日最終閲覧。ちなみに「草軒」は張の雅号。
(96)　明治大学図書館蔵『張斗建　油絵　東京展』。同画集には奥付がなく、扉に「張斗建　油絵　東京展　Chang Doo Kun Oil Painting Exhibition, Tokyo　後援：明治大学校友会　場所：画廊春秋」とあり、作品目録の前に「張斗建東京個展作品集」とあるのみで、出版者、出版年、ページすらも記されていない。わずかに李慶成「張斗建作品展に寄せて」に「1975年9月　日」と記されているだけである。明大図書館には中央図書館明大文庫所蔵本と和泉図書館所蔵本の2冊があり、前者の扉には「昭和五十年十月二十四日張斗建殿寄贈」の書き込みがある。「国会図書館サーチ」では、福岡市総合図書館所蔵の同書の書誌情報として、出版地を［東京］（［　］は図書には記載がないが、推測された情報）、出版者を［明治大学校友会］と推測、記載している（http://iss.ndl.go.jp/books/R100000001-I020525060-00　2018年3月3日最終閲覧）。
(97)　亜細亜美術協会のサイトによる（http://www.agenten.jp/history.html　2018年2月22日最終閲覧）。
(98)　http://technogallery.com/art/art-database/dantai/dantai1.htm　2018年2月22日最終閲覧。ただし、亜細亜美術交友会の創立を1964年とする。
(99)　TechnoGallery Internationalのサイトが掲載する、亜細亜美術交友会の2000年9月当時のデータによると、名誉会長に藤尾正行（元・文部大臣）を迎え、理事長は柴原雪で、理事の中に安泳穆と張斗建の2人の韓国人が名を連ねている（同上）。
(100)　張インタビュー参照。
(101)　曺インタビュー参照。
(102)　曺インタビュー参照。
(103)　曺インタビュー参照。
(104)　林発『沖縄パイン産業史』沖縄パイン産業史刊行会、1984年、20〜21頁（松

田良孝「植民地統治期台湾から石垣島名蔵・嵩田地区への移動について―石垣島役場作成の寄留簿の分析を通じて―」『移民研究』第9号、2013年、12～13頁の引用による)。
(105) 黄紹恒「戦前臺琉関係之建立、開展与客家人遷移」『客家研究』第7巻第1期、2014年、133～134頁。なお同論文によると、曹清権は大同拓殖設立ののちに交通事故に遭って台湾へ帰り、まもなく死去したという。
(106) 曹インタビュー参照。
(107) 曹インタビュー参照。
(108) 曹インタビュー参照。
(109) 曹インタビュー参照。
(110) 曹伯輝所蔵、台北市留日明治大学校友会編『台北市留日明治大学校友会交友通訊録』同会、1981年、21頁。
(111) 曹インタビュー参照。
(112) 曹伯輝のインタビューをセッティングした明治大学校友の顔光甫氏による事前のメモに亜東学院とある。どちらが正しいかは、今後調査したい。
(113) 曹インタビュー参照。
(114) 支那派遣軍経理部編『中支那軍票交換用物資配給組合(略称「軍配組合」)ニ就テ』支那派遣軍経理部、1941年、2頁。原文は漢字カタカナ表記。なお、軍配組合については中村政則・高村直助・小林英夫編著『戦時華中の物資動員と軍票』多賀出版、1994年、が詳しい。
(115) 曹インタビュー参照。
(116) 曹インタビュー参照。
(117) 前述の通り、台湾では名士層を中心に改姓名が進められた。
(118) 曹インタビュー参照。
(119) 曹インタビュー参照。
(120) 曹インタビュー参照。
(121) 曹インタビュー参照。
(122) 前掲『台北市留日明治大学校友会交友通訊録』21頁。

附録　インタビュー記録

任甲寅（イム・ガビン）氏
張斗建（チャン・ドコン）氏
曹伯輝（そう・はくき）氏

解題

　このインタビュー記録は、2度にわたる海外調査の成果である。

　1回目の調査は、2014年9月12日から9月14日まで韓国ソウル市でおこなった。同行者は、本総合研究の共同研究者の山泉進、土屋光芳、研究協力者の秋谷紀男（明治大学政治経済学部教授、故人）、明治大学大学院博士後期課程の李恩元（イ・ウンウォン）の4人で、明治大学校友会大韓民国支部の朴元錫（パク・ウォンシク）支部長（当時。2015年より韓国同窓会名誉会長）および嚴泰又（オム・テウ）同幹事長（当時。2015年より同支部長）のご協力の下、インタビューおよび史料調査をおこなった。

　インタビュイーの1人目は、1942年専門部法科卒の任甲寅（イム・ガビン）弁護士、2人目は、1943年専門部法科卒で韓国の著名な西洋画家である張斗建（チャン・ドコン）画伯である。いずれも、生い立ち、明治大学へ入学するまでの経緯、大学での学業や学生生活、卒業後の活動などについて伺った。

　任弁護士は、明治大学卒の韓国人弁護士の活躍を知り、明治大学法学部への留学を決めたこと、恩師の勧めで高等試験司法科試験を受験し、司法試験最年少合格者となったことなどを語り、張画伯は、画家になりたかったが父が明治大学法学部ならば留学を許してくれたので、法学部で学ぶ一方で太平

洋美術学校へも通って絵を学んだことなど、植民地朝鮮における明治大学の知名度を示す証言を得ることができた。さらに、任弁護士からは、回想録や高等試験司法科試験の合格証などのコピーをいただいた。残念なことに、張画伯は2015年6月2日に、任弁護士は同年6月24日に、相次いで亡くなられた。両先輩のご冥福を祈りたい。

　なお、このときの調査では両氏のほか、調査に協力した嚴泰又氏にもインタビューをおこない、同年10月には、校友会出席のため来日した朴元錫氏にもインタビューをおこなった。朴氏は1960年法学部卒で、62年に修士を修了し、65年に博士号を取得した元韓国外国語大学校法科大学学長であり、また嚴氏は1976年法学部卒の実業家であり、いずれのインタビューもきわめて興味深い内容であったが、戦後の留学生で本総合研究の範囲外となるため、今回の記録からははずした。今後、戦後編の研究において公開することとしたい。

　2回目の調査は、2015年2月26日から3月1日まで、高田幸男、山泉進、土屋光芳、村上一博が、台湾台南市・新北市において調査をおこなった。この間、2014年11月には明治大学校友会大韓民国支部および台湾支部でアンケート調査を実施し、その結果、校友会台湾支部前幹事長顏光甫氏の紹介で、台湾調査が実現した。インタビューには、いずれも明治大学校友の江旭本氏（長栄大学教授）、陳乃慈氏（現台北城市科技大学応用外語系副主任）が同行した。

　台湾でのインタビュイーは、1943年本学政治経済学部中退の曹伯輝氏で、明治大学へ入学するいきさつ、苦学の末退学した経緯、退学後に上海へ渡ったことなど生々しい貴重な証言を得ることができた。曹氏は体調が思わしくなく目もよく見えなかったが、受け答えはしっかりしており、基本的に日本語で答え、古い写真なども見せていただいた。インタビュー終了後、杖をついて門外に出て、我々が去るまで見送ってくださったが、残念なことに、それからわずか1か月半後の4月13日に死去された。われわれには訪問が老

附録　インタビュー記録

先輩の心身のご負担になったのではないかという思いがあったが、ご遺族から送られてきた訃報には、われわれの訪問が曹氏の「人生最期の慰めになりました」という言葉が書き添えられており、かえってわれわれのほうが慰められた。曹先輩のご冥福を祈りたい。

　台湾では、もう一人、辛忠道氏（1966年本学政治経済学部卒）へもインタビューをおこなった。辛氏は戦後の留学生なので、朴・嚴両氏同様、本研究の対象外であるが、辛氏の父文炳氏が1936年本学法学部卒で、台南市の南台科技大学の創設者であったため、同大に辛文炳記念室が設けられ、辛文炳氏が残した教科書・ノートをはじめアルバムや羽織袴まで保存されており、それらの所蔵品が単に留学生史研究のみならず明治大学史全般に関わる貴重な史料群であることがわかった。また、その際寄贈された謝国興『府城紳士：辛文炳和他的志業（1912-1999）』(1)は、台湾の国立アカデミーである中央研究院の研究者による人物研究で、第6章本編で活用した。

　なお、実際のインタビュー記録は、インタビュイーの記憶をたどり、内容が時代を前後に行き来するため、高田が内容を時系列に整理した箇所がある。「韓国」、「朝鮮」、「中国」あるいは「帰国」等の語は、インタビュイーの表現に従った。また〔　〕は高田の補足である。

任甲寅氏インタビュー

日時：2014年9月12日 14:50～16:20
場所：韓国ソウル市弁護士会館
インタビュアー：高田幸男、山泉進、土屋光芳、秋谷紀男、李恩元、朴元錫、嚴泰又

　インタビューはすべて日本語でおこなわれた。任弁護士はしっかりと

左から、土屋、嚴、秋谷、高田、山泉、任、李、朴

した口調で、まず、高等試験司法科試験の合格証書を取り出し、史上最年少で司法試験に合格したいきさつから話し始めた。

司法試験の最年少合格について

　わたしは全羅南道の順天(スンチョン)の出身です。1940（昭和15）年に明治大学専門部法科に入学しました。1942（昭和17）年に6か月繰り上げ卒業となり、運良く法科特別研究室(2)（特研）に入りました。研究生の募集はその年7月ごろだったのですが、二部制で第一部は翌年の43年に高等試験を受け、第二部ならば44年の受験の予定でした。わたしは順天農業学校（いまの順天大学校の前身）の出身なので、すぐには司法試験を受けられないと二部を志願しましたが、発表されてみると一部に入っており、6か月で受験しなければならなくなりました。(3)

　1、2年生の時は司法試験の準備などせず、民族的な自覚が少しはあったので、中野正剛や永井柳太郎(4)など政治家の講演をよく聴いたりしていたのですが、3年になって「これではだめだ、法科を出るなら資格くらい持たねばなにもできない」と思っていたところ、6か月の繰り上げ卒業となり、さらに半年後に司法試験を受けなければならなくなりました。

　9月1日から毎日図書館に朝8時から夜10時まで6ヶ月間通い、研究室では1週間に1回試験をして、2か月ぐらいで重要な科目はひととおりやって点数が取れるようになりました。合計して平均58点以上取れるようになれば、統計上有力だということでした。

　わたしは特研の3期生でしたが、平均して60点近く取れるようになり、特研で表彰されました。宮原（中島）三男、女子部の菅井俊子、わたしの3人が通りました。研究室の成績は宮原さんが一番で60点以上、わたしが次で60点弱、菅井さんは58点でした。菅井さんは戦後、〔東京裁判で〕戦犯の弁護人を務め、その時の裁判官の日系のアメリカ人と結婚しました。菅井さんのお父さんは大きな会社の社長で、わたしたち3人は図書館で一緒に座っ

て勉強し、終わってからいろいろごちそうになりました。宮原さんは検事になりたかったのですが、その後宮原と改姓して明治大学で刑法と刑事訴訟法を教えました。

　卒業証書は、当時は創氏改名で任本(かねもと)となっています。[5]特研創立50周年記念誌に名簿が載っています。わたしは最年少で司法試験に合格したので、司法大臣に表彰されました。

　司法試験に通ってから、法学部に進学し、東京弁護士会に〔弁護士試補の〕[6]登録をしました。近藤民雄先生の事務所に所属しましたが、戦況が悪化してきたので1944年5月に韓国へ帰りました。

　戦後は、韓国の民主党政権時代の1960年に大田(テジョン)地方検事長になり、76年ソウル市弁護士会の会長を、86年韓日弁護士協議会会長[7]〔韓国側会長〕、90年に大韓公証人協会会長を務めています。

　韓国同窓会は、幹事を20年以上務め、会長も顧問も15年くらい務めました。明大創立100周年の際や三木総理の就任の際も祝賀に参加しました。1986年、韓国同窓会代表として明治大学校友会の福岡全国大会に参加し、同窓会は明治大学校友会の支部となりました。当時の同窓会は、戦前の大物が多く、一時期は明大出身の国会議員が15人ほどいました。[8]早稲田と明治は自由主義的だったから留学生が多かったのです。

明治留学の経緯と留学生活

　1940(昭和15)年に日本に渡ったのですが、翌年12月に太平洋戦争が始まりました。「これは困ったことになった」と思い、また、関東大震災の時の事件〔震災の混乱の中で起きた朝鮮人大虐殺〕も思い出して不安になり、たまたま冬休みだったので〔朝鮮へ〕帰って3か月ほど戻らず、しばらく様子をみていました。ところが、意外にも日本が勝ち続けたので日本へ戻りました。はじめはよかったのですが、のちに日本は後退を始めました。そのころ、中野正剛先生の講演をたくさん聴きました。とくに印象が残っているの

は、ルーズベルト大統領とチャーチルの会談に対して、日本国民に訴えるという題目の講演です。中野先生は足が悪く、杖をついていました。赤尾敏もいました。このように1、2年のころは講義を受ける以外は、全然勉強しませんでした。

3年に上がって特研に入り、しかも二部が廃止されて一部に入ったため、否応なしに勉強せざるを得なくなりました。運よく合格しました。

もともと農家出身だったので農業学校に入りました。光州の高等学校試験に合格したのですが、遠くて金がかかるので家から通える順天農業学校に入りました。ところが、わたしは6歳で国民学校に入ったので体が小さく、農業学校は仕事が多く、光州へ行ったりとへとへとになり、また上級学校への進学も行けないと、4年生のころには後悔しました。ちょうど法科に郷里の先輩がいたので法科へ行くことにしました。

〔明治の法科で〕1、2年の時、図書館には行きませんでしたが、論理学や哲学の本などは読んでいました。結局、司法試験は制限された時間に、制限された答案にどれだけ要領よく書くかなので、論理学の本を読んでいたことが非常に役に立ちました。いろいろな本を読む時間がなかったため、司法試験の試験委員だった東京帝大教授小川先生、小野先生の本を集中して勉強したので、答案を書くには論理学が効果的だったと思います。短期受験〔合格〕法を書くようにいわれましたが、実はそういうことだったのです。

戦時下日本からの帰国

近藤民雄先生の事務所で〔高等文官試験〕行政科の受験準備をしていたところ、高等試験が中止になり、また学兵問題が起こりました。学籍があると徴兵されるので、早速自退〔自主退学〕し、〔朝鮮へ〕帰国しました。惜しまれましたが、郷里のために出征できないと帰りました。徴用も、統制経済で物資が不足し、食堂で3食摂るのですが、米に1/3くらいヒジキを混ぜたので栄養不足になります。そこで、韓国から米を粉にして持ち込み砂糖水と

混ぜて、それが唯一の栄養源でした。

　予科のある杉並区の和泉町に先輩がいたので住み、その後本郷の帝大前へ移り、それからみな小岩に疎開し、そこに長くいました。そこにいた時に図書館に通いました。小岩のアパートに司法試験の合格証が届いたので、みな「あいつは何も勉強していなかったのに」と驚きました。ただ、お祝いするにも物資がなかったので、隣室の奥さんが実家の芋をふかしてくれました。農学校のあった誉田にもたまに行きました。あのころは本当に苦労しました。

　わたしは1944年5月に帰国したので、45年3月の東京大空襲には遭っていません。ただ小岩にいたとき、3度くらいB29を見ました。(11) 帰国も大変でした。連絡船(12)は関東軍の輸送などで制限されて、方々から避難民が何千人も東京駅に集まって切符を買おうと毎日並んでいて、とても買えません。戦況は悪化するばかりで、1か月ほど待って、韓国人が独り言のように「2枚買わなければならないのに1枚しか買えなかった」と言っていたので、「親父が急病だから譲ってくれ」と言って、闇で切符を買いました。18円の切符を85円も出して買いました。翌日の10時の汽車に乗らないと連絡船に間に合わないので、最後の1枚の急行券を買い、リュックサックを背負っただけで、しぶしぶ荷物を置いて行きました。ただ本は4kgまでなら郵便小包で送れるので、あらかじめ30個ほど韓国へ送っておきました。本は田舎に持って行っても読めるからです。ただ議員で失脚した中野正剛や永井柳太郎の本は東京でしか読めないので置いていきました。当時、連絡船は事故を起こしたことがあり、往生しました。食べ物もないし交通機関もだめで本当に苦労しました。

韓国独立後の活動

　朝鮮戦争のころは、順天は南の方だったので、あまりひどい被害はありませんでした。順天農業学校は国立順天大学になりましたが、何十年も同窓会

の面倒をみました。順天大学の創立70周年記念館がありますが、その正面に創立者と初代学長とわたしの胸像があります。卒業生として国立大学に昇格するまでいろいろ面倒をみたからです。

　民主党政権下の1960年に大田地方検事長になりました。当時各地の地方検事長に同期生が3、4人いましたが、わたしは弁護士から検事長に抜擢されました。その後1年足らずで軍事革命(13)が起こったため検事長を退き、その後は弁護士として弁護士会会長、日韓弁護士協議会会長、公証人協会会長、ソウル特別市の公事審判委員、顧問などを務め、80代までやってきたが、90歳を過ぎた2年くらいまえからたまに活動するだけにしました。

　〔政治に関わろうと思ったことはなかったのかという問に対し〕わたしと事務所で一緒に弁護士活動をしていた先輩の嚴(オム)弁護士が、検察庁の検事長を務めたのちに国会議員になったのですが、政界に入ったことを何度も後悔していました。なぜかというと、嚴先生はとても正直な方だったのですが、政界では白黒をはっきりさせることができず、いろいろ制約があり、後悔していました。その話を聞いて、わたしには合わないと思いました。民主党時代にも、地元から政界へ入るよう求められましたが、わたしは法曹として社会に奉仕したいと言いました。結局、嚴先生は憲法改正の委員長として会議で深夜まで働き、血圧が高かったため倒れ、53歳で亡くなられました。韓国のケイオウ警察署〔京城警察庁か？〕はみな嚴先生が築いたのです。とても有名な方でした。嚴先生の教訓があり、わたしのような韓国の法曹人は政治には合わないと思いました。民主党政権が続いたら検事長を続けたでしょう。検事になるまえに法務官を4年間以上務めたので、個人的には検察総長を務めたりする気持ちはよくわかりました。ただ、軍事革命で政権が変わったのにそこに残って続ける気はなかったのです。黙って目をつぶって検事を続けようという気はありませんでした。弁護士として一生やっていこう、人権の擁護とか社会正義の実現という弁護士の使命に従事しなければいけないと思いました。

日韓弁護士協議会は、毎年日韓で交互に総会を開きました。それで日本には判例研究や法令紹介のために、北海道から長崎まで二十回くらい行きました。日本への個人旅行は、大分年を取ってから、家内と一緒に大分や宮崎などを、車を借りて観光するようになりました。協議会は今もあります。今年〔2014年〕11月1日には扶余で総会があります。参加するように連絡がありましたが、今はもう行けません。数年までは出席を続けていました。

　〔韓国は日本の司法制度を引き継いだのかという問に対し〕日本の司法制度は大陸系ですが、韓国も日本の支配下にあったので、独立後は日本の司法制度を引き継ぎました。ただ過渡期には正式な司法試験がなかったので、簡易の試験で人員を補充しました。日本敗戦の翌年、1946年に司法要員養成所の試験があり、47年から49年までは朝鮮弁護士試験が3回おこなわれたのち、50年に高等試験に変わりました。日本の試験と同じです。ただ、過渡期に簡易判事試験があったり、終戦直後は試験もできなかったので専門学校以上を卒業し裁判所や検察庁の書記官以上に7年以上勤務した者を特別判検事に任命して補充しました。正式な合格者が少なかったからです。そして前述の経緯を経て高等試験が16回おこなわれ、司法試験に変わりました。

　日本でもロースクールが問題になっていますが、韓国もはじめから問題がありました。韓国は日本より半年ほど遅れて施行したのですが、日本と違い法科大学〔法学部〕を廃止してからロースクールに移行しました。そのため法学博士をたくさん出さなければならなくなり、最初は合格点が60点だったのが40点台までどんどん下がるいっぽう、弁護士の数は増え、わたしが弁護士会長をしていたころは800名ぐらいしかいなかったのですが、いまでは1万数千名に増えてしまいました。アメリカはロースクール以外の司法書士などの類似した学校を一切止めることが前提になっていますが、韓国は類似した学校をなくすことができないので、質も低下してきています。いろいろ問題が指摘されていたのですが、日本がやるからと当時の政権が始めてしまいました。「高等ルンペン」ばかり養成して、日本はどうするんですか。

〔大学を出ればほとんど弁護士の資格は取れたのかという問に対し〕弁護士試験は非常に難しかったです。合格者は毎年数十名、少ない年は十数名しか合格しませんでした。それを、全斗煥大統領の時に年300名に増やしました。それ以前は100名を超えたことはなく、少ない時は2、30名程度でした。そのころはみな優秀だったので、わたしたちは150～200名に押さえるよう反対しましたがだめでした。それでも反対した結果、一定期間増やさなかったのですが、ロースクールになって数千名になってしまい大変です。経済の発展にともなって弁護士の業務が増えるとか、田舎にも普及するといわれましたが、田舎で開業する弁護士はなかなかいません。

　ロースクールの問題は日韓で共通しており、たとえば外国人弁護士の問題などが日本で起こったらまもなく韓国でも問題となるので、日韓弁護士協議会でも討論しました。わたしが会長を務めていたころは4、50名で日本を訪問し、判例や法令の紹介を受けると、まもなく韓国でもそれが問題となりました。ところが、最近は若い連中が中心となり、協議会の活動もあまり活発ではありません。

　〔植民地時代の朝鮮で弁護士の資格を取れたのか〕当時、日本の高等試験と朝鮮弁護士試験の2種類がありました。朝鮮弁護士は、韓国だけで弁護士を開業できるもので、高等試験は全国〔大日本帝国全域〕なのでみなこちらを受けました。朝鮮弁護士は数も少なかったです。朝鮮弁護士試験は、戦後の1947年に新たに受け継がれました。朝鮮弁護士試験は韓国内でしか受験できません。試験は試験なので、京城帝大の学生が優先されるということはありませんでした。試験が確立するまえは、略式の法科養成所のような優先制度がありました。だが、朝鮮弁護士試験は朝鮮、高等試験は全国という違いがあるだけで、優先制度はありません。満洲国には満洲国の高等試験があり、こちら〔朝鮮〕では受験できませんでした。

　〔布施辰治が朝鮮に来た時、弁護は日本語でおこなったのか〕裁判は日本語でおこない、通訳が付きました。予審の予備判事も同じでした。検事も判事も資

格は同じで、裁判は日本語でおこない、通訳が付きました。朝鮮弁護士会は、日本人弁護士も入っていた時期が長かったですが、日本人と別れて韓国人だけがいた時期もありました。日本人弁護士は数は多くはないが、いました。

　1950年の「6・25事件〔朝鮮戦争の勃発〕」で高等法院の判事など優秀な司法官が60名以上も共産軍〔朝鮮人民軍〕に拉致されました。司法官は裁判があるので避難せず留まっていたため、政治家や他の職業より多く拉致されたのです。優秀な人材を失い、韓国の法曹界は大打撃を受けました。弁護士も拉致されました。共産党〔朝鮮人民党〕は、弁護士でも何でも、とくに悪いことをしていなくてもみな資本主義だからと拉致したのです。拉致されていく途中、2人が、どうせ殺されるのならと、一か八かで脱出して成功したそうです。〔その方は体験記の本を出しているか、任弁護士に話しただけかという問いに対し〕その方は、その後政界に入りましたが、もう亡くなってしまいました。大学教授も同じでした。行政官も司法官も為政に関われば拉致されました。裁判をやるわけでもなかったので、犠牲が多くなりました。日本の東大を出て判事を10年くらいやっていたわたしの先輩も犠牲になりました。

　シリアのような紛争地域をみても、政治権力が変わる地域、時代に犠牲者が多くなります。いちいち裁判するわけではないので犠牲者が増えるのです。わたしの郷里は南の方だったので親戚などで拉致された人はいませんでした。

　今年、明大のロースクールは何人入ったのですか。〔100人をちょっと切って第6位ですが、合格率が30％で低いですとの答え〕

　あのころ〔わたしが特研に入ったころ〕は、法学部は中央大のほうが強く、明大は商学部のほうが強くて、公認会計士の合格が多かったです。明大は、野田〔孝明〕先生が特研を始めてから、先輩の宮川〔仁〕さん、そのまえの向井〔哲次郎〕さんが出て、〔入室者の〕数が増えていきました。その後、ほかにも研究室ができましたが、そのころは特研しかなく、野田先生が特研を

作り、水野東太郎先生が金を出しました。水野先生はのちに日弁連の会長になった方です。

わたしたちが三木〔武夫〕総理の就任祝いに行ったとき、額に入れ韓国の東洋画を贈ろうとして、長いので郵送できず、飛行機に持ち込もうとしたら税関で止められたのですが、「三木武夫総理大臣祝賀」と書いてあるので許可されて、総理官邸に持って行きました。明大校友会福岡大会で〔韓国同窓会が〕正式に支部に加入したときは、記念に〔朝鮮〕白磁の壺をはじめて寄贈しました。それから大阪から東京お茶の水まで「割れると大変だ」と言いながら運びました。いまも校友会にあると思います。

韓国同窓会は、日本から来たバスケットボールの選手団を応接するなど、活発に活動しました。一時期は15人くらい国会議員がいたのですが、だんだん会員が減ってきてしまいました。学長先生が来られたときに、韓国同窓生の子弟の母校留学を増やすように申し上げたのですが、学則の問題などで特別な措置を執ることもなかなか難しかったようです。そのため韓国同窓の子弟には、アメリカへの留学が増えています。次官まで務めた木村〔校友会？〕会長が来られたときに差し上げた金のプレゼントが盗難に遭い、東京の警視庁から盗品を確認する電話がありました。

日韓弁護士交流では、日本側には明大の後輩の荻野弘明、大澤文三郎、山本清子さんが最初から参加し何度も来ました。奥川貴弥も。会長は東大出身でアメリカ憲法学者の石川泰三で、シンドウコウイチ、ミズノトシオ、大阪のほうは相馬達雄氏、九州のほうは原口先生がいました。だから日本を表敬訪問すると日本側の会長がわたしを紹介してくれるのですが、合格年を聞いて「オッ」と言われます。わたしのほうが年下でも合格年が早いからです。わたしは20歳で合格しましたが、普通は24、5歳で合格していました。〔韓国側の〕後輩たちは、わたしが日本で〔顔が？〕利くから会長を辞めさせてくれません。それで5年くらいして無理に交代してもらいました。東大出身の神戸のナカイカズオ先生が97歳の時にも韓国に来られて、北が作ったトン

ネルを視察に行き、トンネルの奥まで行ってきました。サヨイチョを表敬訪問したとき、サヨイチョが「先生のご健康の秘訣は何ですか」と訊いたら、「いやぁわたしは健康のことは考えないです」と答えましたが、あの歳でいちいち考える方が病気です。有名な話があります。あの先生は神戸開港90周年の時に祝辞を述べたのですが、先生は神戸港と同い年で、100周年の時に記念の話〔?〕をすると公に言いました。その後、先生に訊いてみると、「いま死んだら債務不履行になるから死ねない」と言い、100周年にやって、103歳で亡くなりました。あの先生も4回くらい韓国へ来ました。

〔戦時中の大学における食事を訊かれ〕街の食堂でひじきの入ったご飯を食べました。大学にも食堂がありましたが、利用することはありませんでした。そのころは飴玉一つもなく、店も空で、本当に往生しました。わたしが住んでいた小岩はいま大分発展したんでしょう。〔いまは家がいっぱいで開発しようとしていると言うと〕そのころは田舎のようなところにアパートが建てられて、そこに疎開したのです。のちに渋谷〔?〕のシブタ沢〔?〕に住んだのですがあそこはよかったです。学生時代に一番住んだのは小岩でした。小岩のアパートは2階建てでいろいろな人が住んでいました。〔朝鮮半島出身の学生で学徒動員で出征した人が大分いたという発言に対し〕大分おりますよ。わたしも試験が通らなければ行っていました。昭和18〔1943〕年に学籍があった人は該当しましたが、わたしは5月に専門部を繰り上げ卒業になり、学部に上がったけれどすぐ自主退学したので、卒業生だから該当しないとがんばったわけです。志願書を送ってきました。

〔授業料や生活費は親から送ってもらっていたのか〕だいたい夏休みや冬休みに帰った際に持って行き、途中で送金してもらいました。関釜連絡船で寝ているうちに50円をすられてしまい、往生しました。すぐに大金を送ってもらうわけにもいかないので、2か月新聞配達しました。朝早く配達します。そのために本郷の帝大前に引っ越しました。新聞配達の収入では食べるといくらも残りませんでした。

90歳を過ぎてから体の衰えを感じます。1年半くらいまえから弁護士事務所へも出なくなりました。また、大学の同窓や試験の同期生、検事長時代の同僚がみな亡くなってしまい、ちょっと下の世代が2、3人いるくらいで寂しいです。ただ、わたしは野田先生のご配慮は忘れられません。戦後3回ほど韓国へお招きし、日本へ行ったときも金沢でお話をしました。あの先生のおかげでわたしの運命が変わりました。二部に入っていたら、試験が中止されたので、学部を出ていたらどうなっていたかわかりません。人生は「塞翁が馬」といいますが、本当に先生が精密に観察されていたことに感謝します。普通だったら本人の志願どおりにして、一部へ変更することはないですよ。野田先生は、闘争で神田警察署に引っ張られたりすると、すぐ来て面倒みてくれました。先生が留学したハイデルベルク大学へも2度も訪れました。学生によい素質があっても、先生と先輩がそれをよく見て行動させることがなければ、能力を発揮できません。社会も、試験に〔公明性？〕があれば社会の広範囲で能力を発揮する機会がありますが、そういう場がないと個人的になり、考え方も狭小になって滞ってしまいます。

　わたしが試験を受けたときも、合格を目標としてがんばり、できればよいが、できなくても70％くらいできれば、目標に向かって勉強するのだからやらない人よりよいと考えました。落ちたらだめだと考えるとだめで、気楽に考えなければいけません。

　司法試験の合格発表は昔の国会議事堂でおこなわれたのですが、自分の番号を見つけて思わず「オッ」と声を上げてしまい、みな一斉にわたしを見ました。あれだけのうれしさは本当にないです。

張斗建氏インタビュー

日時：2014年9月13日 9:40～11:15

場所：韓国ソウル市内パレスホテル
インタビュアー：高田幸男、山泉進、土屋光芳、秋谷紀男、李恩元、朴元錫、嚴泰又

左から、朴、山泉、張、土屋、秋谷、高田、李、嚴

インタビューはすべて日本語でおこなわれ、張画伯はしっかりとした口調で答えられた。だが、年代等については時折、記憶が不確かで、明言を避けることもあった。

家庭環境について

　1918（大正7）年、慶尚北道浦項（ポハン）から2里くらい離れた山の中の村で生まれました。その村は張姓が昔から住む村で、65人くらい住んでいました。父は小地主で、所有する田や畑は山に囲まれ、一部の土地は離れたところにありました。わたしは長男で、弟が1人いました。父にとってわたしは大事な跡取り息子でしたが、わたしが画家になったため、勉強が嫌いだった弟が地主を継ぎました。生家は記念に残しておきたかったのですが、釜山に住む息子が昨年、売ってしまいました。

　わたしは田舎の国民学校〔小学校に相当〕で優等生でした。当時、わたしの国民学校には日本人の先生は校長1人しかおらず、日本人の先生は日本語で、韓国人の先生は韓国語で授業をしていました。絵が好きで、4年生のころ私の絵が学校の先生に選ばれて、京城（ソウル）の全国〔全朝鮮か〕国民学校展覧会に出品され、高く評価されました。絵を選んでくれたのは韓国人の先生でした。出品された絵は風景画でした。

　国民学校卒業後、郷里には中学校がなかったので、大邱の大邱公立商業学校に入りました。当時、同商業学校の定員は日本人60名、韓国人60名で、韓国人の試験は日本人に比べて難しかったです。寄宿舎で生活していました。この時、ミレーの「晩鐘」を見て、すばらしいと思いました。地主だっ

た実家には絵はありませんでした。絵描きになることは反対されました。

日本留学について
　卒業してから2〜3年後に、絵が勉強したくて東京へ留学しました。でも父が反対するので、絵を学ぶ目的を隠して、明治大学へ留学しました。家から2里ほど離れたところに有名な弁護士がいて、その人が明大出身だったので、一番いいところだから明大へ行けということになりました。日本で受験して、明治大学専門部法科に入学しました。
　絵を学ぶことが目的だったので、明治大学ではあまり友人ができませんでした。でも、日本人の友だちとつきあって、いろいろ教えてもらい、授業には出て、試験も受けて卒業しました。あまり熱心に通わなかったので、学んだことはその後あまり役に立ちませんでした。
　そのかたわら美術学校にも通い、二つの学校を行ったり来たりしていました。本当は官立の東京美術学校に入りたかったのですが、試験に失敗して太平洋美術学校(16)へ入りました。美術学校には2年通い、卒業はしませんでした。明大は卒業しました。東京では下宿などを借り、食事は食堂ですませました。家が地主だったので、送金で暮らしていました。送金の額は覚えていませんが、生活できる程度で多くはありませんでした。上野の東京美術学校に入るために、上野のいろいろな研究所に通いましたが、東京美術学校の試験に失敗して太平洋美術学校に入りました。太平洋美術学校は公園の近くにあり、電車で通いました。
　卒業後も日本に留まり、計8年いました。日本の敗戦時には韓国に戻っていました。

パリ留学について
　30代でソウルの女性を紹介されて結婚しました。結婚してまもなく、どうしても絵が学びたくて妻を郷里に残してパリへ渡りました。たやすく行け

る時代ではありませんでしたが、飛行機に乗っていきました。

　受験に失敗して、あまり有名ではない美術学校へ3年通い、さらに1年滞在して勉強しました。パリに着いてすぐ、幼いときからあこがれていたミレーの家に行ってみました。パリからは大分離れていましたが、政府が保存していた家は雑誌で見た写真のとおりで、感激しました。小さいが2階が生活の場で、1階がアトリエになっていました。「晩鐘」が好きでした。フランス語は渡仏前はほとんどわからなかったですが、目的は絵だったのでパリに着いてから非正規の学校でフランス語を2年間学び、生活に不自由はなくなりました。渡仏に関しては、父は無関心でした。

　パリ滞在中、フランスの国展にあたる展覧会で、パリ在住の日本人画家と会ったことがあります。その画家とはつきあいがありました。

　パリから帰国したあとはソウルに暮らしました。郷里にいたのは小さいときだったので、郷里を題材にして絵を描くことはありませんでした。帰国後しばらくは父に隠れて絵を描いていました。父は、わたしが40歳前後のころ亡くなりました。[17]

東京での個展などその後の活動について

　パリから韓国へ帰ったのち、1975（昭和50）年に東京で個展を開きました。個展に出した絵はパリから帰ってから描いたものです。東京で個展を開いた経緯は覚えていません。[18]また東京で個展を開いたのが契機となり、画家のグループから招請され、東京へ行き亜細亜美術交友会[19]の展覧会にも出品しました。大きな団体で東京やソウルで展覧会をおこないました。日本の画家との交流はそれほど多くはありませんでしたが、年に1回展覧会を開催していました。日韓交流の種子になるという気持ちがあったので、東京とソウルで展覧会を開催でき、人間的な交流ができてよかったと思っています。美術学校時代にも日本人の画学生との交流がありましたが、その時の学友と戦後の交流で再会することはありませんでした。〔朴元錫氏から、90年代岡山県姫路での

日韓の画家の交流展示会に張画伯が出展し、その時のパンフレットをもらったことがあるという発言に対し〕出展はしましたが、姫路には行っていません。

〔朴氏から、張画伯がソウルの女子大学や釜山の大学で学長や大学院長を務めたとの発言を受けて〕大学の職務は、教授や学長〔日本の学部長に相当〕、大学院長も務めましたが、好きな絵画に専念するため71歳で慰留を断って辞めました。〔朴氏が、張画伯は自分の作品を浦項市に寄贈したとの発言を受けて〕浦項市が市立美術館にわたしの美術館を建ててくれて、作品300点を展示しています。[20]

曹伯輝氏インタビュー

日時：2015年2月28日 10:20～11:50
場所：台湾新北市北基新城曹伯輝氏宅

インタビュアー：高田幸男、山泉進、土屋光芳、村上一博、江旭本、陳乃慈

インタビューは最初、江氏が通訳しようとしたが、曹氏はそれを制し

左から、高田、村上、土屋、曹、山泉

て日本語で語りはじめ、ところどころ台湾語を交えつつも、基本的に日本語で答えた

追い立ちから渡日まで

〔まず、お持ちのお写真などを見せていただく〕

わたしは1918〔大正7〕年1月25日に生まれました。彰化県の圓林〔現在の員林市〕の名門の家の生まれで、父は琉球〔沖縄〕へ行き、父がかわいがっていたわたしと弟を一緒に連れて行き、長兄と次兄は日本の中央大学へ留学させました。沖縄で父はさとうきび畑、ついでパイナップル畑を経営しまし

た。

　父は曹清権といい、圓林駅で基隆からの鉄道荷物の集荷・運送会社を営み、大もうけをして有力者になりました。もうけすぎて、えらすぎて、台北に行って一番有名な芸者を妾にもらいました。そのため、わたしの生母は自分の部屋に1週間も閉じこもってしまい、祖母は部屋の外から出てくるようお願いし、わたしがドアを壊して母を連れ出したとき、死んだようになってため息をつくだけでした。

　7人の子どもと妻を捨てて妾と暮らしたので、父は名誉を失って圓林にいられなくなりました。そのときちょうど、沖縄で製糖会社が発展するというので、4人の妾の家族と一緒に沖縄へ行き製糖会社を作りました。ところが、沖縄の製糖は、開発をしていないから土地に肥料を多く投入するので、作った砂糖も肥料分のため辛みがあり、赤くなく甘みが薄かったのです。これでは成功しないので、今度はパイナップル畑をはじめました。パイナップルはよかったのですが、山豚（イノシシ）がいて、一回山豚に食べられると、何百匹もやってきて実を食べるだけでなく畑もぐちゃぐちゃにされてしまい、成功しません。そこで、台湾みたいに稲を植えることにしました。ところが平地ばかりで山がないので水も少なく、成功しませんでした。

　そのときわたしは19歳か20歳だったのですが、親父とけんかしました。「もしあんたが妾をもらわなかったら、今日こんな目に遭わなかった」と言いました。食事の最中で、親父は茶碗を持って「このやろう、何言ってるんだ」と投げるので、テーブルをひっくり返して家を出ました。2時間ほど歩いて港へ行き、毎日に買い物をしていた店で6円を借りて台湾へ帰ってきました。そして、長兄も次兄も中央大学の夜間部にいて、昼間は働いている苦学生なので、わたしも日本へ行って苦学生になることにしました。それは20歳以前のことだと思います。

明治大学への留学

〔なぜ兄の通う中央大学ではなく明治大学にしたのか〕「半工半読〔働きながら学ぶ〕」の苦学生で、〔神田〕三崎町の中華料理屋で働いていました。〔近くの〕日本大学は「弱化大学」とよばれ名誉〔評判〕があまりよくなかったので、近くの駿河台にあった明治大学にしました。明治大学は名誉〔評判〕がいいし、教授たちは学生たちに比較的よかったので選択しました。ただ学生証はなく、毎学期月謝を払った領収書はありました。

領収書はもらいましたが学費の金額は覚えていません。学生証はもらっていません。書類は上海から逃げて帰る際に捨ててしまいました。わたしが好きだった科目は政治科でしたが、教授の名前は忘れました。印象は残っています。

中退して上海へ

当時、日米戦争で、新聞記事も本当か嘘かわからない状況でした。1年と経たないうちに興亜学院(21)という日本人と中国人の組織があり、日米戦争のためにいろいろな物資調達する必要があり、〔その人員として〕、もし日本にいたくない人、上海へ行きたい人は興亜学院の紹介で上海へ行けるということだったので、上海へ行きました。

上海で古木という警部か何か官庁の男が、わたしが台湾人なので、上海で勢力のある台湾人、三輪車公会〔人力車組合〕理事長の張庭を紹介してくれました。〔曹氏の娘が張庭は父清権の友人と発言〕。古木は上海に行く前に〔こくちょう？〕の警察局の特高〔特別高等警察〕で上海に地盤を築くために、張庭に三輪車公会を組織させました。人力車夫は、張庭に金を納めないと商売ができませんでした。わたしが張庭を訪ねて行くと張に「曹清権の息子か、曹清権は一番の友だちだ。あんたいまどこにおるの」と言われ、まだあてがないと答えると「中華民国軍事物資配給組合(22)」を紹介してもらいました。

軍事物資配給組合

　この組合は中国人の紡績工場などの軍事物資を配給する組合で、略して「軍配組合」といい、砂糖でも何でも中国における生産物はすべて組合へ納めさせ、納めないと首を取るなどテロがおこり、生活が苦しくなりました。わたしは組合の配給課長になりました。上海や蘇州、南通、揚州といった上海の管轄地〔？〕で、毎日、県長、市長、区長といった地方の首長が物資の申請に来ます。(23)「良民」には配給し、「不良民」はいうことを聞かずテロをおこなうので、物資を配給しません。

　わたしが組合に入るまえ、金澤という日本人が、中国人が申請した物資はみんなウソ、たとえば３万人しかいないのに「５万人」と書いてあったり、「３万人」と書いてあるのが実は２万人を切っていると、〔そこで〕２万人を切った分しか配給しませんでした。そこで中国人は彼を憎んでいました。そのあとにわたしがはいりました。わたしは台湾人、「中山輝彦」と名乗っていましたがそれはウソ(24)で、本当は台湾人です。台湾人は昔中国から台湾へ行った、祖先は中国人です。そこで金澤の逆をやりました。「３万人」と書いてあるものを金澤は２万人に切ってしまった。わたしは「３万人」とあるものを５万人に数量を上げました。わたしの対応が特別にいいので、〔申請者は〕毎月、毎期物資を申請するとき、必ずおみやげを買ってきてました。もらった菓子の下に赤い包みが入っているのを家内が見つけ、開けてみると1,000万米ドルでした。当時、１ドルは日本円99円で、横浜正金銀行の米ドル口座に入れました。

上海からの引き揚げと妻の実家の運命

　〔曹氏の娘の補足説明〕古木さんの紹介で両親は結婚しました。わたしは1944年上海生まれです。母の実家の一族は東京〔曹氏が田園調布と補足〕にあり、父は上海から母の実家へ毎月仕送りをしていました。ところが日本は空襲がひどくなり、家も焼かれたので、実家は全員台湾新竹のもともとの実家

へ帰りました。ただ上海にいた父はそのことを知らず、送金が戻ってきたのでおかしいと気づいたそうです。そこで日本の敗戦後、父たちも台湾へ帰りました。上海を引き上げる際、日本へ行くか台湾へ行くか迷い、逃げるようなかたちで荷物や証明書類を持たずに台湾へ帰ってきました。

〔曹氏の発言〕戦争中の東京の物価は安く、わたしは給料が高かったので毎月100〜300円送金しても、食べて残るんです。ある日、台湾の新竹から300円の小切手が上海に送られてきて、見てみたら岳父が台湾に帰っていました。東京へ送った小切手が台湾へ転送され、台湾から上海へ送り返してきたのでした。当時、手紙は遅く、電話もなかったので、あなたの妻が上海に行った2、3か月後に、あなたのお義姉さんが満洲国在日本大使館の張参事官と結婚して満洲へ帰ったとありました。わたしは、「ミエコ〔義姉の日本名〕は上海へ来てはいけない、絶対東京を離れてはいけない」と言っていたのですが、「うちのことは気にしないで」と張参事官と満洲へ帰って、満洲国〔奉天省〕遼陽県の県長夫人になりました。行ってしまったらどうにもできません。子どもを産んで一年も経たないうちに〔日本が敗戦し〕、〔中国〕共産党に調査され、この男は過去、国民党の党員で、〔義姉は〕国民党員と結婚し子どもを産んだということで、その場で夫は殺されました。その後奥さんは、権力がないので、中国共産党の将軍の配偶者となりました。こういう状態でした。

〔曹氏の娘の補足説明〕母は日本にいた時、満洲国在日本大使館で働いていました。母の姉は高校教師をしていましたが、母が結婚して上海へ行くと満洲国大使館に勤務し、そこで大使館の高官と知り合い満洲国へ行くことになったのです。彼女は日本で学んでいたので戦後台湾では高級中学の教師になれず、大陸へ行き、ずっと〔日本語の〕通訳をしていました。そして中華人民共和国の高級幹部になりました。蔣介石のブラックリストに載り、謝雪紅とも知り合いでした。(25) わたしたちは大分のちになって彼女と連絡を取るようになり、彼女は天安門事件のあとに台湾へ帰りました。

〔江氏の通訳による曹氏の発言〕一般の台湾人は切符を買って台湾に帰ったのですが、曹氏はたまたま上海で紡績会社の社長を助けたことがあり、それで紡績物資を台湾へ運ぶ船に妻と娘の3人一緒に乗せてもらい、台湾へ帰りました〔娘が3歳のときというので1946年か47年の初めごろ〕。

台湾へ帰ってから

〔二・二八事件の時はどうしたのか〕上海から基隆港に上陸し、汽車に乗って台北駅に着いて汽車を降りたら、どこか〔台湾以外の出身〕の兵隊にあべこべに「あんたどこの人か」と訊かれました。わたしは台湾人だよ、ここは台湾だよ、おかしいと思いました。当時二・二八事件という名称はありませんでした。2月28日に発生したから二・二八事件という名前が成立したのです。中大を卒業した長兄は台北中山北路一段の日本宿舎に官庁の同僚と住んでいて、2階に兄貴が、1階にもう1人が住んでいました。そこで2階の1間に兄〔の一家〕が暮らし、もう1間に妻と娘と3人で暮らしました。この宿舎は、その後アメリカ大使の宿舎となりました。兄は中央大学卒業後、台湾総督府の職員になりました〔江氏：それで台北に宿舎がもらえたのです〕。工務局で65円の月給しかもらえませんでした。長兄の名は曹天懐です。一昨年101歳で亡くなりました。次兄は帰らず、東京で50円そばを売っていました。いまは亡くなりました。家族はまだ東京に住んでいます。

〔曹氏の娘の補足説明〕中央研究院の院長だった李遠哲は母の三兄の息子で、わたしのいとこです。〔李遠哲との写真を見せて〕これは1981年の写真です。これは満洲国に嫁いだ伯母でのちに会議で台湾へ戻ってきたので一緒に撮りました。

〔江氏の通訳で〕台湾に帰ってから、上海で儲けた金を株に投資しました。上海で株を教えてくれた人がいたからです。台湾でも同じ株に投資したのですが、結局はめられて26円で買い入れて16円で売って大損しました。それで台北の淡水江に身を投げようとしたら、知り合いにつかまって止められ、

その人がキリスト教会だったので、それを機にプロテスタントの教会に入信しました。

〔曹氏の娘の補足説明〕母は祖先への信仰心が厚く、投資に失敗してからキリスト教を深く信仰しました。母は日本にいた時、満洲国在日本大使館で働いていました。母の姉は高校教師をしていましたが、母が結婚して上海へ行くと満洲国大使館に勤務し、そこで大使館の高官と知り合い満洲国へ行くことになったのです。

【注】
(1) 謝国興『府城紳士：辛文炳和他的志業（1912-1999）』台北：南天書局、2000年。
(2) 現在の司法試験・国家公務員上級職試験に相当する高等文官司法科・行政科試験の合格をめざす学生の勉学の指導と法学の研究を通して人格の陶冶と親睦を図る目的で設立された（明治大学法科特別研究室創立50周年誠和会創立40周年記念誌編纂委員会編『記念誌：明治大学法科特別研究室創立50周年誠和会創立40周年』同委員会、1990年、5頁）。
(3) 実は特研の野田孝明が「任君は熱心にやれば翌年応試可能性があったので一部に入れた」ものだった（任甲寅「わたしの特研時代」前掲『記念誌：明治大学法科特別研究室創立50周年誠和会創立40周年』152頁）。
(4) 中野正剛（1886-1943）、政治家。国家統制経済論や「強力政治確立」を主張して1936年に東方会を結成、1940年に大政翼賛会総務となるが、43年東条内閣打倒工作をおこなって憲兵隊に検挙され、釈放後自殺（『日本近現代人名辞典』吉川弘文館、2001年、754頁）。永井柳太郎（1881-1944）、政治家。1931年立憲民政党幹事長となるが、1940年民政党を解党し大政翼賛会常任総務に就任した（同上、738頁）。
(5) 任弁護士より提供された司法科試験合格証書には、
「合格証書
　　　　　　任本吉雄
高等試験司法科試験ニ合格
シタリ仍テ茲ニ之ヲ証ス
昭和十八年七月十六日
高等試験委員長正四位勲二等森山鋭一」
とある。
(6) 任甲寅「わたしの特研時代」（前掲『記念誌：明治大学法科特別研究室創立50周年誠和会創立40周年』）151頁。

(7) 韓日弁護士協議会（日本側の呼称は日韓弁護士協議会）は、在日韓国人の差別撤廃と韓日友好増進のため1980年に創立された。任弁護士は1986年韓国側副会長から第2代会長に就任し、91年に退任して名誉会長となった（「藤井郁也法律事務所」のサイトの「日韓弁護士協議会」http://www.keelson.jp/jp/jk/jk2.htm 2018年2月28日最終閲覧）。
(8) 任弁護士は具体名を挙げたが、省略した。韓国同窓会の錚々たる顔ぶれは、朴元錫著、高田幸男校注「明治大学韓国同窓会（校友会大韓民国支部）人物誌」（『大学史紀要』第20号、2015年）に詳しい。
(9) 任弁護士が聴いたのと同主旨と思われる当時の中野の講演記録に、中野正剛『ルースヴェルト、チャーチルに答へ日本国民に告ぐ』（東方会宣伝部、1941年）がある。
(10) 1943年10月大学等高等教育機関の文系学生に対する徴兵猶予が停止された（『近代日本総合年表第四版』岩波書店、2001年、337頁）。
(11) B29の日本初空襲は1944年6月であり、記憶の誤りと思われる。
(12) 下関と釜山を結ぶ関釜連絡船を指す。1943年には福岡と釜山を結ぶ博釜連絡船も新設された。後述の事故とは、43年10月に起きた米軍潜水艦による関釜連絡船崑崙丸の撃沈を指すと思われる（古川達郎『鉄道連絡船100年の航跡（二訂版）』成山堂書店、2001年、98頁）。
(13) 1961年5月16日の朴正熙中将による軍事クーデタを指す。
(14) 1988年に相馬達雄会長の会長代理となり1990年に会長就任した（前掲「日韓弁護士協議会」2018年2月28日最終閲覧）。
(15) 前掲「日韓弁護士協議会」2018年2月28日最終閲覧。
(16) 太平洋美術学校については、第6章本文および注88を参照のこと。
(17) 張画伯がフランスから帰国したのは1962年ごろであるが、このあたりの記憶は明確ではなく、語ったままを記した。
(18) 明治大学図書館に個展の際に出版された画集『張斗建東京個展作品集』については、第6章本文および注96を参照のこと。
(19) TechnoGallery Internationalのサイト「美術団体」には、「1964年創立。油彩、水彩、水墨、版画、彫刻、工芸等の美術活動を通じて、アジア諸国と研究や知識を交換し、精神的な結びつきのかけ橋となり、文化の向上に寄与することを目的とする。2001年国際公募第37回亜細亜現代美術展は、アジア諸国の作品も招待展示し、作家も迎えて和をつくり，文化のオリンピックを目標とする」とあり、2000年9月現在、名誉会長に藤尾正行氏（元・文部大臣）を迎え、理事長は柴原雪」とする。理事の中に安泳穆と張斗建の2人の韓国人が名を連ねている（http://technogallery.com/art/art-database/dantai/dantai1.htm 2018年2月22日閲覧）。また、亜細亜美術協会のサイトによると、亜細亜美術校友会は、1965年日華美術交友会として、台北で「第一回亜細亜現代美術展」を開催

し、1981年に社団法人亜細亜美術交友会となり、2013年に交易社団法人美術団体として亜細亜美術協会と変更登記した（http://www.agenten.jp/history.html 2018年2月22日閲覧）。

(20) 浦項市立美術館は、草軒張斗建館を建設し2009年に張画伯が寄贈した作品を展示するほか、張画伯の芸術精神を称えるため、毎年美術全ジャンルを対象とする張斗建美術賞を授与している（浦項市立美術館のサイト　http://poma.pohang.go.kr/poma/ 2018年2月22日閲覧）。

(21) このインタビューをセッティングした明治大学校友の顔光甫氏による事前のメモに亜東学院とある。どちらが正しいかは、今後調査したい。

(22) 正しくは「中支那軍票交換用物資配給組合」（略称「軍配組合」）であると思われる。

(23) 前掲、顔氏のメモによると鄭江〔鎮江の誤りか〕、蘇州、徐州、南通を巡回して軍需の調査をおこなっていたとある。

(24) 台湾は改姓名。曹氏は中山輝彦と名乗っていた。

(25) 謝雪紅（1901-1970）、台湾彰化生まれ。貧しい家に生まれ、1924年上海に渡り在住台湾人の抗日運動に参加。モスクワに留学ののち、1928年上海で台湾共産党を結成したが、検挙されて台湾に送還される。1947年二・二八事件では台中で民衆リーダーとなり、弾圧を受けて台湾を脱出し、49年北京へ行くが、のち迫害されて文化大革命中に死去（『近代中国人名辞典修訂版』霞山会、2018年、680～681頁）。

あとがき

高田　幸男

　東アジアの現状を国家間の外交関係でみて、平穏で良好な状態と思う人はほとんどいないであろう。世論調査などによる日中間、日韓間の相互イメージなども相互不信・相互嫌悪の傾向を強く示している(1)。その一方で訪日・留学するアジア人は増加し、そうしたアジア人を中心に日本への認識を改める動きも出てきており(2)、国家間の緊張とは異なり、人的交流、文化交流はますます活発になってきている。ただ、それは必ずしも日本人、とくに若者に日本のアジア諸地域への積極的な関わりを促す結果となっていない。むしろ日本をアジアと諸地域との対比で肯定的・優越的にとらえ、アジアへのマイナスイメージを改めず、内にこもる傾向が強まっているように思える。

　だが、いまや中国は世界第2位の経済大国となり、1人当たりの名目GDP（USドル換算）では、シンガポールや香港は日本を上回り、韓国・台湾も差を縮めてきている(3)。失われていく優越性にしがみついて内にこもっているうちに、戦前とは逆の意味でアジアの孤児になってしまうのではないか。アジア留学生が、かつてもいまもそうであるように、日本の若者も果敢に海外へ飛び出し、留学経験を積んでほしいと思う。

　ひるがえって、東アジアの近代史を概観すると、このような日本人のアジアに対する優越感は、欧米列強の圧力、いわゆるウェスタンインパクトに日本が東アジアでいち早く対応し、明治維新を達成して以来、徐々に築かれてきた。やがて朝鮮国や清朝が日本の工業化・近代国家建設を成功例として模倣すべく、留学生を派遣するようになると、日本人のアジアに対する優越感は、確固たるものとなった。だが、この優越感が一因となり、一方で本書第

Ⅱ部第１章で土屋が指摘するように中国側の先入観もあって、多くの留日学生が「反日」になったとされる。留日経験者のなかに日中戦争中、対日協力者となった者も少なくなく、ことはさほど単純ではないが、いずれにせよ、日本のアジア侵略と戦後処理のあり方が、日本留学に対して肯定的（とみなされる）評価をしにくい状況を作り出したといえるだろう。
　ただ、アジア各地のエリート予備軍の若者たちが大勢日本へ留学し、祖国に影響を与えたことは否定できないだろう。それは派遣する側、受け入れる日本側、そして留学した本人たちも、必ずしも意図し、期待したものではなかったかもしれない。教育の成果は短期間で論じられるものではなく、また同じ働きかけが同じ結果をもたらすとも限らない。ナショナリズム、国民国家的な歴史観を超えて、長期的な視野の下、アジア人の日本留学によって実際何が起きていたのか、どのような変化をもたらしたのか、全体像を解明する作業が残されている。

　本書の基礎となったのは、明治大学人文科学研究所総合研究第一種「アジアの政治社会の民主化と明治大学留学経験についての総合的研究」（2012〜14年度、以下「総合研究」）である。
　「総合研究」の計画では、以下の３点を目標に研究を進めた。
　第１に、現時点では、明治大学に学んだアジア人留学生の量的把握もできていないので、明治大学（明治法律学校、明治大学予科・本科・専門部、別法人の経緯学堂などを含む）に在籍したアジア人留学生を諸文献から抽出し、データベースを構築することをめざす。
　第２に、中国・台湾・韓国の研究者、校友会台湾支部・大韓民国支部などとも連携して、国内外において留学生に関する史料を収集し、各界で活躍した人物を中心に、在学中の学業や諸活動、生活、帰国後の事績を追跡し、明治大学への留学が当該留学生へどのような影響を与えたのか考察を加える。
　第３に、同様に中国・台湾・韓国の研究者、校友会台湾・大韓民国支部な

どの協力のもと、帰国後の事績の現地調査をおこなう。可能であれば留学生本人や遺族・関係者の聴き取りをおこない、また、明治大学やその校友会組織が、現地においてどのような地位・役割を果たしてきたのかなどについても調査する。

　本書の執筆者6名はいずれも明治大学史資料センターの研究班の一つである「アジア留学生研究会」（代表高田）のメンバーである。本総合研究に至る経緯を以下に簡潔に述べたい。(4)

　明治大学にはアジア留学生を受け入れてきた長い歴史があるのにもかかわらず、その歴史を研究する恒常的組織がなかった。そのため、2010年6月に発足したのがアジア留学生研究会である。同年7月には研究課題「近代東アジア人材養成における明治大学・経緯学堂の役割」が、2010年度「明治大学新領域創成型研究」に採用され、明治大学と経緯学堂に学んだアジア留学生の全貌把握のための第一歩を踏み出した。わずか半年の研究期間であったが、個々のアジア留学生の捜索とそのデータベース作成作業に着手した。その成果は『明治大学小史　人物編』の「アジア留学生」の章などとなって結実した。(5) 同書は、日本の大学による校友人物誌で、はじめてアジア留学生を校友の一角に位置づけて叙述したものと自負している。

　ついで2012年4月に明治大学人文科学研究所総合研究第一種に採用されたのが、本共同研究である。3年間の研究期間中、2012年度と2013年度は、データベース作成作業と並行して、個別の研究報告を積み重ねるとともに、ソウル、台北、上海において史料調査をおこない、また明治大学校友会大韓民国支部、同台湾支部、上海在住の明大関係者の親睦団体上海紫紺会、さらに現地の研究者と交流をし、情報交換をした。そして最終年度は、韓国・台湾両支部に情報交換を呼びかけ、老校友へのインタビュー調査を実施するとともに、成果の一端を示すため、国際シンポジウムを開催した。これらの成果は、「総合研究」の期間中にも随時公表してきた。(6) なお、鈴木は2013年度に一橋大学へ移籍し共同研究のメンバーからは外れたが、いまもアジア留学

生研究会の学外メンバーである。

その後のアジア留学生研究会の成果については、第Ⅰ部でも触れた。

さらに、「総合研究」終了後の2017年10月に出版した『明治大学の歴史』では一章を「留学生とグローバル化」に割き、前作『明治大学小史』では明治・大正期のアジア留学生に関する叙述に留まっていたのを大きく改めた[7]。

とはいえ、アジア留学生の全貌を把握するにはまだまだ調査が不十分である。『明治大学150年史』編纂へ向けて、その時には130年を超えることになるアジア留学生受け入れの歴史をバランスよく通観できるようにしておかなければならない。

「総合研究」の実施および本書の出版に当たっては、人文科学研究所の所長、事務長、各委員、職員のみなさんに長期にわたり多大なご負担をおかけすることとなった。温かいご支援・励ましに感謝を申し上げたい。また、厳しい刊行日程にもかかわらず、本書の刊行を引き受けてくださった東方書店、とくに編集部の川崎道雄さん、家本奈都さん、伊藤瞳さんの丁寧な編集と適格な助言に感謝を申し上げたい。

本書が留学生史・大学史研究に一石を投じることで、みなさんの労苦にいくらかでも報いたい。

最後に、この研究成果を、わたしたちの大事な仲間であった故秋谷紀男政治経済学部教授に捧げたい。秋谷教授は本共同研究のメンバーではなかったが、母体となったアジア留学生研究会のメンバーであり、本共同研究においても韓国調査に参加するなど、ご協力いただいた。企業史・経営史に明るいため、日本留学経験を持つアジアの経営者の調査研究へ向けて、今後一層のご協力を仰ぐつもりだったが、その機会を病魔が奪ってしまった。第6章附録にも掲載した2014年9月の韓国調査は、2泊3日の慌ただしい日程だったが、大先輩から貴重なお話しを伺うことができ、その合間にソウル市内で

2番目においしいというサムゲタンを堪能するなど、今となっては楽しい思い出である⁽⁸⁾。ただ、その成果を教授にお見せできなかったことは、わたしの怠慢によるもので、後悔してもし尽くせない。もし冥界があるのであれば、教授の厳しいご批評を仰ぎたいと思う次第である。

【注】

(1) 言論NPOが2018年9月に実施した調査によると、日本の世論では、中国に「良い印象を持っている／どちらかといえば良い印象を持っている」が13.1%、「良くない印象を持っている／どちらかといえば良くない印象を持っている」は86.3%だったのに対し、中国の世論では、日本に「良い印象を持っている／どちらかといえば良い印象を持っている」が42.2%、「良くない印象を持っている／どちらかといえば良くない印象を持っている」は56.1%で、いずれも「良くない」印象が「良い印象」を上回った（言論NPO「『第14回日中共同世論調査』結果」2018年10月9日　http://www.genron-npo.net/world/archives/7053.html 2018年12月30日最終閲覧）。また、同じく言論NPOが同年5～6月に実施した調査によると、日本の世論では、韓国に「良い印象を持っている／どちらかといえば良い印象を持っている」が22.9%、「良くない印象を持っている／どちらかといえば良くない印象を持っている」は46.3%だったのに対し、韓国の世論では日本に「良い印象を持っている／どちらかといえば良い印象を持っている」が28.3%、「良くない印象を持っている／どちらかといえば良くない印象を持っている」は50.6%と日中間ほどではないものの「良くない印象」が上回った（言論NPO「第6回日韓共同世論調査　日韓世論比較結果」2018年6月18日 http://www.genron-npo.net/world/archives/6941.html　2018年12月30日最終閲覧）。

(2) 前掲の2つの調査を過去5年の結果と比較すると、中国・韓国側の日本に対する「良くない印象」が、依然過半数とはいえ6年間で大幅に減っている。これは対日イメージが一時の事件に大きく左右されることを示している。

(3) 日本は世界第25位であるのに対し、シンガポールは同第9位、香港は第16位、韓国第30位、台湾第38位、中国は第76位である。ちなみにアジア最高はカジノを抱えるマカオで第3位（グローバルノート―国際統計・国別統計専門サイト「2017年　世界の1人当たり名目GDP　国別ランキング（IMF）」2018年10月12日　https://www.globalnote.jp/post-1339.html　2018年12月30日最終閲覧）。

(4) 詳しくは、高田幸男「『アジアのなかの明治大学』を探る」『大学史紀要』第18号明治大学　アジア留学生研究、明治大学史資料センター、2014年を参照のこ

と。
(5) 明治大学史資料センター編『明治大学小史人物編』学文社、2011年。同書の「10　アジア人留学生」206〜229頁。
(6) 前掲『大学史紀要』第18号「明治大学　アジア留学生研究Ⅰ」、および同第20号「明治大学　アジア留学生研究Ⅱ」、2015年。
(7) 「16　留学生とグローバル化」明治大学史資料センター編『明治大学の歴史』DTP出版、2017年、306〜329頁。
(8) 詳しくは、高田幸男「秋谷先生とアジア留学生研究」『政経論叢』第87巻第1・2号、2019年刊行予定。

執筆者紹介（掲載順）

高田　幸男（TAKADA　Yukio）中国近現代史
　　1993年明治大学大学院博士後期課程単位取得退学、2009年明治大学文学部教授。『現代中国の歴史―両岸三地100年のあゆみ』（共著、東京大学出版会、2008年）、『新史料からみる中国現代史―口述(オーラル)・電子化(デジタル)・地方文献(ローカル)』（共編著、東方書店、2010年）、『明治大学小史　人物編』（共著、学文社、2011年）、「中華民国教育部（1912年―1949年）の人員構成」（『駿台史学』第148号、2013年）、『明治大学の歴史』（共著、DTP出版、2017年）ほか。

土屋　光芳（TSUCHIYA　Mitsuyoshi）政治過程論
　　1987年明治大学大学院政治経済学研究科博士後期課程単位取得退学、政治学博士、現在明治大学政治経済学部教授。『汪精衛と民主化の企て』（人間の科学社、2000年）、『汪精衛と蒋汪合作政権』（人間の科学社、2004年）、『中国と台湾の「民主化の試み」』（人間の科学社、2005年）、『「汪兆銘政権」論―比較コラボレーションによる考察』（人間の科学社、2011年）、G・ピータース『新制度論』（訳書、芦書房、2007年）など。

山泉　進（YAMAIZUMI　Susumu）社会思想史
　　1978年早稲田大学大学院政治学研究科博士課程単位取得退学、1991年明治大学法学部教授。『社会主義事始』（社会評論社、1990年）、『社会主義の誕生』（責任編集、論創社、2001年）、『平民社の時代―非戦の源流』（論創社、2003年）、『帝国主義』（幸徳秋水著、校注・解説、岩波文庫、2004年）、『大逆事件の言説空間』（編著、論創社、2007年）、『布施辰治研究』（共編、日本経済評論社、2010年）、『大杉栄全集』（全13巻、編集代表、ぱる出版、2014年～2016年）、『山崎今朝弥』（共編、論創社、2018年）など。

鳥居　高（TORII Takashi）東南アジア（主に島嶼部）地域研究
　　1987年中央大学卒業後、アジア経済研究所に研究員として勤務。1991年から1993年マレーシア国民大学客員研究員。1997年より明治大学商学部専任教員。『アジア政治経済論』（共著、NTT出版、2001年）、『アジア中間層の生成と特質』（共編著、アジア経済研究所、2002年）、『岩波講座東南アジア史9巻』（共著、岩波書店、2002年）、『マハティール政権下のマレーシア』（編著、アジア経済研究所、2006年）、『東アジアの社会変動』（共著、名古屋大学出版会、2017年）ほか。

鈴木　将久（SUZUKI　Masahisa）中国近現代文学
　　1997年東京大学大学院博士課程修了、2018年東京大学文学部教授。『上海モダニズム』（単著、中国文庫、2012年）、『竹内好セレクション』（共編、日本経済評論社、2006年）、『当中国深入世界―東亜視角下的「中国崛起」』（編著、亜際書院、2016年）、『越境する中国文学―新たな冒険を求めて』（共著、東方書店、2018年）、『中国はここにある』（共訳著、みすず書房、2018年）ほか。

村上　一博（MURAKAMI Kazuhiro）日本近代法史
　　1986年神戸大学大学院法学研究科博士後期課程単位取得退学、1997年博士（法学、神戸大学）、2002年明治大学法学部教授。『明治離婚裁判史論』（法律文化社、1994年）、『日本近代婚姻法史論』（法律文化社、2003年）、『日本近代法学の巨擘―磯部四郎論文選集―』（編著、信山社、2005年）、『日本近代法学の先達―岸本辰雄論文選集―』（編著、日本経済評論社、2008年）、『東洋のオルトラン　宮城浩蔵論文選集』（編著、明治大学出版会、2015年）、『［新版］史料で読む日本法史』（共編著、法律文化社、2016年）ほか。

明治大学人文科学研究所叢書

戦前期アジア留学生と明治大学
せんぜんき　　　　　　　りゅうがくせい　めいじ　だいがく

2019 年 3 月 31 日　初版第一刷発行

編著者●高田幸男

発行者●山田真史
発行所●株式会社東方書店
　　　東京都千代田区神田神保町 1-3 〒 101-0051
　　　電話 03-3294-1001　営業電話 03-3937-0300

組　　版●株式会社シーフォース
装　　幀● EBranch 冨澤崇
印刷・製本●モリモト印刷株式会社

定価はカバーに表示してあります。

© 2019 高田幸男、土屋光芳、山泉進、鳥居高、鈴木将久、村上一博
Printed in Japan
ISBN978-4-497-21906-0　C3021

乱丁・落丁本はお取り替えいたします。
恐れ入りますが直接小社までお送りください。
®本書を無断で複写複製（コピー）することは著作権法上での例外を除き禁じられています。本書をコピーされる場合は、事前に日本複製権センター（JRRC）の許諾を受けてください。
JRRC（http://www.jrrc.or.jp　Eメール：info@jrrc.or.jp　電話：03-3401-2382）
小社ホームページ〈中国・本の情報館〉で小社出版物のご案内をしております。
https://www.toho-shoten.co.jp/